서사 공간과 소설의 역학

서사 공간과 소설의 역학

장 일 구 지음

전남대학교출판부

머리말

대학원 시절, 지도교수이신 이재선 선생님의 수업 시간에 맘그렌의 『미국 현대소설의 허구 공간』을 강독하면서 서사 공간 논의에 관심하기 시작했다. 내게는 힐레브란트의 『소설에 나타난 인간과 공간』의 서장을 요약하여 발표할 임무가 더 주어졌는데, 하이데거가 얘기한 현존재의 공간성 입론에서 단서를 취해 문학적 공간의 의미를 추론하는 그 글을 접하면서 '서사 공간'을 학위논문 주제로 삼으리라 작정했다. '공간'은 인문학은 물론 과학에서 중요한 연구 주제인지라 그 영역이 다층에 걸쳐 있을 뿐만 아니라 심도 있는 접근이 요구되는 주제로서, 여러모로 내 지적 허영심을 자극하였다. 물론 차츰 깊이 공부하면서, 그 허영심에 들뜬 마음과 태도는 어느 덧 겸허한 마음과 진지한 태도로 바뀌었고, 부족한 부분을 채우고자 나름대로 널리 읽고 깊이 사유하고자 모색하고 실천하였으며 연구 성과도 하나 둘씩 쌓아 나갔다.

그런데 요즈음 나는 심각한 난항에 직면해 있다.

서사 공간에 대해 공부한 지 10년이 넘었으며, 수준급은 아닐 테지만 관련 주제에 관해서 쓴 글의 양이 제법 되는 편이라며 내심 오만한 마음 없지 않았다. 그러다 어느 순간 서사 공간에 관해 원론적인 차원에서 생각을 가다듬어야 할지 모른다는 위기감이 문득 든 뒤로, 그간 어느 정도 체계를 세우고자 모색하며 쌓아 온 결과물들에 대한 회의감이 밀려들었다. 여러모로 겹친 난항을 극복하고자 최근 관련이론을 다룬 책을 다시 읽고, 새로운 연구 성과를 찾아 읽으며 생각을 가다듬는 중이다. 그런 가운데 이 책을 내는 일은 당찮은 짓이라며 수 차례 성찰하고 출간을 망설였으며 머리말을 쓰는 지금 이 순간에도 회의감이 일소되지 않은 터라 딜레마에 빠져 있다.

처음에 생각하기로는, 서사 공간에 대한 이론적 성과를 정리하여 제시하고 공간 논점에 수렴되는 소설의 역학(Dynamik)에 관한 입론을 근사하게 구성하고자 하였다. 그렇지만 스스로 봉착한 난항에다 몇 가지 주변 여건이 간섭하여 빚어진 다소 불리한 정황 탓에 일정하게 타협한 소산을 낼 수밖에 없는 터라 자괴감이 크다. 지금 보니 치기 섞인 단호한 어조로 가득찬 박사학위 논문의 내용을 고치고 재구성하여 1부에 싣는다. 그 내용을 온전히 해체하여 재구성하고자 하였던 처음 생각에 비추어 보면 거의 고치지 않았다고 해도 과언이 아닐 정도의 개정에 그쳤다. 당시보다 식견이 한층 더 깊어지지 못한 문제가 가장 크겠지만, 서사 공간 논의에 관해서 큰 전기가 될 만한 이론적 진전이 이루어지지 않은 문제가 개재되어 있는 것이 사실이다. 마찬가지 맥락에서 2부의 내용이라도 크게 다를 바는 없다. 그간의 성과를 돌이켜 크게 무리하지 않는 선에서 생각을 정리하는 편을 택했다.

그런 까닭에, 기존에 낸 단편 논문들과 내용이 겹칠 수밖에 없는데, 이를 종합하여 한 줄기의 논리로 꿰지 못한 체계화 역량의 한계가 노정될 수밖에 없다. 정황을 핑계로 유야무야 넘기려 한 게으름과 매너리즘을 인정하지 않을 수 없다. 스스로 합리화하기로는, 생각과 태도의 한계를 솔직히 보여 성찰의 계기로 삼고자 한다. 무엇보다 공간 논항에 대한 난항에서 벗어나지 못한 문제가 여실할 것이며 과문한 탓도 클 것이니, 앞으로 넘어서야 할 난관이 한두 층 정도가 아님을 돌이켜 생각하고자 하는 것이다. 곧 『문화 공간으로 읽는 한국 서사문학』의 집필에 착수할 예정인데 그 일을 하는 과정에서, 그리고 그 결과를 두고 생각을 가다듬을 때 즈음해서 어느 정도 길을 가늠할 수 있지 않을까 하고 낙관할 따름이다.

전남대학교에 '터'를 얻어 안정된 '장소'에서 인문 세계의 드넓은 '공간'으로 비상하고자 모색한 지 두 해가 지난다. 터를 잡는 데 도움을 주시고 그 장소에 안착하도록 여러모로 도우신 선배 교수님들이 먼저 떠오른다. 그 분들께 마음 깊은 데서 우러난 존경심과 감사의 말씀을 전해 올린다. 이 책을 낼 수 있도록 출판 과정에서 정성을 아끼지 않은 출판부에게도 감사 드린다. 분주한 가운데 뜻밖에도 교정을 도운 오단비 선생에게도 고마움을 전한다.

가난한 인문학자의 삶을 용인하고 때로 학문적 동지로서 든든하고 미더운 지지를 기꺼이 표하는 아내 김수인 선생과, 아빠를 늘 자랑스러워하는 서연, 서은 자매가 내 한없는 고마움과 사랑의 마음을 느끼도록, 이 책과 함께 작은 선물을 준비해야겠다.

2009년 1월, 서설이 풍성히 내린 어느 날

장일구

목 차

제 2 부 서사 기제의 역학

1

서사 공간의 역학

서사 공간의 층위와 자질

서사 공간의 전제

이야기는 삶 속에서 생겨나며 삶 속에서 소통된다. 특히 근대 이후 가장 유력한 이야기 양식인 소설이 삶을 배경으로 하고 그 조건 하에서 지어져 소통에 부쳐지는 현황이 여실하다. 그 내용이 가상적인 것이든 현실적인 것이든 간에, 창작과 독서의 정황으로 미루어 보건대, 소설은 삶의 조건에서 자유로울 수 없다.

그 삶을 조건지우는 단적인 항은 시간과 공간이다. 삶은 한정된 시간과 제한된 공간 내에서 이루어지게 마련이고, 시공을 초월한 삶은 허구적 세계에서나 있을 법하여 이야깃거리가 될지언정, 그 자체로서는 맹랑한 공상의 세계에서조차도 가당찮다. 시간과 공간의 제약이 없이는 어떠한 삶도 불가능하며 그 조건을 벗어난 존재는 없다. 저 유명한 실존 철학은 인간 존재를 시간과 공간의 한계에 처해 있는 현존재(Dasein)로 전제하는 데서 출발하는데, 시사적이다. 이데아적 실체라든지 가상 세계라든지 관념적 시공이란 것도 실상은 실존적 삶의 조건인 시간과 공간에서 파생된 것일 터이다.

시공을 초월한 이야깃거리라도 시간과 공간의 조건을 전제하지 않으면 이해할 수 없다. 이해를 전제하는 한, 초월적 시공이라도 삶의 공간을 투사한 차원으로 구성된다. 이해는 소통의 한 국면이므로 성원들의 삶의 조건이 공분모로 전제되어야 이루어진다. 이야기가 이해되려면, 이야기하는 사람에게서 이야기 듣는 사람에게 이야기가 온전히 전해져야 하며, 듣는 사람이 이야기한 사람에게 모종의 반응을 보이고 그 반응에 따라 처음 화자가 다시금 이야기를 고쳐 전하는 식으로, 성원 상호 간에는 소통의 역학이 작용한다. 그 과정에서 예의 이야기하는 사람과 이야기 듣는 사람 사이의 공감대가 형성되게 마련이다. 문화적 약호에서 파생되는 그 공감대는 삶의 조건인 시간과 공간의 공분모가 있을 때에 이루어지므로, 종내 이야기의 소통에는 시간과 공간이 관건이다.

특히 시간보다 구상적인 공간의 제약은 삶의 결정적 조건으로 의식되곤 한다. 기실 삶 속에서 시간 자체를 의식할 수는 없다. 시계나 달력과 같은 간접적인 지표를 통해서만 시간을 인식할 수 있을 뿐, 시간 자체의 물리적 표지는 없다. 혹 태양과 달의 변화 양상으로 시간의 변화를 인지할 때도 마찬가지다. 그런 지표와 무관하게 시간의 경과를 의식할 경우라도 실상은 관념의 작용을 통해서 인식하지 시간 자체의 실상을 보아 지각하는 것은 아니다. 태양과 달의 변화만 하더라도 공간적 표지로 구성되어 있으며, 시계의 외연 또한 공간적 표지로써 구성되어 있다. 태양이 황도(黃道)를 따라 이동한 바로써 시간을 가늠하는 것이나 시계 바늘이 움직여 눈금을 가리킨 바로써 시간을 가늠하는 것이, 공간 지표를 통해서 시간을 의식한다는 사실을 시사한다. 공간 속에서만 시간을 인식할 수 있으며, 삶에서 시간을 감지하는 계기는 대체로 관념적 인식 아니면, 공간적 표지로의 변환을 통해서인 것이다.

시간 변화의 경우도 '변화'를 실감하는 것은 공간적 지표의 변화를 매개로 해서만 가능하다. 대상물이 변화한 데 비추어서만 시간의 변화를 실감할 수 있다. 가령 '시간이 흐른다' 하는 말부터 시간을 '강물'이라는 공간적 표지에 빗대어 표현한 것이다. 새싹이 돋고 들과 산에 꽃이 만발한 것을 보고서야 겨울이 가고 봄이 왔음을 감지하게 되며, 머리칼이 희어지고 이마에 주름이 패는 것을 보고서야 세월이 흘러 나이가 들었음을 알아차리게 된다. 계절의 변화나 세월의 경과를 의식하는 일이 시간 영역 아닌 공간 영역에 걸쳐 있는 셈이다.

사실, 인간의 의식은 대상 세계를 분절적으로 인식하는 기제를 작동시킨다. 의식이 언어를 매개로 할 수밖에 없다는 견해는 이론(異論)의 여지가 별로 없어 보인다. 생각 자체가 언어로써 구성된 산물일 테지만, 사념을 의식의 겉면으로 드러내기 위해서 언어적 표현이 필요불가결하다. 인식 행위가 언어를 매개로 한다면, 연속적 현상인 자연을 분절화하여 표현하는 언어의 속성과 결부되어, 의식은 분절성을 안을 수밖에 없다.[1)]

인간의 의식이 그러하다면, 이는 곧 공간 자질을 내포한다고 할 수 있다.[2)] 아무리 연속적인 사상(事象)이라도 의식을 거쳐 표현되기까지 분절적 신호 체계, 곧 디지털 신호 체계로 변환된다. 언어를 매개로 진행되며 표출되는 의식 작용의 속성은, 변화의 궤적이 고스란히 표현되는 아날로그 체계에 상대되게, 사상의 과정이 불연속적으로 표현되는 디지털 체계의 속성에 대응된다. 그런 맥락에서 인간의 인식과 표현은 고스란히 공간 자질에 수렴된다고 할 수 있다. 특히 인식된 바가 문자로 표현되었을 경우에는 공간 자질이 직시적으로 드러난다.

언어는 청각이나 시각적 효과를 통해 관념을 창출하는 기제로 되어

---

1) '의식의 흐름'이란 의식이 본연의 기능을 발휘하지 못한 상태에서 발휘되는 것이라 특수한 국면으로 취급되곤 한다. 통상적인 의식의 작용은 '흐름'이 아닌 셈이다. 의식은 분절성을 띤다.

2) 분절성은 기본적으로 공간 속성의 주요 자질이다.

있다. 언어적 의사 소통 모델은 기본적으로 화자나 저자, 그리고 청자나 독자를 양 축으로 하여 도해된다. 관념은 음성이든 문자든 간에 기호로써 표현되어 소통되게 마련이다. 인코딩(약호)과 디코딩(해호) 과정을 수반하여 언어적 의사 소통이 이루어지는 것이다. 이러한 코딩 과정은 사상의 분절 작업이 핵을 이룬다. 디지털화된 정보만이 언어적 의사 소통에 관여되는데,[3] 그런 정보는 전달되고 피드백되는 장(채널)이 전제되어야만 소통의 여지가 생긴다. 이처럼 의사 소통의 전 과정에서 공간 자질이 전제되는데, 문자 언어를 매개로 할 때에는 그 전제가 더욱 강화된다.

문자는 그 자체가 공간의 차원을 점한다. 혹은 다차원으로 구성되어 있어서 공간적 대상이다. 문자의 직시적 이미지가 그러하며, 문자로 매개되는 소통의 양상이 공간 속성을 드러낸다. 문자는 단편적이며 불연속적인 자소나 음절의 조합으로써 모종의 의미를 불러 일으키는데, 그 과정이 공간 형상에 근사한 것이다. 의식이나 관념은 연속적인 것으로 간주할 수 있지만, 이를 문자로써 표현한 결과는 불연속적인 것으로 여겨지므로 종내 공간 지표를 통해 이해할 수밖에 없다. 물론 의식과 관념 자체가 사상(事象)을 분절화한 결과라서 본디 공간 자질을 안고 있으므로, 언어적 표현체를 공간 요소에 대응시켜 분석해 마땅하다. 양방향인 소통의 본질적 원리에 비추어 보더라도, 공간 기제를 동원하여 언어 행위를 해석하는 편이 타당하다.

언어의 지시적 의미에 기반한 일상적 소통 상황이 그러하거니와 함축적 의미에 기반한 문학적 소통 상황에서라면, 기호를 빚어 소통에

---

3) 의식은 정확히 표현되어야만 의사 소통의 장에 펼쳐진다. 형식이 불분명하거나 의미가 모호한 표현은 의사 소통의 경로에 걸림돌이 된다. 그런 표현이 개입될 경우 발신자와 수신자 사이에서는 피드백 회로가 더욱 빈번하게 작동할 것이며, 그 과정을 거쳐 최적화된 코딩이 이루어진다. 디지털화할 수 없는 정보는 의사 소통에서 관여적인 자질(relative feature)이 아니라 잉여적인 자질(redundant feature)이라 할 수 있다.

부치는 약호화(코딩coding) 과정의 공간적 속성은 배가된다. 물론 사상을 분절하는 의식의 단편이라도 연속적으로 발휘되면 그만큼 '흐름'으로 간주될 수 있으며, 이를 이해하는 과정 또한 마찬가지일 수 있다. 그렇지만 그나마 단편적인 의식을 하나의 맥으로 이어 표출하지 않고, 비유나 상징을 통해 의미를 함축하여 전한다면, 의식의 과정은 더욱 공간적인 양상을 띨 수밖에 없다. 의미의 종점을 지향하는 의식을 그나마 시간적 양상으로 간주할 수 있다 해도, 함축적 의미를 담는 작업은 전 방위와 전 차원을 오가는 양상이 되기 십상이기에 공간 양상으로 간주할 수밖에 없는 것이다. 이런 맥락에서 짐짓 문학적 텍스트는 본질적으로 공간 논의의 대상임 직하다.

그런데도 레싱(G. E. Lessing)이 문학을 시간 예술로 분류한 것은 의식과 언어의 본질적 상관성을 간과한 때문일 것이다. 의식이 언어를 매개로 한다는 사실, 언어가 사상을 분절하는 속성을 지닌다는 사실을 간과한 때문일 것이다.

일반적으로 의식의 전개는 시간의 경과를 전제한 것으로 비쳐진다. 게다가 언어적 표현은 의식의 변화를 반영하는 것으로 간주되기 십상이다. 그런 맥락에서 언어 예술인 문학을 시간 예술의 한 국면이라고 이해할 만하다. 특히, 직관보다는 의식의 전개를 수반하게 마련인 서사체는 시간 예술의 전범처럼 비쳐진다.

그렇지만 그 전제가 타당하지 않은 만큼 문학을, 그 가운데서도 특히 소설을 시간 예술로 분류하는 견해는 본질적으로 재고되어야 한다. 물론 시간과 공간이 절대적인 실체로서 존재하지 않고, 관계와 차원의 상대성을 전제하는 현상인 만큼, 시간 예술이다 공간 예술이다 하는 식으로 분류론을 펴는 것은 방편에 지나지 않는다. 다만 문학의 시간성이 엿보이기도 하지만, 본질은 공간성에 있다는 사실을 염두에 두어야 한다. 문학의 공간 자질에 대한 연구에서 선구적인 업적을 남긴 조셉 프랭크(Joseph Frank)의 견해에 비추어 본다면, 적어도 문학과

조형 예술의 경계를 단적으로 구분하려는 레싱의 논지는 유효적절하지 않은 것으로 간주된다.[4)]

선입견 없이 보면, 삶의 조건인 공간이 고스란히 문학의 조건에 수렴된다는 사실을 쉬 알아차리게 된다. 흔히 문학의 배경이 공간의 제약 아래 형성된다는 사실이 그 일단을 시사한다. 삶의 현실에서도 그러하거니와, 이야기의 한 국면인 소설의 세계에서도 공간은 그 세계를 구성하는 데 필요한 결정적 인자이며 그 세계를 이해하는 데 핵심 관건이다. 다만 소설의 공간 형상을 실제 세계와의 정합성을 전제로 파악하려고 할 경우, 소설의 공간 문제에 단선적으로밖에 접근할 수 없다는 점을 염두에 둘 여지가 있다. 공간의 형상 자체도 문제지만 그 형상의 구성에 작용하는 인자들의 역학이 중요한 논점으로 부각되기 때문이다.

공간은 절대적 실체가 아니며, 차원의 관계로써 구성되는가 하면 지각과 인식의 양상에 따라 달리 해석되는 '구성체'이다. 물리적 공간을 다루는 논점이 공간 구성의 차원과 역학에 있다는 사실을 떠올려도 좋다. 소설의 공간 문제에 접근할 때에도, 서사에 투영된 공간 형상과 함께 그 형상화에 작용하는 제반 역학을 논급하여야 하는 것이다. 요컨대 소설의 공간은 이야기의 제재 층위에서뿐만 아니라, 서술과 독서 층위에서 두루 논급될 논항이다. 물론 소설만 아니라 서사체 일반의 공간 문제에 접근할 경우에도 공히 그러하다.

이와 관련하여, 채트먼(S. Chatman)이 소설에서 문제되는 공간을 스토리 공간과 디스코스 공간으로 대별하여 논급한 데 주목할 만하다. 물론 소설은 상위의 서사체에 포함되기에, 그는 서사의 공간 문제를 전제한 것이다. 그런 층위는 서사 공간의 층위로 환원되는 것이며, 결국 서사형상 공간(erzälter Raum)과 서사역학 공간(Erzählraum)에 상응한

---

4) Joseph Frank, 'Spatial Form in Modern Literature', *The Widening Gyre*, Rutgers UP., 1963, p.3.

다.[5] 소설에서 공간 논의는 이처럼 두 층위에서 이루어져야 하는데도, 이야기의 소재나 배경에 해당하는 공간(실제 공간, 현실 공간) 논의에 국한된 것처럼 오해되곤 한다. 공간은 질료성이 있어서 물리적 지표로 측정할 수 있으며, 오감(五感)으로써 경험 가능한 대상으로 여겨지기 십상인지라 객관적 구성 원리를 전제로 인식될 대상으로 여겨짐 직하다. 문학에서 공간은 그런 물리적 공간을 반영함으로써, 이야기의 실감을 구현하는 결정적 배경 요소로 의식되기 십상이다.

그러나 아인슈타인의 상대성 이론을 중심으로 뉴튼적 역학과 갈릴레오적 공간 개념이 의심되기 시작하면서, 공간에 대한 관심은 그 방향을 달리하기 시작하였다. 요컨대 공간의 절대성 혹은 객관성이 의심되었으며, 차원의 구성 양상에 따라 공간의 형태는 달라질 수 있다는 생각의 타당성이 입증된다. "구체적인 장을 결여한 공간은 없다."는, 장(場) 이론(Feld Theorie)의 핵심 언명은 이런 공간 인식의 상대성을 표명한 말이다.[6]

이런 맥락에서 객관성 지표를 전제로 서사형상 공간을 논급하는 것은 무색하다. 문학이 현실의 반영이며 실제 세계의 모방이라는 입장을 십분 수긍한다 해도, 형상화 대상인 실제 공간의 객관성이 의심받은 다음에야, 문학에 기술된 공간의 객관성을 따지는 일은 당찮다. 더

---

5) 축어적으로 하자면 '서술된/서술하는 공간'으로 번역할 술어이며 그대로도 타당하지만, 그 외연과 함의를 따져 공간 논항의 층위를 '형상/역학 공간'으로 번역하였다. '서사대상/서사행위 공간'으로 번역해도 무방하지만, 여러 논의 맥락을 염두에 두고 '서사형상/서사역학 공간'으로 번역하고자 한다. 뒤에 살피겠지만, 이는 맘그렌이 논의하는 'narratival/narrational space' 개념과도 상통하는 범주다. 이 둘의 번역어는 기존 번역을 참조하여 그대로 적용한다면 '이야기/담화 공간' 정도가 되겠지만, '서사' 개념을 살린다는 맥락에서 이와 같이 번역하기로 한다. 실제로 '형상/역학' 의미가 대비적으로 담겨있기 때문에 그 본래 의미를 꽤 잘 살려줄 수 있을 것이라 생각한다.

6) Bruno Hillebrand, *Mensch und Raum in Roman*, Winkler Verlag, 1971, S.31~32.

욱이 존재와 세계의 객관성 테제에 근원적으로 의구심을 표명하는 입론인 현상학 전통을 해석학과 실존론에 이은 하이데거(Martin Heidegger)의 현존재 논의를 단서로 공간 개념을 이해한 다음이라면, 서사형상 공간의 객관성을 따질 여지는 더욱 줄어듦을 의식하게 된다. 세계-내-존재(In-der-Welt-Sein)인 현존재의 공간성(Räumlichkeit des Daseins)[7]은 현존재의 부단한 세계 기획(Entwurf von Welt) 결과 생성되는 삶의 공간(Lebensraum)이요, 체험된 공간(erlebter Raum)이기 때문이다.[8]

서사형상 공간

루드비히(Hans-Werner Ludwig)는 대상 공간의 언어적 형상화를 논점으로 서사 공간론을 약술한다.[9] 그는 채트먼의 논의를 소개하면서 이야기 공간(Raum der Geschichte)과 담화 공간(Raum des Diskurses)을 변별하여 설명하는데, 두 층위의 공간 개념은 언어만을 매재로 하는 서사물보다는 영화와 같은 시각적 서사 텍스트의 분석에 더 유용하다고 전제한다. 그래서 언어적 서사 텍스트에서 공간 논의는 이야기 공간에 주안해야 한다고 논급한다.

이야기의 무대나 배경이 되는 이야기 공간은 세계의 단면이며, 친숙한 삶의 현실이자, 이상적인 실재이기도 하다. 이 공간은 서사 텍스트에 실재성을 부여하는 모형(Wirklichketsmodell)을 제시한다.[10] 독자들은 그 공간의 현실성이나 실제성에 상응하는 정도를 가늠하여 서사 텍스트의 핍진성(verisimilitude)을 간파한다. 공간들과 거기에 드러나는 대상들, 시각적이고 청각적인 인상들(조명 상태, 색채, 음향), 기상 상태

---

7) 이는 『존재와 시간(Sein und Zeit)』에서 논의된 바이다.
Martin Heidegger, *Sein und Zeit*, Max Niemeyer Verlag, 1972, S.101～113.

8) 이 두 개념이 힐레브란트 논의의 핵심 개념이다.

9) Hans-Werner Ludwig (Hrsg.), *Arbeitsbuch Romananalyse*, Guter Narr Verlag, 1982, S.170～174 참조.

10) 위의 책, 170쪽.

등은 언어 기호를 통해 중개되는데 대개 묘사로써 구체화된다. 그러나 언어적 서사체에는 화면상에 실사된 이미지 등에 의해 제시되는 도상(icon)이나 유비(analogy)가 없기 때문에, 시각적 이미지의 형상화는 독자들이 고유한 정신적 이미지를 창출함으로써만 이루어진다.

결국 서사 텍스트에서 실제성의 구현은 많은 제약이 따를 수밖에 없다. 이러한 맥락을 염두에 두고 루드비히는 이야기 공간의 여러 국면들을 도시한다(〈표 1〉[11] 참조). 또한 이를 「이블린(Eveline)」 분석에 적용한 표를 제시하는데(〈표 2〉[12] 참조), 특히 대조적 자질을 통해 공간성의 지표들을 분석한 점이 주목을 끈다. 물리적 공간에서 직시적으로 드러나는 '공간의 입체감'을 표현하는 방법인 원근화(투시) 기법과 관련하여 볼 때, '대조' 효과는 공간감의 구심을 이루는 요소라 할 수 있기 때문이다. 아울러 공간의 대조화 양상을 전제하고서 관심할 공간성 지표라면 '전의하고 상징화하는 의미 형성 기능'인데, 이는 정신적 이미지를 창출하는 데 매개가 되는 지표일 것이다.

루드비히는 나아가 이런 공간적 표현은 그 맥락 안에 사회적이거나 종교적이거나 정치적이거나 윤리적인 자질들과 가치 평가들을 지니고 있어서, 의미론적 대립 관계로 이해될 수 있다고 논급한다. 따라서 공간 좌표는 세계관-이데올로기 좌표에 조응될 수 있어 새로운 의미 층위가 생긴다는 것이다. 그런 까닭에 「이블린」의 공간 좌표는 다음과 같이 의미가 확장될 수 있다고 한다(〈표 3〉[13] 참조).

---

11) 위의 책, 172쪽.

12) 위의 책, 173~174쪽.

13) 위의 책, 174쪽.

〈표 1〉 공간과 대상의 구성소

행위 공간으로서 공간 (Raum als Handlungsraum)	이야기의 인물들이 공간과 시간에 정향하는 것이; 행위하는 인물에 직접 관련되고; 행위에 대한 제약 틀을 세운다; 성격을 부여하는 기능; 공간에서 대상들은 실현되고 지시 가능하다.
조율된 공간 (der gestimmte Raum)	공간과 대상들은 표현의 운반체가 된다.; 분위기의 창출에 기여; 공간에서 분위기의 구성; 인물들은 그렇게 형성된 공간을 체험한다.
관조의 공간 (Anschaunsraum)	조망(Überschau) 혹은 원망(遠望)을 매개하는, 대체로 정적으로 기초된 공간; 그 안에서 인물들과 사건들은 정주해 있다.; 제한된 행위 장소가 아니라, 보다 큰 공간.
원근화(Perspektivierung)	공간들과 대상들이 인물들의 의식 또는 무의식 안에서 친밀한/낯선, 믿을만한/적대적인, 이해할 수 있는/이해하기 어려운 것으로 보인다.; 예컨대, 일상적 현존재(Dasein)의 생활 공간이나 일상적 일터로, 전원적인 공간으로, 환상적이고 진기하고 기괴하고 무시무시하고 환시적이고 환각적인 공간으로 등등.
대조화(Kontrastierung)	공간적 대조화(예컨대 몇몇 무대의, 공간과 인물의, 대상과 인물의, 인물들 간의, 또 그 인물들의 감정과 공간의 대조화); 반어적 대조로서 상/하의, 원/근의, 내/외의, 좁은/넓은의, 도시/시골의, 고향/타향의 대조 등.
전의(轉義)하고 상징화하는, 의미 형성적 기능 (übertagende, symbolisierende, sinnbildliche Funktion)	공간의 특수 의미화의 의미에서 전의된 의미(비유적 의미)를 갖는 공간. 예컨대 상징적이고 우의적이며 원형적인 기호성(대개 도로 구조, 경계, 자연 영역, 자연 요소, 건물, 불행의 장소, 성취의 장소 등).
환각의 형성 (Illusionsbildung)	신빙성과 사실성을 보는 눈이 있는 독자의 환각에 기여; 관조성, 특수화, 개별화의 다양한 등급.
구성 요소 (Kompositionselement)	공간과 대상들의 한가닥 혹은 여러 가닥 서사물의 구성으로의 전용. 예컨대 일정한 공간 쪽으로 향해 가는 부가적 정렬에서 운동으로서 인과적 혹은 목적적 연결이 있는; 공간에 대해 상호적인 상응이 있는.
자기 목적적 공간 (selbstzweckhafte Raum)	공간과 대상에 대한 기술은 자기 목적적이다. 즉 '어려운 영창곡(Bravoustück:(역주) 갈채를 기대하는, 기술상으로 어려운 아리아)'이다.
대상 소도구 (Gegenstände Requisiten)	(예) -인물에게 속하고 이렇게 성격을 나타내는 -무대에 속한 -사건에 관계되었거나 관계없는 -실재성의 구체화 -행위 동기화의 과제 -시간적 응집력 형성의 과제 -의미(Sinn) 형성적 의미(Bedeutung)

〈표 2〉「이블린」에 드러난 공간과 대상

행위공간	방, 주택, 창문, 대상들, 인물들 항구, 인물들	잘 알려진, 친밀한, 폐쇄적인 알려지지 않은, 낯설은, 열려있는, 다만 알려지지 않은 인물인 이방인 프랭크
조율된 공간	방, 주택, 대상들 항구	초라한, 먼지 투성이의, 누렇게 변색되는, 부서진, 무기력하게 하는, 색채/생기/자발성 등이 없는 생기 넘치는, 내다볼 수 없는
관조공간	(구현되지 않았음)	(어쨌든 거리, 집들, 정리될 장(場))
원근화	주택, 항구, 아르젠티나	친밀한/낯선, 위협받는/존경받는, 일상세계/'신'세계
대조화	주택, 항구, 아르젠티나	고향/타향, 가까운/머나먼, 좁은/열린
의미형성	주택, 더블린, 아르젠티나	새장, 포로("무력한 동물"), 자유, 낯설음, 두려움
환각	주택과 항구	빽빽한, 정밀한, 모범적인, 그러나 환각이 형성되기에 충분한
구성	주택, 항구, 잠재적 아르젠티나	이야기의 부분들, 주택에서 항구로, 항구에서 (잠재적인) 아르헨티나로 이동(결말)
자기 목적적 공간	(구현되지 않았음)	—
대상들	방: 벽에 걸린 그림, 풍금 (초라한, 틈이 벌어진)	무대와 인물에 관련된 상황 해명, 행위의 동기 부여 (진행)

〈표 3〉 공간적 자질과 이데올로기적 가치

위/아래, 높은/낮은, 오른쪽/왼쪽, 가까운/먼, 열린/닫힌, 경계 있는/경계 없는, 좁은/넓은, 집/거리, 집/숲, 도시/시골, 고향/타향, 문명·문화/자연 등	은 예컨대	선한/악한, 믿을 만한/적대적인, 친숙한/낯선, 안전한/불안한, 높은/낮은, 가치 있는/가치 없는, 죽을/죽지 않을, 정신적인/동물적인, 하늘/땅, 땅/지하 세계, 상부/하부, 자유/예속, 보호/위협, 조화/부조화 등	같은 "모형들"을 생기게 할 수 있다.

이러한 루드비히 식 공간 자질 분석은 대상 세계의 공간 형상을 언어적 서사 텍스트에 구현할 때 생기는 여러 난항들을 염두에 두어, 실제 대상 공간과 서사적으로 형상화된 공간 사이에 불연속성이 있음을 의식해야 한다는 생각을 전제한 것이어서 의미심장한 통찰로 여겨진다. 특히 언어적 서사체에서 공간의 구현 과정은, 영상 예술에서처럼 시각적인 직시적 표상이 없으므로, 공간 이미지가 정신 이미지로 변주되는 과정을 거칠 수밖에 없음을 강조한 점을 기억할 만하다. 서사에서 추론할 수 있는 여러 공간 지표들을 제시한 바는 물론이거니와, 이미지의 사상(寫像) 과정에서 독자의 수용이 관건임을 시사한 논의 맥락을 확장 심화할 여지가 많다.

그렇지만 언어적 서사에서 담화 공간을 추출하기 힘들다는 이유로 담화 공간에 관한 논의를 진행하지 않은 점은 아쉽다.[14] 또한 서사형상 공간의 지표만 하더라도 대상의 실재성 모델에 논의 국면이 한정되었기 때문에, 그 대상 공간의 실재성이나 객관성에 의문을 제기하는 논의 맥락을 적극 고려하지 않은 데에 문제가 있다. 이런 맥락에서 서사형상 공간 논의를 좀더 심화하기 위해 힐레브란트의 문학적 공간 논의에 주목하게 된다.

루드비히가 서사형상 공간의 객관성 지표에 주목했다면, 힐레브란트(Bruno Hillebrand)는 공간의 주관성 지표에 주목하여 '문학적 공간의 상대성 이론'을 제시했다고 할 수 있다. 그는 인가르덴(R. Ingarden)이 공간을 주관의 표현체로 파악했던 논의 맥락을 되짚으면서,[15] 19세기에 들어서면서부터 공간이 단순한 '자연(Natur)' 개념 이상의 것으로 파악되어 '인간이 창출하는 공간성'이 문제시되었다고 논급한다.[16] 이를

14) '소설 분석 자습서(*Arbeitsbuch*)'의 한계일 것이다.
15) 힐레브란트, 앞의 책, 8쪽.
16) 위의 책, 같은 쪽.

테면 장 이론과 상대성 이론의 요체를 살펴보면, 대상 세계의 공간은 실재하는 것이 아니며 지각과 인식의 방향에 따라 달리 구성되는 구성체이다. 객관적인 질료의 조합으로 이해되던 공간도 이 맥락에서라면 인간 의식의 상대성을 전제로 구체적인 장 속에서 인식될 뿐이라는 것이다.[17)]

미술에서 원근법(Perspektivik)을 통해 그려지는 입체감으로는 표현 불가능한 '의식이 부여된 공간'을 표현하기 위해 평면 구현으로 되돌아 갔다는 점도 주목할 바다. 프라츠(Mario Praz)가 그림으로 형상화된 내적 공간(Innenräume)에 대해 얘기하면서, "공간은 정신의 박물관이며 그 경험의 문서고가 될 것이다."라고 한 말은 시사적이다.[18)] 형상화의 대상인 실제 공간 자체의 객관성이 의심 받은 다음에야, 언어의 여과를 거쳐 문학에 투영된 공간의 구도를 원근감으로 재구하거나 객관적 좌표에 표시하는 것은 앞뒤가 안 맞는다. 결국 문학에서 논의하는 공간 문제가 의식과 느낌과 체험이 담긴 공간의 문제라면, 하이데거가 논의하는 공간성에 대해 논급하는 일이 필연적이라고 할 것이다. 그가 제시한 '현존재의 공간성'은 삶의 세계에서 인간이, 특히 그 현존재가 관건인 공간 논항의 지평을 연다.

인간은 세계에 내던져져 있는 존재라는 사실을 발견하는 속성(Befindlichkeit)[19)]을 지닌다. 그 존재는 '스스로 사유함으로써 자기 존재를 결정한다'는 식의 데카르트적 존재가 아니라, 순연히 세계-내-존재로서 세계에 내던져져 분위기에 스스로를 조율(Stimmungen)[20)]하여 '지금·여기에' 존재(Da-Sein)[21)]할 뿐이다. 이성적이고 합리적으로 완성된 존재의 모습이기보다는 어쩌면 매우 즉자적이고 감성적인 존재자

17) 위의 책, 32쪽 참조.
18) 위의 책, 22쪽.
19) 하이데거, 앞의 책, 134쪽.
20) 위의 책, 같은 쪽.
21) 위의 책, 같은 쪽 참조.

(seiende)의 모습에 불과한지 모른다. 그러나 현존재로서 인간은 그런 존재자로 타락하지 않기 위해서 끊임없이 스스로를 갱신한다. 바로 세계 속으로 던져진 존재(Geworfenheit)[22]로서 자기 존재의 근원을 향해 끊임없이 질문을 던짐으로써 존재자의 굴레를 벗고, 존재의 심연에 다가설 채비를 한다. 이때 질문하는 존재(fragende Sein)는 세계를 끊임없이 해석(Auslegung)하고 그 해석한 바를 언어로 표현(Ausdruck/Rede)함으로써 자신의 지평(Horizont)을 확장하여 새로운 세계를 기획하게 된다. 이로써 현존재가 처한 세계는 닫힌 세계가 아니라 열린 세계(Erschloßenheit)로서, 존재의 기획을 통해 새로이 창출될 수 있는 세계로 파악된다.[23]

이러한 세계-내-존재로서 존재의 속성이 곧 현존재의 공간성이다.[24] 그 요체는 세계가 현존재에게 주어지는 모종의 실체나 실재가 아니며 현존재의 해석과 기획을 통해 새로이 창출되는 과정적 공간이라는 데 있다. 이때 의식의 주체라고 할 수 있는 현존재와, 그 대상이라고 할 수 있는 공간은 서로 그 경계가 뚜렷이 구별되어 따로 실재한다고 할 수 없다. 공간을 단순한 대상적 실체로 간주할 수 없는 터라 공간 인식의 상대성을 전제하게 된다.

특히, 이런 공간 속성이 문학의 경우 독자의 수용 과정에서 특히 문제시된다. 이를테면 개개 독자는 작품 속에서 서로 다른 건물과 풍경을 관찰하면서, 공간에 대한 문학적 지향성을 지니는가 하면 인간학적 가치관을 지니고서 공간을 이해한다. 예술적인 것은 모두 시각(퍼스펙티브)의 문제이므로, 하나의 건물은 의미의 다양성의 한 측면을 표현하는 수단이다. 가령 '집'은 여행자에게는 구경거리(미적인 관심)이거나, 폭우를 피해 하룻밤 묵을 곳(실용적 관심)이겠지만, 탕자에게는

22) 위의 책, 135쪽.

23) 위의 책, 142~153쪽 참조.

24) 위의 책, 102쪽 참조.

어린 시절을 보냈던 곳, 부모님이 살아계신 곳 등으로 파악될 것이다.[25] 이처럼 문학적 공간은 독서 과정에서 빚어지는 독자의 지각 양상에 따라 의미망의 구도가 달라질 여지를 안고 있다. 그러므로 문학적 공간은 체험 공간(erlebter Raum)의 국면에 직결된다고 할 수 있다.

이런 독서 체험과 관련하여 프루스트의 『잃어버린 시간을 찾아서』나 조이스의 『율리시즈』 등이 주목 대상이다. 이들 소설은 시간 문제와 관련하여 중요한 작품으로 거론되곤 하는데, 아인슈타인의 통찰에 비추어 공간과 시간은 동시에 상대화되기 때문에 공간 문제를 논의할 때에도 관심할 대상이다. 현대 소설에서 내적인 시간, 즉 객관적 시간과 다른 양태인 '시간 의식'이 대두되는 것처럼 공간 논의에서도 '공간 의식'이 대두되는데, 저와 같은 소설을 통해 서사 공간 논항의 단서를 얻을 수 있는 것이다. 특히 꿈과 환상에서 시간 상실성과 공간 상실성(Zeit- und Raumlosigkeit)이 표출되곤 하는데, 경험적인 것으로 보이는 공간, 자립적 공간으로 여겨지는 세계는 잠재의식이나 무의식(Unter- oder Unbewußtsein)에 근거한다. 구체적인 장을 결여한 공간은 없기 때문에, 현시된 공간의 배경이 되는 장인 잠재의식과 무의식의 세계를 규명하는 일은 매우 중요하다. 말하자면 공간 상실의 문제는 오히려 새로운 공간 창출의 욕망이 무의식 세계 속에 펼쳐진 것이라고 할 것이다. 특히 현존재에게 공간은 분명 체험된 공간이며 조율된 공간일 테니 말이다.[26]

이처럼 힐레브란트의 논의는 기본적으로 하이데거의 '현존재의 공간성' 논의를 문학적 공간의 이해 맥락으로 삼아, 실제 세계에 정합한 공간보다는 작가의 의식과 독자의 독서 체험(Lektüre-Erlebnis)으로써 새로이 기획되고 창출되는 공간을 서사형상 공간 논의의 요체로 삼는다. 서사형상 공간의 구명(究明)이 실제 공간이나 현실 세계의 반영을

---

25) 위의 책, 24쪽.
26) 위의 책, 26쪽 참조.

자명한 것으로 전제한 논의에 머물러서는 안 되며, 서사의 공간 요소를 단순한 배경 요소 정도에 국한시켜 이해해서는 곤란하다는 점을 논파한 것이 주지이다. 대상 공간이 지각(인식) 주체에 의해 재구성되거나 새로이 기획된다고 전제된 터라면, 대상 공간의 반영 논의는 근거가 없어진다. 공간 요소를 배경 요소에 국한하는 생각 또한 이런 반영론에 근간하고 있는 바, 그 논의 근거 또한 자연스레 사라진다. 결국 서사형상 공간 논의는 그 실재성의 지시 관계를 따지는 것이 관건이 아니라, 공간이 어떤 양상의 의식과 해석을 통해 창출되는지 여하와 구성 과정을 논급하는 것이 관건이다.

종내, 삶의 세계를 이해한 바를 서사 공간으로 변주하여 형상하는 과정에서 물리적 장소를 지각하고 표현하는 주체의 지각 방향과 담화 방식에 결부된 역학을 묻는 일로 논점이 이관된다. 서사를 통해 형상된 공간과 함께 형상에 작용하는 역학에 관련된 '서사역학 공간'이 서사 공간의 또 한 층위를 이룬다.

서사역학 공간

최근 문학에서 공간 논의는 대체로 대상 공간의 객관성과 실재성에 대해 의문을 제기하는 양상이 두드러져, 문학적 실재론에 강한 의구심을 표하는 거점에 공간 논점이 자리잡은 듯하다. 문학 작품의 실감을 가늠케 하는 유력한 지표로 간주되던 공간 요소의 실체를 부정함으로써 거두는 효과는, 결국 반(反) 실재론(counterrealism)[27]의 포명인 것이다. 이를테면 벤(Gottfried Benn)이 "고정 불변의 실재성이란 더 이상 존재하지 않는다."고 하면서 그런 실재성은 "유럽에서 악령같은 개념"이라고 지적했던 맥락[28]을 고려하고서, 힐레브란트가 체험된 공간이나 조

---

27) Joseph Frank, 'Forword', Jeffrey R. Smitten and Ann Daghistany (ed.), *Spatial Form in Narrative*, Cornell UP., p.7.

28) 힐레브란트, 앞의 책, 20쪽.

율된 공간 등과 같은, 현존재의 공간성에 관여된 개념에 주목한 것은 이런 맥락에서 의의가 더해진다. 마찬가지로 프랭크(Joseph Frank)가 「근대 문학에 드러난 공간 형식(Spatial Form in Modern Literature)」[29]을 써서 근대 문학의 중요한 특질로 '공간 형식'을 지적한 것도 근대 문학의 반리얼리즘 경향의 공분모를 찾아내기 위한 거점이었다고 할 수 있다.

이때 중요한 공간 자질은, 작가가 대상 공간을 텍스트에 형상화하여 그려내는 데 있지 않고, 텍스트에 형상된 공간을 독자가 해석하는 데서 창출된다고 한다. 말하자면 서사체에서 공간은 대상 공간의 실재성을 모방한 것도 아니지만, 작가가 일방적으로 그려 낸 공간도 아닌 것이다. 그 공간은 결국 독자의 의식 작용을 거쳐 재구성되었을 때 비로소 그 형상이 드러나는 것으로 전제된다. 따라서 서사 공간은 '실재 공간/작가의 표현/독자의 해석'이라는 삼차원의 조합으로써 입체적으로 구성된다고 하겠으니, 그 공간의 표지 역시 이 세 차원을 축으로 한 좌표상에 도시될 수 있을 것이다. 이런 맥락에서 맘그렌(C. D. Malmgren)이 제시하는 허구 공간 지도(a map of fictional space)[30]는 응용 폭이 넓다.

맘그렌은 전제적 논의(Pretext)를 통해 하비(W. J. Harvey)의 '모방각(mimetic angle)' 개념을 확장 논의함으로써 경험 세계(empirical world)[W_e]와 허구 세계(fictional world)[W_f]사이의 관계를 도시한다. 이를 통해 실재성(reality)을 강조하는 소설과 허구성(fictionality)을 강조하는 소설 사이의 역학 관계를 논하려는 듯 보인다. 서사 세계가 본질적으로 경험 세계(현실 세계)를 모방한다는 입장을 전제하지만, 그 모방의 정도와 양상이 다를 것이라는 점에 착안하여 제기된 모방각을 측량함으

29) 프랭크, 앞의 글.

30) Carl Darryl Malmgren, *Fictional Space in the Modernist and Postmodernist American Novel*, Associated UP., 1985, p.60.

로써 서사적 공간 형상의 국면을 도시할 수 있을 것이다. 이 개념은 서사적 공간 논의를 더욱 공간 논의답게 하는 데 중요한 자질이라고 판단되는데, 이를 확장하여 '모방 삼각형'을 고안함 직하다.

[31]

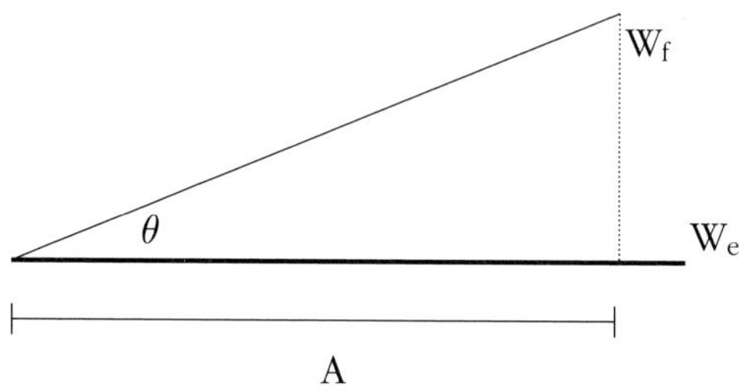

경험 세계(현실 세계)를 기본 축으로 허구 세계 좌표점이 이 축과 이루는 각[θ]을 표시하여 모방각이라 한다. 이때 허구 세계 점이 경험 세계 축에 가까워지면 모방각은 작아져 '더욱 모방적'이 되며, 허구 세계 점이 경험 세계 축에서 멀어지면 모방각은 커져 '더욱 자율적'이 된다.[32] 이때 좌표상 원점에서부터, 허구 세계 점이 점하는 경험 세계 축(x축)의 좌표까지의 거리를 측정하여 한 작품의 "진리치(truth value) A"를 구할 수 있는데, 이는 소설과 삶의 관계를 재는 척도가 된다.

물론 맘그렌이 좌표 평면상[33]에 그려지는 모방각 자체를 측정하는 데 관심한 것은 아니다. 실제로 모방각을 측정하여, 수치상으로 개개 작품들의 가치를 평가하는 지표를 얻을 수는 없는 노릇이다. 다만 그 각이 영도에 가까운지 직각에 가까운지 가늠하여, 허구 텍스트가 구현하려는 세계의 형상화 정도와 그 의미를 따질 수 있으면 될 것이다. 더 본질적으로는, 이러한 모방각 논의를 통해, 한 작품의 세계가

---

31) 위의 책, 18쪽.

32) 위의 책, 16~17쪽.

33) 맘그렌은 이 말을 쓰지 않았지만, 좌표 평면을 상정하는 것이 논의의 주제와 관련하여 볼 때 더 적확하다.

실제 경험 세계 축만을 기준으로 단선적으로(일차원적으로) 규명될 수 없으며, 반드시 허구 세계 축이 공조하여 좌표 평면을 형성함으로써만 규명될 수 있는 것이라는 사실을 지적할 수 있다. 최소한 두 차원으로써 작품 세계를 도시할 수 있다는 얘기다.

이 모방각을 응용하여 위와 같이 '모방 삼각형(mimetic triangle)'을 안출할 수 있다. 서사에 투영된 경험 세계와 허구 세계의 정도가 좌표상에 표시되고 모방각이 결정되면 이루어질 '진리치'가 밑변을 이루게 될 것이며, 실재 세계와 서사 세계 사이의 거리가 높이를 이루게 되어 삼각형이 형성되는 것이다.

이러한 맥락에서 맘그렌이 궁극적으로 그리려는 허구 공간[S_F]은 일단 실제 공간(실제 세계[S_W])와 허구 공간(화자 공간[S_S])으로 구성된다. 여기서 실제 공간인 S_W는 서사형상 공간(narratival space)이며 허구 공간인 S_S는 서사역학 공간(narrational space)이다. 그런데 이 두 공간만으로 허구 공간이 온전히 구성되는 것은 아니다. 이 두 공간은 단지 텍스트 공간[S_T]일 뿐이며, 이 텍스트 공간이 완전히 채워지지 않았거나 온전하지 않아 생기는 틈새들(gaps)을 메우면서 그 안에 구성되어 있는 독자 공간[S_R]이 있는데,[34] 이를 병렬 공간(para space)[S_P]이라 한다. 이쯤 되면 허구 공간은 차원이 하나 덧붙어 비로소 삼차원 공간 형상을 얻게 된다고 할 수 있다.

독자 공간은 허구 공간을 입체적으로 구성하는 데 중요한 요건이다. 서사 공간 논의는 단선적인 서사형상 공간의 실재성 논의에서 출발하여, 대상 공간의 상대성 논의에 비추어진 구성성을 강조하더니, 이제는 서사역학 공간 논의의 국면에 화자 공간과 독자 공간 차원이 더해져 그 면모가 완성되어 가는 듯하다. 맘그렌은 이런 논의의 맥락을 종합적으로 정리하려는 양, 허구 공간 '지도'[35]를 도시하여 제시하

---

34) 맘그렌, 앞의 책, 33쪽.
35) 위의 책, 60쪽.

고 있어 시사적이다. 그 지도는 텍스트 공간과 병렬 공간의 구성 요소들과 각 기능들을 수형도(tree-diagram) 상에 도시하여, 서사 텍스트의 공간성 논의의 방위를 찾는 데 길잡이가 되도록 하고 있다.

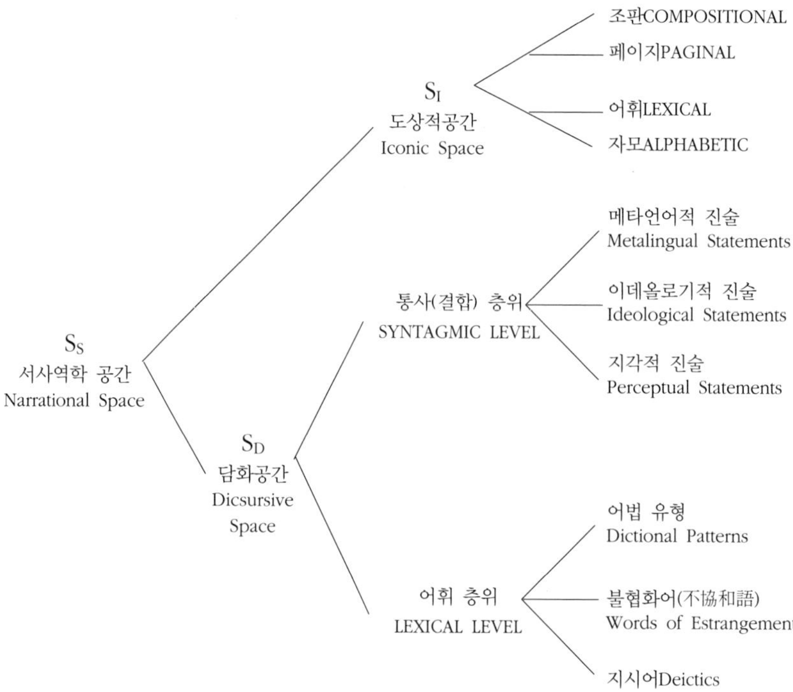

특히 그 논의는 병렬 공간 논의에 상당히 집중해 있는데, 이는 아마도 미국의 모더니즘 소설이나 포스트모더니즘 소설 가운데, 독자의 능동적 독서를 요구하는 예가 많기 때문인 듯하다. 이를테면 독자들이 텍스트에 거는 기대 지평은 의미(significance)·일관성(cohernece)·완결성(completeness)인데, 독자는 이런 기대 지평이 무너져 텍스트의 불완전성과 파편화에 직면하여 의미 창출(making sense)에 직접 참여해야 한다.[36] 전통적 서사의 경우 기대 지평과 텍스트 사이의 간극이 거의 생기지 않기 때문에 독자의 역할이 크게 문제시되지 않지만, 근

36) 위의 책, 56~57쪽.

대 이후 서사의 경우, 모티프들 간의 연계가 문제시되어 서사에 일관성이 있다 하더라도 독자가 연결고리(links)를 제공하지 않으면 안되는 경우가 생기며, 아예 결말이 없는 경우(absent telos)가 있어 그 결말을 독자가 손수 붙여 넣어야 한다.[37] 이야기 공간과 구성적 공간(story and compositional space)이 근원적으로 무너졌을 때, 독자는 텍스트의 의미와 구조를 수동적으로 소비하지 않고 적극적으로 텍스트의 창출에 나서야 하는 것이다.[38] 따라서 독자의 해석 공간인 병렬 공간이 서사역학 공간의 새 국면으로 대두되는 것은 수순이다. 물론 이 공간의 차원들은 개별 텍스트마다 그 역학 관계를 달리하여 도시될 것이다. 특히 화자 공간이 실재 공간을 어떻게 여과하여(filtering) 독자 공간에 투사하는지 여하[39]에 관련된 논점은, 세 차원의 좌표 관계를 가늠하는 데 단서가 될 만하다. 그 의식의 지향 관계까지 논급할 수 있어 서사 공간 논의를 종합하고 확장하는 데 중요한 계기가 되는 것이다.

이때 관건은 아무래도 '화자 공간'인데, 그 공간의 구성 요소들이 관심거리다. 대상 세계를 서사 세계로 변용하여 구현하는 양상이 관련되며, 그 양상에 따라 서사체의 공간 구도가 결정될 것이고, 그 구도가 독자의 해석 공간에 영향을 미칠 수 있기 때문이다. 이런 맥락에서 가장 주목할 점은 시점(point of view)이나 서술상황(Erzählsituationen)이다. 주지하다시피 서사론에서 시점 문제는 서사의 공간성 지표이다.[40] 공간 구성의 양상은 구성 요소들의 차원과 좌표에 따라 달라지는데, 이런 공간 구성의 상대성이 서사체에서 시점이나 서술상황의 국면에 따라 달리 드러나는 것이다. 실제 대상으로는 동일한 공간이

---

37) 위의 책, 57쪽.

38) 위의 책, 57~58쪽.

39) 위의 책, 144쪽.

40) 이에 대해서는 2부 1장에서 자세히 논급할 것이다.

화자 공간의 여과를 거치는 과정에서 서사체 내에는 달리 구현되는 경우를 어렵지 않게 상정할 수 있는데, 그 여과 과정에서 가장 중요한 관건은 시점 문제이다. 물론 이렇게 구현된 공간의 불확정성(Unbestimmtheit)을 기본적으로 전제한다면, 이는 다시금 독자의 해석 공간에 투사되어야 하므로 논항의 국면이 자연스레 병렬 공간으로 이관된다. 결국 담화 공간(S_D)은 화자 공간에 국한된 것이 아니라, 독자 공간과 화자 공간 사이를 넘나드는 소통 통로 역할을 한다. 담화의 화행 상황을 해석함으로써 서사 공간의 전모가 온전히 도시되리라 여겨진다.

서사형상 공간의 척도가 모방각에 의한 모방 삼각형이라면, 서사역학 공간의 척도는 해석각에 의한 해석 삼각형이다. 이는 모방각 개념을 응용하여 고안한 개념으로서 서사 공간 입체를 안출하는 데 관건이다. 결국 개별 텍스트의 공간론적 해석을 전제로 하여 서사 공간 구성의 여러 양상들을 모형화하여 유형론으로 나아갈 수도 있을 것이다. 이를테면 서사형상 공간을 밑면으로 하고, 서사역학 공간을 윗면으로 하는 입체형(삼각기둥 형태)을 도시할 수 있을 것이다. 이는 이차원적이던 모방각 도시에 서사역학 공간과 서술상황이나 시점 등 서사기제 차원을 더하여 바야흐로 입체적인 공간을 도시하는 데 상응한다. 이를테면 밑면인 서사형상 공간은 좌표 구성 양상에 의해 면적이 결정될 것이며, 윗면인 서사역학 공간 역시 모방각 도시를 참고하여 다음과 같이 '해석각'과 '해석 삼각형'을 도시할 수 있을 것이다.

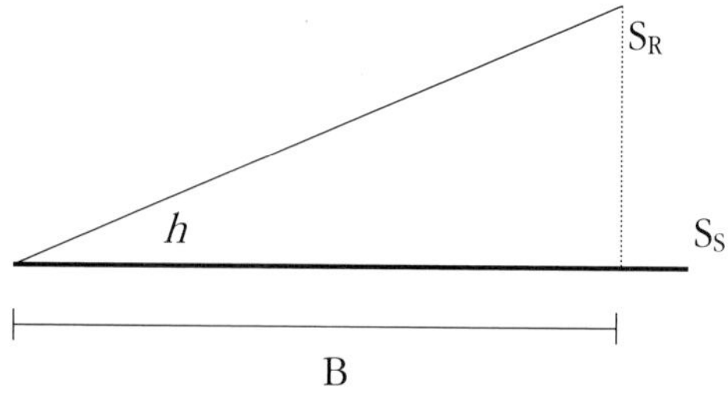

말하자면 서사 세계를 기본축으로 해석(된) 세계가 이루는 각을 '해석각(hermeneutic angle)'이라고, 또한 이렇게 좌표로 이루어지는 삼각형을 '해석 삼각형(hermeneutic triangle)'이라고 이름 붙일 수 있을 것이다. 이때 형성되는 밑변(B)이 해석 가능치 정도일 텐데, 이런 차원을 지표삼아 윗면의 면적을 가늠할 수 있다. 화자 공간 축이나 독자 공간 축이 같이 커지면 서사역학 공간인 윗면의 면적이 커지는 것이다. 마찬가지로 밑면의 면적도 각 좌표 값의 크기에 따라서 달라질 수 있다. 또한 두 면 사이의 거리가 높이가 되어 입체의 체적에 관건이 될 것이다. 이는 서사형상 공간을 구현하는 데 소용되는 서술의 기술(technique) 정도에 따라 결정된 차원('*t*'로 표시)이라고 할 수 있다. 가령 다음과 같은 식으로 삼각기둥 형태로 도시할 수 있을 것이다.

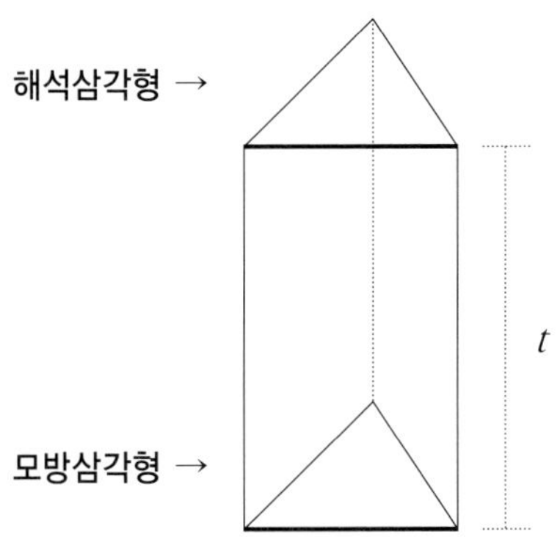

이때 각 면의 면적에 따라 서사형상 공간을 강조한 서사체와 서사역학 공간을 강조한 서사체로 유형화할 가능성이 생긴다. 삼각뿔에서부터 역삼각뿔에 이르기까지 다양한 형태의 삼각기둥 모형이 형성될 수 있는데, 그만큼 다양한 형태의 서사 공간 유형이 가능해진다. 삼각뿔은 가장 안정된 형태이며, 역삼각뿔은 가장 불안정한 형태이다. 이는 대상 세계의 형상화 정도가 큰 서사체일수록 해석의 여지가 덜하여 전반적으로 의미의 안정화가 이루어지며, 역인 경우 의미의 안정성이 와해될 수 있다는 얘기다. 물론 높이 차원인 서사 기법의 작용 정도가 높을수록 같은 형태라도 더 불안정한 공간 구성이 될 것이다.

서사 공간의 요소와 논항

이렇듯 서사 공간의 형상화와 구성 역학에 관여된 요소와 논점을 정리하여 서사 공간론의 지평으로 개시할 수 있을 것이다.

최상위 개념인 '서사 공간'은 서사체에서 문제 되는 공간을 일컫는다.[41] '서사(적)'란 한정어가 붙은 만큼, 실제 물리적 공간과는 분명히 구별된다.[42] 물론 실제 공간, 혹은 현실 공간이 투영된 형상을 띨 것이므로 그 형상화 과정의 굴절상에 논의의 초점을 맞출 필요가 있다.

그 논의를 위해 우선 서사 공간의 층위를 대별해야 한다. 앞서 언

---

41) 맘그렌은 '서사 공간(narrative space)'이라거나 '허구적 공간(fictional space)'이라고 하는데, 이는 같은 개념이다. 힐레브란트는 '문학적(시적) 공간(poetischer Raum)'이라 하여 '과학적(수학적) 공간(mathematischer Raum)'이나 '철학적 공간(philosophischer Raum)'과 변별하는데, 그의 논의가 실상 소설에서 공간 문제를 다룬 것이므로, '소설적 공간'이라 할 만하다. 또한, 마아쩨(F. C. Maatje)가 얘기한 '작품-내-공간(Raum-im-Werk)'도 있다. 카르만(C. Kahrmann) 등은 '서사 텍스트 내 공간(Raum im Erzähltext)'이라고도 한다. 본고에서는 대표적으로 '서사 공간'을 술어로 취한 것인데, 서사체에 드러난 공간 문제를 논점으로 상정하는 데 최우선 전제로 삼는 것이다.

42) '공간'은 '장소(place)'와 구별된다. 이푸 투안이 『공간과 장소』에서 단어의 활용과 파생 용례와 관련하여 그런 논의를 펴고 있다. 요컨대 '장소'는 대체로 정주(定住)할 자리나 보호되는 자리를 뜻하는 용례를 갖는 데 비해, '공간'은 트인 자리나 자유로운 자리를 뜻한다는 것이다. '장소'가 내부 지향적이라면 '공간'은 외부 지향적이기도 하다. '공간'은 '우주'를 가리키는 말이기도 한 것이다. 게다가 그 형용사 형인 'spacious'는 '드넓은'이란 의미이다. 이런 맥락에서 '공간'은 '장소'에 비해 함의가 크며, 적용 범위도 넓다고 할 수 있다. 따라서 이 말에는 여러 한정어가 덧붙어 특수한 용례로 쓰일 수 있다. '서사 공간'도 이런 맥락에서 타당한 술어이다(Yi-Fu Tuan, *Space and Place*, Minnesota UP., 1977, pp.3~7 참조).

급한 대로, '서사형상 공간'과 '서사역학 공간'으로 크게 나누어 논급하는 것이 일반적이다. 실제 세계의 공간 형상이 서사 세계에 투영되는 과정에 어떤 식으로든 변형이 가해진다는 생각이 논의의 전제인데, 그 투영된 형상의 제 양상을 논급하는 것은 물론이거니와, 투영 과정에 작용하는 서사적 기제의 역학을 논급해야 서사 공간의 면모를 온전히 밝힐 수 있을 것이라는 점이 지적되어 왔다.

흔히 생각하기에 서사의 소재나 배경이 되는 공간은 서사형상 공간의 일부다. 서사의 대상이 되는 공간 형상 그대로가 아니라 서사체에 투영되어 드러난 공간 양상을 논급하는 데 서사형상 공간 논의의 요체가 있다. 그 공간이, 실제 세계의 공간 형상과 대비하여, 어느 정도 굴절되어 어떤 양상으로 형상화되었는지를 논급하는 것은 다 이 공간 층위의 논의에 해당한다. 논의에 소용되는 하위 개념들이 수다하게 지적되어 왔는데, 그 요체를 간추리면 다음과 같다.

우선 '실제 · 현실 공간(actual space)'이 상정된다. 이는 실제 세계, 현실 세계의 공간이다. 서사 공간은 기본적으로 이를 모형으로 창출되는데, 그 형상화 과정에서 굴절될 양상을 논급하는 것이 서사형상 공간 층위 논의의 요체이므로, 어쨌든 실제 공간 개념이 전제된다. 문제는 그 실제 공간 형상 자체가 객관적인 지표를 지니지 않을 수 있으므로, '공간적 상대성'을 늘 염두에 두어야 한다는 것이다. 따라서 서사에 투영된 공간, 즉 서사형상 공간은 그런 상대성 맥락에서 논급되어야 한다.

그런데 '실제 공간'과 '실재 공간(real space)'은 분명히 대비해서 이해해야 한다. 맘그렌의 경우 별다른 구별없이 '실제적'이란 한정어와 '실재적'이란 한정어를 혼용해서 사용하고 있기는 하다. 흔히 실제성(actuality)과 실재성(reality)을 혼동하여 쓰는 예가 있음에 비추어 보면, 그런 용례도 틀릴 것은 없다. 그러나 리얼리즘 논의를 인식론 맥락에서 펼친 사례들에 비추어 보면, 이 두 개념은 오히려 극한 대조를 이루는 것으로 이해된다. 여기에서도 두 개념의 인식론적 용례를 적극 전제하여 엄밀히 구별하여 사용한다. 요컨대 실재 공간은 이념적이거나 이상적인 실체(substance)가 전제된, 이를테면 이데아적 형상을 전제한 공간을 가리킨다. 이 역시 실제 공간과 마찬가지로 서사형상 공간의 모형이 되는 대상 공간이다.

그 실제 공간이나 실재 공간이 서사에 투영되어 드러나는 '서사형상 공간'의 여러 구성소를 루드비히가 잘 정리해서 도표로 제시해 놓았다.[43] 그 구성소들 가운데 '행위 공간(Handlungsraum)'은 글자 그대로 인물들의 행위가 진행되는 공간이다. 행위하는 인물들에 직접 관련된 공간으로서, 행위를 제약하는 틀을 형성하는 기능을 한다. 이 경우 공간 형상을 드러내는 대상 요소들은 대개 실제 공간과 지시적 관계에 있는 경우가 많다. 말하자면 이야기의 실감을 돋우는 구성소로 작용하는 것으로 흔히 사건의 공간적 배경 수준과 일치한다고 할 수 있다.

'대조적 공간', 대조화(Kontrastierung)된 공간은 일단 지각적으로 대조적인 형상이 창출된 공간을 가리킨다. 이를테면 상하·원근·내외 등이나 '좁은/넓은', '도시/시골', '고향/타향' 등으로 대조적 조합이 이루어진 형상으로 드러나는 공간이다. 이는 직시적 공간 형상의 대조를 통해서뿐만 아니라 인물 사이나 서사 세계의 대상물들 간에 대조적 구도가 형성되어서도 드러난다. 나아가 지각적 형상뿐만 아니라, 거기 투사된 관념이 대조적인 형상을 띠어서도 공간적 감각이 드러나게 된다. 이 경우 보통 실재성이 투영된 형상이 이루어지게 마련이다. 그런 대조가 이차원적인 양상이라면, 관념의 차원이 강조되어 삼차원적인 입체감이 드러난 형상을 띨 때, 원근법적 공간, 원근화(Perspektivierung)된 공간이 된다. 미술에서 원근법이 공간 구도의 이상적 실재성을 표현하는 방법이라는 점을 염두에 두고 보면, 루드비히의 생각과는 달

43) 앞 절의 표를 참조할 것.

리, 대조적 공간 형상보다 더 실재적인 관념을 드러낸 형상이라고 할 수 있다.

실체가 전제된 이런 공간 형상들과 달리, '조율된 공간(gestimmter Raum)'은 인물의 현존재성에 투사된 공간 형상이라고 할 수 있다. 하이데거가 얘기하는 '현존재의 공간성(Räumlichkeit des Daseins)' 맥락에서 응용된 개념으로, 대체로 실제 공간이 인물의 의식에 따라 달리 형상화되는 경우를 설명하는 데 유용한 개념이다. '체험된 공간(erlebter Raum)'은 이 개념과 함의가 같다. 이쯤 되면 서사 공간의 형상은 실제 공간 형상을 모델로 전제하지 않은 양상을 띤다.

서사에 투영된 공간이 실제 공간을 지시하지 않는 양상이 극화되면, '전의되고 상징화된 의미 형성적 기능(übertragende, symbolisierende, sinnbildliche Funktion)을 지닌 공간', 곧 상징적 공간이 된다. 이와 관련된 '문학적으로 변용된 공간(verdichter Raum)' 개념을 아주 광범위하게 적용하면 '서사 공간'을 대체할 수도 있지만, 대체로 비유적 이미지로써 표현된 공간 형상을 가리키는 정도에 한정된다. 그런 양상이 극화되면 상징적인 공간 형상이 이루어지는 것이다. '상징'이 그렇듯이 상징적 공간은 실제 공간이나 실재 공간 어느 것도 실체로 전제하지 않고, 결국 해석 국면에 따라 새로이 창출되는 공간이다. 말하자면 구성적 개념(constitutive notion)이다.

'서사역학 공간'은 대상 공간을 서사 공간으로 중개하는 과정에서 형성되는 공간이다. 서술자, 인물, 독자 등 서사적 담화의 제(諸) 주체가 점한 영역간의 역학 구도에서 구성될 담화 공간이 이 공간의 주요 구성소이다. 서술상황(Erzählsituationen; ES)이나 문체, 플롯 등 서사 기제들이 이 공간 형상을 논급하는 데 단서가 될 것이다.[44] 서사의 도

---

44) 카르만 등은 허구적 담화상황(Redesituation; 서술상황)의 공간적 차원으로서 서사형상 공간의 외부에 구성된다고 했다. 그러나 서술상황 못지 않게 문체

상(圖像)적 요소는 서사체에서 우선 눈에 띄는 공간 요소일 것이므로 여기 하위 범주로 포함된다.

이야기가 서술되어 전해지는 과정에서 텍스트를 시각적으로 매개하는 요소들이 도상적 공간(iconic space)을 이룬다. 서사가 매개되는 책의 조판, 페이지 배열, 어휘, 글자 등 시각적인 요소들로 구성된 공간을 일컫는 것이다. 어느 경우에나 다 이를 논급할 필요는 없으며, 도상적으로 특징적인 형상을 엿보이는 텍스트를 논급할 때에 소용될 것이다.

'담화 공간(discursive space)'은 서사역학 공간 층위에서 핵심이다. 서술자·인물·독자 세 차원으로써 구성되는 공간이다. 그 세 차원의 역학 관계에 따라 다른 양상이 펼쳐질 텐데, 서술상황·문체·플롯 등의 서사기제를 통해 구체화될 이 공간 양상을 논급함으로써, 서사 형상 공간의 양상이 드러나는 역할을 설명할 수 있다. 대상 공간이 여과(filtering) 과정을 거쳐 서사체에 구현되는데, 그 여과 과정을 밝히기 위해 서사역학 공간에 대해 논급해야 하는 것이다. 실제 대상으로는 동일한 공간 형상이 서사체에 달리 구현되는 경우를 어렵지 않게 상정할 수 있는데, 그런 형상화 과정에 변수로 작용하는 서술상황을 추론하는 것이 서사역학 공간을 논급하는 데 관건이 될 것이다. 이를테면 작가 서술상황(auktoriale ES)은 서술자가 서사 세계 밖에 위치하여 대상을 기술하는 서술상황이다. 따라서 서술자는 대상 세계에 대해 전지(全知)하며, 이를 객관적으로 분석할 수 있다. 이에 반해 인물 서술상황(personale ES)은 서술자가 등장 인물의 가면(persona)을 쓰고서, 말하자면 서술자가 등장 인물의 내면에 들어가서 그 인물의 눈을

나 플롯 등 서사적 기제가 이 공간 층위를 구성하는 데 중요한 요건들이 될 것이며, 텍스트의 시각적인 요소인 도상적 요소 또한 이 층위의 공간 개념에 포함시켜 논급해야 온전한 국면을 밝힐 수 있을 것이다. 이 층위의 하위 구성소들을 정리하는 데에는 맘그렌의 논의를 주로 참고했다.

통해 대상 세계를 지각하고 그 내용을 기술하는 서술상황이다. 따라서 서술자는 그 등장 인물의 의식에 따라서만 세계를 인식하게 되며, 주관적으로 바라보게 된다. 결국 서술상황은 서사역학 공간 양상의 두 국면을 낳는 기제로 작용한다.

슈탄첼은 서사체의 시점 논항 가운데 지각 문제와 관련하여 '시각(視覺Perspektive)'에 대해 논급하면서, 서사형상 공간의 표현 기제를 설명하기 위해 기본적으로 '시각화(Perspektivierung)'를 상정한다.[45] 여기서 '공간' 개념은 일단 객관적이고 물리적인 공간 개념으로, '시각화'는 말하자면 회화의 투시법에 부합한다. 실제로 그 논의에서는 '투시주의(Perspektivismus)'와 '역투시주의(Aperspektivismus)'라는 대립항이 주로 전제되어 있다. 이때 '투시주의'는 시점의 일관성 정도로 이해할 수 있는데, 객관적 공간 형상을 보장하려는 원리가 여기 내포되어 있다고 할 수 있다. 회화의 투시법처럼, 인식자나 서술자가 대상 세계 밖에서 대상을 투시하여 서술한다고 할 수 있으니, 시점이 일관될 수밖에 없다. 이에 비해 역투시주의는 인식자나 서술자가 대상 개체 각각의 내부에서 외부 세계를 조망하여 서술하는 셈이니 그 시점이 대상에 대해서마다 달라질 것이다. 이런 맥락에서 슈탄첼이 '시각(Perspektive)'의 두 국면으로 '내적 조망(Innenperspektive)'과 '외적 투시(Außenperspektive)'를 제시한 것은 흥미롭다.

'투시'는 작가 서술상황에, '조망'은 인물 서술상황에 대응된다. 서사역학 공간의 주요 국면이 이렇게 형성되어 있는데, 서술상황과 시각화의 국면이 맞물려서는 서사형상 공간의 형상화 역학까지 여기에 결부되어 있는 것이다. 투시된 공간 형상에서는 대상 공간을 모사한 형상이, 조망된 공간 형상에서는 대상 공간을 변형한 형상이 밀도 있게 표출될 것이다.

---

45) 슈탄첼이 논급한 서술상황과 서사 공간의 상관성에 대해서 2부 1장에서 재론할 것이다.

이런 맥락에서 슈탄첼이 특히 인물 서술상황에 대응하는 '조망'만 기호학적으로 의미있다고 지적한 데 주목할 여지가 있다. 내적 조망에 의한 서사는 그만큼 지각자와 서술자의 주관성이 두드러지기 때문에 그 의미를 해석하는 과정에 독자의 개입이 빈번한 만큼 의사소통 측면에서 기호학적인 문제를 두드러지게 야기한다는 얘기일 것이다. 역투시법으로 그려진 그림이 추상화 경향을 띠어, 구현된 형상보다는 해석이 중요한 국면으로 부각된다는 점을 떠올려도 좋다. 결국 내적 조망으로 그려질 서사는 추상화처럼 전의(轉義)적인 상징성을 안을 수 있는 것이다. 이 경우에 시각의 방향은 내적 조망 구도이겠지만, 구현된 형상은 지각 대상의 형상과 무관한 양상으로 드러날 것이다. 이를테면, 상징적 기획(Entwurf)에 의해 형상화된 세계의 공간 형상은 불확정성(Unbestimmtheit)을 드러내는데, 이는 독자의 해석에 투영되어 완성되어야 하므로, 독자 공간까지 담화 공간의 기본 구성소로 간주해야 한다.

여기에서 그치지만 않는다. 이를테면 의미의 일관성을 지탱하는 텍스트의 요건에 균열이 생겼을 때, 독자가 의미의 구성에 나서야 한다. 그 구성의 역학에서 빚어지는 공간이 곧 해석 공간일 터이며, 이는 담화 공간을 구성하는 하위 범주를 벗어나 독립된 병렬 공간으로서 기획된 양태일 것이다. '해석 공간(hermeneutic space)'은 서사형상 공간과 서사역학 공간에 병렬된 것으로 전제되지만, 서사 세계에 투영된 공간 형상이 대상 공간과 정합되지 않을 경우에는, 서사역학 공간의 양상이 온전한 구도를 갖추지 못할 상황이 빚어질 우려가 있으며, 이때 해석 공간은 병렬된 공간 수준에 그치지 않고, 그 자체가 독자적인 공간 층위를 점하게 되는 것이다.[46)]

이처럼 서사체에 투영된 공간 형상을 문제삼을 때, 대상 공간의 양

46) 프랭크가 근대 문학의 공간 형식의 지표 가운데 가장 본질적인 국면으로 해석의 중요성이 증대된 점을 꼽았던 것은 이런 맥락에서 시사적이다.

상이 고스란히 반영되어 있을 것이라 전제할 수 없다. 혹 현실이 서사에 그대로 반영된다 하더라도, 현실의 물리적 공간 양상 그대로일 수는 없다. 따라서 서사론에서 공간 문제에 접근할 때에는 서사 공간 형상이 대상 공간 형상에서 굴절된 양상으로 드러날 것이라 전제해야 한다. 그 굴절된 양상을 추적하여, 대상 공간과 서사 공간 사이에 맺어질 함수 관계와 그 관계에 작용하는 서사적 기제의 역학 구도를 파악하는 데 논점이 있음을 주지해야 하는 것이다. 소설에서 공간 문제는 더 이상 배경 공간의 실제성을 따지는 데 국한되지 않는다.

이런 서사 공간의 층위와 요소들이 어우러져 빚어지는 서사 공간의 총체적 양상의 몇 가지 국면을 추론할 수 있다. 공간을 인식하는 태도와 지각 방향에 따라 서사 세계의 공간 형상은 다른 양상으로 표현될 텐데, 그 양상에 따라 세 가지 공간 구도가 이루어진다. '외적 투시 공간, 내적 조망 공간, 상징적 기획 공간'이 그 구도이며, 시점이나 서술상황과 관련된 서사적 기제의 역학에 따라 구성되는 공간 구도를 가늠하는 단서가 됨 직하다.[47)]

'외적 투시 공간'은 슈탄첼이 지각과 서술의 양상을 작가 서술상황과 관련하여 제시한 '외적 투시' 개념을 응용하여 지은 술어로서, 대상 공간의 실재성이 투영된 공간 형상을 드러내는 경우를 아우를 수 있는 말이다. 대상 공간의 외부에서 전체를 관망하거나 그 내부를 투시할 때에는 구상적인 실감을 지각하기보다는 총체적 실재를 인식할 수밖에 없다. 지각 위치와 방향에 따라 달리 보일 수 있는 공간의 다면

47) 이를 모종의 유형론을 펼치는 분류 기준으로 삼는 것은 곤란하다. 서사 공간의 양상을 단선적인 반영 양상을 전제로 살필 수 없음을 강조하기 위해, 지각과 표현의 함수 관계와 서술의 기법에 관여된 역학을 논급하는 것이 서사 공간론의 거점임을 기억해야 할 것이다. 분류 기준처럼 비쳐질지도 모르지만, 여기 제시한 세 가지 항은 서사 공간의 역학에 작용하는 국면을 이해하는 단서 정도로 이해되어야 타당하다.

은 이러한 투시 과정을 통해 상쇄되어 총체로 환원될 수밖에 없는 것이다. 객관적 실체에 대한 과학적 인식의 경우라도 구체에서 추상한 형상을 인식하는 양태이고, 원근감으로써 실감을 자아내는 듯한 형상도 실상은 구상이라기보다는 원근법에 의해 조작된 피상의 한 국면으로 이해된다.

이러한 공간 형상에는 예의 권위적 서술자의 의식과 언변이 작용하고 있어서, 서사역학 공간의 주요 국면인 담화 공간의 왜곡상이 빚어진다. 인물이나 독자는 서사적 소통의 주체로서 역할을 다하지 못하며, 서술자의 영역만 기형적으로 확장된 형국이 연출된다. 공간 형상의 실재성은 이처럼 권위적 서술자가 서사 세계를 완전히 투시하는 입장에서 서사를 펼치는 데서 비롯된 것이다.

'내적 조망 공간'은 인물 서술상황과 관련하여 제시된 '내적 조망' 개념을 응용한 술어로서, 문학적으로 변용된 공간 형상을 드러내는 서사체를 아우르며 논급하는 데 적합하다. 대상 공간을 반영하는 데 그치지 않고, 공간 지각의 이미지나 비유적 형상으로써 변용시킨 공간상을 그려낸 경우에 적용된다. 이때 공간 형상 변용의 주도권이 서술자에게 전적으로 위임되지 않고, 지각 주체로서 인물의 역할이 충실히 살려짐으로써 담화 공간의 균형상이 표출된다. 인물의 지각을 전제로 공간 형상이 기술되기에 상대적으로 독자의 역할이 부각되지만, 특별히 독자의 영역이 확장되거나 할 여지는 없는 것도 그 균형감을 살리는 요인이다.

외적 투시 공간이든 내적 조망 공간이든 간에, 그 공간 형상은 어떤 식으로든 대상 공간의 형상을 모형으로 그려진다. 그 반영 양상에서 정도 차이가 문제될 뿐이다. 이에 비해 '상징적 기획 공간'은 대상 공간의 형상이 완전히 역투시된 양상으로 드러난 경우를 일컫는 말인데, 대상 공간의 형상과는 전혀 다른 형상이 그려진 경우를 이해하는 데 소용될 술어이다. 가령, 인물의 의식 작용으로써 공간 형상이 재해석되고 새롭게 창출되는 양상에 적용할 만하다. 이때 서술상황은 인물 서술상황이 극화된 양태이거나 일인칭 서술상황을 응용한 식이어서, 상대적으로 서술자의 영역이 축소되는 반면, 독자의 영역이 단적으로 확장된 양상이 빚어진다. 나아가 독자가 점한 해석 공간이 별도의 층위에 구성되어야 하는 상황까지도 연출된다.

이렇듯 서사 공간의 두 층위인 서사형상 공간과 서사역학 공간을 아우른 공간 구도인 '외적 투시 공간, 내적 조망 공간, 상징적 기획 공간'을 논항으로 한국 근·현대 소설의 몇 가지 국면을 해석하여 그 술어적 타당성을 예시하고자 한다. 서사의 근대적 자질을 논급하는 데 관련 논항을 대입할 만하면, 근·현대 표지의 한 구심인 '도시'의 서사적 공간 형상을 논급할 때에도 관련 논항을 끌어들임 직하다. 나아가 실존의 기획에 근사한 공간 기획의 자질을 서사 공간의 상징적 기획이라는 논항을 통해 해석할 수 있는 여지가 다분하다.

한국 근대 소설의 투시 공간

외적 투시 공간의 형상

투시 공간 1__피상적 실재성 투영

새로운 소설 유형이라 포명하며 등장한 신소설은 어쨌든 한국 근대 소설의 맹아를 논의할 때 논급하지 않을 수 없다. 그 서사 공간의 양상을 살피면서 근대성 여하를 가늠하는 것은 근대 소설의 자질로서 서사 공간의 표지를 해석하기 위하여 피할 수 없는 일이다. 이와 관련하여 대표작인 「혈의 누」[1]에서 평양성 근처의 풍광을 기술한 대목을 보면, 이야기의 배경이 될 공간에 대한 지각 정도에 우선 눈길이 머문다.

> 계엄중(戒嚴中) 총소리라 평양성 근처에 있던 헌병이 낱낱이 모여들어서 총 놓은 군사와 부인을 데리고 헌병부로 향하여 가니, 그 부인은 어딘지

1) 다음을 인용 대본으로 삼았다. 현대어로 번역된 형태의 본이지만, 특별히 구문 분석 등을 요하지 않는 만큼, 굳이 원전에 가까운 본에서 인용하지 않는다. 이하 인용할 때에는 페이지 숫자만 병기하겠다.
이인직, 「혈의 누」, 『신소설』, 동아출판사, 1995.

> 모르고 가나 성도 보이고 문도 보이는데, 정신을 차려 본 즉 평양성 북문이라.
>
> 밤은 깊어 사람의 자취도 없고 사면에서 닭은 홰를 치며 울고 개는 여염집 평대문 개구멍으로 주둥이만 내어 놓고 짖는다. 닭소리, 개소리에 부인의 발이 땅에 떨어지지 못하여 걸음을 멈추고 섰는데, 오장이 녹는 듯하고 눈물이 앞을 가린다. 개는 명물이라 밤사람을 알아보고 반가워 뛰어나오다가 헌병이 칼을 빼어 개를 차려 하니 개가 쫓겨 들어가며 짖으나 사람도 말을 통치 못하거든 더구나 짐승이야……. (15쪽)

여기에서 특정 공간을 지각하는 주체가 뚜렷하게 전제되어 그의 시각에서 양상을 기술한 점이 우선 눈에 띈다. 공간 지각의 이미지들을 동원하여 구체적으로 기술한 데서 공간의 실감이 돋워지기도 한다. 특히 '닭소리, 개소리'처럼 공간 지각의 이미지를 통해 지각 주체의 심회가 고조되는 등, 배경 공간의 기술 양상이 단순하지 않다. 소설의 첫 문장, "일청전쟁(日淸戰爭)의 총소리는 평양 일경이 떠나가는 듯하더니, 그 총소리가 그치매 사람의 자취는 끊어지고 산과 들에 비린 티끌뿐이라." 한 것을 돌이키게 하며,[2] 평양성을 배경으로 펼쳐지는

---

2) 힐레브란트에 의하면, 소설을 읽으면서 의미를 이해하는 일은 일별(Augenblick)과 재고(再考Erinnern), 두 과정으로 대별된다. 일별은 서사의 시간성을 드러내는 측면이며, 재고는 공간성을 드러내는 측면이다. 흔히 서사 구성에서 회상 기법이 서사의 공간화 기제로 알려져 있는데, 힐레브란트의 논의는 '해석 과정상 회상'을 근거로 공간성을 추론한 것이라는 점에서 주목을 끈다. 서사의 각 대목들이 유기적으로 연결되어 있어서 그 체계가 파악되어야 의미가 드러나는 서사체에 본질적으로 공간성이 내재한다는 점을 지적한 것이다. 칼리네스쿠(M. Calinescu)도 읽기(reading)와 다시읽기(*re*reading) 개념을 변별하여 논급하면서 이점을 지적하였는데, 비슷한 논지이다. 다만 칼리네스쿠는 두 개념이 시간성과 공간성 개념에 완전히 대응하는 것은 아니며 교차된 양상으로 드러나기도 한다고 언급한다. 물론 신소설에서 재고나 다시읽기의 국면이 전면 부각되거나 하는 것은 아니지만, 공간 지각과 재고의 맹아가 엿보인다는 점이 일단은 시사적인 것이다. 전대의 문장체 소설에 일반적으로 드러났던 단선적 구성과 피상적 공간 형상에 비하여 그 의의를 지적함 직하다.

'슬픈 사연'을 예시(豫示)하기도 하면서, 이야기의 실감을 북돋우는 효과를 낳는다. 특히 그 공간을 구성하고 있는 대상물에 지각 주체의 심회가 이입되어 드러나는 데서, 공간은 단순히 이야기의 무대나 배경에 그치는 객관적 실체로 그려지지 아니하고, 인물의 시점을 전제로 재창출된 구성체로 드러나 있음을 알 수 있다. 물론 그런 식의 형상화의 전조가 위 인용 대목에서 엿보일 뿐 소설 전면에 걸쳐 드러나 있는 것은 아니지만, 이야기의 실감을 돋우는가 하면 현실 세계의 단면을 시사하는 데 공간 양상의 실감이 잠재되어 있다는 데 주목할 여지가 있는 것이다.[3]

그런데 이처럼 절망감과 비애감의 정조(情調)로 조율된(gestimmt)[4] 평양성중의 풍광이 일단은 다음과 같이 전환된다.

> 집집의 걸어 닫혔던 대문도 열리고, 골목골목에 사람의 자취가 없던 곳도 사람이 오락가락하고, 개짖고 연기 나는 모양이 세상은 평화된 듯하나, 북문 안의 김관일의 집에는 대문이 닫힌 대로 있고 그 집 문간엔 사람이 와서 찾는 자도 없었더라. (24쪽)

"화약 연기는 구름에 비 묻어 다니듯이 평양의 총소리가 의주로 올

Bruno Hillebrand, *Mensch und Raund in Roman*, Winkler Verlag, 1971, S. 5~6 참조.

Matei Calinescu, *Rereading*, Yale University Press, 1993, pp.17~18 참조.

3) 앞 장에서 언급했듯이, 루드비히에 의하면 이는 '행위 공간'의 기능이다.

4) 루드비히에 의하면 '조율된 공간'은 일단 분위기의 창출에 기여하는 구성소다. 인물들은 그렇게 분위기가 형성된 공간을 체험한다고 한다. 그러나 이처럼 대상 공간의 분위기를 전하는 데 그 공간의 기능이 한정되는 것은 아니다. 인물의 체험 양상에 따라 '조율된 공간'의 함의가 넓어질 수 있다. 이를테면 하이데거의 현존재의 공간성 논의와 결부되면, 인물의 의식에 투영되어 창출되는 공간 형상까지 가리키는 개념이 된다. 이에 대해서는 뒤에 상론할 것이다.

Hans-Werner Ludwig (Hrsg.), *Arbeitsbuch Romananalyse*, Guter Narr Verlag, 1982, S.172 참조.

라가더니 백마산에는 철환 비가 오고 압록강에는 송장으로 다리를 놓는다."라는 과장된 비유를 통해 평양성이 평정을 되찾았다는 사실이 명시된 후에, 성중의 "옛 모양"이라고 하여 이렇게 기술된 것이다. 물론 이 자체로는 평양성의 풍광이 실감나게 전해졌다고 보기 어렵다. "의주서는 피비 오는데 평양성중에는 차차 웃음 소리가 난다."라고 의주의 정황과 대비된 앞 대목을 고려하더라도 그 형상을 구체적으로 감지하기 어려운 것이다. 다만 난리통이 지나고 평정이 되찾아온 평양성의 모습을 공간 형상의 이미지를 통해 드러내려 했다는 데 주목할 여지가 없지는 않다.[5] 특히 집집의 대문이 열리는 데 비해, 굳게 닫힌 채 사람의 왕래가 없는 김관일의 집이 대조적으로 제시되어 있어서, 난리통에 이 집 사람들에게 무슨 일이 있었음이 암시되고 있다. 공간적 대조화 기제로써 모종의 사건이 시사되어 있는 것이다. 그런 대조화 양상이 그리 구체적이지는 않지만, 서사 구성의 요소를 통해 공간을 의식하려는 의중이 엿보이는 것이다.[6]

물론 그런 의식이 피상적으로 드러나 있을 뿐이며, 서사 전개 과정에서 다소간 실감을 자아내는 요소로 기능하는 경우도 단편적이다.[7] 경우에 따라서는 여기 기술된 공간의 면모가 오히려 실감을 반감시키

---

5) 비유나 이미지 자체가 공간 형상의 요소로 간주되기도 한다. Frank C. Maatje, 'Versuch einer Poetik des Raums; Der lyrische, epische und dramatische Raum', Alexander Ritter, (Hrsg.), *Landschaft und Raum in der Erzählkunst*, Wissenschaftliche Buchgesellschaft, 1975, S.401 참조.

6) '대조화'는 서사적 공간 요소 가운데 가장 자주 언급되는 요소다. 이는 공간의 양상을 대조적으로 병치해서도 드러나지만, 공간 양상의 대조가 아니라도, 어의의 대조로써만도 공간성을 표출한다고까지 한다. 루드비히, 앞의 책, 173~174쪽이나 마아체, 위의 글, 400쪽 참조.

7) 이런 한계는, 다음 절에서 서사 구성의 제 기제와 관련지어 논의함으로써 구체적으로 지적할 논점인데, 요컨대 서술상황이 혼재되었다든지, 문체적 선택 과정에서 서술자가 모호한 태도를 취하여 문체가 흐트러졌다든지 하는 과도적 한계와 결부되어, 서사역학 공간의 양상에 상당한 균열이 초래된 것과 궤를 같이 한다고 할 수 있다.

는 요인으로도 작용한다.

이를테면 "미국 화성돈의 어떠한 호텔"과 "조선 평양성 북문 안에 게딱지같이 낮은 집"이 '대조적 공간'으로 전제되고서는, "옥련의 부녀와 구씨가 솔밭같이 늘어앉아서 그렇게 희희낙락"하는 상황과 "삼십 전부터 남편 없고 자녀간에 혈육 없고 재물 없이 지내는 부인이" 근심하는 상황이 대조적으로 제시되어 있다. 여기에서 워싱턴의 호텔은 '어떠한'이라 한정되는 까닭에 구체적인 위치를 가늠할 수 없는 것으로 기술되고 있어서 이채롭다. 북문 안의 집의 형상은 시각적인 이미지로써 비유되어 있지만, 워싱턴의 호텔은 구체적인 위치가 적시되지 않았을 뿐만 아니라 그 형상에 대한 형용어가 없이 제시되어 있다. 원칙적으로 공간의 표지가 전혀 없다고 해도 과언이 아니다. 대조된 두 공간의 양상이 동등하게 드러나 있어야 할 터인데 그렇지 못해서 명목상으로만 대조를 이룰 뿐 대조의 실상을 제대로 제시하지 못한 것으로 판단되어, 제대로 된 공간 기술의 결과라고 할 수 없다.[8)]

이러한 양상은 옥련이 모친에게 보낸 편지 겉면에 씌어 있는 주소를 전재(全載)한 데서도 드러난다. "한국 평안남도 평양부 북문내 김관일 실내 친전"과 "미국 화성돈 ○○○호텔 옥련 상사리"와 같이 대조적이다. 이를테면 미국 워싱턴은 피상적으로 의식되고 있을 뿐이라는 사실이 암시된다. 가령 미국으로 향하는 선상에서 '옥련'이 관망한 바가 그려진 것으로 전제된, 태평양에 대한 기술이나 미국에 대한 기술 역시 매우 피상적인 식이다. 그런데 이렇듯 피상적으로 의식한 데에, 개화에 대한 막연한 호기심과 기대감이 어우러져, 워싱턴으로 표상된 서구 세계는 새로운 기대감으로 가득 찬 이상적 세계로나, 아니면 막연히 낯설고 두려운 곳으로 기술된 것이다.

8) 이 역시 다음 절에서 서사역학 공간 문제와 결부지어 구체적으로 논급할 사항이다.

그 길로 횡빈(橫濱)까지 가서 배를 타니, 태평양 넓은 물에 마름같이 떠서 화살같이 밤낮없이 달아나는 화륜선(火輪船)이 삼 주일 만에 상항에 이르러 닻을 주니 이곳부터 미국이라. 조선서 낮이 되면 미국에는 밤이 되고 미국에서 밤이 되면 조선서는 낮이 되어 주야가 상반되는 별천지라. 산도 설고 물도 설고 사람도 처음 보는 인물이라. 키 크고 코 높고 노랑머리 흰 살빛에, 그 사람들이 도덕심이 배가 툭 처지도록 들었더라도 옥련의 눈에는 무섭게만 보인다. (49쪽)

재미있는 것은, 선상에서 조망된 태평양의 광활함이 '최주사' 부녀의 시각을 빌려서도 요컨대 망망대해(茫茫大海)라는 정도로 피상적으로 기술되어 있는데, "그 크던 배가 만리창해에 마름 하나 떠다니는 것 같다."라고 표현되어 있다는 점이다. '마름 같이 떠서 가는 배'로써 태평양의 망망함을 거듭 표현하고 있다는 사실에서 그 지각의 정도가 피상적임을 짐작할 수 있다. 시차(時差) 때문에 밤낮이 서로 반대인 것을 두고서 미국을 막연한 '별천지'로 의식하고 있는 데 이르기까지, 서구 세계에 대한 서술자의 인식 정도를 공간 인식의 지표로써 측량할 수도 있을 것이다. 이런 맥락에서 "구씨의 목적은 공부를 힘써 하여 귀국한 뒤에 우리나라를 독일국(獨逸國)같이 연방도를 삼되, 일본과 만주를 한데 합하여 문명한 강국을 만들고자" 한다는 식으로, 비현실적인 발상이 드러나기도 하였을 것이다. 공간이 인물의 행위를 제약하는 틀이 된다[9]는 점에서, 피상적 공간 의식에서 세계에 대한 인식이 관념적인 양상으로 치달았을 것이라 추론된다.

결과적으로 「혈의 누」에 드러난 공간 의식과 형상의 함수 관계를 따져 보면, 실제 공간을 실로 경험하고 지각한 바를 바탕으로 서사 공간 형상을 투영하려는 시도가 엿보이지만, '개화'라는 이념에 얽매였던 탓인지 서구 세계를 이상적인 실재 세계로서 의식하여 피상적으로

---

9) '행위 공간'의 기능이 그렇다. 전 장에서 번역하여 제시한 루드비히의 '공간과 대상의 구성소' 도표 참조.

기술한 흔적이 역력하였다는 점을 알 수 있다. "미국 화성돈"이라 하여 애써 실명을 거명하는 데까지 이르렀지만, 더 이상 구체적인 지리를 제시하지 못한 점이 그 결정적 징표다. 서사적 공간 구도가 전근대성을 면치 못한 셈이다.

「은세계」[10]에서도 이국적 공간을 동경하듯 막연하게 기술한 흔적들을 마찬가지 양상으로 찾아 볼 수 있다. '태평양'이나 '화성돈'은 예의 이 소설에서도 언급된다. 그리고 그 기술된 양상이 「혈의 누」에서와 비교하여 크게 차이나지 않는다.

> 태평양 너른 물에 크고 큰 화륜선이 살 가듯 떠나가는데 돛대 밖에 보이는 것은 파란 하늘뿐이요, 물 밑에 보이는 것은 또한 파란 하늘 그림자뿐이라. 해는 어데서 떠서 어데로 지는지? 배는 어데서 와서 어데로 가는지? 오던 곳을 살펴보아도 하늘에서 온 것 같고, 가는 곳을 살펴보아도 하늘로 향하여 가는 것만 같다. (「은세계」, 307쪽)

> 태평양을 들어서면서 산 명색이라고는 오뚝이만한 것 하나도 보이지 않고 보이는 것은 물과 하늘뿐이라.
>
> 푸르고 푸른 하늘을 텀턱 치는 듯한 바닷물은 하늘을 씻어서 물이 푸르러졌는지, 푸른 물결이 하늘에 들이쳐서 하늘에 물이 들었는지, 물빛이나 하늘빛이나 그 빛이 그 빛이라. (「혈의 누」, 71쪽)

서로 다른 소설에서 그것도 서로 다른 인물들이 지각한 바라고 전제되어 기술된 풍광이 공히, 바다와 하늘밖에 아무것도 보이지 않는다는 식인 것으로 미루어 보아서만도, 공간의 양상이 극히 피상적이라는 점을 엿볼 수 있다.[11]

---

10) 이인직, 「은세계」, 『신소설』, 앞의 책.

11) 온전히 인물 서술상황이 형성되지 못하고 서술자의 의식과 발화가 혼재되어 있는 데서 빚어진 현상일 것이다. 다음 장에서 논급하겠지만, 신소설 작품에 드러난 공간 양상이 피상적일 수밖에 없음은 서사역학 공간이 제대로 구성되지 않은 데서 온 결과이다.

이에 비해, 조선 땅의 지명을 들어 그 공간을 배경 삼아 이야기를 이끌어 가는 대목들에서, 공간 형상은 꽤 구체적인 양상을 띠고 있다. 모두(冒頭)에 대관령의 정경을 기술해 놓은 대목은 특히 그렇다. 공간을 서사의 주요 구성소로서 조명한 듯, 문면 곳곳에서 공간적 배경을 그려놓은 대목이 눈에 띈다. 대관령의 설경을 묘사하여 "하늘 밑에 땅덩어리는 하얀 흰무리 떡덩어리같이 되었더라."라고 한 부분 등을 보면, '문학적으로 변용된 공간'의 면모까지 구현되어 있다고 평가할 수 있다. 그러나 이는 전반부가 판소리의 영향을 받은 '최병두 타령'의 개작이라는 점을 고려하여 볼 때, 「은세계」 고유의 공간성을 대변하는 것이라고 보기 어려우며, 후반부에 드러난 공간 양상과 대비해 보아 균형이 맞지 않는다. 요컨대 이야기의 전개 양상으로 미루어 후반부에 드러난 공간 양상을 두고서 이 소설의 공간 형상에 대한 논의를 타당하게 전개할 수 있을 텐데, 그 양상이 「혈의 누」의 경우와 거의 유사한 것이다. 공간의 실제성이 구체적인 실감으로써 전해지지 않고, 아직은 낯설어 보이는 이국적 공간의 양상이 이상적이고 관념적인 형상으로 전해지고 있는 것이다.

개화 이념이 드러난 경우가 아니라도, 여타 신소설에서도 공간 형상이 구체적인 양상으로 드러나는 예는 찾아보기 힘들다. 공간이 형상화된 장면들을 찾기도 쉽지 않다. 혹 공간 형상이 드러나 있더라도 전체 서사에 관여적인 자질이 되지 못한다. 이를테면 이해조의 「구마검」 모두에는 "대안동 네거리"를 기점으로 "베전 병문 큰 길"에 이어지는 풍광이 실제적인 형상으로 기술되어 있는데, 이야기를 이끄는 주의 환기 역할에 그치며, 단편적인 공간 형상이라도 드러난 예를 더 찾기는 힘들다. 가령 「자유종」에서 "비참지경"이라는 "우리나라"의 형국을 공간 형상의 요소 없이 피상적으로 그렸거나, 안국선의 「금수회의록」, 신채호의 「꿈하늘」 등에서 설화적 분위기를 자아내는 배경을 가상적으로 제시하였거나 하는 것은 다 전대 문장체 소설의 흔적들이다.[12] 그나마 이인직의 신소설에서는 피상적 실재성을 띠더라도 공간 형상이라 할 만한 요소들이 드러나기에 논의 대상으로 삼을 여지가 있다. 물론 전술한 바와 같이, 그 형상도 본질적으로 혁신적인 것은 아니다. 이상적인 실체를 모형으로 그려진 만큼 실재적 공간 형상이 드러나 있는 것이다.

이에 비해, 이광수의 『무정』[13]에서는 이야기에 곧바로 들지 않고 공간 형상의 요소들로써 기술해 놓은 배경적인 장면이 꽤나 구체적인 실감을 돋우는데, 「혈의 누」에서 단편적으로 보였던 양상과 상당히 대조된다.

> 해가 인왕산 마루턱에 걸렸다. 종로 전선대 그림자가 길게 가로누웠다. 종현 천주당 뾰족탑의 유리창이 석양을 반사하여 불길같이 번적거린다. 두부 장수의 "두부나 비지드렁" 하는 소리도 이제는 아니 들리게 되고 집집에는 앞뒷문을 활짝 열어 놓고 한 손으로 땀을 씻어가며 저녁밥을 먹는다. 북악의 황토가 가로쏘는 햇볕을 받아 빨간빛을 발하고 경복궁 어원 늙은 나무 수풀에서는 저녁 까치 소리가 시끄럽게 들린다. (240~241쪽)

한 여름 저녁놀이 지고 어스름이 깔리기 시작할 무렵의 풍광을 기술한 대목인데, '종로 전선대'나 '종현 천주당 뾰족탑'과 같이 구체적인 대상물을 비유적으로 묘사함으로써 그 풍광의 실제성이 돋보인다. 시간의 경과를 두부 장수의 호객 소리가 들리지 않게 되고 집집이 저녁 식사를 하고 있다고 하여, 여러모로 공간성 표지로써 기술한 것 또한 눈에 띈다. 시각적 이미지와 청각적 이미지를 직접 표출함으로써 공간성을 드러낸 것이다. 뒤이은 대목에서 "황혼이 거미줄 모양으로 아슬랑아슬랑 기어나온다."라고 했거나 "장안 만호에는 파르족족한 장막

12) 고전 서사체의 공간 형상에 대해서는 별도로 구체적인 논의가 요구된다. 이 점 논의의 범위를 한정하여 전제될 수밖에 없는 한계로 남긴다.

13) 이광수, 『무정』, 동아출판사, 1995.

이 덮인다."라고 하여 저녁이 되어 가는 상황을 기술하는가 싶더니, 다음과 같이 완연히 밤이 왔음을 얘기하기에 이른다.

> 강원도 바로 구름산이 떠올랐다. 그것이 처음에는 불길과 같다가 점점 식어서 거뭇거뭇하여진다. 그것이 거뭇거뭇하여짐을 따라서 장안을 덮은 장막도 점점 짙어져서 자줏빛이 되었다가 마침내 회색이 된다. 그러다가 그 속에서 조고만 전등들이 반딧불 모양으로 반작반작 눈을 뜬다. 연극장과 활동 사진의 소요한 악대 소리가 들리기 시작한다. (241쪽)

공간 이미지를 응용하여 시간의 흐름을 기술하였다는 점이 범상치 않은 것이다. 몇 문장에 단편적으로 드러난 정도가 아니라, 신문 연재한 회분의 반 가량 되는 분량, 요즘 조판 기준으로 4·6배판 한 페이지가 넘는 분량에 걸쳐 드러나 있는 것만으로도 「혈의 누」의 경우와 분명히 대조된다. 실감의 정도 또한 실명이 거명되었다거나 하는 수준이 아니라 공간 지각의 표지들로써 표상되어 전해지는 수준이다. 위에 이어지는 다음 대목에서 그 실감 정도를 확인할 수 있다.

> 종로와 개천가에는 담배 붙여 물고 부채 든 산보객이 점점 많아진다. 야시를 펴놓으라고 조고마한 구루마도 끌고 오고 말뚝도 박으며 휘장도 친다.
>
> 사람들은 배가 불룩하고 몸이 서늘하여 마음이 상쾌하여진다. 낮에는 잠자고 있던 사람들도 차차 기운을 내어 말도 하고 웃기도 하게 된다.(241쪽)

"불길" 같던 여름철 한낮이 지나고, 불길이 잡히기라도 한 듯 "거뭇거뭇"한 밤이 온 것이라 비유적으로 전제되었던 만큼, 서늘해진 밤의 기운을 타고 사람들의 기분이 전환되고 생동감을 되찾게 되었다는 설정이 실감을 자아내기에 손색 없다. 그런 배경에서 펼쳐지는 "종로와 개천가"의 야경 또한 근사하게 전해지는 것이다. 이런 배경 위에, "안동 김장로의 집에는 방방에 전등이 켜 있다. 마당에는 물을 뿌려 흙냄새와 화단에 꽃향기가 섞여 들어와 즐겁게 먹고 마시는 여러 사람의 신경을 흥분케 한다."라고 시작된 이야기가 펼쳐지는 것이 어색하지 않다. 공간 표지의 실감에 싸여 김장로 집에서 펼쳐지는 이야기도 그럴싸하다. 유쾌한 저녁 식사 후에 풍금을 타며 여흥을 즐기는 형상 또한 공간을 표상하는 표지들로써 기술되어 있다. 선형의 "맑은 노랫소리"에 취한 듯 형식이 느끼는 감흥이 다음과 같이 공간 감각을 드러내는 비유를 통해 표출되기도 한다.

> 형식의 정신은 노랫소리로 더불어 공중에 솟아올랐다. 마치 정신에 날개가 돋아서 훨훨 구름 사이로 날아가는 듯하여 말할 수 없는 서늘한 듯도 하고 따뜻한 듯도 한 기쁨이 형식의 가슴에 가득 찼다. (243쪽)

그런가 하면 양식(洋式)으로 되었다는 "김장로의 서재"의 모습이 주목을 끈다. "서양식"으로 생활하려고 한다는 김장로의 의식에 대해 논평하듯 한 서술자의 언명이 뒤를 잇는 점이 거슬리는데,[14] 이후에 펼쳐지는 이야기는 서구 문명과 신교육에 대한 의식들이 드러나는 식으로 되어 있다. 이를테면 앞서 펼쳐진 공간 형상의 구체적인 이미지들은 그야말로 이야기의 배경 역할을 하는 데 그친다. 결국 『무정』에서도 공간 형상의 차원이 전면화된 것은 아니며, 단편적인 배경 역할에 국한된 셈이다. 다만 배경 부분만 놓고 본다면 공간성 지표가 상당한 정도 적용되고 있어, 그 형상이 구체적인 실감으로 전해지는 것은 사실이다.

어쨌든 「혈의 누」나 「은세계」 등에서 엿볼 수 있는 피상적인 실재성을 띠는 공간 형상이, 신소설의 한계를 여러모로 극복하고 근대 소설의 서막을 열었다고 평가되곤 하는 『무정』에서도 비슷한 양상으로 드러난다.

---

14) 이런 서사 전개상 문제점은 다음 장에서 서사역학 공간 문제와 결부해 자세히 논급할 사항이다.

> 차가 남대문에 닿았다. 아직 다 어둡지는 아니하였으나 사방에 반작반작 전기등이 켜졌다. 전차 소리, 인력거 소리, 이 모든 소리를 합한 '도회의 소리'와 넓은 플랫폼에 울리는 나막신 소리가 합하여 지금까지 고요한 자연 속에 있던 사람의 귀에는 퍽 소요하게 들린다. '도회의 소리!' 그러나 그것이 문명의 소리다. 그 소리가 요란할수록에 그 나라가 잘된다. 수레바퀴 소리, 증기와 전기기간 소리, (쇠마차 소리)…… 이러한 모든 소리가 합하여서 비로소 찬란한 문명을 낳는다. 실로 현대의 문명은 소리의 문명이라. 서울도 아직 소리가 부족하다. 종로나 남대문통에 서서 서로 말소리가 아니 들리리만큼 문명의 소리가 요란하여야 할 것이다. (313쪽)

'도회의 소리'로 표상된 문명의 거리, 남대문의 형상이, '고요한 자연 속'이라 표상된 개화되지 않은 구시대 조선 땅의 형상과 대조를 이루게끔 기술되어 있다. 거리에서 서로 말소리가 들리지 않는다는 것을 지표 삼아 문명을 공간적 이미지로 형상화해 놓은 데 주목하게 되지만, 그 형상이 그다지 구체적인 양태를 띤 것으로 보이지는 않는다. 반짝거리는 전등 불빛과 전차 소리, 인력거 소리 등으로 문명화된 도회의 풍광을 형상화하고 그쳤다면 제법 구체적인 형상으로 의식될 대목이기는 하다. 그러나 여기 '문명의 소리'라 하여 서술자의 논평 섞인 언변이 개입됨으로써 이곳의 풍광이 모종의 '실재'로 전제되기에 이른 것이다. 문명의 소리가 요란하여야 하는 '종로나 남대문통', 그것이 바로 개화되어 문명화된 서울의 '실재 형상'이라는 식이다. 그러나 '실제 현실'의 모습은 여기 이르지 못하였다고 하니, 요컨대 서울이라는 공간은 여전히 실재를 지향해 변혁되어야 하는 '계몽 대상'이다. 동시에 "저 플랫폼에 분주히 왔다갔다하는 사람들 중에 몇 사람이나 이 분주한 뜻을 아는지, 왜 저 전등이 저렇게 많이 켜지며, 왜 저 전보기계와 전화 기계가 저렇게 불분주야하고 때각거리며, 왜 저 흉물스러운 기차와 전차가 주야로 달아나는지" 모르는 "서울 장안에 사는 삼십여만 흰옷 입는 사람들"도 계몽되어야 할 이들이다. 개아(個我)의 의식으로써 이성적 각성에 이르른다는 서구 계몽주의의 테제[15]와는 달리, 상식적 용례 그대로, 문명의 의의를 깨우치지 못한 이들을 일깨워 준다는 식으로 '일그러진 계몽주의'[16]의 면모를 그대로 담론한 대목으로 간주된다. 문명의 거리는 그야말로 실재적인 계몽의 공간인 셈이다. 이에 비해 계몽되어야 할 공간의 형상은 예컨대 다음과 같이 그려져 있다.

> 두 사람은 칠성문을 나섰다. 길가에는 쓰러져 가는 집들이 섰다. 철도가 생기기 전에 지나가는 손님도 있어서 술도 팔고 떡도 팔더니 지금은 장날이나 아니면 사람 그림자도 보기가 어렵다. 문 밖에는 문짝 모양으로 만든 소위 '평상'이란 것을 놓고, 그 위에는 다 떨어진 볏짚 거적을 폈다. 어떤 낡디낡은 탕건을 쓴 노인이, 이 더운 때에 때 묻은 무명옷을 입고 할일이 없는 듯이 평상에 앉아서 몸을 앞뒤로 흔들흔들하면서 두 사람의 지나가는 양을 본다. (195쪽)

문명의 세례를 받지 못한 공간, 칠성문 밖은 '쓰러져 가는 집들'이 늘어서 있는 것으로 전제되어 빈한(貧寒)한 곳으로 표상되어 있다. 사람들의 왕래 또한 뜸한 것으로 설정되어 있어, 앞서 문명의 거리와

---

15) 이를테면 데카르트의 "나는 생각한다. 그러므로 존재한다.(Cogito ergo sum.)"는 언명은 근대의 서막을 연 중요한 담론이다. 중세에는 인간이 신의 의지에 의해 창조되었고 신의 은총으로 존재를 유지할 수 있다고 전제되었다. 인간은 어디까지나 신에게 귀속된 '존재 아닌 존재'였던 것이다. 그러나 데카르트의 '코기토'는 이런 관념을 뒤엎는다. 인간 존재의 근거는 바로 스스로의 이성적 사유라는 것이다. 심지어 그 사유의 결과 신의 존재도 증명될 수 있으니, 인간의 이성은 절대 가치를 지닌 것으로 여겨진다. 이성적 합리성, 이로써 도달되는 개아의 존재적 각성, 이들이야말로 근대성 지표이며, 계몽주의 테제의 근간을 이루는 것이다.

16) 개아의 존재적 각성이 아닌, 선지자에 의한 집단적 각성을 요구하는 것은 계몽주의의 본질이 결코 아니다. 우리 문학사에서 규정하듯이 이광수 등의 문학은 계몽주의 문학이 아닌 것이다. 오히려 자연주의로 오해되고 있는 염상섭의 작품들에 계몽주의의 맹아가 엿보인다. 이점 별도로 논급할 가치가 충분한 논점이다. 인식론적 근간을 적극 논급하지 않고서는 문예 사조와 관련된 언급은 사상누각일 뿐이다.

극적으로 대조된다. '낡디낡은 탕건'도 그러하거니와, 계절의 변화에 둔감한 듯하다거나, 글자그대로 '빈한'한 처지에 있다는 점을 형상하려는 듯 기술된 '무명옷'이 다, 이곳 칠성문 밖 풍광의 공간 표지이다. "대동문 거리에서 오 리가 못 되는 칠성문 밖"이라 하여 실상 장소적 거리감이 얼마 되지 않지만, 문명의 척도로써 측량한 두 공간 사이의 거리감이란 이루 헤아릴 수조차 없다는 식으로 기술되어 있다. "무궁대(無窮大)"한 거리감이라는 것이다. 계몽되지 못한 그 노인네의 형상 또한 "화석(化石)한 사람"이라 그려져 있는 만큼, 『무정』의 서사 세계의 척도가 어찌 되어 있는지 짐작하고 남음이 있다.

결과적으로 문명의 원천으로 의식된 미국과 조선의 거리감이 곧바로 주목을 끄는데, 이를테면 다음과 같은 식으로 기술되어 있다.

> "아, 양국이 얼마나 멀게요?"
> "한 삼만 리 되지요."는 형식의 말.
> "바다로 한 십만리 가요." 하고 우선이가 웃는다. 그러나 노파는 삼만 리와 십만 리가 얼마나 틀리는지 알지 못한다. 그것은커녕 삼만 리가 얼마나 먼지도 모른다. 그래서 다만 입을 헤 벌릴 뿐이다. (262쪽)

조선과 미국의 거리는 좀체 가늠조차 할 수 없다는 얘기다. 문명에의 거리감이 저렇듯 막연하게 크다는 식으로 전언되어 있는 것이다. 더 이상 구체적인 형상 없이 표출된 거리감은, 개화된 공간을 '문명의 소리가 울려퍼지는 거리'로써 표상하려 했던 맥락과 비슷하게 피상적인 의식을 매개한다. 말하자면 「혈의 누」이건 『무정』이건 개화의 원천지인 서구 세계를 동경의 시선으로 응시하거나 아예 이상적인 관념으로써 의식한 결과, 저러한 공간 형상을 지은 셈이다. '개화의 공간구도'라 해서 좋을 이런 형상은 낯선 공간적 실재성을 조장함으로써 서구 세계를 이상적인 동경의 대상으로 의식되게끔 했을 터, 이런 공간 구도를 내포한 소설이 개화 의식의 고취라는 계몽의 역을 담당했던 것은 수순이다.

그런 공간 구도는 홍수에 잠긴 마을의 형상을 주인물들이 관망하고 계몽의 의지를 다짐하는 대목에 이르러 단적인 양상으로 비약된다. 무서운 기세로 마을을 휩쓸고 지나가는 물의 위력과, 여기 힘없이 쓸려 내려가는 초가며 농토의 모습이 극명한 대조를 이룬다. 홍수에 삶의 터전을 잃고 절망에 빠진 이들의 형상 또한 시각적 이미지로써 구체화되어 기술되어 있다. 그러나 그런 삶의 고통이 비문명에서 비롯된 것이라며 문명화와 과학화를 외치고 계몽하는 신교육의 중요성을 역설하는 데로 이끌리다가 종내 "자선 음악회" 대목에 이르러서, 실감이 계몽적 이념으로 변형되기에 이르는 것이다. 그리 보면, 그 고통의 현장을 "물구경"이라도 하듯이 바라보는 이들의 태도나, 그 고통을 덜어주자며 벌이는 음악회의 기획 의도가 현실성 없는 것이라는 점을 의식하게 된다. 더욱이 절망적인 현실을 극복할 힘을 기르기 위해 각 인물들이 선택하는 '유학'의 길 자체가 피상적인 공간 구도에서 비롯된 것임을 금세 알 수 있다.[17)]

투시 공간 2__이념적 실재성 투영

염상섭의 「만세전」[18)]은 여로(旅路)를 따라 '내'가 겪은 이야기가 펼쳐졌다는 점에서, 서사의 구조 자체가 공간 구도를 되비치고 있다고 할 수 있다. 우선 "기차가 추풍령에 와서 닿으니까" 하는 식으로 여정

17) 그런 가운데에도, 「은세계」의 전반부에서 엿보이던, 요컨대 문학적으로 변용되어 조율된 공간(gestimmter Raum)의 형상이 단편적이지만 꽤 구체적으로 드러나 있었던 것이 이채롭기는 하다. 물론 그 형상이 낯선 공간적 실재성과 혼재해 있어 제대로 의의 있게 드러나 있는 것은 아니지만, 여러모로 서사적 공간의 면모를 시사하고 있는 것이다. 과연 그런 부분만 따로 떼어 놓고 보면, 전대의 서사와 대비하여 크게 변혁적인 서사의 맹아를 엿볼 수 있는 것이다.

18) 염상섭, 「만세전」, 『삼대 外』, 두산동아, 1997.

이 전제되고서 이야기가 기술되어 있다. 기본적으로 현실 세계의 공간 구도가 서사 세계의 공간 구도에 채용되어 있을 것이라 예상할 수 있으며, 이에 따라 공간 형상의 실감이 펼쳐져 있을 것이라 예측할 수 있다. 실제로 서사 세계에 인물로서 참여하여 직접 체험하면서도 사태를 면밀히 관찰하여 전하는 역할을 담당한 '나'의 지각과 의식에 투영된 공간 형상은, 구상적 이미지로써 기술되었기에 실감이 돋워지는 편이다. 이를테면 조선으로 향하는 선상의 풍광이 다음과 같이 기술되어 있다.

> 날이 새었다. 밝기가 무섭게 하나둘씩 부스스부스스 일어나 쿵쾅거리며 오르락내리락하는 바람에 나도 일어나서 소세를 하였다. 수백명이나 되는 식구가 송사리 새끼 끼우듯이 끼여서 자고 난 판도방 같은 속이 지저분하기도 하고 고약한 냄새에 머릿골이 아파서 나는 치장을 차리고 갑판으로 나갔다. 훨씬 해가 돋지는 못하여서 물은 꺼멓게 보일 뿐이요 훤한 하늘에는 뽀얀 구름이 처져 있는 것이 희미하게 보이나, 아직은 컴컴스레하였다. 춥기는 하지만 그래도 상쾌하다. 선실 속에서는 벌써 아침밥이 되었는지 연해 밥통을 날라 들여가고, 갑판에 나왔던 사람들도 허둥지둥 뒤쫓아 들어가는 모양이다. (591쪽)

> 선실 속에서는 쌈사우듯 하여 가며 겨우 아침밥들을 먹고 와서는 이구석 저구석에서 짐들을 꾸리는 빛에, 악다구니를 하여 가며 간신히 얻어먹은 밥을 다시 퀙퀙 하며 도르는 빛에, 또 한참 야단이다. 나도 밥을 먹고 나니까 어쩐지 메슥메슥한 증이 나서 자기 자리로 가서 누웠었다.
>
> 육지가 차차 가까워 오는지 배가 그리 흔들리지도 않고 선객의 절반쯤은 벌써부터 갑판으로 나갔다. 나도 짐을 꾸려 가지고 나갔다. 의외에 퍽 가까워진 모양이다. 선원들은 오르락내리락 갈팡질팡하며 상륙할 준비에 분주하고, 경적은 쉴새없이 처량하고 우렁찬 소리를 아침바람에 날린다. 삼등 승객들은 일, 이등과 격리를 시키려고 인줄같이 막아 맨 밑에 우글우글 모여 서서 제각기 앞장을 서려고 또 한참 법석이다. 그래야 일, 이등의 귀객들이 다 나간 뒤라야 풀릴 것을. (594쪽)

「혈의 누」나 『무정』 등에서 기술된 선상 모습과 사뭇 대조되는 형상이다. 인물의 지각을 전제로 시·청각적인 이미지를 통해 기술된 터라 실감이 배어 난다. 체험이 전제되지 않고서는 기술될 수 없을 법한 풍광이 그려져 있기도 하다. 실제로 선실에서 관망한 듯한 공간 형상이 기술되어 있는 것이다. 그 형상의 실감을 더하는 요인은 현장에 참여한 인물이자 관찰자 격인 서술자의 관조적인 시선이 덧붙어 있는 데서도 비롯된다. 다소 냉소적인 어투로 풍광이 기술되었는데, 실상이 다소 굴절되어 드러나는 듯 하지만 오히려 실감이 느껴지는 데에서 '기묘한 실재성'이 감지된다. 그런 실재성이 두드러지기는 부산항의 모습에 "조선의 현실"을 유비(類比)한 대목에서 극화된다.

> 우선 부산이란 데로만 보아도, 부산이라 하면 조선의 항구로는 첫손 꼽을 데요 조선의 중요한 첫 문호라는 것은 소학교에 한 달만 다녀도 알 것이다. 그러니만치 부산만 와봐도 조선을 알 만하다. 조선을 축사(縮寫)한 것, 조선을 상징한 것이 부산이다. 외국의 유람객이 조선을 보고자거든 우선 부산에만 끌고 가서 구경을 시켜 주면 그만일 것이다. 나는 이번에 비로소 부산의 거리를 들어가 보고 새삼스럽게 놀랐고 조선의 현실을 본 듯 싶었다. (597쪽)

부산이 조선의 축도(縮圖)라는 것인데, 부산이란 공간은 조선이란 공간의 대유적인 구도를 띤 것으로 전제되어 있다. 그 공간의 양상은 그대로 '조선의 현실'로 주제화된 공간이기도 하다. 이 현실의 모습이란 대체로 "전찻길을 끼고 큰길을 암만 가야 좌우편에 이층집이 쭉 늘어섰을 뿐이요, 조선 사람의 집이라고는 하나도 눈에 띄는 것이 없다."(598쪽)는 식으로 전제되어 있어, 이를테면 서구화된 면모가 엿보이는 형상이다. '조선 사람의 집' 운운하는 것으로 미루어 보아, 여기에 '개화 대 전통'이라는 대립 구도가 잠재되어 있는 것을 눈치챌 수 있다. 대조적 공간 형상이 전제된 실재성이 기술되어 있는 셈인데, 조선 고유의 공간 형상을 찾아보기 어려운 데 대한 부정적 인상을 시사한 언설이 이에 조응된다. "조선 사람 집 같은 것은 그림자도 보이지를 않는다. 간혹 납작한 조선 가옥이 눈에 띄기에 가까이 가서 보면 화방을 헐고 일본식 창틀을 박지 않은 것이 없다. 그러나 우스운 것은 얼마 되지 않는 좁다란 시가이지마는 큰 길이고 좁은 길이고 거리에 나다니는 사람의 수효로 보면 확실히 조선 사람이 반수 이상인 것이다."(598~599쪽)라고 하여 그런 인상을 냉소적으로 표출하는 식이다. 모종의 실재 형상에 비추어 왜곡된 현실의 모습을 뒤틀린 시선으로 응시한 결과를 냉소적 언술로써 표현하는 것이다. 그리고 종내 다음과 같이 얘기하기에 이르른다.

> '대체 이 사람들이 밤이 되면 어디로 기어들어가누?'
> 하는 생각을 할 제, 큰 의문이 생기는 동시에 그 불쌍한 흰옷 입은 백성의 운명을 생각해 보지 않을 수 없는 것이었다. (599쪽)

이쯤 되면, 공간에 대한 지각과 서사는 구체적인 실감을 전하는 데서 실재적인 의식을 표출하는 데로 양상이 전이된다. '흰옷 입은 백성'이란 상투적 언표[19]가 주목을 끄는데, 그 운명이 불쌍하다며 이어지는 언설에서 실재적 공간 형상이 강하게 표출되어 있다. 흥미로운 것은 그 언설이, 『무정』에서처럼 서구 문명에 대한 막연한 기대감에서 비롯된 개화에 대한 요구가 아니라, 오히려 개화 문명의 그늘을 비꼬는 투로 비판한 것이라는 점이다. 관념적인 언변으로 일관된 채 피상적인 공간 형상을 기술하는 데 그치지 않고, 구체적인 공간 형상을 기술하면서 실재적 공간 의식을 대유적으로 표현하고 있다는 점도 주목을 끈다. 요컨대 『무정』에서와는 달리 구체성에서 전형화된 실재성이 내재해 있다고 할 수 있다.

그런 공간 형상을 맥락으로 조선의 당대 현실을 "공동묘지"에 빗댐

---

19) 『무정』에서도 서술자가 계몽의 언설을 표할 때 계몽의 대상으로 꼽았던 언표다.

으로써, 냉소가 극에 달한 자조적인 비판 의식이 드러나게 된다. 일그러진 현실에 담대히 대항하지 못한 채, 일그러진 의식으로써 되내이는 냉소적 언설에는, 현실을 대유적 공간 형상에 빗대어 우의적으로 비판하고자 하는 의도가 배어 있다.

> 젊은 사람들의 얼굴까지 시든 배춧잎 같고 주눅이 들어서 멀거니 앉았거나, 그렇지 않으면 빌붙는 듯한 천한 웃음이나 '헤에' 하고 싱겁게 웃는 그 표정을 보면 가엾기도 하고, 분이 치밀어 올라와서 소리라도 버럭 질렀으면 시원할 것 같다.
>
> '이게 산다는 꼴인가? 모두 뒈져 버려라!'
>
> 찻간 안으로 들어오며 나는 혼자 속으로 외쳤다.
>
> '무덤이다! 구더기가 끓는 무덤이다!'
>
> 나는 모자를 벗어서 앉았던 자리 위에 던지고 난로 앞으로 가서 몸을 녹이며 섰었다. 난로는 꽤 달았다. 뱀의 혀 같은 빨간 불길이 난로 문 틈으로 날름날름 내다보인다. 찻간 안의 공기는 담배연기와 석탄재의 먼지로 흐릿하면서도 쌀쌀하다. 우중충한 남폿불은 웅크리고 자는 사람들의 머리 위를 지키는 것 같으나 묵직하고도 고요한 압력으로 지그시 내리누르는 것 같다. 나는 한번 휙 돌려다보며,
>
> '공동묘지다! 공동묘지 속에서 살면서 죽어서 공동묘지에 갈까 봐 하고 혼자 코웃음을 쳤다. (640~641쪽)

자학적으로까지 비쳐지는 이런 언설에 공간 지각의 비유적 이미지가 함께 드러나 있는 것이 이채롭다. 자의식 속에 비친 현실은 공간화되어 투영된 형상인데, 그 형상이 죄다 무기력과 죽음을 연상시키는 이미지들로 구성되어 있는 터라, '나'는 이를 두고 무덤이라거나 공동묘지라고 한 것이다. 이에 앞서 매장 문화에 대해 신랄하게 비판했던 '나'의 의식을 전제하면, 그 의식 또한 이에 이어졌을 것이라 추론할 수 있다. 그 의식의 음영에서 현실이 비꼬인 형상으로 담론되고 있는 것이다. 뒤틀린 현실의 형상이 실체로 전제되어 '공동묘지'라는 대유적 공간 형상으로써 이미지화된 데서 결과적으로 공간의 실재성

이 드러난다.

현실의 모습이 전형화된 이미지로 전제된 가운데 이에 대해 비판하는 언변이 원근화된 형상으로 그려져 있다는 면에서, 『무정』의 공간 형상 요소들과는 차원을 달리하는 구성소들로 분석된다. 이상적이고 낯선 실재성이 아닌, 현실 공간에서 전형화되었고, 왜곡된 현실의 모습을 비꼬는 양태로 기술된 실재성이 「만세전」의 공간 형상에서 골조를 이루는 셈이다. 계몽 아닌 비판에 초점을 둔 서사체에서 엿보이는 공간 형상의 전범(典範)으로 이해해도 좋을 것이다.

그런 실재성은 리얼리즘 성향의 소설에서 더욱 여실히 보인다. 가령 현진건의 「운수좋은 날」에서, "오래간만에도 닥친 운수 좋은 날"이 공간의 이동에 따라 펼쳐지되 운수가 점층된 형상으로 나타나 있다. 그러나 널리 알려져 있듯이 그 좋은 운수의 극점에 가장 불길한 운수가 자리잡고 있었던 데서 아이러니가 드러나는데, 그 자체가 공간 구도를 띤 구성 양상이다. 행운의 고조에 대응하여 불행 또한 극점에까지 고조되는 것이, 현실에 대한 실재적 의식의 일단을 엿보이는 것이다. 개인의 비극이 아니라 현실의 구조적 비극을 실재적 공간 형상으로 드러냈다는 점은 주지할 바다.

최서해의 소설 작품들에서 엿보이는 공간 형상의 실재성은 이와는 또 다른 양상으로 드러난다. 가령, 「고국」[20]에서 '간도와 조선'의 원근법에 주목해 보자.

> 바로 삼일운동이 일어나던 해 봄이었다. 그는 서간도로 갔었다. 처음 그는 백두산 뒤 흑룡강가 '청시허'라는 그리 크지 않은 동리에 있었다. 생전에 보지 못하던 험한 산과 울창한 산림과 듣지도 못하던 홍우적 홍우적 하는 소리에 간담이 서늘하였다.
>
> 그러나 하루 지나고 이틀 지나 차차 몇 달 되니 고향 생각도 덜 나고 무서운 마음도 덜하였다. 이리하여 이곳서 지내는 때에 그는 산에나 물에

20) 최서해, 「고국」, 『탈출기, 낙동강, 질소비료공장, 군중 정류 外』, 두산동아, 1997.

나 먹을 것에나 입을 것에나 조금의 부자유가 없었다. 그러한 부자유는 없었으되 그의 심정에 닥치는 고민은 나날이 깊었다. (13쪽)

이국과 고국의 형상이 원근감으로써 대조되는 것은 당연하다. 우선은 낯선 이국에서 느끼게 될 막연한 불안감에 고국에 대한 향수가 상대적으로 고조되겠지만, 시간이 지나고 생활에 적응하게 되면서 그런 느낌들이 상쇄되었다고 한다. 오히려 이국인 간도에서 자유로움마저 느낄 정도라 한다. 그도 그럴 것이 고국은 일제의 압제하에 있어서 자유가 주어지지 않았기 때문일 것이다. 별로 어색하지 않은, 대조적 공간의 아이러니다. 이국과 고국의 일반적 형상이 전도된 실재적 형상인 것이다. 이 이야기의 주인공인 '운심'의 이상과 현실 사이의 괴리감이 꼭 그런 형상처럼 기술되어 있다.

큰 뜻을 품고 고국을 떠나던 운심의 그림자가 다시 조선 땅에 나타난 것은 계해년 삼월 중순이었다. 첨으로 회령에 왔다. 헌 메투리에 초라한 검정 주의 때 아닌 북면모를 푹 눌러 쓴 아래에 힘없이 꿈벅이는 눈하며, 턱과 코 밑에 거칠거칠한 수염하며, 그가 오 년 전 예리예리하던 운심이라고는 친한 사람도 몰랐다.

간도에서 조선을 향할 때의 운심의 가슴은 고생에 몰리고 몰리면서도 무슨 기대와 희망에 찼다. 그가 두만강 건너편에서 고국 산천을 볼 때 어찌 기쁜지 뛰고 싶었다. 그러나 놀 수가 없어서 노동으로 걸식하면서 온 그는 첫째 경제 문제를 생각지 않을 수 없었다. 다음 그의 가슴을 찌르는 것은 패자라는 부끄러운 느낌이었다. (11쪽)

기실 대조적 구도를 띠고 기술된 공간 구도는, 이국과 고국의 짝에서가 아니라, 기대와 희망 속에서 그리던 고국과 그가 감내해야 하는 현실적인 고국의 짝에서 형성되어 있다. 어찌 보든 어느 짝에서나 실재적인 형상이 드러나 있음을 알 수 있다. 독립군에 뛰어 들었다가 염증을 느끼는 가운데 군대가 해산되어 "향방 없이 표랑"하면서, 제 의식이 점차 약해진 채 정신적인 공허감 속에 찾은 곳이 고국이다. 그 고국이 그를 반겨줄 리 없으며, 그런 그가 고국에서 제대로 적응할 수 있을지 장담할 수 없다는 설정에서 상투적인 실재성이 드러난다. “그러나 이로부터 어디로 가랴.” 하는 투의 언변으로 대표되는, 목표 부재의 상황 또한 공간적 원근감 형상에서 실재성을 더하는 요소다.

그런 실재성이 더욱 극화되어 「탈출기」[21]에 드러난다.

> 김군! 내가 고향을 떠난 것은 오 년 전이다. 이것은 군도 아는 사실이다. 나는 그때에 어머니와 아내를 데리고 떠났다. 내가 고향을 떠나 간도로 간 것은 너무도 절박한 생활에 시든 몸이, 새 힘을 얻을까 하여 새 희망을 품고 새 세계를 동경하여 떠난 것도 군이 아는 사실이다.
>
> ── 간도는 천부금탕이다. 기름진 땅이 흔하여 어디를 가든지 농사를 지을 수 있고 농사를 잘 지으면 쌀도 흔할 것이다. 삼림이 많으니 나무 걱정도 될 것이 없다.
>
> 농사를 지어서 배불리 먹고 뜨뜻이 지내자. 그리고 깨끗한초가나 지어 놓고 글도 읽고 무지한 농민들을 가르쳐서 이상촌을 건설하리라. 이렇게 하면 간도의 황무지를 개척할 수도 있다.
>
> 이것이 간도 갈 때의 내 머릿속에 그리었던 이상이었다. …(중략)…
>
> 김군! 그러나 나의 이상은 물거품으로 돌아갔다. (18~19쪽)

기대와 희망의 땅 간도, 이상을 펼치리라 찾아든 간도의 현실은 너무도 가혹하다. “서북으로 쏠려 오는 봄 세찬 바람”(19쪽)은 냉혹한 현실의 알레고리다. 농사를 지을래야 지을 땅 한 평 얻지 못하고, 이상을 펼치기는커녕 “무서운 인간고(人間苦)”(20쪽)를 겪어야 하는 땅이 그곳 간도인 것이다. 막연한 이상과 현실의 괴리에서 오는 대조적 공간상, 이로써 희망이 좌절되는 시대의 단면이 형상화되었다면, 그 자체가 현실에서 전형화된 실재성을 응축한 양태라고 할 수 있다. 이상도

---

21) 최서해, 「탈출기」, 『탈출기, 낙동강, 질소비료공장, 군중 정류 外』, 두산동아, 1997.

실재지만 그 이상이 무참히 좌절되는 현실 또한 실재다. 이처럼 냉혹한 현실의 단면을 극화한 데서 이른바 경향성이 드러나는데, 삶의 현실에 대한 구체적 체험을 바탕으로 드러난 실재성이 그 경향성의 전제이다.

「박돌의 죽음」의 경우, 죽음을 목전에 둔 박돌의 고통이 핍진(逼眞)하게 드러난 가운데, 이해에 공간적 감각이 요구되는 이야기가 펼쳐진 대목이 있어 이채롭다. 지나치리만치 핍진하게 고통을 묘사하여 오히려 현실감이 상쇄된 감마저 주는 그 대목들에서 엿보이는 공간적 이미지를 구현한 형상력만큼은 절박한 현실에 여유를 주는 듯한 효과를 발한다.

> "에구, 내 죽겠소! 왝, 왝."
>
> 시큼하고 넌들넌들한 검푸른 액(液)을 코와 입으로 토한다. 토할 때마다 그는 소름을 치고 가슴을 뜯는다. 뱃속에서는 꾸르르를 꾸르르 꿀 하는 물소리가 쉬일 새 없다. 물소리가 몹시 나다가 좀 멎는다 할 때면 쏴— 뿌드득 뿌드득 쏴— 하고 설사를 한다. 마대 조각으로 되는 대로 기워서 입은 누덕바지는 벌써 똥물에 죽이 되었다.…(중략)…
>
> 찢기고 뚫어지고 흙투성이 된 거적자리 위에서 신음하는 박돌이 모자의 그림자는 혼탁한 공기와 빤한 불빛 속에 유령같이 보였다. (34~35쪽)

이처럼 박돌의 고통을 기술할 때, 직설적인 어휘와 의성어를 적나라하게 사용함으로써 오히려 과장된 감이 없지 않을 정도다. 고통의 핍진성, 삶의 고통을 실감있게 전하려는 의도가 엿보이는데 이로써 가난하여 고통스런 삶의 현장을 감각적 형상으로 재현하려 했을 것이다. 그런 고통의 현장도 '혼탁한 공기와 빤한 불빛 속에 유령같이 보였다.'라고 기술된 터라, 절박하나마 숨을 돌릴 여유는 제공되어 있다. 이때 적용된 공간 지각의 이미지는 고통스런 현장의 절박한 상황을 잠시 환기시키면서도 그 상황의 원근감을 유발하는 역할을 하고 있다. 그 원근감은 뒤이은 대목에 와서 극화된다.

이웃집 닭은 세 홰나 운 지 이슥하다. 먼지와 그을음에 거뭇한 창문은 푸름하더니 훤하여졌다. 벽에 걸어 놓은 등불 빛은 있는가 없는가 하리만치 희미하여지고, 새벽빛이 어둑하던 방 안을 점점 점령한다.

박돌의 호흡은 점점 미미하여진다. 느릇하던 수족은 점점 꿋꿋하며 차다. 피부를 들먹거리던 맥박은 식어 가는 열과 같이 점점 사라져 버렸다. 이제는 구토도 멎고 설사도 멎었다. 몹시 붉던 낯은 창백하여졌다. (37쪽)

공간적 감각이 배어있는 서사 문면을 타고 박돌의 죽음의 기운이 시사되고 있다. 배경을 이루는 공간 형상에 맞춰 박돌의 몸 상태가 변화하는 양상이 기술되면서, 공간적 원근감을 통해 인물의 죽음이 시사되는 것이어서 그만큼 실감이 고조된다. 그리고 결국 박돌은 죽었고 그 죽음의 현장을 기술한 대목 또한 공간적 감각이 극화된 형상으로 그려져 있다.

붉은 아침볕은 뚫어지고 찢기고 그을은 창문에 따뜻이 비치었다.

서까래가 보이는 천장에는 까맣게 그을은 거미줄이 얼키설키 서리고 넌들넌들 달렸다. 떨어지고, 오리이고, 손가락 자리, 빈대 피에 장식된 벽에는 누더기가 힘없이 축 걸렸다. 앵앵하는 파리떼는 그 누더기에 몰려들어서 무엇을 부지런히 빨고 있다. 문으로 들어서서 바로 보이는 벽에는 노끈으로 얽어 달아 매놓은 시렁이 있다. 시렁 위에는 금난 사기 사발과 이빠진 질대접 몇 개가 놓였다. 거기도 파리떼가 웅성거린다. 부엌에는 마른 쇠똥, 짚부스러기, 흙구덩이에서 주워온 듯한 나뭇가지가 지저분하다.

뚜껑 없는 솥에는 국인지 죽인지 글어서 누릿한 위에 파리떼가 어찌 욱실거리는지 물 담아 놓은 파리통 같다.

먼지가 풀썩풀썩 이는 구들, 거적자리 위에 박돌이는 고요히 누웠다. 쥐마당같이 때가 지덕지덕한 그 낯은 무쇠빛같이 검푸르다. 감은 두 눈은 푹 꺼졌다. 삐쭉하게 벌어진 입술 속에 꼭 악문 누릿한 이빨이 보인다. 그의 몸에는 누더기가 걸치었다. 곁에 앉은 그 어머니는 가슴을 치면서 큰 소리 없이 꺽꺽 흑흑 느껴 울다가도 박돌의 낯에 뺨을 대고는 울고, 가슴에 손을 넣어 보고 한다. 그러나 박돌은 고요히 누워 있다. (38~39쪽)

가난과 죽음의 형상이 기묘하게 뒤엉켜 기술된 대목인데, 가난 때문에 죽은 박돌의 운명이 비참하다는 점이 구체적인 형상으로 드러난다. 그 죽음의 자리가 추악한 형상으로 그려지는데, 이는 박돌을 죽음으로 내몬 현실의 추악함을 드러내는 알레고리다. 가난 때문에 약조차 제대로 써보지 못한 채 죽어간 운명이니, 꼭 그런 배경이 죽음에 걸맞기도 하다. 삶의 핍진성, 아니 죽음의 핍진성이 그렇듯 공간 형상을 통해 우의적으로 원근화되고 있다. 그 원근감에서 박돌의 죽음이 지닌 비극적 실재성이 도드라져 보이는 것이다.

비극적 현실에 대한 의식에서 드러난 공간 구도는 그대로가 현실에 대한 비판 의식을 알레고리로써 표출한 것이기도 하다. 그런 의식이 현실을 직시하는 데서 출발한 만큼, 공간 구도의 원근감이 서사 문면에 드러나는 점이 이채롭지만은 않다. 「홍염」[22]의 공간 구도 역시 원근감이 살아 있으면서 문학적 변용의 면모까지 보인다. 사건과의 관련성이 시사된 배경 공간의 비중을 명증하는 데 적확한 예가 눈에 띈다.

> 눈옷 입은 산봉우리 나뭇가지 끝에 남았던 붉은 석양볕이 스르르 자취를 감추고 먼 동쪽 하늘가에 차디찬 연자줏빛이 싸르르 돌더니 그마저 스러지고 쌀쌀한 하늘에 찬 별들이 내려다보게 되면서부터 어둑한 황혼빛이 빼허의 좁은 골에 흘러들어서 게딱지 같은 집 속까지 흐리기 시작하였다.
>
> 꺼먼 서까래가 드러난 수수깡 천장에는 그을은 거미줄이 흐늘흐늘 수없이 드리우고, 빈대 죽인 자리는 수묵으로 댓잎을 그린 듯이 흙벽에 빈틈이 없는데 먼지가 수북한 구들에는 구름깔개를 깔아 놓았다. 가마 저편 바닥에는 장작개비가 흩어져 있고 아궁이에서는 벌건 불이 훨훨 붙는다. (103쪽)

이 대목은 기묘하게도 서사의 서두와 결말 부분에 기술된 형상을 대유하는 식으로 기술되어 있다. 말하자면,

---

22) 최서해, 「홍염」, 『탈출기, 낙동강, 질소비료공장, 군중 정류 外』, 두산동아, 1997.

> 겨울은 이 가난한 —— 백두산 서북편 서간도 한 귀퉁이에 있는 이 가난한 촌락 '빼허'에도 찾아들었다. 겨울이 찾아들면 조그마한 강을 앞에 끼고 큰 산을 등진 빼허는 쓸쓸히 눈 속에 묻혀서 차디찬 좁은 하늘을 쳐다보게 된다. (90쪽)

> 불길은 —— 그 붉은 불길은 의연히 모든 것을 태워 버릴 것처럼 하늘 하늘 올랐다. (110쪽)

하는 식으로, 가난하고 추운 '빼허'의 공간 형상이 서두에 기술되어 있다면, 결말에 인가의 집을 태우는 불길이 공간 형상 이미지로써 기술되어 있는 식이다. 가난한 삶에서 비극적인 최후를 맞은 문서방의 아내, 그리고 가난 때문에 딸을 빼앗긴 문서방의 보복이 살인과 방화에 이어져 있는 것이 바로 그 결말인데, 공교롭게도 비극적 삶의 현실과 이에 대한 저항의 몸짓이 공간 형상에 빗대어져 이야기된 것이다. 냉혹한 현실에 대해 그 냉혹함을 살라버릴 '붉은 불길'이 제시되는 식으로 대조적 형상이 곧잘 드러나 있기에, 「홍염」에서 공간 형상이 차지하는 비중을 가늠하기 어렵지 않다. 물론 그 대조적 형상은 핍진하지만 동시에 실재적이다. 인물들의 현실 의식과 저항 의식 또한 그만큼 실재적인 양상으로 드러나 있다. 다만 그 실재성이 이상적인 양상이 아닌 점을 염두에 둘 필요가 있다. 현실 의식이나 저항 의식 공히 개인적 삶의 체험을 바탕으로 한 것이라는 점 또한 주목할 여지가 있다.

공간 배경이 사건 전개를 시사하고, 인물의 의식이 공간 형상을 통해 대유되는 식으로 서사가 진행되는 예는 이기영의 「민촌」[23]에서도 찾아볼 수 있다.

「민촌」 1장의 시작은 이러하다.

> 태조봉 골작이에서 나오는 물은 「향교말」을 안고 돌다가 동구(洞口)앞 버들 숲사이를 뚫고 흐르는데, 동막골로 넘어가는 실ㅅ뱀 같은 길이 개울

---

23) 이기영, 「민촌」, 『민촌』, 조선지광사, 1927.

> 건너 논뚝 사이로 요리조리 꼬불거리며 산ㅅ잔등으로 기어올라갔다. 그길ㅅ가 내뚝 옆에 늙은 상나무 한주가 마치 등고분 노인이 지팽이를 짚고 있는 형상을 하고 섰는데 그 언덕 옆으로는 돌담으로 쌓은 옹달샘이 있고 거긔에는 언제던지 맑은 물이 남실 남실 두던을 넘어 흐른다…….

「민촌」의 공간적 배경을 이루는 '향교말'의 정경이 묘사되어 있다. 한 편의 그림을 연상시킬 만큼 시각적인 이미지로써 구성된 서사이다. 특히 이 문면 전반에 관류되고 있는 직유적 표현은 무정적(無情的) 요소인 자연 경관을 유정물(有情物)에 빗대고 있어, 그 그림에 생명력을 주고 있는 셈이다. 그런 양상은 옹달샘에 흐르는 맑은 물에 와서 정점을 이룬다. 이러한 배경 묘사를 통해서 '실뱀' 같이 매우 유연하면서도 '노인'과 같이 유순하고 '물'과 같이 맑은 감성을 환기시키는 것이다.

그러나 이어지는 문장이 당혹감을 낳는다.

> 그런데 그 앞 개울은 가물에 바짝 말라 불었던 개천에 이 샘물이 겨우 「머기」 침 같이 흐르던 것이 이마직 장마통에 그만 물이 버쩍 늘었다.

우선 '그런데'라는 전환의 접속어에 맞닥뜨리게 된다. 그것은 단순한 행의 전환이나 장면 전환 이상의 의의가 있다. 앞 대목의 정점이던 남실남실 흘러 넘치던 '맑은 물'이란, 회화적 이미지를 표상한 대상이 아니라 가뭄과 장마를 넘나들며 이루어진 변덕스러운 물로 판명된다. '물'의 성격 반전에서 당혹스러움이 유발되지만, '그런데'는 이러한 문맥 안에서 독자들의 문학적 감성에 하나의 환기와 반전을 야기하는 언어적 장치인 것이다. 그리고 이러한 감성의 변환은 다음 문단에도 이어져 있다.

> 양청물 같이 푸른 하늘에도 당태솜 같은 흰구름이 둥!둥! 떠도는데, 녹음이 우거진 버들 숲 사이로는 서늘한 매미ㅅ소리가 흘러나온다. 이쪽 숲 앞

으로 툭 터진 들 안에는 장ㅅ잎이 갈라진 일면으로 퍼-러코 멀리 보이는 설화산이 가물가물 남쪽하늘ㅅ가에 다았다. / 푹푹 찌는 중복허리에 불ㅅ볕이 쨍쨍! 나는 저녁때이다. (인용자 사선)

여기에도 매우 회화적인 이미지가 기술되어 있다. 우선 푸르름의 감각에 신선함이 전해지며 '흰구름'의 이미지에서 정결하고 시원한 느낌이 상승된다. '서늘한 매미 소리'와 '툭 터진 들'의 모습에서는 여유가 한껏 드러난다. 멀리 가물거리는 설화산의 모습에 시적인 정취가 묻어나는 것이다. 사선(/)의 앞부분까지 흰구름이 된 듯 '둥둥' 떠도는 유유자적을 맛보게끔 되어 있다. '그런데' 사선의 뒷부분에서는 얘기가 사뭇 달라진다. '쨍쨍'나는 불볕으로 푹푹찌는 '중복 허리'에 서게 된 셈이니, 이해 맥락은 이에 반전할 수밖에 없다. 앞 문단에서 보았던 감성의 반전에 다시금 주목하게 된다. '물'에 대해 형성되었던 감각의 단층(斷層)과 마찬가지로 '하늘'의 이미지에서도 그러한 단층이 형성되어 있다. 어느덧 인용문의 사선 부분에 '그런데'를 삽입해도 좋게끔 되어 있는 것이다. 이렇게 배경이 대립적 이미지로 묘사되어 있는 데 모종의 의의가 있을 것이라 짐작할 수 있다. 더구나 이렇듯 배경이 기술된 서두에서부터 감각의 단층이 형성되어 당혹감이 유발될 때, 한번 더 배경의 의미를 묻지 않을 수 없을 것이다.

이때 이 소설 두 번째 장의 처음 대목이 주목할 부분으로 떠오른다.

향교말이란 동네는 자래로 상놈만 사는 민촌으로 유명한 곳이었다. 과연 사오십호나 되는 동네에 양반이라고는 약에 쓰려고 구해도 없는 상놈 천지였다. 어쩌다 못 생긴 양반이 이 동네로 이사를 왔다가는 그들에게 물려서 얼마를 못 살고 떠나고 떠나고 하였다.

그러나 그전에는 양반의 덕으로(?) 향교(鄕校)하나를 중심하여 향교 논도 붙이어 먹고 향교 소인노릇도 해서 먹고살기는 그렇게 걱정이 없더니 시체ㅅ양반은 이ㅅ속이 어찌 밝은지 종의 턱찌기까지 핥아먹는 다라운 양반이 생긴 뒤로는 그나마 죄다 껀이지고 지금은 향교 고직이가 겨우 논 여나문 마지기를 얻어붙이는 것뿐이었다. 그 나머지는 모두 권세 좋은 양반들이 얻어하고 얻어주기도 하는데, 박주사 아들이 자기 하인으로 부리는 이웃 상놈에게도 이 논을 덜어 얻어준 일이 있다.

민촌 향교말에 대한 언급이다. 앞 단락은 그야말로 민촌인 향교말의 모습 그대로를 기술한 것임을 쉽게 알 수 있다. '상놈 천지'나 '못생긴 양반' 등의 표현을 근거로 민촌 향교말의 원래 모습을 추론할 수도 있다. 그런데 곧 '민촌'과 '향교말'의 어의적 대립에서 상놈 천지에 어느덧 양반이 득세하고 있음을 유추하게 된다. 그도 그럴 것이 뒷 문단에서, 향교를 기화로 한 양반의 등장과 이로 인한 상민들의 어려운 생활상이 기술되어 있기 때문이다. 이런 맥락에서 모두에 제시된 배경 묘사에 이 대목을 연결지을 수도 있다. '그러나'가 만드는 단층의 요소와, '그런데'가 구축하는 단층의 요소가 마찬가지로 의식될 것이다. 대조적 공간 형상이 서사 구조의 대조상까지 빚어내고 있는 것이다.

그렇게 대목들을 연결시켜 보면, 민촌 상민들의 생활고가 전년의 가뭄과 당년의 물난리가 겹쳐진 데서 비롯되었음을 문맥 속에서 확인할 수 있다. 앞 인용 대목들에서 보았던 감각의 단층이 이렇게 실생활상에서 재연되는 것이다. 상민 천지에서야 자연의 아름다움을 즐기며 맛보았겠지만, 양반이 지배하는 생활고 속에서는 가뭄과 장마를 겪고 불볕 아래에서 고통 당하고 있을 수밖에 없는 것이다. 세 번째 장에서 보듯이 천둥 번개가 사라지고 "어느 틈에 씻은듯 가신듯 한 맑은 하늘"이 올 때야 보리죽 보리밥으로 끼니를 때우더라도 함께 모여 소리도 하고 어울려 놀겠지만, 가뭄을 겪고 물난리를 겪는 속에서는 그럴 여유가 없는 것이다.

그야말로 칠궁의 생활고가 현실 배경임을 고려하여 늘 '그런데'라는 감각 전환의 문법 요소를 염두에 두고 문맥을 이해하게끔 구성되어 있는 것이다. 서두의 배경 묘사가 서사 전체를 관류하면서 곳곳에 구체적 생활상의 대립을 시사하는 요소로 기능하고 있음에 특히 주목해야 한다. 그리고 그 대립이 자연과 인간 삶의 대비를 매개로 하여 드러난다는 면에서 서정적 긴장의 요소가 생기며, 양반과 상민의 대립이 그 계기로 작용하고 있다는 면에서 서사 세계의 단면도 엿보인다.

단층을 이루며 원근화된 이런 공간 형상이 실재성을 띠는 것은 물론이다. 삶의 모순과 전도 상황이 공간 형상의 단층을 알레고리로 하여 드러나 있다. 이를 배경으로 제시된 사건의 양상이 현실의 모순에서 비롯된 것이며, 궁극적으로 모순을 극복하는 데서 사건 해결의 단서를 찾을 수밖에 없음이 극화된다. 결말은 비극적으로 맺어졌지만, 그런 까닭에 모순된 삶의 비극상이 핍진하게 극화되어 있지만, 문면 곳곳에서 엿보이는 이상적 사회상에 대한 담론을 통해서, 갈등이 해소된 사회상의 단면이 시사되고 있는 데 주목의 여지가 있다. 최서해의 소설에서 엿보이지 않던 모순된 현실 너머의 세계가 기술되어 있는 것이다. 물론 그런 사회상은 이념적 의식을 통해 피상적인 형상으로 이야기되기에 이상적 실재성을 띤다. 또한 현실 의식이나 저항 의식이 인물 개개인에 국한되지 않고, '민촌' 집단으로 확산되고 있는 데서도 최서해의 소설에서 보이는 실재성과는 다른 이상적 실재성의 면모를 확인하게 된다. 그 실재성은 차라리 『무정』 등에서 엿보이던 실재성에 가까운 양상이다.

이런 양상은 사회주의적 리얼리즘 경향의 소설에서 공통적으로 드러나는데, 조명희의 「농촌 사람들」, 「낙동강」 등, 이북명의 「질소비료공장」이나 「출근정지」, 「암모니아 탱크」 등, 송영의 「늘어가는 무리」, 「석공조합대표」, 「군중정류」 등에 투영된 공간 형상이 그런 실재성의 면모를 띠고 있다. 모순된 현실 세계의 국면들이 전제되어 있고 이에 저항하는 의식이 표출되어 있는데, 거기 표면적이든 잠재적이든 현실의 모순을 깨친 이상적 세계상이 시사되어 있다. 따라서 어느 경우든 공간 형상은 실감보다는 실재성을 드러내는 데 적합한 구도에서 그려질 것이다. 비판적 리얼리즘 경향의 소설의 경우 현실의 체험을 핍진하게 그리며 그 모순을 극화하는 데 서사의 초점을 맞춘 데 비해, 사회주의 리얼리즘 경향의 소설에서는 현실의 문제를 이념적 각성을 통해 파악하고 해결하려는 의식을 극화하는 데 주력한다는 맥락과 맞닿은 공간 형상일 것이다. 사실성(factuality)이나 실제성(actuality)에 바탕을 둔 실재성(reality)과 피상적 형상을 띤 실재성은 분명 다르다.

외적 투시 공간의 역학

화자 공간의 절대 우위

앞서 「혈의 누」에서 일단 돋보이는 공간 형상의 양상으로 꼽았던 것이, 지각의 주체가 전제된 가운데 공간 지각의 이미지들이 채용되어 기술됨으로써 공간의 실감이 돋워진다는 점이었다. 이때 작용하는 시점에 주목하지 않을 수 없다. 주체의 지각 방향이 온전히 밝혀져야 공간 기술의 실감 여부와 유발 기제가 밝혀질 수 있을 것이기 때문이다.[24)]

> 계엄중(戒嚴中) 총소리라 평양성 근처에 있던 헌병이 낱낱이 모여들어서 총 놓은 군사와 부인을 데리고 헌병부로 향하여 가니, ①<u>그 부인은 어딘지 모르고 가나</u> ②<u>성도 보이고 문도 보이는데</u>, ③<u>정신을 차려 본 즉 평양성 북문이라.</u>
> 밤은 깊어 사람의 자취도 없고 사면에서 닭은 홰를 치며 울고 개는 여염집 평대문 개구멍으로 주둥이만 내어 놓고 짖는다. ㉮<u>닭소리, 개소리에 부인의 발이 땅에 떨어지지 못하여 걸음을 멈추고 섰는데, 오장이 녹는 듯하고 눈물이 앞을 가린다.</u> 개는 명물이라 밤사람을 알아보고 반가워 뛰어나오다가 헌병이 칼을 빼어 개를 차려 하니 개가 쫓겨 들어가며 짖으나 사람도 말을 통치 못하거든 더구나 짐승이야……. (15쪽, 인용자 밑줄 · 원문자)

---

24) 이런 맥락에서 서사형상 공간의 양상과 관련하여 살폈던 대목들을 다시 검토하면서, 그 양상이 드러나는 기제인 서사역학 공간의 양상을 추론하고자 한다.

밑줄 친 부분들의 지각 양상에 차이가 있다. 지각의 주체를 '부인'으로 한정할 때, ①에서 ③에 이르기까지 지각의 양상이 더 선명해진다. 제대로 지각할 수 있는 '정신'을 점점 회복해 가는 도중이라는 점이 그 지표다. 그렇듯 지각 양상이 더 분명하게 드러나는 것으로 전제된 선을 따라, 부인이 지각한 공간의 표지 역시 미지의 것에서 실제 공간 지명으로 바뀌어 간다. '평양성 북문'임을 지각하기까지 말이다. 이렇듯 '그 부인'이 실제 공간의 양상을 분명히 지각하고 나서야 온전히 지각의 주체로서 전제되고, 서술상황 역시 그의 지각을 매개로 구성되는 인물 서술상황이 된다.

서술의 주체는 서술자인 것이 분명하지만, 그 서술자의 목소리에 지각 주체의 목소리가 간섭하고 있는 점이 돋보인다. 이를테면 ㉮는 분명 서술자가 관찰한 바를 서술한 것으로 전제되어 시작된 문장인데, 종결에 이르기까지 인물의 심정이 직접 발화된 양태로 서술되어 마치 인물의 독백이 기술된 것처럼 처리되어 있는 것이다. 서술자의 지각 내용과 서술을 전제로 한 작가 서술상황이 기저를 이루는 것이 사실이지만, 이처럼 인물의 지각 내용과 심회가 서술상황에 간섭하는 형국은 공간 요소를 기술하는 데에 '지각'이 전제되고 있음을 시사한다. 이런 양상은 뒤이어 그 '부인'의 발화로 처리된 대사가 발화 인용의 매개어 없이 기술됨으로써 온전히 인물 서술상황이 형성된 데에 이른다.

이런 양상들이 문면 곳곳에서 드러나는 바, 「혈의 누」는 전대 문장체 소설의 서사 기법을 여러모로 혁신하고자 하였던 의도에 일정 정도 부합한 성과로 인정된다.[25] 서술자와 인물의 영역을 구획하여 구성

25) 디테일을 분석해 보면, 고전 소설에서도 서술상황이 중층적인 예를 찾아볼 수 있다. 특히 판소리체 소설의 경우 서술상황은 세부를 면밀히 분석해야 면모가 온전히 밝혀진다. 단순히 작가 서술상황만으로 되어 있지 않은 예들이 꽤 있다. 다만 문장체 소설의 경우에는 서술상황이 단선적이거나 단순히 혼재된 양상이 두드러지는 바, 본고에서는 이런 양상만을 전제하였다. 고전 서사체 전반의 공간성 논의와 관련하여 더 상론할 여지가 있는 것은 사실이다.

된 '서사역학 공간'의 구도를 원근감 있게 형상화하려 했다고 할 수 있는데, 현실 공간의 실감을 살려 서사형상 공간을 기술하려 했던 점과 관련지어 새삼 주목할 부분이다. 물론 이와 같은 면모가 단선적으로 드러날 뿐 텍스트 전반에 걸쳐 실로 입체감 있게 그려져 있지 않은 점은 한계로 지적될 것이며, '신소설'을 시도한 선구자적 의의만 남을 수밖에 없는 것이 사실이다. 요컨대 현실 공간의 실감을 잇는 장면들이 틈새에 엿보이는 가운데 이상적 실재성을 내비치는 형상들이 주로 기술된 서사형상 공간의 구도와 궤를 같이 하여 서사역학 공간의 구도가 드러난다. 전지적 서술자의 논평이 인물의 발화에 간섭하기 일쑤이고, 사건의 전모나 인물의 심회 등이 서술자의 발화를 통해 드러나는 등, 화자 공간이 압도적으로 확장되는 형태로 도시되는 형국이다.

문법적 선택, 즉 종결 어미나 시제 표시 선어말 어미의 용례와 관련되어 드러나는 문체 차원에서도 그런 양상이 드러난다. 예컨대, 이 소설의 첫 문장이 "일청전쟁의 총소리는 평양 일경이 떠나가는 듯하더니 그 총소리가 그치매 사람의 자취는 끊어지고 산과 들에 비린 티끌뿐이라."라고 되어 있는가 하면, 바로 다음 문장은 "(전략)…그 부인은 아무리 급한 걸음걸이를 하더라도 멀리 가지도 못하고 허둥거리기만 한다."라고 되어 있는 식이다. 앞서 서술상황 문제와 관련지어 인용했던 대목에서도 그런 면모가 여실하다. 화자 공간의 양상조차 온전히 정립되지 않은 상태라고까지 얘기할 수 있다. 전대의 문장체 소설에서 엿보이는 서사역학 공간과 같이 서술자의 입지가 가히 절대적인 상황에서 형성되는 화자 공간의 구도에서 벗어나지 못한 채, 서술자는 여전히 권위적 지위에서 서사 세계를 통제하면서 명목상으로만 구축된 공간 구도를 조정하려고 할 뿐이다. 말줄임표를 쓰거나 광고 전문을 그대로 옮기듯 기술하여 도상적 공간의 양상을 눈에 띄게 하는 등, 여러모로 기존의 서사역학 공간의 양상에서 탈피하고자 했던 것으로 비치지만, "옥련이가 잠을 깨어 본즉 남가일몽이라." 하는 식의 언설에 빛이 가리는 꼴이다. 결과적으로 그 모든 기제가 종내 '피상적 실재성'만 북돋운 데 지나지 않았던 것으로 평가된다.

혼란스럽게 구성되었지만 절대 영역을 확보한 화자 공간의 면모 때문에 해석 공간은 아예 구성될 필요조차 없게 되어 버린 셈이다. 물론 어떠한 양상의 서사체라도 명목상 그 공간이 없을 수 없겠지만, 그야말로 아무런 역할을 하지 못하여, 병렬된 공간이 아니라 종속된 공간으로밖에 간주할 수 없을 만큼 미미한 차원만 점할 뿐이다. 그런 만큼, 프랭크 식의 '공간 형식' 개념에 비추어 보자면 「혈의 누」는 서사공간의 자질을 전혀 지니지 못했다고까지 얘기할 수 있는 것이다. 이때면 서사형상 공간에서 문제 삼았던 공간 양상까지도 별 의의를 지니지 못하는 것으로 간주할 수 있다. 공간이 서사에 투영되어 있다고 해서 다 공간 자질을 빚는 것은 아닐 수 있다는 얘기다. 해석 공간이 전제되지 않은 공간 양상은 그 어느 경우도 '서사 공간'이란 논항에 수렴시킬 수준의 것이 아니다.[26)]

「은세계」의 경우도 「혈의 누」에서와 크게 다를 바 없이, 화자 공간의 양상이 매우 혼란스런 형태로 드러난다. 다만 판소리의 영향을 받은 〈최병두 타령〉의 개작으로 보이는 전반부에서 "나무꾼 아이들이 지게 목발을 두드리며" 부르는 노래가 '최부인'의 지각을 전제로 인용되었거나, '상두 소리'가 인용되었거나 하여 서술상 변화를 준 대목들이 눈에 띄곤 하는 것이 「혈의 누」와 다른 점이다. 문학적으로 변용된 공간의 형상을 기술하는 방식 또한 비유적인 묘사를 채용하는 등, 일방적인 서술자의 권위만 드러나는 데 그치지 않는다.

> 겨울 추위 저녁 기운에 푸른 하늘이 새로이 취색하듯이 더욱 푸르렀는데, 해가 뚝 떨어지며 북새풍이 슬슬 불더니 먼산 뒤에서 검은 구름 한 장

---

26) 다음 절에서 논급하겠지만, 삼각기둥 형태의 '서사적 공간 체적'의 윗면과 높이 차원이 제대로 형성되지 않았기 때문이다.

이 올라온다. 구름 뒤에 구름이 일어나고, 구름 옆에 구름이 일어나고, 구름 밑에서 구름이 치받쳐 올라오더니, 삽시간에 그 구름이 하늘을 뒤덮어서 푸른 하늘은 볼 수 없고 시커먼 구름 천지라. 해끗해끗한 눈발이 공중으로 회회 돌아 내려오는데, 떨어지는 배꽃같고 날아오는 버들가지같이 힘없이 떨어지며 간 곳 없이 스러진다. 잘던 눈발이 굵어지고, 드물던 눈발이 아주 떨어지기 시작하며 공중에 가득 차게 내려오는 것이 눈뿐이요, 땅에 쌓이는 것이 하얀 눈뿐이라. 쉴새없이 내리는데, 굵은 체 구멍으로 하얀 떡가루 쳐서 내려오듯 솔솔 내리더니 하늘 밑에 땅덩어리는 하얀 흰무리 떡덩어리같이 되었더라. (255쪽)

예의 서술자의 전지자적 입장이 엿보이는 점을 부정할 수 없으나, 그의 전지함이 이처럼 비유적 기술로 표현될 때에는 극적으로 제시되는데, 기술된 바가 전해지는 과정에서는 권위적인 입지가 그리 크게 감지되지 않는다. 이를테면 '추운 겨울 저녁에 구름이 몰리더니 눈이 많이 내려 땅이 눈에 뒤덮였다.'라는 간단한 기술만으로도 위에 전해지는 정보 정도는 충분히 전달할 수 있다. 그런데도 위와 같이 구체적인 묘사를 '선택'함으로써 기술 내용을 풍성하게 전하려고 하는 서술자의 능동적 작용이 「은세계」에서 감지된다. 그래서 「은세계」의 전반부에서는 배경 공간에 대한 기술이 빈발하는 등, 「혈의 누」에서보다 훨씬 구상적인 화자 공간을 추론할 수 있다.

물론 「혈의 누」와 대비해서 상대적으로 그렇다는 얘기이지, 「은세계」의 서사역학 공간 구도에서 화자 공간의 위상이 크게 변화했다는 얘기는 아니다. 권위적인 서술자는 서사 세계를 창조한 신이라도 되는 듯한 입장을 여전히 고수하고 있으며, 이야기를 전하는 방식 또한 그에 걸맞게 선택되어 있다. 「혈의 누」에서와 마찬가지로, 전반적으로는 전대 문장체 소설의 문체적 징후가 그대로 드러나 있는 것이다. 다만 판소리의 영향을 받은 것으로 여겨지는 전반부에서 판소리체의 흔적이 드러나기에 구상적인 기술의 면모들이 엿보였던 것이다. 따라서 그 면모들이 일관된 체계를 이루지 못하였다는 데서 서사역학 공간 구도의 한계가 드러난다고 할 수 있다.

그 한계는 물론 서사형상 공간 양상의 한계와 연관된다. 실감을 돋우는 공간 형상이나 문학적으로 변용된 공간 형상이 기술되었는가 싶더니 예의 피상적인 공간 형상이 드러났던 것이, 기실은 서사역학 공간 양상의 혼란스러움에서 비롯되었던 것이다. 혹은 서사형상 공간 양상의 혼란에서 서사역학 공간 양상의 혼란이 빚어진 것이라고 할 수도 있다. 두 층위의 공간 기제가 역학 관계에 있음은 주지의 사실인데, 서사 세계의 제 구성소들 위에 군림하는 서술자의 권위와 공간 형상에 배어 있는 피상적 실재성이 보조를 같이한 것이다. 이런 상황에서 서사 공간에 대해 온전히 논급하는 것 자체가 어불성설일 수 있다. 서사형상 공간도 서사역학 공간도 원천적으로 제 형상을 다 갖추지 못한 채 어정쩡한 형국만 연출되었다고 할 것이다.[27] 서사적 규범과 혁신 사이에 드리운 짙은 음영만 남은 형국이다.

이야기의 실감을 돋우는 배경이 될 만한 공간 양상을 구체적으로 기술해 놓은 대목들이 디테일을 이루고 있는 점은, 『무정』이 최소한 「혈의 누」나 「은세계」에서 엿보이는 서사형상 공간의 양상에서 탈피했음을 단적으로 보여주는 지표라 할 수 있다고 앞서 지적했다. 그런데 그런 실감이 사실은 이를 기술하는 방식과 관련되어 드러난다는 점에 새삼 주목할 여지가 있다. 전 절에서 공간 형상의 실감이 드러나는 대목으로 꼽았던 부분을 기술 양상에 초점을 맞춰 다시 검토해 보자.

> 해가 인왕산 마루턱에 걸렸다. 종로 전선대 그림자가 길게 가로누웠다. 종현 천주당 뾰족탑의 유리창이 석양을 반사하여 불길같이 번적거린다. 두부 장수의 "두부나 비지드렁" 하는 소리도 이제는 아니 들리게 되고 집집에는 앞뒷문을 활짝 열어 놓고 한 손으로 땀을 씻어가며 저녁밥을 먹는다. 북

27) 이점에 대해서는 다음 절에서 서사적 공간 입체의 형상이나 그 공간 좌표 논의와 관련하여 더 구체적으로 논급할 것이다.

악의 황토가 가로쏘는 햇볕을 받아 빨간빛을 발하고 경복궁 어원 늙은 나무 수풀에서는 저녁 까치 소리가 시끄럽게 <u>들린다</u>. (240~241쪽, 인용자 밑줄)

전 절에서, 배경 공간을 기술하는 데 소용된 구체적인 대상물들의 면모나 이를 표현한 비유적 이미지들 덕분에 실제 공간의 형상이 실감있게 전해졌다고 했다. 그 실감은 이렇듯 기술의 대상이 되는 공간 요소들 자체의 실제성에서 비롯된다는 점에 이론의 여지가 없을 것이다. 그런데 대상 공간이 실명으로 제시되었거나 실제 공간 구도가 그대로 옮겨져 기술되었다고만 해서 실감이 돋워진다고 얘기할 수 있는 것은 아니다. 지각의 양상이 어떠한지 또 그 지각 내용을 기술하는 서술의 양상은 어떠한지 입체적으로 검토해 보아야 그 실감의 메커니즘을 분석할 수 있을 것이 분명하다. 앞서 「혈의 누」에서 예시했던 대목들만 보더라도, 공간 형상의 실감은 대상 공간 자체의 실제성에서보다는 지각 주체와 서술 주체 사이에 이루어지는 역학 관계에서 비롯되는 양상이 더 짙은 것이다. 요컨대 지각하는 주체를 인물로 상정했을 때와 전지적 서술자로 상정했을 때, 또한 이와 결부지어 서술상황이 온전히 인물 서술상황일 때와 작가 서술상황일 때, 공간 형상의 실감에서 크게 차이가 있다. 「혈의 누」나 「은세계」에서 공간 형상의 실감이 흔적만 보이더니 종내는 피상적인 수준으로 전락했던 것도 다 서술상황과 문체 등의 역학에서 서술자의 권위가 힘을 크게 발했기 때문이었던 것이다. 그에 비한다면, 『무정』에서 배경 기술에 적용된 서술상황은 서술자의 의식과 목소리가 잘 느껴지지 않아 구상적인 공간 형상을 기술하는 데 적합한 것으로 보인다.

이를테면 위에서 서술자는 이른바 관찰자 입장인 것으로 추측된다. 실제 공간의 형상과 구도를 전제한 가운데, 저녁 풍광을 비유적이거나 구상적인 이미지로써 형상화한 데서 서술자의 권위가 감지되지는 않는다. 물론 서술자가 전지자 입장에서 온전히 벗어나 있다고 얘기할 수는 없지만, 배경을 기술한 이 대목에서만큼은 서술자의 전지성이 드러나지 않았다고 할 수 있는 것이다. 서술자 스스로가 서사 세계의 한 인물이라도 된 양 지각한 내용을 서술한 대목도 눈에 띈다. 마지막 문장에서처럼 서술자 스스로가 서사 세계에 직접 위치하여 '까치소리'를 듣는 상황이 전제되어 있는 식이다. 뒤이은 대목에서 "연극장과 활동 사진의 소요한 악대 소리가 들리기 시작한다."고 한 것도 마찬가지로 이해할 수 있다. 이를테면 '서술자의 인물화'라고 할 수 있는데, 이런 식으로 서술상황이 형성된 까닭에 서술자의 권위가 그만큼 상쇄될 것이며, 상대적으로 배경 공간의 실감이 돋우어질 수 있는 것이다. 요컨대 서사형상 공간이 구체적인 양상으로 드러날 수 있는 것은 '서사역학 공간'이 이러한 구도하에서 구축된 데서 비롯된다.

이런 서술상황에 상응하여 문체의 양상도 「혈의 누」 등과 대비해 많이 달라져 있다. 우선 종결형이 일관되게 선택되어 기술됨으로써 문장 구조가 대체로 안정되어 있다. 소위 '구어체' 혹은 '언문일치체'를 효과적으로 구현하려 했던 노력의 결과일 것이다. '~더라'로 종결되던 종래 서사체의 일반적인 문체에서 벗어나, '~이다'는 식으로 종결하는 것을 문체의 혁신으로 여겼던 터다. 「혈의 누」나 「은세계」에서도 그런 의식의 일단이 엿보이는데, 기존의 종결법에서 온전히 탈피하지 못하고 이른바 문어체의 경향이 상당히 노정되어 있었던 데 한계가 있었다. 따라서 서술상황의 혼재와 함께 문체상의 혼란이 드러나 있어서 서사역학 공간이 그렇듯 불안정한 구도로 드러났던 것이다. 이에 비해 『무정』의 문체 양상은 일관된 종결법으로 이루어져 꽤 정연한 구도를 보인다.[28] 여기에다 시제를 표시하는 선어말 어미도 현재

---

28) 그러나 이런 문체 양상은 엄밀히 말해 구어라거나 언문이 일치된 것이라거나 할 수 있는 수준이 아니다. 어떤 면에서 '~더라' 식의 종결이 대화 상황을 전제한 종결형이라 구어에는 더 가깝다. 오히려 '~한다'나 '~이다'는 식은 기술 서사체의 중요한 표지가 되는 것으로, 언문을 분명히 구분하는 징후로 작용할 가능성이 더 크다고 할 수 있다. 어쨌든 이런 측면에서 보아도

형으로 되어 있어, 배경 공간을 지각한 상황을 실감 있게 전하는 데 효과적인 문체가 적용되었다고 할 수 있다. 이른바 '보여주기'의 면모가 이 맥락에 적용된다. 서술자가 일방적으로 제시하지 않고 관찰자적인 입장에서 지각 범위를 제한한 가운데 장면을 기술함으로써 발휘되는 극적 효과는 그 자체가 서사적 공간성의 중요한 지표이다. 서술자의 서술 자체가 시간성 요소를 전제하는 것이라면, 서사체에 극적 요소를 비유적 맥락으로 적용한 현재화 기법이나 대상 묘사, 대화 상황 등을 기술한 대목들은 서사에서 공간성 요소를 전제한 것이다. 전대의 서사체에서 서사적 공간성의 요소들을 온전히 구현하지 못하고 과도적 징후만 보이던 것과 달리 『무정』에서는 그 징후들이 꽤 구체화되어 드러나 있는 만큼, 일견 혁신적인 서사체로서의 면모를 갖춘 것으로 평가할 수 있을 것이다.[29)]

그러나 배경 공간을 구체적으로 기술한 대목이 상대적으로 주목을 끈다지만 서사 전체에 걸쳐 일관되거나 체계적으로 드러나 있는 것은 아니라고 앞서 논급했다. 『무정』의 서사형상 공간에서도 피상적인 이념이 투영된 실재성으로써 원근화된 형상이 드러난 경우가 두드러졌던 것이다. 이와 관련하여 서사역학 공간 역시 위와 같은 구체적인 국면으로 드러나는 것만은 아니며, 관념적인 구도가 드러나는 경향이 짙다. 이를테면 다음과 같은 식이다.

> 차가 남대문에 닿았다. 아직 다 어둡지는 아니하였으나 사방에 반작반작 전기등이 켜졌다. 전차 소리, 인력거 소리, 이 모든 소리를 합한 '<u>도회의 소리</u>'와 넓은 플랫폼에 울리는 나막신 소리가 합하여 지금까지 고요한 자연

종래 서사체의 문체적 관습에서 벗어나려는 노력이 엿보인다. 그런 노력의 결과가 신소설의 경우 과도기적 징후가 노정되어 혼란스레 드러난 데 비해, 『무정』에서는 거의 일관되게 적용된 점에 주목하지 않을 수 없다.

29) 이른바 근대 소설의 맹아라고 많은 이들이 입을 모으는 것은 이런 맥락에 비추어 보아 크게 잘못된 점 없다고 할 수 있다.

속에 있던 사람의 귀에는 퍽 소요하게 들린다. '도회의 소리!' 그러나 그것이 문명의 소리다. 그 소리가 요란할수록에 그 나라가 잘된다. 수레바퀴 소리, 증기와 전기기관 소리, (쇠마차 소리)…… 이러한 모든 소리가 합하여서 비로소 찬란한 문명을 낳는다. 실로 현대의 문명은 소리의 문명이라. 서울도 아직 소리가 부족하다. 종로나 남대문통에 서서 서로 말소리가 아니 들리리만큼 문명의 소리가 요란하여야 할 것이다. 그러나 불쌍하다. 서울 장안에 사는 삼십여 만 흰옷 입은 사람들은 이 소리의 뜻을 모른다.…(중략)… 이 뜻을 아는 사람이 몇몇이나 되는가. (313쪽, 인용자 밑줄)

구체적인 이미지로써 기술된 남대문 거리의 형상이, 종내 문명 거리의 실재성을 드러내는 데 향해 있다는 점에서 서사형상 공간의 관념성이 드러나 있다고 앞서 지적했다. 이런 형상이 드러나는 기점은 바로 작은 따옴표로써 강조되어 있는 '도회의 소리'라는 언설이다. 처음 그 언설은 두더라도 두 번째 나온 것은 느낌표까지 덧붙어 있어 서술자의 목소리가 강하게 표출된 양태다. 이후 서사는 서술자의 논평까지 개입되는 등, 철저하게 작가 서술상황이 구성된 가운데 기술된 것으로 전제된다. 종결형만큼은 일관되어 있어 형식상으로 안정된 서사 담론처럼 보이지만, 그 지각과 표현 사이의 역학 관계가 투영되는 서술상황에서는 균열상이 발견된다. 괄호나 말줄임표로써 기술하는 등 겉으로도 서술자의 존재가 직접 감지되며, 문명의 거리에 대한 실체적 형상을 전제로 이에 못미치는 서울 거리를 못마땅해하는 심정이 표출된 언변들에서 서술자의 개입 흔적이 역력하다. 반문조의 마지막 문장은 그 극적인 예다. 문맥상 인물 '영채'의 의식이 기술된 것이라고 여길 여지가 없지 않으나, 혹 영채의 의식이 이런 식으로 발화되었다고 한다면 더더욱 작가 서술상황이 형성되어 있다고 할 만큼, 인물의 목소리는 전혀 감지되지 않는다. 서술자의 권위가 인물의 입을 틀어막아 버린 형세다. 권위적 서술자가 군림하는 서술상황이 형성되어 있으니 서사역학 공간이 피상적인 구도 하에 형성되어 있는 것이며, 이에 걸맞게 서사형상 공간의 양상에서 관념성이 두드러진 결과가 났다고 할 수 있다.

공간 형상의 피상성이 극화된, 조선과 미국의 거리감을 드러내었던 대목을 보아도 서사역학 공간의 양상이 꼭 그만큼 피상적이라는 점이 드러난다.

> "아, 양국이 얼마나 멀게요?"
> "한 삼만 리 되지요."는 형식의 말.
> "바다로 한 십만리 가요." 하고 우선이가 웃는다. 그러나 노파는 삼만 리와 십만 리가 얼마나 틀리는지 알지 못한다. 그것은 커녕 삼만 리가 얼마나 먼지도 모른다. 그래서 다만 입을 헤 벌릴 뿐이다.
> "여기서 동네를 열댓 번 왔다갔다하기만큼 멀어요. 그런데 크다란 쇠로 만든 배를 타고 쿵쿵쿵쿵 하면서 가요" 하는 우선의 말에 노파는,
> "화륜선 타고 갑니다그려. 몇 달이나 가나요?" 하고 담배를 빨기도 잊었다.
> "한 서른 아믄 달 가지요" 하고 우선이가 고개를 돌리고 입을 쭈물거리고 웃는다.
> "에그머니!" 하는 것을, 형식이가,
> "그것은 거짓말이야요. 한 보름이면 가요" 한다. (262쪽)

대화 대목에 끼어든 서술자의 언변이 그 서술상황을 짐작하게 한다. '~는 형식의 말.'이라는 대목이 꼭 그러하다. 대화 사이를 매개하는 중개어가 개재해 있는 점도 서술자 개입의 유력한 증거다. 일견 인물 서술상황을 구성하는 데 가장 유력한 기제로 응용되는 대화 대목이 이렇듯 작가 서술상황을 드러내는 기제로 작용하는 데서, 『무정』의 서사역학 공간에서 균열상의 단면이 엿보인다. '~왈' 하는 식이 아니며 따옴표 속에 묶인 부분이 적확하게 직접 화법으로 전해지고 있어 전대의 서사체에 비해 문체가 상당히 안정되어 있지만, 발화자를 밝혀 적고 발화의 매개어가 꼭 덧붙어 서술된 데에서는 굳이 직접 인용 형식을 취택할 필요가 있었던지 의구심이 든다. 물론 '에그머니!'

와 같은 감탄사나 '쿵쿵쿵쿵' 하는 의성어 등을 전하는 데에 직접 화법이 효력을 발휘하는 면이 없지 않으나, 전반적으로 발화 주체의 지각과 의식을 고스란히 전하는 경우에 직접 화법을 적용한다는 점을 고려하자면, 그리 적확한 서술이라고는 보기 어렵다. 게다가 서술자가 전지자적 논평을 하면서 서사 세계를 제어하는 대목들이 두드러져 보이기에, 권위적 화자가 구획한 화자 공간이 담화 공간에서 다른 하위 공간들에 비해 절대적 우위를 점하고 있는 형국으로 드러난다. 위 대목에 바로 이어지는 대목만 보더라도 그런 권위적 화자의 의식과 언변이 극명하게 드러나 있다.

> 이제는 영채의 말을 좀 하자. 영채는 과연 대동강의 푸른 물결을 헤치고 용궁의 객이 되었는가. 독자 여러분 중에는 아마 영채의 죽은 것을 슬퍼하여 눈물을 흘리신 이도 있을지요. 고래로 무슨 이야기책에나 (나오듯) 늦도록 일점 혈육이 없던 사람이 아들 아니 낳을 자 없고, 아들을 낳으면 귀남자 아니 되는 법 없고, 물에 빠지면 살아나지 않는 법 없는 모양으로, 영채도 아마 대동강에 빠지려 할 때에 어떤 귀인에게 건짐이 되어 어느 암자에 승이 되어 있다가 장차 형식과 서로 만나 즐겁게 백년가약을 맺어, 수부귀다남자 하려니 하고, 소설 짓는 사람의 좀된 솜씨를 넘겨 보고 혼자 웃으신 이도 있으리라.
>
> 혹 영채가 빠져 죽는 것이 마땅하다 하여 영채가 평양으로 간 것을 칭찬하신 이도 있을지요, 빠져 죽을 까닭이 없다 하여 영채의 행동을 아깝게 여기실 이도 있으리라. 이렇게 여러 가지로 독자 여러분의 생각하시는 바와 내가 장차 쓰려 하는 영채의 소식이 어떻게 합하며 어떻게 틀릴지는 모르지마는, 여러분의 하신 생각과 내가 한 생각이 다른 것을 비교해 보는 것도 매우 흥미있는 일일 듯하다. (263쪽)

'이제는 영채의 말을 좀 하자.'라고 운을 떼는 언변 자체가 일견 독자를 수화자(受話者)로 전제한 화행 상황을 염두에 둔 것이어서 이채롭다. 영채의 운명에 대해 질문하듯 얘기를 진행하는 것 또한 그런 화행 상황을 드러내는 중요한 표지다. 그러나 그 화행 상황이 균일한 서사역학 공간에서 펼쳐지지는 않는다. 독자를 향해 던진 첫 마디는, 신문 연재 소설이라는 화행 상황을 고려하고 보면, 새 연재분의 모두(冒頭)라서 청유문을 이용하여 독자의 주의를 환기하거나 이야기를 전환하려 한다고 미리 고지함으로써 독자들이 이야기의 맥을 재삼 추슬러 볼 수 있도록 배려하는 기능을 한다고도 할 수 있다. 이는 기능상의 장점이지만 상대적으로 서사적 결구가 느슨해질 수밖에 없게 하는 부작용을 유발하는 요인이다. 또한 전환의 표지가 이처럼 서술자의 직설적 언설로써 드러나는 만큼, 독자들이 해석자로서 역할할 여지가 상당 부분 상쇄되는 결과가 나기도 한다.

이를테면 독자의 해석 공간 영역이 침해당한 셈이며, 서사역학 공간의 구도에서 화자 공간이 재삼 입지를 넓혀가는 형국이다. 그래서인지 청유형으로 종결된 문장이지만 화자와 청자 사이에 위계가 전제되어 있는 듯한 화행 상황이 감지된다. 여러 청자들, 즉 독자들의 반응을 짐작하고 이들에게 완곡하나마 제언하기까지도 서슴지 않고 있는 것이다.

이는 발화 상대방에 대한 화자의 태도를 드러내는 징표인 존대법을 검토해 보아도 잘 드러난다. 정확히 존대하는 것도 아니고 숫제 하대하는 것도 아니라서 애매한 태도가 엿보이지만, '여러분의 하신 생각과 내가 한 생각'처럼 문맥상 상충된 존대법은 결국 '비교해 보는 것도 매우 흥미있는 일일 듯하다.'고 종결된 데 이어지는 것을 전제하자면, 어쭙잖은 존대는 상대적으로 상대방에 대한 평대나 하대의 자세를 호도하려는 의도에서 온 것이라고 할 수 있다. 이런 맥락을 고려하고서 서사형상 공간의 형국을 떠올려보면, '개화의 공간 구도' 혹은 '계몽의 공간 구도'가 권위적 서술자의 계몽적 담론 방식에 연원을 두고 있음을 추론할 수 있다. 그러한 담론 방식은 서사의 정점에 해당하는 '자선 음악회' 대목에서 고스란히 드러난다.

'자선 음악회' 대목은 서술자가 인물의 의식과 발화까지 제어하고 있어서, 형식상 인물의 발화이지만 결국 서술자가 간섭한 흔적이 역력한 담론으로 구성되어 있다.

> 병욱은 경찰서에 들어가 서장에게 면회하기를 청하였다. 서장은 이상한 듯이 병욱을 보더니,
> "무슨 일이오?" 한다.
> "다른 일이 아니라" 하고, 저 수재를 당한 사람들 중에는 병인도 있고, 태모도 있고, 젖먹이 가진 부인도 있는데, 조반도 못 먹고 비를 맞고 떠는 정경이 가련하며, 더구나 어머니가 무엇을 먹지 못하였으므로 젖이 아니 나서 어린아이들의 우는 양은 차마 못 보겠다는 말을 한 뒤에,
> 그래서 마침 부산 가는 기차가 비에 걸려서 오후까지 머물게 되었으니, 음악회를 열어 거기서 수입된 돈으로 불쌍한 사람들에게 따뜻한 국밥이라도 만들어 먹이고 싶다는 뜻을 말하고 허가와 원조하여 주기를 청하였다. 서장은 점점 놀라하는 빛을 보이더니,
> "그러면 음악할 줄 아는 이가 있나요?" 하고 감격한 목소리로 대답한다. (365쪽)

여기에서도 발화를 감싼 매개어가 예의 드러나 있어 대화 대목이 인물 서술상황을 구성하는 데 온전히 소용되지 않는다. 그런데 여기에서 주목을 끄는 것은, 병욱의 발화가 온전히 직접 인용되어 있지 않았다는 점이다. '다른 일이 아니라'고 말문을 떼는 대목만 직접 발화되어 있을 뿐 정작 얘기한 대목은 서술자의 발화로, 즉 간접 화법으로 처리되어 있다. 인물은 자율적인 의식을 갖춘 개체로서보다는 서술자의 통제하에 있는 종속적 요소로서 전제되는 것이다. 결과적으로 인물의 발화는 직접화법으로 처리된 경우라도 서술자의 의식, 더 엄밀하게 말하자면 내포 작가의 의식을 드러내는 대리자 역할에 국한된다. 그런 서술상황에서 기술된 대목의 내용이 권위적 화자의 계몽적 담론으로 드러난 것이 어색하지 않다. 홍수 때문에 아수라장이 된 데서 음악회를 열어 자선 기금을 마련해 보겠다는 생각이 기특하기도 하지만 '위안 음악회'라면 모를까 자선 음악회가 과연 가능할지 의구

심이 드는 것은, 구체적인 공간 형상을 전제로 의식하지 않은 가운데 드러난 계몽적 발상이라는 데서 기인한 것일 테다. 애초에 '물구경' 할 심산을 했던 점이나 물난리를 차창 밖으로 관망하였던 점 등을 고려하여 보면, 이들의 돌발적인 행위가 현실을 직시하고 체험한 데서 나온 것이 아니라 모종의 의식의 지배하에서 표출된 관념적인 것임을 금세 알 수 있는 것이다.

이런 식의 담론 형식은 에필로그처럼 기술되어 있는 맨 끝 대목에서 극명하게 드러난다. 이 소설의 주제 의식이라 할 만한 계몽 의식의 고취가 서사형상 공간의 구도에 투영되었고, 그 공간의 구도가 서사역학 공간에 투사되었다는 점이 여기 압축되어 드러나는 것이다. 주 인물들의 후일담을 기술한 것부터가 그러하며, 굳이 주변 인물들을 독자들에게 '상기'[30]시키면서 서술자 자신의 목소리를 부각시킨 것 등이 다 이런 서사 공간의 역학에서 파악될 요소들이다. 특히 대조적 공간 구도의 주요 국면으로 부각되었던 '칠성문 밖'과 문명화된 세계에 대해 기술한 대목이 주목을 끈다.

> 또 한 가지 말할 것은, 칠성문 밖 형식이가 돌부처라 하던 그 노인은 아직도 건강하여 십여 일 전부터 툇마루에 나와 앉아서 몸을 흔들거리고 있다. 다만 달라진 것은 그 감투가 전보다 더 낡아졌을 뿐.
>
> 나중에 말할 것은 형식 일행이 부산서 배를 탄 뒤로 조선 전체가 많이 변한 것이다. 교육으로 보든지 경제로 보든지, 문학 언론으로 보든지, 모든 문명 사상의 보급으로 보든지 장족의 진보를 하였으며 더욱 하례할 것은 상공업의 발달이니, 경성을 머리로 하여 각 대도회에 석탄 연기와 쇠마치 소리가 아니 나는 데가 없으며 연래에 극도의 쇠하였던 우리의 상업도 점차 진흥하게 됨이라. (379쪽)

---

30) 앞서 '재고'라 했던 'Erinnern'은 이처럼 '상기'라고도 할 수 있다. 독자들에게 문면의 요소를 상기시키는 것은 기본적으로 공간성 국면을 드러낸다고 할 수 있다.

노인의 감투가 더 낡아졌다는 서술자의 언명은 그대로, 문명의 세례를 받지 못한 공간인 '칠성문 밖'이 시대의 변화 속에 묻혀 더더욱 옛것으로 의식되고 있음을 표상한다. 이에 비해 계몽되고 문명화된 조선의 모습이 '장족의 진보'를 한 형상으로 비쳐져 있어 대조의 폭이 전에 비해 확연히 커진 셈이다. 그런 형상을 공간 지각의 이미지로써 대유한 것이 새삼스럽다. 어쨌든 서술된 세계의 대조적 구도에서 개화된 '대도회'가 부각되는데, 이로써 계몽의 이념을 기술하려는 서술자의 의도가 시사된다. 이때 서술자는 제 의도를 충분히 드러내기 위해 서술자의 권위가 한껏 감지되는 작가 서술상황을 구성하고 있으며, 그 권위를 한층 더하여 '됨이라' 하고 문장을 종결한다. 대체로 '되었다'라고 해야 문체의 일관성이 유지되는데, 이런 종결법이 '선택'됨으로써, 어찌보면 서술자의 의식보다는 내포작가 층위의 권위 의식이 작용하여 부지불식간에 문체의 국면을 변질시킨 탓에, 독자는 서술자에게 종속된 입장에 서게 되어 있다. 요컨대 독자는 신격에 상응하는 서사 기제인 내포작가에게 계몽될 처지에 놓인 것이다. 내포작가는 대리자 격인 서술자에게 그런 권위를 위임함으로써 계몽의 담론을 완결짓도록 하였으며, 결국 다음과 같은 결말을 유도하고 이를 독자들이 수용하도록 요구한다.

> 아아, 우리 땅은 날로 아름다워 간다. 우리의 연약하던 팔뚝에는 날로 힘이 오르고 우리의 어둡던 정신에는 날로 빛이 난다. 우리는 마침내 남과 같이 번적하게 될 것이로다. 그러할수록에 우리는 더욱 힘을 써야 하겠고, 더욱 큰 인물…… 큰 학자, 큰 교육가, 큰 실업가, 큰 예술가, 큰 발명가, 큰 종교가가 나야 할 터인데, 더욱더욱 나야 할 터인데 마침 금년 가을에는 사방으로 돌아오는 유학생과 함께 형식, 병욱, 영채, 선형 같은 훌륭한 인물을 맞아들일 것이니 어찌 아니 기쁠가. 해마다 각 전문학교에서는 튼튼한 일꾼이 쏟아져 나고오 해마다 보통학교 문으로는 어여쁘고 기운찬 도련님, 작은아씨 들이 들어가는구나! 아니 기쁘고 어찌하랴.
>
> 어둡던 세상이 평생 어두울 것이 아니요, 무정하던 세상이 평생 무정할

것이 아니다. 우리는 우리 힘으로 밝게 하고, 유정하게 하고, 즐겁게 하고, 가멸게 하고, 굳세게 할 것이로다.

기쁜 웃음과 만세의 부르짖음으로 지나간 세상을 조상하는 『무정』을 마치자. (379~380쪽)

문명 세계에 절대 가치를 두는 내포작가의 의식이 종내 서술자의 격정적인 언변을 통해 제시되는데, 문명의 원천인 서구 세계에 대한 막연한 동경이 이에 실려 전해지고 있다. 개화되지 않은 세상, 문명화되지 않은 세계를 '무정'으로 표상하였거니와, 이에 비해 한껏 개화되어 문명이 발달한 세계를 '유정'으로 표상한 것을 보면, 결국 이 소설의 제목이 여기 이어져 있음을 알 수 있다. 서사 전반이 오직 이 결말을 향해 치닫고 있었다고 해도 과언이 아닐 만큼, 무정의 세계에 '빛'을 던져 계몽(en*light*enment)하겠다는 의지[31]가 서사의 결말에 극화되었다고 할 수 있다. 그렇게 기술되어 있는 서사 세계에서는 벌써 무정의 세계는 사라지고 없어 '애도의 정'이라도 표해야 할 듯하다고 전제되기까지 한다. 역시 서술자의 권위적 목소리가 힘을 발하여 표출된 서사체이기에 종내에 꼭 그런 세계가 이야기되어 있는 것이다. 결국 서사형상 공간이든 서사역학 공간이든 피상적이고 관념적이며 관습적인 형상으로 이념적인 공간 구도하에 기술되어 있다고 할 수 있다. 균형잡히지 않은 공간이 그려져 있음에 틀림없다. 특히 서사역학 공간의 구도는, 독자가 점할 해석 공간이 상당히 침해당해 서술자가 점하고 있는 화자 공간의 영역으로 넘겨져 버렸을 뿐만 아니라, 해석 차원이 개입할 여지가 상당히 없어진 형태이다. 따라서 서사 공간의 입체성을 기대하기 어렵게 되어 있다.

---

31) 그렇다고 해서 개인의 발견이라는 계몽주의의 목표에 근사하다는 얘기는 아니다.

화자 공간의 상대 우위

「만세전」에서 공간 형상의 실감이 그려졌던 데에는, 서술자가 곧 서사 세계에 참여하는 인물이자 관찰자라는 입장을 십분 고려하여 적절한 시·청각적 이미지를 구현해 묘사적으로 기술하는 식의 서술상황이 작용하고 있다. 서술자의 관조적인 시선에 걸맞은 서술상황이 펼쳐져 있는 것이다. 그런가 하면 공간의 형상이 실제적인 양상으로만 드러나지는 않았는데, 이는 기본적으로 일인칭 서술자가 전제된 데서 비롯된 양상이다. 말하자면 서술자 '나'는 인물이자 관찰자이면서도 서사 세계의 사태에 대해 판단하는 이로서 전제되어 있다. 공간 형상의 실상이 다소 굴절되어 드러나는 데서 오히려 실감이 구현되었다고 앞서 지적했는데, 이는 서사적 화행 상황에 관여하는 제 주체들의 의식에 '실재 형상'이 공분모를 이루고 있는 데서 비롯된 현상이라 할 수 있다. 결국 그런 실재 의식이 작동하여, 부산을 조선의 축도로 전제하고 부산의 공간 형상에서 조선의 현실을 추론하는 데 이르른 것인데, 문제는 그 현실에 대해 서술자가 비판적 언변을 내비치는 방식에 있다. 논리적인 비판이라기보다는 냉소적인 풍자로 보이는 그 언변은 대체로 비꼬는 듯한 어투로 전해진다.

> '대체 이 사람들이 밤이 되면 어디로 기어들어가누?'
> 하는 생각을 할 제, 큰 의문이 생기는 동시에 그 불쌍한 흰옷 입은 백성의 운명을 생각해 보지 않을 수 없는 것이었다. (599쪽, 인용자 밑줄)

그런 냉소의 단적인 면모를 엿보이는 이 대목에서 명목과 달리 실상은, 서술자와 인물, 서술자와 독자 사이에 위계가 전제되어 있음을 알 수 있다. "이 사람들"을 조롱하기라도 하는 듯한 어투('기어들어가누?')에서 서술자가 인물들에 대해 지닌 태도를 엿볼 수 있으며, '그 불쌍한 흰옷 입은 백성의 운명' 운운하는 데서 서술자가 독자들에 대해 지닌 태도를 엿볼 수 있는 것이다. 요컨대 서술자는 모종의 실재 의식을 전제하고서 사태를 응시하고 이에 대해 냉소적인 의식을 발할 수 있을 것이다. 이 대목의 서술자가 그런 의식을 표출하고 있어서, 결국 조선의 축도라는 부산의 공간 형상에서 결론짓는 바가 자못 권위적인 작가 서술상황에서 중개된다. 화자 공간의 영역이 확장된 구도가 담화 공간의 근간을 이룰 텐데, 이 서술자가 서사 세계의 한 인물로 전제되었다는 점을 고려하여 보면, 신소설이나 『무정』 등의 담화 공간 구도와 꽤 차이가 있을 것이라 추론할 수는 있다. 그렇지만 실재성을 받아들이지 않을 수 없는 독자의 입장이 전제되어 있다는 점에서는, 담화 공간의 양상이 균열상을 보일 수밖에 없는 것 또한 같은 맥락에서 추론 가능하다. 당대 현실을 '공동묘지'에 빗대어 우의적으로 비판한 언설에서도 그런 상황이 지속된다. 그 대유적인 알레고리가 온전히 전의적인 공간 형상에 이르지 못한 데는, 이처럼 실재 의식의 중개가 전제된 서술상황이 작용하고 있는 것이다.

그런 서사역학 공간의 양상은 최서해의 소설에서도 비슷하게 드러난다. 현실에 대한 의식을 핍진하게 드러내는 서사에서는 공간 형상의 핍진성이 드러나 있는데, 뒤틀린 현실을 비판하는 언설이 「만세전」에서와 차이 있다. 일상의 언설을 거의 직설적으로 표출하여 비극적인 현실을 박진감 있게 중개하는 식인데, 현실에 대한 비판 의식도 자조적인 독백으로써 표출되는 것이 아니라, 비극적 현실을 겪는 당사자들이 직접 저항하는 장면으로 표출되기에 담화 공간의 위계가 엿보이지는 않는다. 짧은 장면이 속도감 있게 기술되어 박진감을 불러일으키는 서사가 그 대목들에 펼쳐져 있다. 「박돌의 죽음」이나 「홍염」의 결말 대목에서 특히 그렇다. 비극적 삶의 리얼리티를 관념적인 실재성 그대로 표출하지 않고 실제적인 양상을 살려 기술한 흔적이 역력하다.

이 경우 독자의 영역이 서술자에게 침해당하는 일은 없을 것이다.

여운을 남기는 결말이 그런 양상을 단적으로 대변한다. 서간문 형식인 「탈출기」나 「전아사」 등에 구축된 서술상황의 양상과 함께 결말의 여운 요소는 최서해 소설의 서사 공간 지표라고 할 수 있을 것이다. 그런 지표를 통해 독자의 역할이 비중을 더하는 상황이 형성된다. 배경 공간의 형상이 사건의 전개를 시사하게끔 기술할 때에는 문학적으로 변용된 공간의 면모가 엿보인다고 논급했는데, 이들 경우에도 해석 공간의 위상이 부각된다. 현실에 대한 의식과 현실 저항의 의지가 발현될 때에는 으레 실재성이 전제되지만, 최서해 소설에서는 관념적인 양상에보다는 실제적인 양상에 서사의 초점이 두어진 까닭에, 서사형상 공간의 양상에 대응하여 서사역학 공간의 국면에서도 관념적인 실재성은 그리 엿보이지 않는 것이다.

이기영의 「민촌」에서도 공간 형상이 사건의 전개를 시사하는 면모가 드러난다고 했다. 향교말의 정경을 묘사한 대목에서 채용된 비유적 이미지들은, 문학적으로 변용된 공간 형상을 구현하는 요소다. 이때 서술자의 의식이 개입한 흔적은 거의 감지되지 않는 편인데, 묘사로 이루어진 서사 대목에서 일반적으로 엿보이는 양상이다. '그런데'라는 접속어로써 전환되기 전까지는 꼭 그러하다. 그런데 전환의 접속사가 끼어든 이후 공간 형상이 달라지는 것과 궤를 같이 하여 서술의 양상도 바뀐다.

> 그런데 그 앞 개울은 가물에 바짝 말라 붙었던 개천에 이 샘물이 겨우 「며기」 침 같이 흐르던 것이 이마직 장마통에 그만 물이 버쩍 늘었다.

'겨우'나 '그만'이라는 부사에 한정된 심리가 드러나 있는 만큼, 이 언설에는 서술자의 언변이 개입해 있는 것이 분명하다. 전환의 접속사가 드러내는 도상적 공간 양상도 두드러져 보이지만, 이를 징표로 하는 서술상황의 전환에서도 이 소설의 서사역학 공간 구도가 시사된다. 결국 이런 공간 형상을 배경으로 이야기가 본격 기술될 때에는, 서술자의 역할이 절대적인 지위를 점한 서술상황이 펼쳐지게 된다. 그때도 '전환의 문법'은 유지된다는 점에서 서사역학 공간의 특이성이 드러나며, 특유의 서사 문법이 기획되어 있다는 것 자체로서 서술상황의 역학에서 서술자가 차지하는 지위를 가늠하게 한다. 요컨대 서술자는 처음부터 서사 세계를 기획하고 그 기획 의도를 관철하려는 내포작가의 통제를 받고 있었던 것이다.

이처럼 배경 공간의 구도에서 형성되었던 단층이 사건 전개 과정에서 재연되고 서술상황의 양상에서도 재연되었다. 원근화된 단층 형상이 서사에 고스란히 투영되어 있는 것이다. 특히 공간의 실감이 비유적 이미지들로써 구현된 데서 실재적 형상이 드러난 데로 전환되면서 이상적 실재성의 면모가 비쳐진다고 했는데, 서사역학 공간의 구도 또한, 대체로 권위적인 서술자의 목소리가 한껏 발화된 양상으로 전환되어 단층상이 빚어진다. 그 단층상이란 뒤틀린 현실에 대한 비판, 특히 양반에 대한 비판과 물신화된 세태에 대한 비판 양상이, 인물들의 대화 문맥을 통해서나 '박주사 아들'의 행위를 그린 대목을 통해서 극화되었던 데서, 주로 '서울댁'의 연설조 담론을 통해 내포작가의 이념이 표출된 데로 옮겨간 식으로 드러난다. 이때면 비극적 현실이 일개인에게 국한된 문제가 아니라 민촌 사람들 전체, 아니 핍박받는 민중 전체의 문제로 비화된 채로 의식되기에 이르른다. 따라서 현실에 대한 저항 또한 개인적 복수가 아닌 구조적이고 계급적인 차원의 저항으로 인식된다.

그런 의식의 저변에는 이상적인 실재상으로 그려질 세계의 모습이 전제된 가운데 표출된 실재적 공간 구도가 자리잡고 있다. 그리고 핍진한 '실제성'을 띠던 공간 형상이 이념적인 '실재성'을 띤 형상으로 변모되는 데에는, 권위적인 서술자가 점하는 화자 공간이 인물 공간이나 독자 공간을 상당히 침해한 구도를 띤 담화 공간의 기제가 작용하고 있다. 카프 계열의 사회주의적 리얼리즘을 지향하는 서사체에서 보통 그런 양상이 펼쳐지며, 그 이념적 '의식화 담론'의 양상은 계몽 담론의 양상과 본질 면에서 별 차이가 없다. 다만 그 표출 양상에서 서술자의 절대 권위가 잠재된 형태가 되었을 뿐이다.

원근법적 공간 구도

고전 소설에서 자주 보이는 적강(謫降) 모티프[32]는 이상적 실재성을 함축한 공간 구도를 전제하여 형상화된다. 천상계와 지상계로 이원화된 세계의 구도부터가 그런 실재성의 단면을 시사한다. 따라서 공간 형상은 피상적인 양태로 기술되며 기실은 서사 공간의 면모가 별로 중요한 요소로 채용되지 않는다. 공간은 지각 대상으로 전제되지 못하고 주제적 이념을 드러내는 데에 추상적 배경 역할을 하는 정도에 국한되었던 것이다. 공간 요소는 서사의 실감을 돋우는 작용을 하기보다는, 이른바 이야기의 전기성(傳奇性)을 그럴싸하게 꾸미는 작용을 한다.[33]

신소설은 고전 소설의 전기성을 여러모로 극복하고자 하였던 바, 공간 요소를 기술할 때에도 전대 소설에 투영된 피상적 공간 형상에 변화를 주고자 한 것으로 보인다. 요컨대 전대 서사체에서 공간 형상이 인물의 지각과 별개로 피상적인 양상을 띠고 드러났던 데 비해, 인물의 구체적인 지각을 전제로 공간의 면모가 기술된 대목들이 신소설에서 눈에 띄곤 한다. 「혈의 누」와 「은세계」에서, 이를테면 시·청각적 이미지와 같은 공간 지각의 요소로써 공간 양상이 기술되어 서

32) 성현경, 『한국소설의 구조와 실상』, 영남대출판부, 1989 참조.

33) 이는 일반론에 국한된다. 개별 텍스트의 디테일을 논급하다 보면 그렇지 않은 예들이 있을 가능성이 많다. 이에 대해서는 텍스트 해석을 바탕으로 더 구체적으로 논급할 여지가 있다. 본고의 과제로 남겨둔다.

사의 실감이 돋워진 대목들이 그러하다. 그러나 그나마 공간 형상이 구체적으로 그려진 이 서사체들에서조차 그런 대목들이 단편적으로 드러날 뿐인지라, 신소설에 투영된 서사 공간의 면모를 온전히 대변한다고 할 수는 없다. 오히려 신소설에서는 이상적이고 피상적인 실재성이 응축된 공간 형상이 주를 이룬다.[34] 전대 판소리체 소설의 공간 구도에서 엿보이는 연행(performance) 상황의 공간 자질이 「은세계」의 전반부에서 더러 엿보이기는 하지만, 〈최병두 타령〉을 단순히 개작한 데서 비롯된 단발적인 면모였을 뿐 후반부의 서사와 확연한 차이를 보이고 있기에, 그 서사체의 공간 자질을 실로 대변한다고는 할 수 없는 것이다. 기실 전대의 서사체가 문장체 소설과 판소리체(혹은 판소리계) 소설로 대별되었고,[35] 문장체 소설에 비해 판소리체 소설의 이야기가 실감 있게 전해졌던 사실을 염두에 두고 보면, 문장체 소설의 흔적이 짙게 엿보이는 후반부와 판소리체 소설의 영향하에 있는 전반부가, 서사의 실감 면에서 그렇거니와, 공간 인식과 형상의 국면에서 큰 차이를 보이는 점이 이상할 것은 없다.

이를 좌표화하여 '모방 삼각형'을 그리기는 곤란할 것으로 보인다. 서사 세계를 구성하는 공간 표지들이 경험 세계의 실명을 차용하는 등, 허구 세계 좌표가 경험 세계 축에 근사한 것처럼 전제되어 있지만, 실상은 경험 세계 축 자체가 가상의 것으로 드러나 있는지라 좌표값을 온전히 구할 수 없는 형국이다. 인물 유형이든 행위항(actant)이든 간에 전형적으로 제시되어 있고, 장소(topoi)[36] 또한 유형화되어

---

34) 논지 전개의 체계 때문에 논급 대상으로 상정하여 구체적인 분석 작업을 하지 않았지만, 여타 신소설 작품들에서는 피상적인 실재성을 띤 공간 형상이 더 두드러졌다.

35) 김병국, 「고대소설 서사체와 서술시점」, 이상택·성현경 편, 『한국고전소설연구』, 새문사, 1983 참조.

36) 행위항이나 장소는 맘그렌이 서사형상 공간의 하위 층위 가운데 '세계(world)'의 구성소로 간주한 것이다.

제시된 가운데 펼쳐지는 이야기의 끝이, 개화와 서구 문명에 대한 막연한 기대감을 발현하고 그 기대감이 일제를 미화하는 데 지향하고 있는 점 등, 서사형상 공간의 여러 지표들이 피상적인 실재성을 드러내는 데 연루되어 있을 뿐이다.

물론 인물이 지각의 주체로서 상정된 가운데 기술된 공간의 이미지 요소들이 발견된다는 점은 의외로 혁신적이다. 워낙 극적인 상황이 전제되어 있는 판소리체 소설은 논외로 하고 기술체인 문장체 소설에 대상을 한정지어 생각할 때, 서술자와 인물의 영역이 구획된 가운데 펼쳐질 공간의 원근감이 기실은 시점이나 문체상의 혁신과 궤를 같이 함을 이해할 여지가 생긴다. 단편적이나마 신소설에서 엿보이는 공간 형상의 실감에는 인물 서술상황의 기제가 작용하고 있다는 점은 앞서 논급한 대로다. 이 점에서 전대 문장체 소설을 여러모로 혁신하고자 하였다는 신소설의 의의가 엿보이지만, 문제는 그런 혁신의 면모가 이상적 실재성을 띤 공간 형상에 가려진 데 있다. 결국 전지적 서술자의 언변이 인물의 의식과 발화에 간섭하거나, 아예 내포 작가가 인물을 조종하는 듯한 상황이 서사 문면에 노정되어 있어, 화자 공간이 담화 공간을 장악한 양상으로 서사역학 공간의 구도가 도시될 수 있는 것이다. 문체 면에서도 문장체 소설에서 보이던 종결법이나 화법 등의 면모가 그대로 답습된 경우가 허다해, 부분 부분 시도된 문체의 혁신이 겨우 흔적만 남긴 정도에 그치고 말아, 마찬가지 양상의 서사역학 공간 구도가 형성되어 있다고 할 것이다. 독자 공간이 전혀 전제되지 않은 담화 공간의 양상만 남아 서사역학 공간의 차원이 제대로 구성되어 있지 않은 까닭에, 실은 공간 형상을 따지기 어려운 경우들로 평가할 수밖에 없다.[37)]

---

37) 「은세계」의 전반부에 그나마 서사역학 공간의 흔적이 엿보였던 것은 그나마 전대 판소리체를 전승한 결과였다고 했는데, 고전 서사체 가운데 판소리의 극적 특성이 이입된 서사체들에서 서사 공간의 독특한 자질을 논급할 여지

결국 공간 인식의 국면과 형상화 국면 사이에 정확한 조응 관계가 성립되어 있지 않고, 다양한 공간 요소와 형상의 국면들이 서로 연결된 관계가 아니어서, 공간 인식과 형상 사이의 함수 관계가 구축될 수 없는 상황이 이들 신소설의 서사역학 공간에 잠재되어 있다. 실제 세계와 허구 세계 사이의 좌표점을 잡을 수 없어서 모방 삼각형을 도시할 수 없듯이, 독자 공간이 제대로 구성되지 않아 '해석 삼각형' 또한 도시할 수 없는 형국이다. 결과적으로 서사적 공간 입체가 형상을 갖출 수 있는 조건이 형성되지 않게 되어, 신소설에 드러난 서사적 공간 형상은 단선적(일차원적)인 수준에 그치고 만 셈이다.

서사 공간 구도의 함수 관계 또한 논급할 수 없다. 지각과 인식 내용을 요소로 하는 정의역(domain)과 형상화된 기술(記述) 내용을 요소로 하는 치역(range)에 함수 관계가 형성되어야 할 텐데, 구체적인 지각이 전제되지 않고 관념에 떠오른 공간 요소들이 대부분이며 이 요소들이 일일이 형상화되지 않았다는 점을 고려해 보아, 근본적으로 함수 관계가 성립되지 않는다고 할 수 있는 것이다. 때로 인물의 지각을 전제로 기술된 평양성의 풍광이 드러나기도 하여, 독립 변수(independent variable)와 종속 변수(dependent variable) 사이의 관계가 맺어져 있기는 하다. 그렇지만 지각 내용 가운데 형상화되지 않은 요소들이 있는 듯, 기술된 공간 형상이 일률적일 뿐만 아니라 독립 변수 없이, 즉 지각된 형상이 전제되지 않고서 그려진 피상적 형상이 노정되는 등, 정의역의 모든 변수가 종속 변수에 대응해야 이루어지는 함수가 형성될 수 없는 것이다. 이런 까닭에 이들 변수의 좌표로써 표시될 서사 공간의 형태를 가늠할 수 없다.

이와 크게 다르지 않은 양상이 『무정』에서도 드러난다. 신소설의 그것과 비교할 수 없을 만큼, 지각과 형상의 국면들이 실감있게 드러난 대목들이 눈에 띄기는 하지만, '이상적 실재성'이 『무정』의 공간 형

가 다분하다. 연행(performance)의 공간 자질에 관한 논점이 이에 연관된다.

상의 본질을 이루고 있는 것이다. 실제 공간의 양상을 전제로 기술하면서 지각의 디테일이 드러나는가 하면, 배경에 국한되기는 하지만 공간 요소가 당당한 서사 구성의 요소로 상정되어 기술되는 등, 서사 공간의 논점과 관련하여 볼 때 혁신적인 면모들이 『무정』에 배어 있는 것은 사실이다. 그렇지만 이상적이고 계몽적인 실재성에 대한 의식과 이데올로기의 간여로 빚어진 공간 형상의 왜곡상이 전면에 부각됨으로써 결과적으로 계몽적 공간 구도라 할 법한 양상만 눈에 띄게 드러난 형국이 빚어질 따름이다. 신소설에 비해서야 훨씬 구체적인 공간 형상이 엿보이지만 여전히 실재적인 면모가 노출되어 피상적인 모습을 띠는 것이다. 문학적으로 변용된 공간 형상이 단편적인 수준에 머무르고 말아 본질적인 한계에 봉착한 셈이다. 이런 맥락을 염두에 두고 그 형상을 도시하자면 부분적으로 모방 삼각형 좌표를 설정하여 그릴 수 있는데, 현실 세계의 면모가 실감 있게 그려진 대목에서라야 모방각이 작고 진리치가 큰 삼각형 형태를 대략 그릴 수 있을 뿐이다.

이와 궤를 같이 하여, 서사역학 공간 또한 신소설에 드러난 양상 그대로 재연되어 있다. 전술한 바와 같이, 신소설에 비해 『무정』에서는 여러모로 공간 배경을 구체적으로 기술함으로써 이야기의 실감을 돋우는 등, 서사형상 공간의 실제성이 다소 엿보인다. 이런 실감을, 서술상황이나 문체 등 서사역학 공간을 구성하는 데 소용되는 서사 기법이 뒷받침하고 있다. 서술자가 서사 세계에 참여한 인물이라도 된 듯이 지각 내용을 기술해 놓은 데서 실감이 드러나곤 하는데, 이 경우 작가 서술상황이라도 인물 서술상황인 것처럼 드러나 있다. 서술자의 권위가 표출되지 않고 기술된 만큼 서사역학 공간의 구도 또한, 화자 공간이 기형적으로 커진 형상만큼은 피했다고 할 수 있다. 종결법이나 화법 등 문체 요소 또한 신소설에 비해 혁신적으로 안정되어 있다는 사실도 그런 공간 구도를 구성하는 데 기여한다.

이 경우 해석각이 크게 커지지는 않더라도 해석 세계 좌표가 서사 세계 축에 대해 예각을 형성할 것이다. 해석의 여지가 커서 직각에 가깝거나 심지어 둔각을 이루지는 않더라도 안정된 담화 공간의 양상에 걸맞게 45° 범위 내에서 각을 이룰 것으로 예상된다. 해석치인 밑변의 크기가 크지 않아 전반적으로 해석 삼각형의 면적이 크지는 않지만 도시 가능하다. 이에 상응하는 서사형상 공간의 지표인 모방 삼각형도, 형태는 유사하면서도 그 면적은 상대적으로 클 것이며, 서술기법이 단순한 차원이라 입체의 높이가 작은 형태를 이룰 것이다. 결과적으로 서사적 공간 입체는 체적이 적지만 안정된 형상으로 그려지는 것이다.

그렇지만 이런 양상이 신소설에 대해 상대적으로 부각된 데 그쳤다는 점이 한계로 지적된다. 서사 전체에 일관되이 체계화된 양상으로 드러나지는 않는 것이다. 피상적인 이념이 실재성을 띤 원근화된 공간 구도를 자아냈다면, 계몽에 대한 내포작가의 관념이 서술상황이나 문체에 직접 투사되어 드러난 '계몽의 담론'은 극도로 불균형한 서사역학 공간 구도를 빚어 낸다. 화자 공간에 절대적 권위가 부여되어, 인물 공간 영역뿐만 아니라 독자 공간 영역까지 침해당해 담화 공간이 균열상을 이루는 식이다. 특히 서술자와 독자 사이에 위계가 지워진 서술 양상이 문면에 직접 표출된 대목들에서 '계몽'을 주제로 한 소설답게, 서사역학 공간이 계몽적인 구도하에 형성되어 있다는 사실이 단적으로 드러난다. 계몽을 위해서 서술자의 절대 권위가 요구되었을 것이다. 이럴 경우에는 신소설에서와 마찬가지로 모방 삼각형이나 해석 삼각형을 도시하기 어려우며, 서술 기법 또한 미미한 차원만 점할 것이므로 서사적 공간 입체 또한 도시 불가능하다.

공간 인식과 형상의 함수 관계는 대체로 모방 삼각형이 도시될 수 있는 대목들에서만 부분적으로 성립된다. 그러나 그런 경우라도 정의역을 이루는 공간 지각 요소들이 치역의 공간 형상 요소에 대응하는 데, 종속 변수 하나에 독립 변수 몇이 대응하는 식의 함수가 될 것이다. 그만큼 형상의 범위가 좁은 셈이어서 공간 형상의 실재성이 드러난다. 그런가 하면 독립 변수 가운데 상응하는 종속 변수가 없는, 즉 지각된 공간 형상 가운데 미처 형상화되지 못한 경우가 있으므로 궁극적으로는 함수가 성립되지 않을 수도 있다. 현실 공간의 인식이 온전히 기술되지 못하고 이념적 언설에 가려지고 마는 예가 있음을 염두에 두어 그리 추론할 수 있다. 신소설의 경우 정의역을 가늠할 수 없어서 함수를 설정할 수 없었지만, 『무정』의 경우는 정의역을 이루는 독립 변수 가운데 종속 변수를 갖지 못하는 예가 드러나므로 함수를 설정할 수 없다는 차이가 있기는 하다. 그만큼 『무정』에서 공간 의식의 국면이 더 실제적이라는 얘기다.

리얼리즘 성향의 소설에 투영된 공간 형상에도 실재성이 강하게 투영되어 있다. 일단 이 서사체들에는 현실에 대한 인식이 전제되어 있다. 그 현실상에는 대개 모순된 삶의 모습이 전제되어 있다. 삶의 부조리에 대해 어떤 의식으로 대응하는지 여하, 요컨대 현실에 대한 비판적 언설을 표하는지 아니면 그 현실을 극복할 이념적 대안을 표하는지에 따라서 리얼리즘의 양상이 상당히 달리 드러난다. 이를테면 비판적 리얼리즘과 사회주의적 리얼리즘 양상이 대별되는 것이다. 그렇다 해도 어느 경우에나 현실에 대한 의식은 실체를 전제한 현실의 형상을 모형으로 왜곡된 실상을 비판적으로 인식하는 데 지향해 있다. 따라서 리얼리즘 성향의 서사체에서는 실제성 아닌 실재성이 표출되는 것이다.[38] 공간의 형상화 양상도 실재성을 드러내는 데 지향해 있다.

물론 디테일에 실제성이 전제적으로 드러나 있다는 점에서 그 공간 형상은 계몽 의식이 표출된 소설에 드러난 공간 형상과 꽤 차이 있다. 공간의 실감 형상이 이들 소설에서는 상당히 본격적으로 드러나

---

38) 재삼 강조하지만, 리얼리티(reality)는 결코 액추얼리티(actuality)가 아니다.

있다. 인물들의 구체적인 지각과 체험을 매개로 공간 형상이 기술되어 이야기의 실감을 돋우는 요소로 작용하는 예가 자주 있다. 등장인물들은 현실에 대한 의식을 그러한 공간 형상에 투사하여 표출하는데, 그 의식 표출의 맥락에서 실재성이 엿보이기 시작한다. 「만세전」이나 「운수좋은 날」 등에 엿보이는 현실 의식은 냉소적인데, 냉소의 대상이 되는 현실의 면모가 실재화된 공간 형상에 집약되어 있다. 최서해의 경향성 짙은 소설에 그려진 비극적 현실 역시 실재성을 띤 공간 형상으로 투영되어 있다. 카프 계열의 소설에서 비판의 대상인 모순된 현실의 실상 역시 공간 형상으로 원근화된다. 이들 서사체에서는 공간 형상의 리얼리티가 곧 현실의 리얼리티인 셈이다. 루드비히가 이야기의 공간은 세계의 단면이며 친숙한 삶의 현실이자 이상적인 실재성이기도 하다고 하여, 서사 텍스트에 실재성을 부여하는 모형(Wirklichkeitsmodell)이 된다고 논급한 맥락을 새삼 떠올리게 되는데, 저처럼 리얼리티 맥락에서 볼 때에는 서사 공간의 의의가 꼭 그런 것도 같다. 실제 대상 공간을 지각한 그대로 모사하는 수준에 그치지 않고, 실재성을 살려 형상화하는 것 또한 서사 공간의 중요한 국면인 것이다.

그러나 실재적 공간 형상이 서사체에서 온전히 문학적으로 변용된 공간 형상이 아닌 것은 분명하다. 물론 현실 체험의 재현과 비판에 초점을 맞춘 비판적 리얼리즘의 서사체들과, 역사와 현실에서 총체화된 전망을 창출하는 데 주안하는 사회주의적 리얼리즘의 서사체들 사이에, 서사역학 공간 구도의 간극이 있는 것이 사실이다. 이를테면 비판적 리얼리즘 서사체에서는 모순된 현실을 직시하고 그에 대한 비판의 거점을 현실 속에서 찾으려 하기 때문에 그만큼 현실을 극화하려는 성향이 드러난다. 이에 비해 사회주의적 리얼리즘을 지향하는 서사체에서는 현실의 모순을 극복할 전망을 이념에서 구하여 대안 세계를 제시하는 데 서사의 초점이 맞춰지기 때문에, 상대적으로 이념적인 실재성이 표출된다. 그런 서사의 지향점 차이로 인해, 서사 공간의 제 양상이 실재성을 드러내는 데 향해 있더라도, 디테일에서 차이가 있는 것이다.

요컨대 비판적 리얼리즘 소설에서는 감각적 이미지로써 비유되어 문학적으로 변용된 공간 형상이 상대적으로 잘 드러나며, 사회주의적 리얼리즘 서사체에서는 이상적인 실재성을 띤 공간 형상이 잘 드러난다. 특히 서사역학 공간 면에서 이상적 실재성의 정도에 따라 담화 공간의 구도가 대조적 국면으로 드러난다. 화자 공간이 극단적으로 커지는 예가 있을 것이고, 전반적으로 담화 공간에 균형이 이루어지는 예가 있을 것이다. 그리고 실재성 양상에 따라 모방 삼각형과 해석 삼각형의 양상이 결정된다. 서사 기법의 정도도 같은 맥락에서 결정되어 전반적인 서사적 공간 입체의 형상이 구성된다. 그러나 정도 차이가 있을지언정, 본질적인 형상은 실재성이 투영된 공간 형상에 걸맞게끔 안정된 삼각 기둥 형태에 국한될 텐데, 공간 인식과 형상의 함수도 마찬가지 맥락에서 형성될 것이다.[39]

---

39) 『무정』에서 부분적으로 보이던 양상들처럼 말이다.

한국 근대 소설의 조망 공간

내적 조망 공간의 형상

조망 공간 1__문학적으로 변용된 공간

김동인의 소설에서 드러나는 공간의 면모는 우선 실감 형상이다. 「감자」[1]에서 "싸움, 간통, 살인, 도둑, 구걸, 징역, 이 세상의 모든 비극과 활극의 근원지인 칠성문 밖 빈민굴"을 처음 배경 삼아 이야기가 펼쳐지거니와, "기자묘 솔밭"에서 '복녀'가 송충이 잡는 일을 하는 장면과 중국인의 채마밭에서 감자를 도둑질하다 왕서방에게 붙들려 이야기가 반전되기까지, 현실 공간의 양상이 두드러지게 그려져 있다. 요컨대 칠성문 밖, 기자묘 솔밭, 왕서방의 집과 같이 실제 세계의 장소가 투영된 서사 공간이 대조적 공간 형상으로 그려진 것이다. 모두(冒頭)에서부터 이미 평양성 안과 칠성문 밖이 대조적 공간 형상으로 기술되어 있기도 하다.

이젠 어디로 가나? 그들은 하릴없이 칠성문 밖 빈민굴로 밀리어 오게 되

1) 김동인, 「감자」, 『배따라기/화수분 外』, 동아출판사, 1995.

었다.

칠성문 밖을 한 부락으로 삼고 그곳에 모여 있는 모든 사람들의 정업은 거러지요, 부업으로는 도둑질과 (자기네끼리의) 매음, 그 밖의 이 세상의 모든 무섭고 더러운 죄악이었었다. 복녀도 그 정업으로 나섰다.…(중략)…그들 부처는 역시 가난하게 지냈다. 굶는 일도 흔히 있었다. (115~116쪽)

평양성 안에서는 그나마 행랑살이로 연명하였지만, 남편의 게으름으로 집에서마다 쫓겨나던 끝에 칠성문 밖으로 밀려왔던 터인데, 이제 연명조차 어려운 처지가 되었다는 것이다. 칠성문 밖 생활이란 것이 워낙 그러했을 것이다. 그런 상황에서 기자묘 솔밭에서 송충이 잡는 일을 시작하였다는데, 복녀네 사정이 호전되는 것이 칠성문 밖에서 기자묘 솔밭으로 공간이 옮겨지면서부터인 점이 주목을 끈다.

기자묘 솔밭에 송충이가 끓었다.…(중략)…복녀는 열심으로 송충이를 잡았다. 소나무에 사닥다리를 놓고 올라가서는, 송충이를 집게로 집어서 약물에 잡아넣고 또 그렇게 하고, 그의 통은 잠깐 사이에 차고 하였다. 하루에 삼십이 전씩의 품삯이 그의 손에 들어왔다. (116~117쪽)

그런데 기자묘 솔밭에서도 송충이를 잡는 '나무 위'와 젊은 여인부 몇몇이 빈둥대고 노닥거리고 있는 '나무 아래'가 대조적 구도를 띤다. 복녀도 나무 위에서 내려와 감독이 부르는 대로 "저 편"으로 따라간 후에 "일 안 하고 품삯 많이 받는 인부"가 된다. 그 곳에 이른 다음 일 년이 지난 후, 복녀 부부는 더 이상 곤궁하게 생활하지 않아도 되는 것이다. 그러던 것이 왕서방네 채마밭에 감자 도둑질을 가 왕서방에게 붙들리게 되고 왕서방의 집에 들어갔다 나온 후에는 "빈민굴의 한 부자"로 생활하기에 이르른다. "복녀의 도덕관 내지 인생관"이 벌써 솔밭 나무 아래에서부터 변한 만큼, 경제적인 상황이 호전되어 간 것이다.

그러나 풍족한 생활을 결정적으로 보장해 주었던 공간인 왕서방네

집에서 복녀는 최후를 맞는다. 이를테면 경제적 풍요로움의 정점에서 상황이 급전되어 죽음으로 급강하한다는 설정을 엿볼 수 있는데, 이런 극적인 상황 설정이 왕서방네 집이라는 공간의 양상을 아이러니한 것으로 만든다. 말하자면, 왕서방의 집은 복녀에게 경제적 풍요의 정점에 좌표를 두었지만, 동시에 윤리 의식의 최저점에 좌표를 이루고 있었던 까닭에, 그 공간은 최고 행복감을 낳은 데인 동시에 극도의 비극이 펼쳐진 데로 기술된 것이다.

이렇듯 「감자」에서는 매번 공간 양상이 삶에 직결된 현실 공간으로 그려지는데, 공간의 이동에 따라 삶의 양상이 달라진다는 설정이 이채롭다. 비로소 서사에서 차지하는 공간 양상의 비중이 인정된 셈이며, 그런 현실 공간은 그대로가 실재적인 공간 면모를 띤다. 전형적인 빈민굴의 형상이 그렇고, 돈 때문에 가치관이 변질되고 파멸에 이르는 한 인물의 역정이 공간의 이동에 따라 구현되는 양상이 실재적인 것이다.[2] 물론 그 실재성은 이국에 대한 막연한 동경에서 온 피상적 실재성이 아니라, 삶의 현실에서 전형화된 실재성이다. 계몽적인 개화 이념에 묻혀 드러나는 형상이 아니라, 비극적인 삶에서 유추된 현실감 있는 형상인 것이다.

「광화사」[3]에서도, '인왕산'의 형상이 구체적으로 기술되어 있는 등, 실감을 돋우는 공간 양상이 드러나는가 하면, 나아가 문학적으로 변용된 공간의 면모가 잘 투영되어 있다.

> 인왕(仁王)—
> 바위 위에 잔솔이 서고 잔솔 아래는 이끼가 빛을 자랑한다.
> 굽어보니 바위 아래는 몇 포기 난초가 노란 꽃을 벌리고 있다. 바위에 부딪히는 잔바람에 너울거리는 난초잎.

---

2) 그 양상이 극적으로 제시되어 공간성이 두드러지게 표출되는 것이다. 일견 비판적 리얼리즘 성향의 소설에서 드러난 공간 형상과 유사한 면을 보인다.
3) 김동인, 「광화사」, 『배따라기/화수분 外』, 동아출판사, 1995.

여(余)는 허리를 굽히고 스틱으로 아래를 휘저어보았다. 그러나 아직 난초에는 사오 척의 거리가 있다. 눈을 옮기면 계곡.

전면이 소나무의 잎으로 덮인 계곡이다. 틈틈이는 철색의 바위도 보이기는 하나, 나무 밑의 땅은 볼 길이 없다. 만약 여로서 그 자리에 한번 넘어지면 소나무의 잎 위로 굴러서 저편 어디인지 모를 골짜기까지 떨어질 듯하다.

여의 등뒤에도 이삼 장이 넘는 바위다. 그 바위에 올라서면 무학(舞鶴)재로 퇴한 커다란 골짜기가 나타날 것이다. (169쪽)

인왕산의 모습이 '여'의 시각을 따라 구체적으로 기술된다. 잔솔과 이끼로 덮인 바위의 형세와 바위 아래 난초꽃과 난초잎을 묘사하고, 눈을 돌려 심산 유곡(幽谷)의 깊이를 묘사하고 비유적 이미지를 동원하여 기술한 것이 모두 산의 면모를 실감나게 전해주는 장치이다. 특히 등뒤의 바위가 '무악재'에 이어져 있다 하여 실제 공간 구도를 가늠하게끔 되어 있다. "계곡이 끝나는 곳에는 소나무 위로 비로소 경성 시가의 한편 모퉁이가 보인다."고 하는 데서 더욱 그러하다. 이때, "운요와 소란의 세계"인 시가지에 대조적으로 "심산"의 면모가 제시된 데 주목하게 된다. 이를테면 대조적 공간 구도가 형성되어 있는 것이다. 특히 인왕산이 심산의 구비 요건을 다 갖추고 있다면서, "바람이 있고 암굴이 있고 절벽이 있고 난송(亂松)이 있고" 하여 "유수미(幽邃美)"가 있다고 한 것은, "회흑색의 지붕"에 빗대어진 번잡한 도회의 풍광과 극채색의 대조를 표하면서 실감과 아울러 신비감을 불러일으킨다. 그런 가운데 "등뒤 바위에는 암굴이 있다."라고 하여 다음과 같이 이야기가 이어진다.

배암이라도 있을까 무서워서 들어가보지는 않았지만, 스틱으로 휘저어본 결과로 세 사람은 넉넉히 들어가 앉아 있음직하다.

이 암굴은 무엇에 이용할 수가 없을까?

음모(陰謀)의 도시 한양은 그새 오백 년간, 별별 음흉한 사건이 연출되었

> 다. 시가 끝에서 반 시간 미만에 넉넉히 올 수 있는 이런 가까운 거리에 뚫린 암굴이 있는 줄 알기만 하였으면, 혹은 음모에 이용되지 않았을까? (171쪽)

정작 그 암굴의 실상이 이처럼 흑막에 가리운 채 어림짐작한 크기만 기술되었을 뿐이다. 직접 지각한 바가 없기에 실상을 기술할 수 없는 것이 어찌보면 당연한 일이겠지만, 지각의 범위 내에서만 기술한다는 발상이 서술자의 태도와 관련지어 심상치 않다. 이를테면, 「혈의 누」에서나 『무정』에서 대상 세계에 대해 전지자적인 태도를 취하는 서술자가 구체적인 지각의 흔적 없이 공간의 양상을 기술하려다 보니 피상적인 공간 양상이 빚어진 예가 있었던 맥락을 상기해 보면, 이처럼 지각 범위에 기술 내용을 제한함으로써 공간 형상의 실감이 돋워질 수 있는 것이다. 따라서 지각 주체의 지각 능력에 걸맞게 한정된 공간의 면모는 실제 공간을 사실적으로 전한 것으로 간주된다. '스틱으로 휘저어본 결과'라고까지 하여 어쨌든 실상을 가늠하여 보았다고 강변하고 있어 더욱 그러하다.

그런데 실감 나는 공간의 형상이 종내는 "공상"에 연결되는 데서 당혹감이 유발된다. "암굴"의 정체 자체에 의구심을 품게도 될 만큼이다. 앞서 도회의 풍광과 대비되어 유수한 심산의 면모가 기술되었던 것을 새삼 떠올리게도 된다. "유수한 맛에 젖어 있던 여"가 암굴의 형세 때문에 "불쾌한 공상"에 빠져 들었던 것이니 그렇다. 그 심산유곡에서 하필 역사의 뒤안길에서 펼쳐졌을지도 모를 '도시의 음모'를 떠올린 것이 어색하지 않을 수 없지만, 흑막에 싸인 암굴을 두고서 하는 공상이니만치 개연성 없는 것은 아니다. 더욱이 암굴과 대비되는 이미지로 제시된 "샘물"을 두고서 '아름다운 이야기'를 꾸며낸 것을 두고 보면, 공간의 형상에 따라 의식의 양상이 대조적으로 드러난 데서, 문학적으로 변용된 공간의 면모를 엿볼 수 있다.

반짝!

보매 한 줄기의 샘이다. 소나무 틈으로 보이는 그 샘은 아마 바위 틈을 흐르는 샘물인 듯 똘똘똘똘 들리는 것은 아마 바람 소리겠지. 저렇듯 멀리 아래 있는 샘의 소리가 이곳까지 들릴 리가 없다.

샘물!

저 샘물을 두고 한 개 이야기를 꾸미어볼 수가 없을까? 흐르는 모양도 아름답거니와 흐르는 소리도 아름답고 그 맛도 아름다운 샘물을 두고 한 개 재미있는 이야기가 여의 머리에 생겨나지 않을까? 암굴을 두고 생겨나려던 음모, 살육의 불쾌한 공상보다 좀더 아름다운 다른 이야기가 꾸미어지지 않을까? (171~172쪽)

샘물이 '암굴 저 아래'에 펼쳐져 있으니 암굴과 샘물의 이미지가 그 거리감만큼 차이나게 그려져야 할 것이다. 그래서인지 흑막에 싸여 모종의 음모가 "배암"처럼 도사리고 있을 법한 암굴에 비해, 샘물은 훤히 보이는가 싶더니 물 흐르는 소리마저 먼 거리에서 들릴 듯 생생하게 그려져 있다. 그런 대조적 거리감 속에 '암굴의 공상'과 대조적인 '샘물의 아름다운 이야기'가 펼쳐질 조짐이 엿보이는 것이다. 그리고 과연 '솔거의 전설'이라 할 만한 이야기가 이를 배경 삼아 이어진다. 심산의 유수함이 결국 신비로운 이야기의 발상에 연결된 것이다. 결과적으로 실감있게 극화되어 있던 공간은 '가상적 공간(virtual space)'이 되는 셈인데, 결말이 "우러러보매 여름의 석양은 벌써 백악 위에서 춤추고 이 천고(千古)의 계곡을 산새가 남북으로 건넌다."라고 된 데서 공간적 가상성이 단적으로 표출되기까지, 그런 공간 구도 속에 이야기가 채워져 있다.[4]

이런 맥락에서 「시골 황 서방」에서, "황 서방이 사는 X촌은, 그곳서 그 중 가까운 도회에서 오백칠십 리가 되고 기차 연변에서 삼백여

4) 이런 공간적 이원성은 액자 구성에서 온 서사역학 공간 양상과 관련되어 있다. 이 점 다음 절에서 상론할 것이다.

리며, 국도(國道)에서 일백오십 리가 되는 산골 조그만 마을이 있었다."라고 된 대목이 눈에 띈다. 이를테면 '역설적 실제성'이라 할 만한데, 마을의 위치가 거리 수치까지 제시된 채 표시되어 있기에 매우 사실적인 듯 보이지만, 실상은 그 기준지가 '익명'인 까닭에 개연성은 전혀 없다. 마을 이름 자체가 익명인 것도 자연스런 귀결이다. 「광염소나타」에서 "XX정신병원"이나 「붉은 산」에서 "XX촌", 「배따라기」에서 "X산" 등 공간이 익명으로 제시되는 예가 많은데, 요컨대 가상적 공간이 구현되는 예가 많은 것이다.[5]

가상적 공간은 문학적으로 변용된 공간 양상이 극화된 형태로 볼 수 있다. 이를테면 실재 세계와 서사 세계의 경연장에서 서사 세계에 주도권이 부여되었다고 비유적으로 얘기할 수 있을 것이다. 다만 김동인의 소설에서 가상적 공간성은 실재적 공간성과 혼재된 양상으로 드러나기도 하는 바, 본격적인 상징적 공간 기획의 면모가 드러나는 것은 아니다. 예컨대, 「시골 황 서방」에서 '도회'에 대한 의식은 궁벽한 산골에 대한 의식과 대비적으로 드러나는데, 막연한 동경과 아울러 막연한 절망감이 상대적으로 드러나 있고, 「붉은 산」에서 만주는 광포한 북극이라고 추상적으로 묘사되어 있는 등 구체적이기보다는 피상적인 면모들이 기술되어 있다.

조망 공간 2__파노라마적 공간 형상

『천변풍경』[6]의 경우 우선, 실제 공간의 극명한 형상이 엿보인다.

> 오늘도 이발소 창 앞에가 앉아, 재봉이는 의아스러운 눈을 들어, 건너편 천변을 바라보았다. 신수 좋은 포목전 주인은 가장 태연하게 남쪽 천변을

5) 인물의 이름까지도 익명의 이니셜로 제시되곤 하는데, 이 모두 문자 공간(alphabetical space)의 면모와 관련하여 서사역학 공간 논의에서도 다룰 문제다.
6) 박태원, 『천변풍경』, 깊은샘, 1998.

걸어가고 있었던 것이다. 우리가 이미 알고 이는 바와 같이, 그는 가운데 다방골 안에 자택을 가지고 있다. 그러한 그가 종로에 있는 그의 전으로 나가기 위하여, 그 골목을 나와 배다리를 건너는 일 없이, 그대로 남쪽 천변을 걸어, 광교를 지나가더라도 우리는 별로 그것에 괴이한 느낌을 갖지 않아도 좋을 것이다. 그 노차는, 먼저 다리를 건너, 북쪽 천변으로 하여 광교에 이르는 그것과, 어느 편이 좀더 멀고 가까운 것이 없는 까닭이다. 그러나 소년의 관찰에 의하면, 그는 일찍이 남쪽 천변을 걷지 않았다. (74쪽)

한 인물의 시각을 매개로 청계천변의 실제 지형이 배경 구도로 투영되어 있다. 인물을 초점화자(焦點化者)[7] 삼아 그려지는 '배경'적 공간의 모습은 실제 공간을 연상시킨다. 이런 투영 양상이 문면 곳곳에 드러나 있는데, 그것들을 종합하여 당시 청계천변의 구도를 그려볼 수도 있을 것이다. 이렇듯 실제 공간의 구도 속에서 그려지는 인물들의 견문과 담화가 기술되어 있는 것이 이 소설의 서사적 요체이다. 따라서 독자는 그 실제 공간의 구도를 염두에 두어야 '서사 내 세계'의 이야기를 이해할 맥락을 얻을 수 있다. 이를테면 위에 인용한 대목에서, 포목전 주인이 집에서 나와 포목전에 가기까지 행로를 관찰하는 재봉이의 시선과 의식을 따르기 위해서 그러하다. 나아가 "이제까지의 관습"을 깨뜨리고 포목전 주인이 근래 남쪽 천변을 걸어 전에 나아갔다는 사실과 그 이유를 확인시켜주는 언설을 이해하기 위해서도, 이 실제 공간 구도의 면모를 이해할 것이 요구된다. 일찍이 "가운데 다방골 안에 자택을 가지고 있는 그는, 바로 지척 사이인 광교 모퉁이 큰길거리에서 포목전을 경영하고 있었다. 아침에 점에 나왔다가 저녁때 집으로 돌아가는 이 신사는, 언제고, 골목에서 나와 배다리를 지나 북쪽 천변을 광교에까지 이르는 노차를 택하였다. 까닭에, 광교

7) 이는 'focalizer'의 역어로서 '焦點 話者'가 아닌 데 유의해야 한다. '화자(speaker)'와는 아무 관련없는 개념인데, 간혹 그 역어를 혼동하여 개념을 전혀 엉뚱하게 전제하는 예가 있어 굳이 지적하는 바이다.

와 배다리 사이 북쪽 천변에 있는 이발소 창으로, 소년은 언제든 그렇게 가까이서 그를 조석으로 대한다."(35쪽)라고 한 대목이 있어, 그 실제성이 더해진다.

이처럼 실제의 공간 구도를 그대로 차용하듯 기술된 '천변 풍경'에서 배경의 실감이 돋워지기는 당연한 일이다. 혹 "하나꼬는 수표정에 있는 자기들의 처소를 나와 남쪽 천변을 자기의 일터 평화카페로 향하여 걸어 올라오고 있었다."라고 하거나, "모교 다리 모퉁이 조그만 청요릿집" 하는 식으로 위치를 확인시켜 주는 언설이 빈발하는 것도 이런 맥락에서 이해되는 부분이다. 이를테면 '모방각'이 극히 작게 드러날 형상인데, 그렇다고 정작 구체적인 공간 형상이 제시되어 있지는 않다. 청계천변을 무대로 이야기가 그려지듯 펼쳐져 있을 뿐이다. 특히 '빨래터'와 '이발소' 등을 거점으로 다양한 인물들의 담론이 펼쳐지는 것을 전제한다면, 다양한 일상 공간이 투영되어 있어서 행위 공간보다 외연이 넓은 관조의 공간(Anschauensraum)[8] 양상이 구현되어 있다고 할 수 있다.

그런 가운데에는 대조적 공간 구도의 면모도 비쳐진다. '서울 대 시골'이라는 공간 구도가 인물의 의식에 투영되어 드러나곤 한다. 특히 〈시골서 온 아이〉 절에서는 전반적으로 서울과 시골 "가평"의 공간적 대조 양상을 극화하려는 의도가 구현된다.

> 소년은, 드디어, 그렇게도 동경하여 마지않던 서울로 올라오고야 말았다. 청량리를 들어서서 질펀한 거리를 달리는 승합자동차의 창 너머로, 소년이 우선 본 것은 전차라는 물건이었다. 시골 '가평'서 결코 볼 수 없었던 것이, 그야, 전차 한가지가 아니다. 그래도 그는, 지금 곧, 우선 저 전차에 한번

---

8) '관조의 공간'은 관망(Überschau) 혹은 원망(遠望)을 매개하는, 대체로 정적으로 기초된 공간을 가리킨다고 루드비히가 지적하고 있다. 인물이 정주해 있는 공간이지만, 제한된 행위 장소가 아니라 보다 큰 공간이라고 한다(루드비히, 앞의 책, 172쪽).

> 올라타 보았으면 한다. 그러나 아버지는 어린 아들의 감격을 일일이 아랑곳하지 않고, 동관 앞 자동차부에서 차를 내리자, 그대로 그를 이끌어 종로로 향한다. (44쪽)

소년의 의식 속에서 '서울'은 동경의 대상으로 자리잡고 있었다. 이를테면 막연한 형상으로 의식된 공간이다. '드디어'라는 부사나 '올라오고야 말았다'라는 서술어에 그런 의식이 반영되어 있다. 그런 소년의 눈에 처음 비친 것이 '전차'라고 한다. 시골의 모습과 서울의 모습이 확연한 대조를 이루게끔 하는 요소들이 한두 가지가 아니었다고 전제하면서도, 가장 단적인 요소로서 전차를 꼽은 것이다. 말하자면 소년의 지각 세계에서 시골과 서울의 대조적 공간 구성의 대표적 표지가 '전차'인 것이다. 서울에 대한 막연한 동경이 구체적인 형상을 통해 공간화되었을 터라, 소년이 '감격'해 하는 것도 무리는 아니다. 그런 소년의 의식 너머로, "행길 한복판을 거의 쉴 사이 없이 달리는 전차"에 "신기하지도 아무렇지도 않은 듯싶게 올라타고 있는" 서울 사람들을 향해 선망의 눈길이 보내지고 있는 것도 마찬가지 맥락일 것이다. "이제까지 시골구석에서 단순한 모든 것에 익숙하여 온 그의 어린 눈과 또 귀는 어지럽게도 바빴다."라는 서술자의 진술에 이어지기까지, '시골 대 서울'이라는 대조적 공간 양상이 극화되어 있다.

이를 전제로 서울과 시골의 공간적 대조 양상이 더욱 구체적으로 펼쳐진다.

> 전차도 전차려니와, 웬 자동차며 자전거가 그렇게 쉴새없이 뒤를 이어서 달리느냐. 어디 장이 선 듯도 싶지 않건만, 사람은 또 웬 사람이 그리 거리에 넘치게 들끓느냐. 이층, 삼층, 사층…… 웬 집들이 이리 높고, 또 그 위에는 무슨 간판이 그리 유난스리도 많이 걸려 있느냐, 시골서, 〈영리하다〉 〈똑똑하다〉, 바로 별명 비슷이 불려 온 소년으로도, 어느 틈엔가, 제풀에 딱 벌려진 제 입을 어쩌는 수 없이, 마분지 조각으로 고깔을 만들어 쓰고, 무엇인지 종이조각을 돌리고 있는 사나이 모양에도, 그의 눈은, 쉽사리 놀

라고 수많은 깃대잡이 아이놈들의 앞장을 서서, 몽당수염 난 이가 신나게 부는 날라리 소리에도, 어린이의 마음은 걷잡을 수 없게 들떴다. (45쪽)

시골에서 똑똑한 축에 드는 소년이라지만, 서울의 번화함 앞에서, 그리고 그 신기함 앞에서 주눅들면서도 흥분할 수밖에 없다. "장"이라도 서야 그나마 사람이 모이는 시골 풍광에 비해 보면, 여느 때나 사람이 붐비는 '거리'의 모습이 낯설기도 할 것이다. 그러나 아무리 낯선 풍광이라지만 직접 목도하는 이의 마음이 일렁이는 것 또한 당연하다. 높이 선 건물들이며 널려 걸린 간판이며 모두가, 막연한 동경의 대상이던 서울이란 곳을 구체적 지각 대상으로 공간화시키는 요소들이다. 게다가 호외나 전단쯤으로 보이는 것을 돌리는 사내나, 영화 광고라도 하는 듯한 삐에로의 모습까지 더해져 서울의 이색적 공간 형상이 고조되고 있다. 결국 "종로 네거리 굉대한 건물"이라 기술된 "화신상회"에 이르기까지, '시골 대 서울'이라는 대조적 공간 구도가 인물의 지각을 전제로 구체화되는 데 서사의 수렴항이 있다. 전차를 타보자는 소년의 제안을 묵살하였던 아버지가 화신상회에 들어가자는 요청에는 잠시 머뭇거리는 와중에 떠올린, "마소 새끼는 시골로, 사람 새끼는 서울로"라는 속담과 "〈자식 하나 사람 만들어 보겠다〉고 이내 그의 손을 잡고 '한성'으로 올라온 것"이라는 상경 경위에는, 그런 공간 구도를 배경으로 드러나는 인물의 의식이 형상화되어 있기도 하다.

결국 시골에서 상경한 소년의 의식 속에서 서울에 대한 막연한 동경은 구체적인 형상을 바탕으로 현실적인 체험으로 승화되지 못하고 의례적인 예찬으로 치닫고 만다.

소년은 곧 밖으로 뛰어나왔다. 그리고 신기롭게 주위를 둘러보았다. 이곳은 가평이 아니라 서울이다. 나는 그렇게도 오고 싶어 마지 않았던 서울에 기어코 오고야 말았다. 이 생각이 소년의 눈에 보이는 것, 귀에 들리는 것, 그 모든 것에 감격을 주었다. 아무리 시골서 처음 올라온 소년의 마음에라도, 결코 그다지는 신기로울 수 없고, 또 아름다울 수 없는 이곳 천변 풍경이, 오직 이곳이 서울이라는 그 까닭만으로, 그렇게도 아름다웠고, 또 신기하였다. (47쪽)

공간 구도의 구체적인 형상에 근거하지 않고, 다만 "이곳이 서울이라는" 이유만으로도 더할 나위 없이 '아름답고 신기한' 곳으로 의식되고 있는 것이다. '가평'과 대비되는 지점을 적확하게 제시하지 못한 채, 관념적인 대조로써 시골과 서울의 공간 양상이 의식되었던 것이라, 결과적으로 그 대조적 공간 양상에서는 '실재 공간'의 면모가 엿보인다고 할 수 있다. 과연 어린 소년의 의식에 깊이 똬리틀고 있었을 서울에 대한 환상 같은 것을 고려해 본다면, 그가 지각한 공간 구도가 대조적 실재성을 띠는 것은 어쩌면 당연한 일이다. 그러나 이러한 대조적 공간 양상이 막연한 동경에만 근거하여 펼쳐지는 이상적 실재성이 아닌 것은, 소년의 지각을 전제로 공간 형상이 기술된 데서 비롯된다.

그는 눈을 들어, 이번에는 빨래터 바로 위 천변의, 나뭇장 간판이 서 있는 곳을 바라보았다. 그곳에는 이미 윷을 놀지 않는 젊은이들이, 철망친 그 앞에가 앉아서들 잡담을 하고, 더러는 몸들을 유난스러이 전후좌우로 놀려가며, 그것은 또 무슨 장난인지, 서로 주먹을 들어 때리는 시늉을 한다. 그것이 권투라는 것의 연습임을 배운 것은 그로써 며칠 뒤의 일이거니와, 그러한 장난도 창수의 눈에는 퍽이나 재미스러웠다.

그러한 소년의 눈에, 천변을 오고가는 모든 사람들이, 그 모두가 한결같이 잘나만 보이는 것도 또한 어찌할 수 없는 일이 아니냐. 임바네쓰 입은 민 주사며, 중산모 쓴 포목전 주인이며, 인력거 위에 날아갈 듯이 앉아 있는 취옥이며, 그러한 모든 사람은 이를 것도 없거니와 다리 밑에 모여서들 지껄대고, 툭치고, 아무렇게나 거적 위에 가 뒹굴고, 그러는 깍정이떼들도, 이곳이 결코 시골이 아니라 서울일진댄, 그것들은 그만큼 행복일 수 있지 않느냐. (47쪽)

확실히 '소년의 눈'은 그 '천변풍경'을 비롯하여 서울이란 곳을 직접 지각하고 있는 것으로 설정되어 있다. 다만 그 지각의 기준이 '시골이 아니라 서울' 하는 식으로 늘 상대적으로 전제되는 데서, 서울의 공간 형상이 이상적인 양 그려지는 것이다. 공간 양상의 대조 구도 자체가 '구조적인 실재'로서 비쳐지는 것이 논리적 귀결이다. 서울의 번화한 형상을 전경화하는 데 시골의 궁벽한 형상이 전제되는 것이 어색할 것 없으며, 그런 대조적인 공간 형상을 지각하는 이의 의식에 대조적인 구도 혹은 원근법적 구도가 형성되는 것도 수순이다. 그러한 구도가 바로 실재적 공간 형상의 구도이다.

그런데 서울은 어린 시골 소년에게 막연히 이상적인 형상으로만 지각되지 않는다는 사실이 뒤이어 드러난다. 이를테면 서울이란 공간은 시골뜨기에게 '한나절 구경거리'로 족할 호기심의 대상이지, 정작 삶의 현실에 다가섰을 때에는 막연한 기대감에 상응하는 두려움을 유발하는 공간으로 의식되기에 이른다는 것이다.

> 창수는 또 변변치 못하게 얼굴을 붉히며, 가까스로 고개를 한 번 끄떡하고, 문득, 부모를 떠나 외따로이 이러한 곳에서 이제 어떻게 지내 가누 겁이 부썩나며, 그저 아버지가 전차나 태주고, 화신상이나 구경시켜 주고, 또 승강기 있다는 데로 데리고 가 주고, 그러한 다음에, 집으로나 다시 내려갔으면, 그러면 퍽 좋겠다고 침을 몇 덩어리나 삼키며, 저 혼자 속으로 생각하지 않으면 안되었다.
>
> 소년이, 그렇게, 서울에서의 자기에 대하여, 눈꼽만한 자신도 가질 수 없을 때, 그러나 아버지는, 단 하룻밤이라 같이 묵어 주는 일 없이, 그대로 무자비하게도 자기의 볼일만을 보러, 영등포라나 어데라나로 떠나 버렸으므로, 어린 창수는, 대체, 혼자서, 이제, 어찌하여야 좋을지, 끝없는 불안에 사로잡히고 말았다. (49쪽)

이러한 의식 역시 서울이라는 공간의 실재성을 뒷받침하는 주요 지표 가운데 하나다. 호기심과 동경심의 뒤를 이은 불안감, 이런 의식

변화의 수순이 도회지에 나선 시골뜨기의 의식이 변화하는 양상의 전형을 드러낸다. 삶의 공간으로서 서울은 궁벽한 시골에서 막연히 꿈꾸었던 세계와 전혀 들어맞지 않은 것으로 판명된다. "고생이 되어도 좋다고, 어떠한 일이든지 하겠다고, 그저 서울로만 보내 달라고, 어머니며, 아버지를 졸랐던 어제까지의 자기가 자꾸 뉘우쳐졌다."(52쪽)라고 한 대목에서 그 면모가 단적으로 예시된다. 결국 삶의 현실로 의식되는 공간과 동경의 대상으로 의식되었던 공간의 양상이 또 하나의 원근법적 공간 구도를 구성하는 셈이다. 그 공간 구도는 다음과 같은 대목을 통해 의미망이 확산된다.

> 창수는 얼굴이 무섭게까지 새빨개 가지고, 대체, 이제 어찌하여야 좋을 것인지, 어림이 도무지 서지 않았다. 이제까지 시골에 있어서도, 그는 이러한 경우를 당하여 본 일이 없었다. 그러한데, 이곳은, 더구나 누구라 하나 아는 사람을 가지지 못한 서울 한복판이 아니냐? 소년은 금방 울 것 같은 마음으로 오전짜리 백통전을 내려다보며, 얼마 동안을 바보같이 그곳에가 서 있었다. 아무리 어려운 일, 아무리 힘드는 일이라도 좋았다. 대체, 이러한 경우에는 어떻게 하여야만 옳은 것인지, 우선, 그것만 알아냈 수 있더라도 당장 살 것 같았다. (51쪽)

담배 심부름을 갔다가 거스름을 받는 과정에서 속임을 당하고 하는 일은 당시에 서울에서나 있을 법한 일이지, 시골에서는 벌어질 리 만무한 일이다. 창수가 결국 가치 판단의 혼란을 체감한 것도 '서울 한복판'에서다. 세상 물정 모르던 시골뜨기에게 서울 한복판은, 그 넓이만큼이나 황량한 세태의 표본으로 의식되며, 그 번잡함만큼이나 가치가 혼재된 양상으로 인식되기 십상인 것이다. 결과적으로 '시골 대 서울'이라는 공간 대조 양상보다는, 순진무구한 소년이 꿈꾸던 이상적 공간으로서 그려진 서울의 면모와, 어린 소년에게는 광포하리만치 위협적인 형상으로 지각된 현실적 공간으로서 그려진 서울의 면모가 대조를 이룬 공간 양상이 전면에 드러나게 된 것이다. 그런 양상은 인물의 의식과 어우러져 원근법적 감각을 자아냄으로써 공간 구도의 실재성을 구축하는 중요한 기제로 작용하기도 한다. 서술자의 냉소가 배어있는 듯 제목이 붙은 〈창수의 금의환향〉 절에서, 그 시골 소년 창수가 서울 생활에 적응한 듯 펼쳐진 에피소드가 기술된 끝에 다음과 같이 서술자의 목소리가 드러나는 대목이 나오는데, 이런 구도하에 이해할 수 있다.

> '사람의 새끼는 서울로 ── '라는 말은 어쩌면 진언질지도 모른다. 원래 타고 나온 천성이 그렇기도 하였겠지만, 도회의 감화란 실로 무서운 것인 듯싶어, 서울에 올라온 지 반 년이 채 못되어, 그렇게도 어리고 또 순진하던 열네 살짜리 소년 창수는 이미 이만큼이나 자라고, 또 '영리'하여진 것이다…… (192쪽)

앞서 창수 아버지의 의식 속에 떠올려졌던 언명이 여기 다시 제시되었는데, 그때 문맥과 대비해 보면, 창수가 서울 생활에 적응해 간 역정을 눈치챌 수 있다. 서울에 대한 막연한 기대감에서 나왔던 언명과, 현실의 냉혹함을 체험한 다음에 냉소 섞인 어투로 서술자의 입을 빌려 던져진 언명 사이에 층이 있음을 알 수 있는 것이다. 이를테면 이 경우 '서울'은 삶의 주체, 혹은 지각 주체의 의식에 '조율된 공간'의 면모를 띤다고 해도 좋을 것이다. 물론 처음 도시화되어 가는 사회에서 '도회지'라는 공간의 양상이 꼭 그렇게 시니컬한 지각의 대상으로 비쳐졌을 것을 전제한다면, 공간적 실재성이 인물의 체험에 따라 조율된 형태로 변형되어 드러났다고 해석하는 편이 더 적확할 것이다.

그런가 하면, 모두(冒頭)에서부터 청계천변 사람들의 삶의 면모들을 드러내는 데 소용되었던 "빨래터"의 면모에 주목하지 않을 수 없다. 그곳에서 펼쳐지는 대화를 통해 그야말로 '천변풍경'의 밑그림이 구성되어 있다고 할 만큼, 빨래터의 담론은 서사 전개의 중요한 거점이다. 그 담론의 양상을 살펴 보면, 일상의 박진한 희노애락을 감지할 수 있다.

> 정이월에 대독 터진다는 말이 있다. 딴은, 간간히 부는 천변 바람이 제법 쌀쌀하기는 하다. 그래도 이곳, 빨래터에는, 대낮에 볕도 잘 들어, 물속에 잠근 빨래꾼들의 손도 과히들 시립지는 않은 모양이다.
>
> 「아아니, 요새, 웬 비웃이 그리 비싸우?」
>
> 주근깨 투성이 얼굴에, 눈, 코, 입이, 그의 몸매나 한가지로 모두 조그맣게 생긴 이쁜이 어머니가, 왜목 욧잇을 물에 흔들며, 옆에 앉은 빨래꾼들을 둘러보았다.
>
> 「아아니, 을말 주셨게요?」
>
> 그보다는 한 십 년이나 젊은 듯, 갓 서른이나 그밖에는 더 안되어 보이는 한약국집 귀돌 어멈이 빨랫돌 위에 놓인 자회색 바지를 기운차게 방망이로 두드리며 되물었다. 왼편 목에 연주창 앓은 자국이 있는 그는, 언제고 고개를 약간 외편으로 갸우뚱한다.
>
> 「글쎄, 요만밖에 안되는 걸, 십삼 전을 줬구료. 것두 첨엔 어마허게 십오 전을 단라지? 아, 일 전만 더 깎재두 막무가내로군.」
>
> 지금 생각하여 보아도 어이가 없는 듯이, 빨래 흔들던 손을 멈춘 채, 입을 딱 벌리고 옆에 앉은 이의 얼굴을 쳐대보려니까, 그의 건너편으로 서너 사람째 앉은 얼금뱅이 칠성 어멈이,
>
> 「그, 웬걸 그렇게 비싸게 주구 사셨에요? 어제 우리 안댁에서두 사셨는데 아마 한 마리에 팔 전꼴두 채 못된다나 보든데……」(15~16쪽)

세상 사는 이야기가 일상적 대화 방식에 그대로 실려 전해지고 있다. 사소한 수다거리가 서사의 문면을 빌려 기술된 것이다. 게다가 대화하는 이들의 생김새며 행동거지를 세묘한 점도 눈에 띈다. 말하자면 이야기 방식 자체가 실감난 담론의 현장을 그대로 응용하는 식으로 채용되었다고 할 수 있다. 대화의 주간(主幹)이 꼭 정해진 것이 아니라, 누구라도 가리지 않고 대화에 참여하는 식으로 기술하는 서술 상황도 '빨래터 담론' 현장의 분위기를 생생하게 전하는 기제가 된다. 화제가 빈번하게 전환되는 효과 또한 대화의 실감에서 빼놓을 수 없는 요소일 것이다. 삶의 사소한 이야깃거리를 포착하여 일상에서 이

야기를 주고받는 방식으로 구현한 것도 마찬가지로 이야기의 실감을 돋우는 맥락으로 작용한다. 그런 가운데 이야기 속에 '민주사'에 대한 야유를 묻혀 드러내는 등, 삶의 고단함을 우회적으로나마 풀어보려 도모하는 예들이 이야기되곤 한다. 이를테면 '담론의 자유 공간'이라 할 만한, '빨래터'의 공간 자질이 드러난다.

삶의 고뇌를 거리낌없이 설화하고 서로의 심회를 이해하고 서로를 다독거리는가 하면, 때로 현실에 대해 야유하듯 풍자하듯 비판하는 언설을 나누는 곳, 그 빨래터는 이야기의 실감을 돋우게끔 그저 단순한 행위 공간으로서 설정된 것이 아니라, 모종의 전의된 의미와 상징적인 의미를 형성하는 공간으로 상정된 것이다. 거기서는 빨래하는 일보다 얘기 나누는 일이 더 본질적인 것으로 전제된다. "얼마동안 계속되는 개인 날씨에, 빨래터는 역시 언제나 한가지로 흥성거렸다. 아낙네들은 그곳에 빨래보다도 오히려 서로 자기네들의 그 독특한 지식을 교환하기 위해여 모여드는 것이나같이, 언제고 그들 사이에는 화제의 결핍을 보는 일이 없다."라고 한 데에서 그러한 정황이 포착된다. 서로의 체험을 공유하며 소통을 도모하는 그 자유로운 담론의 공간에서 뒤틀린 현실의 형상이 비꼬이곤 한다. 일상에서는 입에 올리지도 못하였을 야유가 여기서는 허용된다. 빨래터는 억눌린 일상이 전도되는 장인 것이다.[9] 물론 담론의 공간인 만큼, 현실 문제가 온전

---

9) 이런 양상은, 이를테면 '코뮤니타스(communitas)'와도 같은 속성을 지닌다. 상징 인류학자인 빅터 터너(Victor Turner)는, 의례적 연행(ritual performance) 상황에서 예의 형성되는 유대감을 바탕으로, 참여자들이 일상의 질서를 전복하는 반사회적(anti-social)·반구조적(anti-structural) 의사 소통 공통체를 구축한다는 데 주목한다. 특히 입사식(initiation ceremony)에서 경계 상황(liminal period)에 처한 당사자들간에 상징적 공통체가 강하게 구축되는데, 이를 가리켜 '코뮤니타스'라 한다. 굳이 번역하자면 '어우러지는 소통 공동체'라 할 만한 이 개념은, 특히 굿이나 판소리, 탈춤 등과 같은 연행 문화의 본질을 이해하는 데 크게 도움이 되며, 서사의 연행적 공간성을 논급할 경우에 중요한 단서가 된다. 꼭 그렇지 않더라도, 이처럼 '빨래터 담론'의 속성을 이해

히 해소되거나 하는 것으로 전제되지는 않지만, 일상의 일들이 발설되는 것만으로도 서사 세계에서 빨래터가 차지하는 공간의 속성이 충분히 드러난다. '빨래터'는 바로 문학적으로 변용된 공간(verdichterter Raum)의 전범이다.

결과적으로 『천변풍경』의 공간 양상은 그 서사 진행의 면모와도 같이[10] 파노라마적 양상을 보인다. 실제 당시의 청계천변의 공간 구도를 전제하고 이야기의 무대를 설정한 데서 그려진 실제적 공간성의 단면을 엿볼 수 있는가 하면, '시골 대 서울'이라는 대조적 혹은 원근법적 공간 구도에서 투영된 실재적 공간의 면모를 엿볼 수 있었다. 대조적 공간의 양상이 인물의 의식이 작용하여 형성된 것인만큼, 단적으로 이상적 실재성을 띠기보다는 의식 주체의 체험에 따라 조율된 공간 양상과 혼재된 형태로 드러났던 것이, 신소설이나 『무정』에 드러난 실재적 공간 양상과 변별되는 자질이었다. 이런 가운데 일상적 담론 사이에 엿보이는 자유로움이 드러난 '빨래터'라는 공간에 서사 세계 특유의 전의된 공간성이 투영되기까지, 서사의 대상이 되는 공간의 제 양상이 고루 형상화되어 있다. 다만 어느 경우든 청계천 일대를 중심으로 한 실제 공간의 면모가 전제된 가운데 변용된 까닭에, 특히 '전의되고 상징화된 의미 형성적 공간'의 양상이 온전히 드러나지는 않는다. 어디까지나 실제 공간의 구도하에 종속된 양상이며, 차원을 달리하여 형상화된 것은 아니라는 얘기다.

하는 데 바로 소용될 여지가 있는 것이다. 제도와 질서의 구조적 억압에 처한 이들이 서로의 생각을 나누고 어우러지는 '마당'과도 같은 역할을 하는 공간이 바로 '빨래터'인 것이다.

10) 이 문제는 다음 절에서 구체적으로 논급할 것이다.

내적 조망 공간의 역학

담화 공간의 균형 지향

김동인의 「감자」에 드러나는 서사형상 공간의 면모는 일단 사실적이라 했다. 현실 공간의 양상이 대조적 공간 형상으로 드러나거니와 이를 배경으로 펼쳐지는 사건이 실감 있게 제시되어 있다. 공간의 이동에 따라 삶의 양식이 달라진다는 설정에 주목해 보더라도 배경 공간이 서사에서 차지하는 비중을 짐작할 수 있다고도 했다. 다만 그런 삶의 변화 양상이 삶의 현실에서 전형화된 실재성을 띤다는 데서 피상적인 공간 구도가 불가피하게 드러나는 것이다. 이러한 서사형상 공간의 면모가 서사역학 공간의 양상과 연관되어 있다.

이를테면 대화 대목은 다음과 같이 인물의 발화를 제대로 살려 기술되어 있다.

> 어떤 날 송충이를 잡다가 점심때가 되어서, 나무에서 내려와 점심을 먹고 나서 올라가려 할 때에 감독이 그를 찾았다.
> "복네! 얘, 복네!"
> "왜 그릅네까?"
> 그는 약통과 집게를 놓고 뒤로 돌아섰다.
> "좀 오너라."
> 그는 말없이 감독 앞에 갔다.
> "얘, 너, 음……데 뒤 좀 가보자."
> "뭘 하레요?"
> "글쎄, 가자……"
> "가디요 —— 형님."
> 그는 돌아서면서 인부들 모여 있는 데로 고함쳤다.
> "형님두 갑세다가레."
> "싫다 얘, 둘이서 재미나게 가는데 내가 무슨 맛에 가갔니?"
> 복녀는 얼굴이 새빨갛게 되면서 감독에게로 돌아섰다.
> "가보자."

감독은 저편으로 갔다. 복녀는 머리를 수그리고 따라 갔다.

"복네 좋갔구나."

뒤에서 이러한 고함 소리가 들렸다. 복녀의 숙인 얼굴은 더욱 발갛게 되었다. (117~118쪽)

우선 발화 사이의 매개어가 없는 점이 눈에 띄는데, 『무정』의 경우와 대비되는 점이다. 즉, 서술자의 간섭이 인물의 발화 상황에서 최대한 배제된 셈이다. 게다가 인물의 발화 양상을 보건대, 일상적인 어법 그대로를 살려 기술되어 있으며 군더더기 없이 빠른 템포로 진행되고 있어, 대화 상황의 극적인 역동성이 감지되기도 한다. 여기 간혹 덧붙여진 서술자의 관조적 기술이 정황을 짐작하게 하는 역할을 한다. 서술자는 권위적인 힘을 발휘하면서 인물의 발화로 이루어진 서술상황 구성에 개입하는 것이 아니라, 정황을 정리하여 기술하는 전달자 역할을 하는 데 제한되어 있는 것이다. 물론 이 대목에 이어 "그날부터 복녀도 '일 안 하고 품삯 많이 받는 인부'의 한 사람이 되었다."라고 제 목소리를 온전히 드러내면서 서술자가 개입한 흔적이 있다. 그러나 『무정』에서처럼 권위적인 어조가 감지되지는 않는다. 독자들을 위압하는 상황도 형성되지 않는다. 서술자는 정황을 기술하고 때로 정리하여 전달하는 역할에 충실할 뿐이다. 이런 양상은 복녀가 왕서방을 위협하다가 되려 살해되는 장면에서 극화된다.

다른 중국인들은 새벽 두 시쯤 하여 돌아가는 것을 보면서 복녀는 왕서방의 집 안에 들어갔다. 복녀의 얼굴에는 분이 하얗게 발리어 있었다.

신랑 신부는 놀라서 그를 쳐다보았다. 그것을 무서운 눈으로 흘겨보면서 그는 왕서방에게 가서 팔을 잡고 늘어졌다. 그의 입에서는 이상한 웃음이 흘렀다.

"자, 우리 집으로 가요."

왕서방은 아무 말도 못 하였다. 눈만 정처 없이 두룩두룩하였다. 복녀는 다시 한 번 왕 서방을 흔들었다.

"자, 어서."

"우리 오늘 밤 일이 있어 못 가."

"일은 밤중에 무슨 일?"

"그래두, 우리 일이……."

복녀의 입에 아직껏 떠돌던 이상한 웃음은 문득 없어졌다.

"이까짓 것."

그는 발을 들어서 치장한 신부의 머리를 찼다.

"자, 가자우, 가자우."

왕 서방은 와들와들 떨었다. 왕 서방은 복녀의 손을 뿌리쳤다.

복녀는 쓰러져다. 그러나 곧 다시 일어섰다. 그가 다시 일어설 때는, 그의 손에는 얼른얼른하는 낫이 한 자루 들리어 있었다.

"이 되놈, 죽어라, 이놈, 나 때렸니! 이놈아, 아이구 사람 죽이누나."

그는 목을 놓고 처울면서 낫을 휘둘렀다. 칠성문 밖 외딴 밭 가운데 홀로 서 있는 왕서방의 집에서는 일장의 활극이 일어났다. 그러나 그 활극도 곧 잠잠하게 되었다. 복녀의 손에 들리어 있던 낫은 어느덧 왕 서방의 손으로 넘어가고, 복녀는 목으로 피를 쏟으면서 그 자리에 고꾸라져 있었다. (122~123쪽)

서술자가 전혀 개입하지 않았거나 하지는 않는다. '복녀의 얼굴에는 분이 하얗게 발리어 있었다.'라는 식으로 굳이 어색한 피동형을 쓴 점을 두고, 묘사에서 서술자의 목소리를 최대한 배제하려는 의도를 읽을 수는 있다. 그렇지만 복녀의 입가에 띤 웃음을 '이상한 웃음'이라 하였거니와 왕서방이 당혹스러워하는 양을 '눈만 정처없이 두룩두룩하였다.'라고 한 데서는 서술자의 의식이 발휘되어 서술된 정황을 엿볼 수 있는 것이다. 그런데도 서술자는 최대한 관찰자로서의 입지를 유지하려고 하여 서사 세계에 깊이 간여하려 하지 않은 듯하다. 인물의 발화는 여전히 당사자의 지각과 의식을 최대한 반영하여 기술되고 있으며, 혹 서술자가 사건의 정황을 기술하는 데 간여하더라도 그 전모를 속속들이 전해주지 않고 사건의 대강만 얘기하고 여운을 남기는 식으로 기술함으로써, 월권하지 않으려는 태도가 여실하다. '활극'의 전모를 다 얘기하지 않고, 복녀가 휘두르던 낫을 왕서방이 앗아 역공하여 살해했다는 사실을 위와 같이 기술한 것이다. 그 사실에 대해서는 어떠한 판단을 내리거나 정서를 표출하거나 하지 않고 기술한 점이 실은 범상치 않다. 서술자가 인물의 의식이나 발화에 개입하여 서사를 전개하였거나, 독자의 역량을 불신하거나, 그 역할과 지위를 무시하고 이야기를 제시하는 등, 화자 공간이 다른 담화 영역을 침해하였던 『무정』의 경우와 극히 대조적이다. 이 비극적인 결말을 놓고서 후일담을 얘기하는 과정에도 전모를 낱낱이 설명하지 아니 하였거니와, 돈이 오가는 상황에서 복녀의 죽음을 수습하는 장면을 기술하는 양을 보아도, 서술자의 위치가 서사 세계와 분명히 얼마만큼 거리를 두고 있음을, 그래서 담화의 공간 구도에서 서술자의 영역과 독자의 영역이 분명히 구획되어 있음을 알 수 있다. 해석 공간이 어느 정도 구성되어 있어야 이 소설의 서사역학 공간이 온전해질 수 있음을 추론할 수 있는 것이다.

그런 반면, 현실 공간의 양상이 실재화되어 대조적인 양상으로 서사에 투영되는 데에서는 서사역학 공간의 양상 또한 실재성을 드러내는 데 걸맞게 구성되어 있다. 요컨대 서술자의 요약적 진술이 두드러지게 표출되어 있는 것이다. 복녀가 칠성문 밖 빈민굴에까지 흘러든 경위와 인생 역정에 대해 기술한 서두 부분에 대조적 공간 형상의 실재성이 드러나 있다고 했는데, 서사의 양상은 서술자가 서사 세계의 면모를 '투시'하여 기술한 바가 두드러지는 형국이다. 이를테면 "그러나 그의 마음속에는 막연하나마 도덕이라는 것에 대한 저품을 가지고 있었다."라고 하면서 복녀가 그래도 "엄한 가율"의 영향하에 있음을 전제하는 등 서술자의 논평 섞인 언변이 드러난다. "그는 열다섯 살 나는 해에 동네 홀아비에게 팔십 원에 팔려서 <u>시집이라는 것</u>을 갔다." 하는 데서도, 밑줄 친 부분처럼, 서술자의 언설이 표출되어 작가 서술 상황이 구성되어 있다.

그렇다고 해서 『무정』에서처럼 권위적인 내포작가나 서술자의 면모가 감지되는 것은 아니다. 인물의 의식이 권위적 이념에 장악되거나 독자의 해석 영역이 전지자적 서술에 침범 당하거나 하지 않는다. 복녀의 비극적 최후를 반어적인 정황 속에서 기술하려 도모할 때에라도, 이를테면 "가난은 하지만 정직한 농가에서 규칙있게 자라난 처녀"인 복녀가 "시집이라는 것"을 간 뒤로 인생 역정이 선회하여 돈에 정절을 팔고 남을 해치려고 하는 등, "막연하나마" 지녔던 도덕심을 팽개치다 결국 죽음에 이른다는 구도를 통해 극화하려는 정황이 포착된다. 따라서 '칠성문'을 기준으로 구획된 대조적 공간 양상이 실재적인 형상을 띠었던 것이 서사역학 공간의 구도와 결부되어 있다고 할 수 있다. 서술자가 서사 세계의 실체를 전제로 기술하는 터라 작가 서술상황이 구성되지만, 그런 서술상황에서도 인물의 발화가 직접 인용되어 문장에 삽입되거나 서술자의 진술 가운데 대화 장면이 직접 기술되어 있어 이채롭다.

> 그는 극도로 게으른 사람이었다.…(중략)…가을에 가서는 되는 대로 거두어 "금년은 흉년이네" 하고 전주집에는 가져도 안 가고 자기 혼자 먹어버리고 하였다. (115쪽)

복녀의 남편이 게으른 사람이라 복녀네가 극도로 빈궁하게 되어 빈민굴에까지 흘러 들게 되었다는 사연을 서술자가 요약하여 기술하는 과정에서 남편의 게으름을 지적하는 대목이 기술된 것인데, 이때 서술자의 요약적 진술 가운데 인물의 발화가 직접 드러난다. 이를테면 서술자는 서술상황에서 권위를 표출하기보다는 진술 내용의 정황을 제대로 전하는 데 주안하고 있다고 할 것이다. 요약적 서술이면서도 이에 내포작가의 의식이나 서술자의 논평 등이 개입한 흔적은 거의 없다.

그의 게으른 버릇은 개를 줄 수는 없었다.
"뱃섬 좀 치워달라우요."
"남 졸음 오는데 님자 치우시관."
"내가 치우나요?"
"이십 년이나 밥 처먹구 그걸 못 치워?"
"에이구 칵 죽구나 말디."
"이년, 뭘!"
이러한 싸움이 그치지 않다가 마침내 그 집에서도 쫓겨나왔다.
이젠 어디로 가나? 그들은 하릴없이 칠성문 밖 빈민굴로 밀리어 오게 되었다. (115쪽)

남편의 게으른 일면을 엿보이는 장면을 삽입함으로써 극적인 실감을 돋우려는 의중이 드러난다. 또한 게으름 때문에 행랑살이 도중 쫓겨나 빈민굴에 밀려 들게 되었다는 얘기를 구체적인 장면으로써 서술한지라 여기에서도 서술자의 권위적인 발화 양상은 찾아보기 힘들다. 그 서사형상 공간이 분명 실재적인 형상으로 비치지만, 『무정』에서와 같은 피상적이고 관념적인 형상이 아니라, 삶의 현실에서 전형화된 실재성을 띤 형상이었던 것처럼, 서사역학 공간 또한 서술자의 언술로써 전개되는 대목들에서 내포작가나 서술자의 권위가 묻어난 흔적을 찾을 수는 없는 양상을 띤다는 얘기다. 따라서 독자의 해석 공간이 그만큼 상대적으로 넓어진다고 할 수 있다. 물론 상대적으로 그렇다는 얘기다.

「감자」에 비해 「광화사」에서는, 앞서 살펴본 대로 현실 공간의 형상이 가상적 공간 형상으로 전이된 채 드러난다. 문학적으로 변용된 공간성이 단적으로 엿보이는 것인데, 서사역학 공간의 양상 또한 그런 변용을 기술적으로 뒷받침하고 있는 것으로 보인다.

인왕 ——

바위 위에 잔솔이 서고 잔솔 아래는 이끼가 빛을 자랑한다.

굽어보니 바위 아래는 몇 포기 난초가 노란 꽃을 벌리고 있다. 바위에 부딪히는 잔바람에 너울거리는 난초잎.

여는 허리를 굽히고 스틱으로 아래를 휘저어보았다. 그러나 아직 난초에는 사오 척의 거리가 있다. 눈을 옮기면 계곡.

전면이 소나무의 잎으로 덮인 계곡이다. 틈틈이는 철색의 바위도 보이기는 하나, 나무 밑의 땅은 볼 길이 없다. 만약 여로서 그 자리에 한번 넘어지면 소나무의 잎 위로 굴러서 저편 어디인지 모를 골짜기까지 떨어질 듯하다.

여의 등 뒤에도 이삼 장이 넘는 바위다. 그 바위에 올라서면 무학재로 퇴한 커다란 골짜기가 나타날 것이다. (169쪽)

인왕산의 모습이 '여'의 시각을 따라 구체적으로 기술되어 있다. 그리 기술된 공간 형상이 어떤 식이든 간에, 서술자는 일인칭 인물로 전제되어 서사 세계의 면모를 지각하고 기술하는 위치에 있다. 서사 세계의 밖에 위치하는 것이 아니라 서술자 자신이 서사 세계에 참여하고 있는 것이다. 밑줄 친 부분에 그런 정황이 노정되어 있으며 그대로 인물 서술상황이 구성되어 있다. 인물의 지각과 인물의 발화로써 서사가 진행되는 것인데, "너울거리는 난초잎." "눈을 옮기면 계곡." 하는 식으로 문장을 온전히 종결하지 않는 데서 서술자보다 인물이 역학적 우위를 점하고 있음을 엿볼 수 있다. 그도 그럴 것은 이른바 일인칭 서술(자기 서술Ich-Erzählung)이기 때문이다. 그 서술자이자 인물인 '여'의 지각 범위 내에 서사 세계의 면모가 한정되어 있는 것도 이런 맥락에서 이해할 수 있다.

그런데 '여'가 '공상'을 하기 시작하면서부터 전개되는 이야기에서는 그 양상이 사뭇 다르게 드러난다. 요컨대 가상의 화공이라 전제된 '솔거'의 이야기를 '여'가 서술하고 있는 것으로 분명히 전제되어 있다. '여'는 내포작가의 역할까지 담당하는데, 다음과 같이 그런 징표가 문면에 드러나 있다.

> 여는 바위 틈에 꽂았던 스틱을 도로 뽑았다. 그 스틱으로써 여의 발 아래 바위를 가볍게 두드리면서 한 개의 이야기를 꾸미어 보았다.
>
> 한 화공(畵工)이 있다. —— 화공의 이름은?
>
> 지어내기가 귀찮으니 신라 때의 화성(畵聖)의 이름을 차용(借用)하여 솔거(率居)라 하여두자. (172쪽)

이를테면 '여'는 솔거 이야기에서만큼은 신적인 위치에 있다고 할 수 있다. 따라서 서사 세계의 밖에서 제 현상을 조감하며 인물의 일거수일투족과 내면 심리를 속속들이 아는 가운데, 이에 걸맞게 권위적인 지위에서 인물과 독자를 제어하면서 서사를 전개해 갈 것으로 예측된다. 이야기가 촉발된 배경인 '동굴'의 형상이 가상적 공간 구도에서 그려진 만큼, 그 가상 세계의 주도권을 '여'가 쥐고 있을 것이기 때문이다. 그러고 보면 관찰자에 한정되었던 '여'가 공상을 매개로 이야기를 지어내는 것이므로, 실제 공간의 형상이 가상 공간의 형상으로 변모되었던 것이 어색하지 않다. 말하자면 '액자식 구성'으로 된 이 소설의 공간론적 의의가 여기에 있다. '본 이야기'와 이를 가상의 것으로 전제하는 틀을 마련하는 '틀 이야기' 사이의 공간성 역학이 여기에 내재한 것이다. 서사역학 공간의 양상이 이를 뒷받침한다. 담화 공간의 양상이 그렇다는 얘기다. 가상의 이야기를 하겠노라는 전제를 틀 이야기로써 시사한 연후에 짐짓 그런 이야기를 펼치는 서술상황이 구성되어 있어서, 결국 틀 이야기에서 서술자의 권위가 전혀 감지되지 않는 것은 아니다. 그런데 본 이야기의 서술상황을 보자면, 이야기의 서술자가 전지적인 입장을 고수하여 서사 세계의 밖에서 투시하는 입장에 서 있지 않고, 그 스스로가 서사 세계의 내부에서 가상의 인물 역할을 하여 등장 인물들의 행위를 가까이서 지켜보고서 이를 기술하는 것으로 전제되어 있다. 이를테면 다음과 같이 말이다.

백악이 흘러내리다가 맺힌 곳. 거기는 한양의 정기를 한몸에 지닌 경복궁 대궐이 있다. 이 대궐의 북문인 신무문 밖 우거진 뽕밭 새에 중로(中老)의 사나이가 오뇌스러운 얼굴을 하고 숨어 있다.

화공 솔거였다.

무르익은 여름. 뜨거운 볕은 뽕잎이 가리어준다. 하나, 훈훈한 기운은 머리 위 뽕잎과 땅에서 우러나서 꽤 무더운 이 뽕밭 속에 숨어 있는 화공. 자그마한 보따리에는 점심까지 싸가지고 온 것으로 보아서 저녁까지 이 곳에 있을 셈인 모양이다.

그러나 무얼 하는지? 단지 땀을 펑펑 흘리며 오뇌스러운 얼굴로 앉아 있을 뿐이다.

황후 친잠에 쓰이는 이 뽕밭은 잡인들이 다니지 못할 곳이다. 하루 종일을 사람의 그림자 하나 얼씬하지 않는다. (172~173쪽)

그 문체적 징후는 틀 이야기 부분의 경우와 별반 다르지 않다. '여'라는 일인칭 대명사만 빠졌을 뿐, 문장의 종결법이나 시제의 운용이 여일하다. 게다가 누군가의 지각을 전제로 기술된 언설이 드러나는 것으로 미루어 보아, 필경 서술자일 게 분명한 그이가 이 서사 세계의 내부에 위치해 있는 것으로 보인다.[11] 물론 서술자는 전지자이지만 그 권위나 힘을 전면에 내세우거나 하는 우를 범하지 않고, 제 역할의 한계를 명확히 구획하고 있으며 인물의 발화 영역을 철저히 보장해 주고 있다. 결과적으로 인물 서술상황이 온전히 구성되어 드러나는 셈인데, 이에 상대적으로 해석 영역 또한 제대로 구성될 수 있다. 담화 공간의 양상이 균형감 있는 형상으로 드러나는데, 이를 염두에 두고 서사역학 공간의 양상을 가늠해 볼 수 있을 것이다. 액자식 구성과 이에 걸맞은 서사를 펼친 것 자체가 새로운 공간 형식이었을

11) 굳이 알기 쉽게 말하자면 관찰자 시점이 적용된 부분이라고 하겠지만, 서술자가 서사 세계의 내부에 있다고 하는 것이 더 구체적인 논점을 지적해 준다고 할 것이다. 이 경우 서술자가 관찰자 역할을 하는 것은 아니고 전지자 역할을 하는 것으로 전제되는 만큼, 관심의 방향은 그야말로 '시점'이나 서술상황의 논점에 지향해 있어야 한다.

것을 전제하고 보아도 좋다. 서사형상 공간의 이원성이 그러한 액자식 서사역학 공간 구도에서 비롯되었던 것이다.

어쨌든 본 이야기의 시점이나 문체적 징후를 바탕으로 공간 형상을 도시하다 보면, 규범적이고 이념적인 형상에서 상당히 벗어나 있음을 감지할 수 있다. 가상적 공간 구도가 일종의 문학적 변용 공간 형태라고 한다면, 그 공간 양상을 기술하는 서사역학 공간은 서사적 기법 축이 그렇듯 커지고 해석각 또한 커진 형태로 드러나야 할 터인데, 「광화사」의 경우 그런 양상이 잘 구현되었다고 할 수 있다. 꼭 그런 양상이 아니라도 김동인 소설의 곳곳에서 보이는 사항으로서, 공간 형상의 주요 지표라고 꼽을 수 있는 것이 바로 지명이나 인물 이름의 약어 표기이다. 그것도 영문 이니셜 표기다. 이는 문자 공간의 직시적 표지를 드러낸 것으로, 말하자면 공간의 익명성 지표다. 요컨대 공간이 익명으로 제시된다는 것은 실제 세계와의 정합성이 상쇄되어 그만큼 허구 세계의 면모가 강하게 표출된다는 것을 의미한다. 이런 양상들까지 종합하여 판단컨대, 김동인 소설의 공간 양상은 전대 서사체의 이념적이고 규범적인 구성소들을 거의 제하고서 서사 세계 고유의 공간 구성소들을 구현한 양태를 띤다고 할 수 있다. 바야흐로 서사 공간 논의의 대상으로 삼을 만한 '공간 형식의 서사체'들이 마련되었다고 해도 좋을 것이다.

담화 공간의 균형

『천변풍경』에는 그 제목에서 시사되는 바와 같이 청계천변의 풍광이 시각적 표지들을 통해 그리듯 기술되어 있을 법하며, 기실 천변의 실제 공간 구도가 전제된 가운데 이를 배경으로 펼쳐지는 인물들의 견문과 담화가 이 소설의 요체를 이룬다. 독자들은 그 공간의 실제 구도를 파악해야 서사 세계를 이해할 여지를 얻을 수 있다. 이러한 서사형상 공간에는 서사역학 공간이 어떻게 작용하고 있을지, 그 형상의 구도가 어떤 역학에서 드러나게 되는지 등의 문제에 주목하게 된다. 예컨대 앞 절에서 재봉이의 시선을 따라 포착된 포목전 주인의 행로에 대해 기술할 때에 실제 공간 구도가 전제되었다고 논급했는데, 여기에 서사역학 공간이 결부된 양태를 추론함 직하다.

> 오늘도 이발소 창 앞에가 앉아, 재봉이는 의아스러운 눈을 들어, 건너편 천변을 바라보았다. 신수 좋은 포목전 주인은 가장 태연하게 남쪽 천변을 걸어가고 있었던 것이다. 우리가 이미 알고 이는 바와 같이, 그는 가운데 다방골 안에 자택을 가지고 있다. 그러한 그가 종로에 있는 그의 전으로 나가기 위하여, 그 골목을 나와 배다리를 건너는 일 없이, 그대로 남쪽 천변을 걸어, 광교를 지나가더라도 우리는 별로 그것에 괴이한 느낌을 갖지 않아도 좋을 것이다. 그 노차는, 먼저 다리를 건너, 북쪽 친변으로 하여 광교에 이르는 그것과, 어느 편이 좀더 멀고 가까운 것이 없는 까닭이다. 그러나 소년의 관찰에 의하면, 그는 일찍이 남쪽 천변을 걷지 않았다. (74쪽)

이 대목은 인물 재봉이를 초점화하여 포목전 주인의 행로를 기술하는 것으로 전제되어 있다. 지각의 주체는 분명 재봉이이며 서술의 주체는 서술자이다. 그런데 실상은 재봉이가 명목상 초점화자로 상정되었을 뿐 그의 지각 내용이 온전히 드러나 있지 않고 오히려 서술자의 지각인 듯 보인다. 작가 서술상황에서 기술되었기 때문이다.[12] 재봉이의 시선이 전제되었고 그가 관찰한 바를 바탕으로 기술한 것이지만, 그의 지각은 서술에 종속되어 있는 것으로 드러난다. '재봉이는 의아스러운 눈을 들어'라고 하거나 '소년의 관찰에 의하면' 하는 식으로,

---

12) 주지하다시피 슈탄첼은 시각(Perspektive) 개념을 초점화(focalization) 개념에 대응시킨다. 내적 조망은 내적 초점화에 상응하며, 외적 투시는 영 초점화(zero focalization)와 외적 초점화에 상응한다는 것이다. 조망이 인물 서술상황에, 투시가 작가 서술상황에 대응하므로, 서술상황과 초점화 국면이 상응할 것도 논리적 귀결이다(슈탄첼(1985), 153쪽). 거듭 사족을 달지만, '초점화자(焦點化者)'는 '화자(話者)'와 상관없는 개념이다. 지각과 관련된 개념이지 서술과 직결된 개념이 아닌 것이다.

인물의 지각이 온전히 기술된 것이 아니고 서술자의 지각과 판단에 한정된 선에서 기술되어 있다. 이런 맥락에서 '그러나, 재봉이는 마침내 한 개의 새로운 사실을 발견해 내고야 말았다.'나 '그러나, 그것은, 물론 이제 여남은 살이나밖에 안된 소년이 능히 알아낼 수 있는 그러한 문제가 아니었다. 마침내 그는 그것을 이발소 주인에게 말하고, 그에게서 그 까닭을 배웠다.'와 같은 언설이 이어진다. 분명 서술자의 목소리가 강하게 작용하여 빚어진 언설들이다.

그런데도 서술자의 권위는 드러나지 않는 것으로 보인다. 서사 세계의 외부에서 투시하는 입장에 있는 서술자로서 전지적인 입장을 전면에 내세울 수 있겠지만, 굳이 인물을 초점화자로 세워 지각의 범위를 한정하려 한 것으로 미루어 보아 서술자 스스로가 전지적 입장을 전면에 내세우려 하지는 않는다는 사실을 알 수 있다. 인물과 서술자의 위계가 전제되지 않는다는 말이다. 아울러 "우리가 이미 알고 있는 바와 같이" 하고서 독자를 향해 진술하는 대목이 드러나는 것으로 미루어 독자와 서술자 사이에도 위계 관계가 없는 것으로 보인다. 물론 이런 서술 양상이 서술자와 독자 사이의 화행 상황을 억지로 만든 감이 있다. 오히려 서사가 해석의 영역을 침해한 것으로 여길 여지가 있는 것이다. 독자들에게 이 서사의 배경이 되는 공간의 양상이 실제 공간을 염두에 둔 것이라는 점을 재삼 인지시키고 그 공간 구도를 되새기도록 유도하는 것으로, 그런 여지가 없지 않다. 그렇지만 여기에서 '우리'라 한 데 주목할 필요가 있다. 분명 서술자는 서사적 담화에서 발화자로서의 입지를 공고히 다지고 있지만, 그렇다고 해서 수화자인 독자의 영역까지 침해하거나 독자의 해석 공간을 화자 공간의 하위에 두거나 하지는 않으며, 그 화행 상황을 온전히 전제하고 있는 것이다. 따라서 『무정』의 경우와 같이 서술자가 독자 위에 군림하고자 하는 것이 아니라, 독자와의 상호 소통을 전제로 서사를 진행하고 있는 셈이다. 실제 공간 구도를 통해 그 실감을 돋우는 형상을 구현하려

한 데서 서사역학 공간의 이런 국면이 빚어진 것이다.

'천변의 조감도'라 할 만한 형상을 위해서는 그런 구도가 형성되는 것이 적절하다. 특히 시골 대 서울이라는 대조적 공간 구도를 원근감 있게 그리는 데 서술자의 개입이 두드러질 것이라 예상할 수 있는데, 이 경우에도 권위적인 서술자가 인물의 의식을 완전히 장악하는 식으로 드러나거나 이념을 독자에게 강변하는 식으로 드러나거나 하지 않는 데서, 서사역학 공간이 『무정』 등의 경우와 다르게 구성된다.

> 소년은, 드디어, 그렇게도 동경하여 마지않던 서울로 올라오고야 말았다. 청량리를 들어서서 질펀한 거리를 달리는 승합자동차의 창 너머로, 소년이 우선 본 것은 전차라는 물건이었다. 시골 '가평'서 결코 볼 수 없었던 것이, 그야, 전차 한가지가 아니다. 그래도 그는, 지금 곧, 우선 저 전차에 한번 올라타 보았으면 한다. 그러나 아버지는 어린 아들의 감격을 일일이 아랑곳하지 않고, 동관 앞 자동차부에서 차를 내리자, 그대로 그를 이끌어 종로로 향한다. (44쪽, 인용자 밑줄)

인용문의 첫 문장에서 쉼표로써 애써 강조된 '드디어'에서도 그렇거니와 '~오고야 말았다.'라는 종결법에서 서술자의 의식과 언술이 고스란히 드러나 있다. 이어진 문장들에서 '전차라는 물건'이라 한 것이 서술자의 언변이다. '가평'을 작은 따옴표로써 힘주어 기술하고 '그야'라고 부사어를 첨언하여 의미를 강조한 것은, 시골 대 서울이라는 대조적 공간 구도를 분명하게 드러내려는 의중이 반영된 서술일 것이다. 그런 공간 구도를 기술할 때 소년의 지각이 전제된지라 서술자가 전횡한 결과는 아니다. 현재 시제로써 행위의 극적인 효과를 돋우는 서술 방식에서도 엿보이듯이 서술자가 절대자의 위치에 있지는 않은 것으로 판명된다. 인물의 시각으로써 서사 세계를 '조망'하는 것은 아니지만 서사 세계의 밖에서 '투시'하는 서술상황이라 해서 권위적인 작가 서술상황은 아닌 것이다. 대조적 공간 혹은 원근화된 공간 형상을 일방적으로 전달하듯 기술하지 않고, 그 형상을 인물이 지각한 결과임을 적시하듯 기술하여 빚어진 결과다. 온전한 인물 서술상황이라 할 수는 없는데, 인물 서술상황으로써는 대조적인 공간의 실재성을 드러낼 수 없을 것인지라, 오히려 서사역학 공간의 양상이 대조적인 공간 형상에 걸맞게 구성되어 있다고 할 수 있다. 아무래도 대조적 공간이 드러난 데에서는 관념의 대조 양상이 아울러 표출될 것이며, 이로써 형성될 공간의 실재성을 기술하는 데에는 서술자의 진술이 유효할 것이다. 이를테면 전 절에서 시골과 서울의 대조적 공간 형상을 단적으로 표현한 예로 들었던, "마소 새끼는 시골로, 사람 새끼는 서울로"라는 속담은 이러한 서사역학 공간의 양상을 단적으로 보여주는 예도 된다. 이런 양상은 뒤이어 창수가 서울 생활에서 깨닫는 이상과 현실의 괴리를 표상한 공간적 원근법 기제에 그대로 이어져 있다. 인물이 지각한 바와 의식한 바는 예의 서술자 언술의 여과를 거치면서 삶의 공간을 원근법으로 드러내는 데 지향해 있는 것이다.

> 그러나 그때 그 속에 흘낏 엿보인 몇 가지 값 나가는 건재가 재봉이에게는 실없이 의심쩍어,
> 「인마, 그건 또 뭐냐?」
> 호기심이 부쩍 들어 가지고 물어 보았으나, 창수는 그대로 뜻있는 듯싶게,
> 「아 —— 무것도 아니란다.」
> 빙그레 웃어 버린다.
> '사람의 새끼는 서울로－'라는 말은 어쩌면 진언질지도 모른다. 원래 타고 나온 천성이 그렇기도 하였겠지만, 도회의 감화란 실로 무서운 것인 듯싶어, 서울에 올라온 지 반 년이 채 못되어, 그렇게도 어리고 또 순진하던 열네 살짜리 소년 창수는 이미 이만큼이나 자라고, 또 '영리'하여진 것이다…… (192쪽)

시골뜨기 창수의 변신, "금의환향"이라 명명된 그 변신의 이면을

장악한 '도회의 감화', 즉 비정한 도시의 면모가 서술자의 냉소적인 언변을 통해 극화되어 있다. 그런데 그 언술의 맥락에서 감지되기로는 창수의 의식에 배어있는 언설인 듯 싶다. '사람의 새끼는 서울로-'라는 말은 어쩌면 진언일지도 모른다.'라는 말의 발화 주체가 서술자인데 이론의 여지를 제기하기 어렵지만, 사실 창수의 독백인지도 모른다는 생각을 조심스레 할 여지는 있다.[13] 웃음으로 숨긴 창수의 독백처럼 서술자의 언설이 드러나 있는 것이다. 최소한 창수의 의식과 발화가 서술자의 기술 과정에 영향을 끼치고 있음은 부인할 수 없다. 이처럼 서술자와 인물의 경계가 모호해지는 서술상황이 전개됨으로써, 서술자와 인물, 서술자와 독자 사이의 위계가 별도로 지워지지 않았음이 드러난다.

이러한 양상들에 비해 '빨래터' 담론의 경우, 그 공간 형상에 걸맞게 인물들의 자유분방한 담론이 일상의 대화 맥락에 빗대어져 펼쳐진 양상이다. 대화의 주간이 정해져 있지 않고, 빨래터에 모인 이들의 입담이 분방한 분위기 속에서 전개된다. 이를 기술하는 데 서술자의 개입은 최소한으로 제한되어 있다. 서술자는 담화의 현장을 그대로 옮겨 적되, 간혹 그 정황을 전하거나 인물을 소개하고 행위를 기술하는 등 대화의 현장에 직접 개입하지는 않는다. 물론 발화의 서술상황은 온전히 인물 서술상황으로 구성되어 있다. 발화 당사자의 의식 수준이나 말투 등이 고스란히 기술되는 식이니, 이야기의 실감은 이에서 비롯된다고 할 수 있다. 이때 이야기의 실감이란, 다름아니라 이야기 방식의 실감이라 할 수 있을 정도로, 서술된 이야기를 통해 실제 담화 현장을 체험하듯 일상적 이야기를 전해 들을 수 있는 데서 비롯된다.

이렇듯 『천변풍경』의 서사역학 공간은, 그 서사형상 공간의 면모와도 같이 파노라마적 양상을 보인다고 할 수 있다. 서술자의 의식과 발화가 개입하여 전개되는 작가 서술상황의 서사가 있는가 하면, 온

13) 최소한 작은 따옴표로 인용된 속담만큼은 창수의 독백일 여지가 없지 않다.

전히 인물들의 지각과 발화의 맥락이 보장되는 인물 서술상황의 서사가 있다. 이른바 '카메라 아이(camera eye)'라 할 만큼 서술자의 개입이 전혀 없는 경우는 없다.14) 그렇지만 전지적 작가의 권위가 발휘된 대목도 발견되지는 않으며, 서술자와 인물, 서술자와 독자의 위계도 잘 감지되지 않는다. 그야말로 청계천변의 풍광과 세태의 제 면모를 기술해 놓은 서사의 총체가 있을 따름이다. 이처럼 서사의 제 구성소와 서사의 여러 기제가 다양한 이야기의 면모와 어울려 구현되어 있는 것이다. 어느 경우든 화자 공간이 안정된 형태로 드러날 것이므로, 전반적으로 서사역학 공간의 국면들 간에 안정된 역학 관계가 형성될 것이다.

조율 공간의 구도

김동인의 소설에서 실재적 공간 형상의 잔재가 전혀 없는 것은 아니었다. 다만 거기에 내재한 실재성은 온전히 삶의 현실이 전형화된 형상에서 비롯된 실재성인지라, 신소설이나 『무정』에서 보이는 실재성과는 본질이 다르다는 점을 확인했다. 대조적 공간 구도의 단적인 설정에서 오는 실재적 작위감만 제한다면, 「감자」의 서사형상 공간의 양상은, 모방각의 크기를 결정하는 허구 세계 좌표점이 경험 세계 축에 가까이 다가선 꼴이 되어, 모방각의 크기가 크지 않은 형상이 될 것으로 추정된다. 대신 경험 세계 축에 걸치는 진리치가 실재성만큼 클 것으로 전제되므로, 경험 세계와 허구 세계가 변을 이루어 만들어

14) 모더니즘적 공간성 양상으로 전제하고 『천변풍경』에서 영화적 기법을 발견하려 하는 논의가 더러 있는데 작가의 의도나 당대 최재서 등의 논급과 관련된 것으로 보인다. 그러나 명목과는 달리 실제 텍스트 문면에는 그 기법이 온전히 구현되어 있지 않다. 특히 '카메라 아이'처럼 서술자나 인물의 의식 개입이 전혀 이루어지지 않은 예는 없다. 요컨대 『천변풍경』의 공간성을 영화 기법과 관련하에서 인상적으로 찾으려는 것은 타당하지 않다.

지는 삼각형은 밑변과 빗변이 길고 그 두 변 사이의 각이 작아서 높이가 낮은 삼각형 유형이 될 것이라 예상된다. 그렇지만 이는 그 공간 형상을 대상 공간과 대비해 볼 때에 국한된 얘기이며, 배경 공간의 변이에 따라 인물의 삶과 의식이 대조적인 형상으로 점층·점강되는 식으로, 상징적인 공간 형상의 면모를 띤다고 할 수 있다. 다만 본격적인 국면은 아니다.

그렇더라도 이렇게 전제할 때면 모방 삼각형의 모양이 극히 달라진다. 허구 세계 축이 경험 세계 축에서 단적으로 멀어질 것이며, 그렇게 이루어질 모방각은 이론상 직각에 육박하게 된다. 지시 대상이 없다고 전제해야 하기 때문이다. 물론 상징성 정도가 크지 않으며 본격적인 양상을 띠는 것이 아니기 때문에 직각에 육박하지는 않는다. 그리고 허구 세계 좌표점이 원점에서 그리 크게 멀어지지도 않는다. 그런데 형상화를 통해 비극적 현실의 단면을 보이고, 물신화되어 가는 세태를 우회적으로 비판하고자 했다는 점을 고려하여 보면, 모방 삼각형의 밑변을 이루는 진리치는 어느 정도 연장(extension)을 점하였다고 할 수 있다. 따라서 허구 세계 좌표점과 진리치의 좌표점을 이어 보면 예각이 형성된다. 이런 면모를 도시하면, 밑변이 상대적으로 크고 높이가 작은 예각 삼각형 형태가 된다.

이에 비해 「광화사」 등에서 드러나는 공간 형상의 면모는 사뭇 다르다. 바로 가상적 공간이 형상화되어 있기 때문이다. 공상에서 지어낸 이야기가 진행되는 것으로 전제된 만큼, 거기 투영된 공간 형상은 실제 대상 공간과 본질적으로 거리가 있을 것이라 예상할 수 있다. 그렇지만 가상적 공간일수록 실감을 돋우는 공간 형상과 나란히 드러난다. 공상의 배경이 꼭 실제적인 형상 그대로를 옮겨 놓는 듯 꾸며지고 있는 것이다. 가상적 공간은 가상적 실재성(virtual reality)이 현실보다 더 현실적인 착각을 불러 일으키듯이,[15] 실제 공간보다 더 실제

15) 현실을 시뮬레이션할 때에는 여러 가지 변수보다는 현실의 면모를 구성하는

적으로 보이도록 고안될 수밖에 없다. 결과적으로 이중적인 공간 형상이 펼쳐진다.

이런 양상을 도시하면, 허구 세계 좌표점이 경험 세계 축에서 멀어지는 양상을 띨 텐데, 모방각이 커져 자율적인 서사체에 준하는 모방삼각형을 얻음 직하다. 그러나 한편으로는 모방각이 극도로 작아진 '모방적 서사체'에 준하는 삼각형 또한 그려질 수 있다. 다만 이 경우에는 허구 세계 좌표와 원점 사이에 그려질 선분이 가상의 점선 형태를 띨 것이다. 또한 액자의 틀 부분에 기술된 이야기와 액자 내부 이야기의 양상 자체가 확연히 대조될 것이기 때문에, 이야기에 개연성을 부여하는 장치인 액자 틀 부분의 공간 양상은 모방각이 작은 형태일 것이며, 액자 내부 이야기의 공간 양상은 모방각 큰 가상 공간 형태일 것이라고 추론할 수 있다. 이렇듯 추론상에 혼란이 생기는 것은

상수를 체계화할 수밖에 없으므로, 많은 오류 가능성을 배제하기 십상이다. 그 숱한 시행착오를 데이터화하기 위해서는 알고리즘이 복잡 다단해질 수밖에 없는데, 알고리즘의 본질상 경제성과 효율성 원칙이 적용되어야 하므로, 시뮬레이션에서는 원칙적으로 우연성을 배제하여 알고리즘을 최적화한다. 결국 현실보다 더 현실적인 환영(illusion)을 창출하는 것이 버추얼 리얼리티이다. 이점 본고에서 전제한, '리얼리티'의 본질적 개념에서 크게 벗어나는 바 없다. 허구적 서사체는 본질적으로 가상적 실재성을 전제한 것이므로, 실제적인 우연성이 많이 배제된 채 스토리가 고안되고 구성된다고 할 수 있다. 확실히 소설 구조의 본질인 '플롯'은 실재성을 파악하는 데 단서가 된다. 이런 맥락에서 소설의 플롯을 컴퓨터 프로그래밍 알고리즘에 맞춰 파악하고자 하는 노력은 꽤 의미있다고 할 것이다. 라이언(Marie-Laure Ryan)은 이 문제에 관심을 표명하고 몇몇 시론적 논의를 제시하였는데, 세부적으로 프로그래밍 알고리즘에 대해 더 깊이 있는 이해가 전제된다면 서사 문법이나 서사 구성의 원리를 체계화하는 데 크게 기여할 이론으로 발전할 여지가 크다. '사이버 문화'나 '버추얼 리얼리티' 등이 공허한 지적 장난에 그치지 않으려면 그만큼 본질적인 통찰을 전제로 텍스트를 해석해야 할 것인데, 라이언의 논의는 그만큼 시사하는 바 크다.

Marie-Laure Ryan, *Possible Worlds, Artificial Intelligence and Narrative Theory*, Indiana UP., 1991 참조.

그만큼 서사의 제 요소들이 복합적인 양상으로 드러나 있다는 얘기다. 이런 맥락에서 대상 공간보다는 서사에 투영된 공간이 본질적인 것으로 부각된다고 할 수 있다. 문학적으로 변용된 공간이 본격적으로 형상화되었다고 할 만하다.

신소설이나 『무정』 등에서 서사 공간의 양상이, 서사형상 공간이든 서사역학 공간이든, 이상적인 실재성을 표출하는 데 수렴되었던 데 비해, 김동인의 소설에서는 문학적으로 변용된 공간의 면모가 그에 걸맞게 구성된 담화 공간의 구도하에 드러나 있다. 화자 공간과 인물 공간, 독자 공간이 균형을 이룬 양태인데, 특히 서술자가 권위를 발하여 인물이나 독자 위에 군림하거나 하는 일이 없이, 화자 공간의 영역이 제한되어 있는 데서 균형감이 특히 살아난다. 서술자의 요약적 진술 가운데도 절대 권위가 발휘되는 법 없이, 오히려 인물의 발화가 삽입됨으로써 극적인 효과가 유발된다. 이런 점들을 종합해 보건대, 전대의 규범적이고 이념적인 형상을 탈피하려는 노력이 상당히 결실을 맺어 새로운 공간 형상을 창출하였던 것으로 평가된다. 액자식 구성을 기제로 담화 공간을 분할함으로써, 그리고 지명이나 인명을 약어로 표기하여 도상적 공간을 구현함으로써, 가상적 공간 형상의 개연성을 부여한 서술상황을 연출하는 등, 서사 공간 고유의 구성소들을 구현한 점을 고평할 만한 것이다.

이 경우 해석각이 작지는 않을 것으로 추정된다. 서술자의 영역이 커지지 않은 만큼, 인물이나 독자의 영역이 안정적으로 구축되어 있을 것이고, 결과적으로 해석의 여지가 크지 않을 것이다. 다만 사건이 극적으로 제시되는 경우가 많아서 해석각은 45도 안팎에서 크기가 결정될 것이라 추론할 수 있다. 서사의 기법이 꽤 발휘되어 있는지라 서사적 공간 입체의 높이가 어느 정도 연장을 확보할 것으로 보여, 전반적으로 밑면보다 윗면이 넓어 다소 불안정한 삼각기둥 형상으로 서사적 공간 입체가 도시될 수 있을 것이다. 이때 밑면을 이루는 모방 삼각형의 구도와 윗면인 해석 삼각형의 구도가 다른 만큼, 각기 꼭지점이 정확하게 상응하지 않을 것으로 보여, 다소 뒤틀린 기둥 형태가 될 것이다.

그런 입체의 좌표를 결정하는 함수를 따져 보면, 독립 변수 몇몇이 하나의 종속 변수에 조응하여 실재성을 드러내는 함수 관계가 형성되는 경우가 있겠지만, 대개는 독립 변수 하나에 종속 변수 하나가 나란히 대응하여 실제성을 드러내는 함수 관계가 형성될 것이다. 그런가 하면, 가상적 공간의 면모를 고려하면, 독립 변수와 대응하지 않고 남은 공변역이 있을 것으로 사료된다. 지각을 전제하지 않은 형상화 양상이 드러난다는 얘기다. 그만큼 서사에 형상화된 공간의 면모가 대상 공간의 면모보다 부각되어 있다는 것이며, 비로소 서사 공간 형상을 논급할 가치가 있는 서사체들이라고 평가할 수 있는 것이다.

기실 서사체에 형상화된 공간의 면모가 실제적인 형상을 띠고 있을 것이냐 하면 그렇지도 않다. 요컨대 공간은 지각 대상인데 그 지각은 거의 직관적으로 이루어져야 하는 것이라고 보면, 공간의 형상이 언어로써 기술되어야 하는 서사체에 그런 지각 내용이 온전히 투영될 수 있는지 의외로 곤혹스런 문제가 아닐 수 없다. 레싱이 문학을 시간 예술로 분류한 사실을 새삼 떠올리게 되는데, 언어라는 매재(媒材) 자체가 추상적인 기호이기 때문에, 서사체에 기술된 공간의 면모는 일정한 시간이 소요되는 일련의 해독 과정을 거친 다음에야 관념적 형상이나마 그려질 수 있을 것이다. 말하자면 서사체에서 공간은 지각 대상이기보다는 인식 대상인 셈이다. 형상화 과정에서는 물론이고 해석 과정에서 이중 삼중으로 '굴절된 형상'이 종내 남아 '서사 공간'이란 이름으로 인식된다. 물론 이렇게 해서 구성된 서사 공간을 나름의 비유적 맥락에서 보면 결과적으로 '서사적 지각' 대상이 된다고 할 수 있을 것인지라, 레싱의 이분법에 지나치게 얽매일 필요는 없을 것이다.16)

최초의(primary) 의식이 지각에 쏠리느냐 인식에 쏠리느냐 하는 문제가 제기되어서 '공간 예술'이다 '시간 예술'이다 하고 논급하는 것이지, 이를 근간으로 진행되는 다음 단계의 의식은 각기 인식이나 지각의 차원에 상대적으로 이관된다. 케스너(Joseph Kestner)가 '이차적 환영(secondary illusion)'[17]이라 하여 공간 예술에서는 시간을, 소설과 같은 시간 예술에서는 공간을 꼽은 것은 이런 맥락을 고려한 소산이다. 그 생각에는, 예술 작품은 본질적으로 '환영(幻影)'이라는 생각이 내포되어 있음을 눈치챌 수 있다. 예술 작품의 리얼리티란 다름 아니라 실재와 다름 없다는 착각(illusion)을 불러일으키게 하는 요인이라고 논급되곤 한다.[18] 이런 맥락을 고려하여 본질적으로 시간적 연속성을 드러내는 서사체에서 공간을 지각하는 듯한 착각을 야기하는 요소들이 있어, 이차적 환영이라고 할 만하다. 어쨌든 서사체에서 공간은 실제 세계의 특정 공간 양상을 모방하여 기술하였다손 치더라도, 재삼 굴절된 형상이거나 환영으로 전제될 수밖에 없는지라, 실재 형상이 온전히 구현될 것이라고 쉬이 기대할 수만은 없다. 오히려 공간 구현의 이런 양상에 비추어 보면, 서사체에 투영된 공간이 서사의 실재성을 소거해 버리는 기제가 될 수도 있다.

서사체에 공간이 투영되는 양상이 문제되어서도 그러하지만, 서사의 대상이 되는 공간의 속성 자체부터 문제삼아서도, 공간의 실재성을 의심할 여지가 생긴다. 아인슈타인의 상대성 이론을 중심으로 고

---

16) 이 점, 공간 예술에서 본질적으로 이루어지는 지각의 면모를 곰곰이 따져보아도 타당하다. 단적으로 그림이나 조각 작품을 보거나 영상물을 볼 때에, 직관적인 지각 내용도 반드시 인식의 여과를 거쳐서만 이해에 도달하게 된다.

17) J. A. Kestner, 'Secondary Illusion: The Novel and the Spatial Arts', Jeffrey Smitten & Ann Daghistany (ed.), *Spatial Form in Narrative*, Cornell UP., 1981, p.101.

18) 장일구, 「실재라는 허구」, 『포에티카』 창간호, 민음사, 1997, 115쪽.

전적 뉴튼 역학에 회의가 일기 시작하면서, 공간에 대한 관심은 그 방향을 달리하였다. 특히 객관적 질료가 차원으로써 구성되어 있는 공간의 절대성이나 객관성이 의문시되었으며, 차원의 구성 양상에 따라 공간의 형태가 달라질 수 있다고 여겨지게 되었다. 이른바 공간의 상대성 원리가 제기되었는데, 불변의 실체인 공간은 어디에도 없다는 점이 시사된다. 공간을 인식하는 주체의 시각에 따라 공간의 형상 자체가 달라질 수 있다는 점 또한 시사되었거나 입증되었다.

한편, 존재와 세계의 객관성 테제에 근원적으로 의구심을 표명하는 입론인 현상학을 해석학과 실존론에 이은 하이데거가 현존재(Dasein) 논의의 단서를 시간성과 함께 공간성에서도 찾았던 것도, 과학에서 공간의 실재성에 문제가 제기되었던 정황과 맥을 같이 한다. 현존재의 부단한 세계 기획 결과 생성된다는 '삶의 공간(Lebensraum)'이나 '체험된 공간(erlebter Raum)'은 좌표상에 상대적으로 구현되는 공간 양상을 적시한 개념으로 간주된다. 이를테면 공간은 언뜻 생각하기에도 객관적 실체로 주어지는 것 같지만, 실상은 개개 실존의 존재 양상이나 삶의 체험 구도와 어우러져 상대적 정황하에 '구성되는 해석체'로 전제되어야 한다. 공간 요소에는 예의 인간의 지각이나 인식과 관련된 요소가 개입될 수밖에 없다는 생각도 염두에 두어야 한다.[19)]

이런 맥락에서, 서사체에 투영된 공간의 형상이 실제 세계의 공간을 온전히 그려낸 것이라고 얘기하는 데에 큰 난항이 생긴다. 말하자면 서사 공간의 투영 대상인 실제 공간 자체가 실체 없는 해석체인 다음에야, 아무래도 형상화하는 이의 해석이 개입된 채 기술될 공간의 형상은 재차 상대화된 양상으로 드러나게 될 것이 자명하다. 가령

---

19) 러트웍이 '삶의 공간'이나 '체험된 공간'에 대해, 인간이 거주하며 일상적으로 삶을 영위하는 장소에 국한시켜 이해한 것은 단순한 생각이다. 이 개념들은 현상학 맥락에서 본질적으로 이해하지 않으면 안 된다.
Leonard Lutwack, *The Role of Place in Literature*, Syracuse UP., 1984, pp.26～27 참조.

플라톤 같으면, 시 작품이란 것이 이데아를 모방한 현상을 재차 모방한 것인지라 실재성이 없다는 식으로 간주하여 시인을 '이상국가'에서 추방하였듯이, 서사에 공간이 투영되는 그런 양상을 두고서 실재 공간(real space)을 모방한 실제 공간(actual space)을 재차 모방하여 실재 세계에서 저 멀리 떨어진 세계에나 있을 법한 공간이라 하여, 이를 형상한 소설가들을 추방하려고 들 것이다. 그러나 공간의 상대성이 공간의 과학에서 인정되고 공간의 철학에서 인정되고 있는 오늘날에까지 그렇듯 도모하는 것은 곤란하다. 삶의 공간이 '실재라는 허구'[20]적 공간에 매어 있기는커녕, 오히려 그런 실재라는 관념 자체가 추론되는 거점이며, 궁극적으로는 실재 의식을 떨쳐버리게끔 하는 유력한 동인이라는 점을 전제하는 한, 공간은 실존적 체험 양상이나 지각과 인식의 결과 등이 어우러진 새 국면으로 형상화될 수 있을 것이라는 데 생각이 모인다. 말하자면 소설가들은 플라톤의 이상국가에서야 추방될 운명에 처하지만, 이데아론의 영향력이 묘연해진 오늘날에는 오히려 그 의의가 고평될 상황에 설 것이다.[21] 서사 공간은 더 이상 실

20) 장일구, 앞의 글 참조.

21) 요컨대 실재론의 허상에서 눈을 돌려 사상(事象)을 응시하다 보면, 서사체에서 공간이 비단 서사의 리얼리티나 실감을 북돋우는 역할에만 국한되고 마는지 심각한 의문에 직면하게 된다. 사유의 결과 그렇지만, 공간 의식을 새로이 하여 씌어진 소설 작품을 해석하는 과정에서도 그렇다. 이를테면 프랭크가 근대 소설에 공통되는 중요한 특질로 '공간 형식'을 지적했을 때에도, 새로 등장한 수다한 소설에 드러난 공간 형상의 양상이 반(反)리얼리즘(counter-realism) 경향을 공분모로 지니고 있다는 데 착안한 것이었다. 하이데거가 제기한 '현존재의 공간성' 논의를 삶의 철학(Lebensphilosophie)에 이어 구체화한 볼로(Otto Friedrich Bollnow)의 『인간과 공간(*Mensch und Raum*)』에 드러난 논점을 문학적 공간 논점으로 변용한 힐레브란트의 논지 역시 그런 사유와 독서에서 비롯되었다. 맘그렌 또한 미국 모더니즘·포스트모더니즘 소설의 비실재적인 공간 양상과 서사 기법 등을 의식하여 허구 공간 지도를 도시했던 것이다. 이런 예들만 염두에 두더라도, 분명 '서사 공간' 논점은, 서사에 배경적 개연성을 덧붙이고 이야기의 허구성을 희석시키는 기제로 작용한다는 식의 소극적인 논변에서 벗어나, 자율적인 세계인 서사 세계를 구

체가 전제된 대상 공간을 모방한 산물이 아니다.

박태원의 소설은 이런 맥락에서 서사 공간에 관한 논의를 적극 펼치기에 적합한 서사체로 인정된다. 특히 『천변풍경』은 공간 형상의 파노라마가 펼쳐진 소설이다. 제목에서도 암시되는 바, 일단 실제 공간 구도를 전제해야 이해되는 장면이 수다하다. 청계천변의 풍광과 세태가 그런 구도하에 기술되어 있다. 그런가 하면 대비적 공간이나 원근법적 공간 형상이 펼쳐지는데, 특히 '시골 대 서울'이라는 구도에, 막연한 원망(願望) 공간[22]과 삶의 현실로 다가선 공간의 단층이 인물들의 의식과 얽혀 표현되어 있다. 공간 형상의 실재성이 전제되어 있다고 하겠는데, 신소설이나 『무정』에서 엿보였던 양상과 다르게 드러나 있다. 인물들의 체험에 따라 조율된 공간 형상과 함께 드러난 실재성인 것이다. 나아가 '빨래터'는 그야말로 담론의 자유 공간이라 할 형상으로 드러나는 바 상징적 공간의 면모를 보이는데, 이런 형상에 이어지기까지 『천변풍경』의 공간 형상은 서사형상 공간의 제 양상이 투영되어 있다고 할 수 있다. 물론 실제 공간이 모형으로 전제되어 그려진 공간 형상들이지만, 대개는 경험 세계 축에서 멀리 떨어진 위치에 허구 세계 좌표점이 표시되어 모방각이 큰 양상이 될 것이라 추론할 수 있다. 그렇더라도 직각에 육박하거나 하는 식은 아닐 것이다. 대체로 안정된 형태의 삼각형이 이루어질 것이다. 물론 전반적인 양상이 그렇다는 얘기이고, 공간 형상의 다양한 국면들이 드러나 있는 만큼, 모방 삼각형 역시 각 국면들에 따라 다소간 변형이 가해질 것으로 예측된다.

서사형상 공간의 척도가 되는 해석 삼각형도 모방 삼각형 국면들에

성하는 데 주요 기제로 작용한다는 식으로 적극적인 논변으로 옮겨져야 한다. 확실한 것은 그런 논의의 맥은 바로 서사체를 해석하는 데서 실재성 관념을 떨쳐 버리는 데 있다는 점이다.

22) 이재선, 『현대 한국소설사』, 민음사, 1991, 155쪽.

따라 다소간 변형이 있겠지만, 해석각이 45° 내외인 형태로 도시될 것이다. 실제 공간 구도를 전제하여 실감이 전해지는 서사에는 으레 인물을 초점화한 서술상황이 구성되어 있다. 온전히 인물 서술상황으로 되어 있는 것은 아니지만, 그렇다고 서술자의 권위적인 의식이나 목소리가 드러나 있는 것도 아니어서 작가 서술상황으로 되어 있다고 할 수도 없다. 그런 가운데 독자의 입장을 전제한 화행 상황의 맹아도 엿보여, 담화 공간이 균형감있는 구도로 드러나 있다. 대조적인 공간 형상, 삶의 공간이 원근화된 공간 형상이 드러날 때에도 서술자는 적정선의 한계를 두고 서사에 개입한다. 게다가 체험된 공간의 면모나 문학적으로 변용된 공간의 양상도 형상화되어 있는데, 이를테면 공간 형상의 파노라마와도 같은 이 서사체에서 서사역학 공간은 각 국면들 간에 안정된 역학 구도가 형성된 형국이다. 그만큼 해석 공간이 별도로 부각되거나 새로이 창출될 여지는 없는 것이다. 이런 맥락에서 해석각이 작지도 크지도 않은 삼각형 형태가 그려질 것이라 추론할 수 있다.

그러한 삼각형 형태들이 각기 밑면과 윗면을 이루고 있어서, 서사 국면들마다 다소간 차이가 있지만, 전반적으로 안정된 삼각 기둥 형태로 서사 공간 입체들이 도시될 수 있다. 공간 형상의 파노라마가 펼쳐지는 만큼 다양한 입체들이 그려지겠지만, 그 입체들 간의 차이가 크지는 않을 것이다. 상징적인 공간 형상의 경우라도 실제 공간에서 추상화된 형태로 드러나므로, 모방각이나 해석각이 단적으로 커져 입체 형상에 굴곡이 가해지거나 하지는 않는다. 실감이 드러난 공간 형상이나 실재성이 드러난 공간 형상의 경우에도 특히 서사 공간의 역학 구도가 균형을 이루고 있어서 안정적인 공간 형상을 보인다.

어쨌든 다양한 공간 지각의 양태가 각기 적절한 맥락의 공간 형상에 조응되는데, 이를테면 정의역과 치역의 함수 관계가 거의 전사 함수(일대일 대응) 형태로 드러날 것이라 유추할 수 있다. 그만큼 서사적 공간 좌표들 역시 넓게 펼쳐진 형태를 띨 것이라고도 추론할 수 있다. 결국 『천변풍경』은 그 제목에 상응하는 공간 형상을 창출해 놓은 서사체로서, 언뜻 추측할 수 있는 바와 같이, 서사 공간을 논급하는 데서 빼놓을 수 없는 소설로서의 위상을 점하고 있다고 할 것이다. 그러나 이 소설에서도 현실 공간의 형상이 서사 공간 형상의 모형이 되었으며, 어떻게든 실제 공간의 면모를 의식하고서야 서사 세계의 공간 구도를 그릴 수 있는 것으로 전제했던 생각은 변함 없었던 것으로 여겨진다. 요컨대 서사 공간은 현실 공간을 모방한 차원으로 형상화되는 한계 내에서만 유효한 것이다. 체험된 공간 양상이나 상징적으로 전의된 공간 양상이 본질적 형상으로 드러나지는 않은 것이다.

한국 근대 소설의 기획 공간

상징적 기획 공간의 형상

상징 공간 1__자의식에 투사된 공간

「소설가 구보 씨의 일일」[1]에서도 『천변풍경』의 실제 공간 구도와 마찬가지 양상의 공간 구도를 일단 엿볼 수 있다. 천변 길에서 광교로 이어지는 행로 등, 두 서사 세계에 투영된 대상 공간의 구도는 공분모가 크다.

> 구보(仇甫)는
> 집을 나와 천변 길을 광교로 향하여 걸어가며,…(중략)…
> 구보는 마침내 다리 모퉁이에까지 이르렀다. 그의 일 있는 듯싶게 꾸미는 걸음걸이는 그곳에서 멈추어진다. 그는 어딜 갈까, 생각하여 본다. 모두가 그의 갈 곳이었다. 한 군데라 그가 갈 곳은 없었다.
> 한낮의 거리 위에서 구보는 갑자기 격렬한 두통을 느낀다. (160쪽)

그런데 대상 공간과 지각 주체의 관계 양상이 사뭇 다르다. 그 공

1) 박태원, 「소설가 구보씨의 일일」, 『성탄제 外』, 동아출판사, 1996.

간에서 벌어지는 사태를 관찰하는 입장과 그 공간에 직접 개입해 있는 주체의 입장이 서로 다를 것은 논리적 귀결이다. 요컨대 「소설가 구보씨의 일일」에 드러난 공간의 형상이 『천변풍경』에서처럼 원근화된 공간이나 관조의 공간에 국한되지만은 않는다는 얘기다. 이 소설의 서사 세계 또한 실제 지명을 거명하였거나 구체적인 공간의 형상을 그려놓는 등 실제성이 두드러져 보이지만, 공간의 양상이 구보의 의식과 결부되어 표출되면서 조율된 공간이나 체험된 공간 양상을 띠는 것이다.[2)] 서사의 초점은 집에서 광교로 향해 가는 천변 길의 형상에가 아니라, '한낮의 거리 위에서' 두통을 느끼는 구보의 의식에 맞춰져 있다. 환한 대낮의 공간과 신경쇠약 상태라는 구보의 의식 사이에 대조적 이미지가 드러나 있는데, 이를테면 공간과 의식이 결부되어 있음이 암시되어 있다고 할 수 있다. 다음과 같은 경우에 이런 양상이 구체화된다.

구보는

갑자기 걸음을 걷기로 한다. 그렇게 우두머니 다리 곁에가 서 있는 것의 무의미함을 새삼스러이 깨달은 까닭이다. 그는 종로 거리를 바라보고 걷는다. 구보는 종로 네거리에 아무런 사무(事務)도 갖지 않는다. 처음에 그가 아무렇게나 내어 놓았던 바른발이 공교롭게도 왼편으로 쏠렸기 때문에 지나지 않는다. 갑자기 한 사람이 나타나 그의 앞을 가로질러 지난다. 구보는 그 사내와 마주칠 것 같은 착각을 느끼고, 위태롭게 걸음을 멈춘다.…(중략)…

그래도, 구보는, 약간 자신이 있는 듯싶은 걸음걸이로 전차 선로를 두 번 횡단하여 화신상회 앞으로 간다. 그리고 저도 모를 사이에 그의 발은 백화점 안으로 들어서기조차 하였다.

젊은 내외가, 너덧 살 되어 보이는 아이를 데리고 그곳에가 승강기를 기다리고 있었다. 이제 그들은 식당으로 가서 그들의 오찬을 즐길 것이다. 흘낏 구보를 본 그들 내외의 눈에는 자기네들의 행복을 자랑하고 싶어하는

---

2) 기실 '조율된 공간'이나 '체험된 공간'은 일인칭 서술에서 특히 문제되는 공간 양상이다. 자의식에 투사된 공간 형상이란 예의 이런 공간 양상을 전제로 형상화된다.

마음이 엿보였는지도 모른다. 구보는, 그들을 업신여겨볼까 하다가, 문득 생각을 고쳐, 그들을 축복하여 주려 하였다.…(중략)…

승강기가 내려와 서고, 문이 열리고, 닫히고, 그리고 젊은 내외는 수남(壽男)이나 복동(福童)이와 더불어 구보의 시야를 벗어났다.

구보는 다시 밖으로 나오며, 자기는 어디 가 행복을 찾을까 생각한다. 발 가는 대로, 그는 어느 틈엔가 안전지대에가 서서, 자기의 두 손을 내려다보았다. 한 손의 단장과 또 한 손의 공책과 —— 물론 구보는 거기에서 행복을 찾을 수는 없다.

안전지대 위에, 사람들은 서서 전차를 기다린다. 그들에게, 행복은 알 수 없다. 그러나 그들은 분명히, 갈 곳만은 가지고 있었다.

전차가 왔다. 사람들은 내리고 또 탔다. 구보는 잠깐 머엉하니 그 곳에 서 있었다. 그러나 자기와 더불어 그곳에 있던 온갖 사람들이 모두 저 차에 오른다 보았을 때, 그는 저 혼자 그곳에 남아 있는 것에, 외로움과 애달픔을 맛본다. 구보는, 움직인 전차에 뛰어올랐다.

전차안에서

구보는, 우선, 제 자리를 찾지 못한다. 하나 남았던 좌석은 그보다 바로 한 걸음 먼저 차에 오른 젊은 여인에게 점령당했다. 구보는, 차장대(車掌臺) 가까운 한구석에가 서서, 자기는 대체, 이 동대문행 차를 어디까지 타고 가야 할 것인가를, 대체 어느 곳에 행복은 자기를 기다리고 있을 것인가를 생각해 본다. (162~164쪽)

지각과 의식의 주체인 구보는 옮겨간 공간에서마다 의식의 방향을 달리한다. 말하자면 공간의 이동에 따라 의식의 추이가 드러난다는 얘기다. 이때 지각 주체의 의식이 공간 형상과 정합되어 드러나지는 않는 만큼, 실제 공간 구도가 제시되어 있지만 명목상의 것에 그친다. 게다가 공간 이동의 추이 또한 목적점이 있어서 예정된 수순에 따라 의식적으로 진행되는 것이 아니라 '갑자기' 움직이거나, '아무렇게나' 내딛은 발길이 '공교롭게' 향해가는 방향대로 진행되거나, 자신도 모르는 사이에 들어서거나 하는 등, '갈 곳' 없이 이동하고 있는 만큼, 구보가 실제 공간의 양상을 제대로 의식한다고 할 수 없다. 그의 의식은 이름 모를 아이의 이름을 '수남이나 복동이'라고 추측하는 식으로 자의적이다. 그 자의적인 의식이 지향하는 점이 '행복을 찾을 수 있는 곳'이라는 사실이 암시되어 있지만, 이 역시 지향점일지 의심스럽다. 지향 없는 공간의 추이가 펼쳐지고 있을 뿐이다. 다만, "이제 이 차는 동대문을 돌아 경성운동장 앞으로 해서…(중략)…장충단으로, 청량리로, 혹은 성북동으로…… 그러나 요사이 구보는 교외를 즐기지 않는다. 그곳에는, 하여튼 자연이 있었고, 한적(閑寂)이 있었다. 그리고 고독조차 그곳에는, 준비되어 있었다. 요사이, 구보는 고독을 두려워한다."(164쪽)라고 한 대목과, "구보는 고독을 느끼고, 사람들 있는 곳으로, 약동하는 무리들의 있는 곳으로, 가고 싶다 생각한다. 그는 눈앞에 경성역을 본다.…(중략)…다만 구보는 고독을 삼등 대합실 군중 속에 피할 수 있으면 그만이다. 그러나 오히려 고독은 그곳에 있었다." 하는 대목을 단서 삼아 추론하자면, 그의 정처 없는 이동은 고독감을 해소할 수 있을 곳을 향하는 것으로 드러난다. 또한 전차 안에서 본 여자를 눈여겨보고 감정을 헤아리던 중 그 여자가 전차에서 내려 제 시야에서 사라져 갈 때, "그가 그렇게도 구하여 마지 않던 행복은, 그 여자와 함께 영구히 가버렸는지도 모른다."(167쪽)라고 한 데서, '대체 어느 곳에 행복은 자기를 기다리고 있을 것인가'라는 자문에 대한 해답이 시사되어 있어, 지향하는 공간의 형상이 비구상(非具象)이나마 그려져 있다.

비구상의 형상이라 했는데, 그만큼 구보의 의식에 지각된 공간의 형상이 실제 공간의 형상을 지시하지 않는다는 얘기다. 광화문통 길을 걷든, 조선은행 앞에 가든, 역사(驛舍)에 들어가든, 다방에 있든, 그 실제 공간의 면모는 지각 범위의 밖에 있다. 어느 곳이든 구보의 의식에 조율되어 드러나는 공간 형상이 엿보인다. 의식에 투사되어서만 공간 양상이 비쳐지는 것이다.[3] 가령 "그 살풍경하고 또 어수선한 태

3) 앞서 공간 이동에 따라 구보의 의식이 함께 이동하는 추이가 드러난다고 했

평통의 거리는 구보의 마음을 어둡게 한다. 그는 저, 불결한 고물상들을 어떻게 이 거리에서 쫓아낼 것인가를 생각하며"(175쪽)라는 식의 언설들이 빈발한다.

이로써 공간 의식과 자의식 사이의 역학 관계 및 현존재의 공간성 문제를 거론할 수 있게 되는 단서를 얻게 된다. 이때면 '전의되고 상징화된 의미 형성적 공간'의 양상을 적극 해석해 볼 여지도 생기는데, 그런 양상이 이 소설에 극화되어 있지는 않다. 구보가 집으로 향해간다는 결말의 의의를 대수로운 것으로 여길 수 없는 이유가 여기 있다. 물론 표면상으로는, 어머니의 슬픔과 사랑을 떠올리면서 혼인하라는 "어머니의 욕망"에 순응할 수도 있다는 생각을 내비치거나, 벗과 헤어지면서 "내일 또 만납시다."라는 청에 "내일부터, 내 집에 있겠소, 창작하겠소"라고 거절의 의사를 표하고서 서둘러 집으로 향해 가는 장면에서, 구보가 지향하는 공간을 결국 찾았으며 즉흥적인 의식을 추슬러 안정을 찾았을 것이라 추론할 수도 있다. 그러나 그런 의식은, "지금 제 자신의 행복보다도 어머니의 행복을 생각하고 싶었을지도 모른다. 그 생각에 그렇게 바빴을지도 모른다."라고 한 데 비춰보면, 정작 자신의 의식이 지향점을 찾은 것이 아니라, 그런 의지 자체가 일시적인 것으로 전제되었으며, 자신의 행복을 찾을 수 있는 공간을 찾은 것도 아니었기에, 공간 구도의 추이에 대해 상징적 기획 국면을 전제로 결론적 의의를 덧붙일 수 없다. 배회하는 의식이 떠도는 '무한 공간'만 여운처럼 암시되어 있다고 할 것이다.

상징 공간 2__무의식에 투사된 공간

공간 의식을 상징적 서사 공간의 기획으로 승화한 국면은 이상의 「날개」[4]에서 찾을 수 있다. 이 소설에서는 세계에 대한 의식을 공간

는데, 이 맥락과 관련된다.

화하여 드러내거니와 새로운 세계 새로운 공간을 기획하려는 의식 또한 극명하게 구현되어 있다.[5]

> '박제(剝製)가 되어버린 천재'를 아시오? 나는 유쾌하오. 이런 때 연애까지가 유쾌하오.
>
> 육신이 흐느적흐느적하도록 피곤했을 때만 정신이 은화(銀貨)처럼 맑소. 니코틴이 내 횟배 앓는 뱃속으로 스미면 머릿속에 으레 백지가 준비되는 법이오. 그 위에다 나는 위트와 파라독스를 바둑 포석처럼 늘어놓소. 가증할 상식의 병이오. (55쪽)

우선 자신의 존재를 가두어 버린 세계성을 '박제'에 비유하여 제시한 데 주목할 필요가 있다. 자신의 의식을 이렇듯 공간화하여 제시하고 있는 점은 그냥 지나칠 부분이 아니다. 자기 존재와 의식을 억압하는 현실 세계에 이런 언명으로써 대항하여, 자신의 신체는 세계에 묶여 있다지만 그 의식만큼은 독자적 존재의 세계를 구획하고 있다고 할 수 있다. 그래서 '정신'은 '은화'에, '머릿속' 상념이 적힐 자리는 '백지'에, 그 위에 쓰이는 '위트와 파라독스'는 '바둑 포석'에 은유되어 매우 시각적인 이미지로 구현되고 있어 공간 자질이 배인다. 그렇게 해서 지각 주체이자 서술자인 '나'는 현실 공간에서 벗어난 비유적 서사 공간을 확보한다.

이때 '나'의 의식 자체가 문제시되는데, '연애<u>까지가</u> 유쾌하오' 하거나, '육신이 <u>흐느적흐느적</u>하도록 <u>피곤했을 때만</u> 정신이 은화처럼 맑소' 한 것은 일상의 상식을 뒤엎는 상념이다. 그래서 상식을 '가증할 병'이라고 단언하는지도 모른다. 그렇게 '나'는 상식의 세계에서 벗어나고자 하거

---

4) 이상, 「날개」, 『날개/동백꽃 外』, 두산동아, 1996.

5) 사족이지만, 이상이 건축학을 공부했다는 사실이 시사적이다. 사실 그의 시편들을 보면, 공간에 대한 의식이 문면에 꽤 드러나 있다. 특히 공간의 과학성(유크리트 기하학적 공간성)에 대해 불신하는 듯한 단상들이 눈에 자주 띈다. 〈삼차각설계도〉 등에는 그런 단상이 전면화되어 있다.

나, 상식이 통용되는 현실의 세계에서 아예 일탈하고자 도모하고 있다. 닫힌 공간[6]인 현실 세계에서 벗어나 상식에 얽매이지 않은 열린 공간으로 탈출구를 찾으려는 생각이 이 언술들에 묻어나 '구현되었다'.[7]

이 언명을 풀어가는 도정이 결국 「날개」의 플롯을 구성하는 것은 아닐까 하고 가정할 수도 있다. 그런 가정을 염두에 두고 마지막 부분을 읽을 때 서두 대목을 '상기'하게 된다.[8]

> 그러나 나는 이 발길이 아내에게로 돌아가야 옳은가 이것만은 분간하기가 좀 어려웠다. 가야 하나? 그럼 어디로 가나?
>
> 이 때 뚜우하고 정오 사이렌이 울렸다. 사람들은 모두 네 활개를 펴고 닭처럼 푸드덕거리는 것 같고, 온갖 유리와 강철과 대리석과 지폐와 잉크가 부글부글 끓고 수선을 떨고 하는 것 같은 찰나, 그야말로 현란을 극한 정오다.
>
> 나는 불현듯이 겨드랑이가 가렵다. 아하, 그것은 내 인공의 날개가 돋았던 자국이다. 오늘은 없는 이 날개, 머릿속에서는 희망과 야심의 말소된 페이지가 딕셔내리 넘어가듯 번뜩였다.
>
> 나는 걷던 걸음을 멈추고 그리고 어디 한번 이렇게 외쳐보고 싶었다.
>
> 날개야 다시 돋아라
>
> 날자. 날자. 날자. 한 번만 더 날자꾸나.
>
> 한 번만 더 날아 보자꾸나. (80쪽)

---

6) 이푸 투안의 맥락대로라면 '닫힌 장소'라 해야 옳다. 용어 기술상의 혼란의 여지가 있으므로 굳이 그리 적지는 않았지만, 개념은 전제되어 있다. 발(M. Bal)의 용법대로라면 '장소'는 실제 세계의 공간을 의미하고 '공간'은 서사에 기술된 공간을 의미한다는 점을 떠올리게 할 수도 있는 만큼, 주의를 요한다.

7) 확실히 비유적 이미지로써 형상을 구체화하는 것은 서사의 공간 자질을 드러내는 데 가장 명증한 전략인 것이 사실이다. 비유법에 대한 논의만으로도 서사 공간 논점에 근접할 수 있을 것이다.

8) 앞서도 몇 번 지적했지만, 독자의 '재고'와 '상기'를 유발하는 서사는 기본적으로 공간성을 내포하고 있다. 칼리네스쿠가 다소 의구심을 표하기는 했지만, 해석 절차를 요구하는 '다시 읽기'는 아무래도 서사의 공간성 지표 가운데 하나다.

일단 서두의 '박제'에 상응하여 '날개야 다시 돋아라' '날자' 등의 언명이 대조적으로 제시됨으로써 서두와 결말 사이에 원근법적 감각[9]이 형성되어 있다고 할 수 있다. 물론 그 의식 사이에는 연속성이 있다. '탈 현실'의 의식이 그 연결고리이다. 그 의식을 공간화하여 구현하였다고 할 수 있을 것이다.

그런 의식의 공간성은 '발길'을 머뭇거리며 '어디로 가나?' 하고 스스로에게 반문하는 데서도 드러난다. 말은 스스로에게 반문하는 것처럼 보이지만, 실상은 혼잣말이 아니고, 바로 '수선을 떨고 하는' 세계에 대한 것으로 간주된다. 소음 속에서 그 반문은 소리를 잃고 자신의 의식 속에만 남은 것이다. 그러다 보니 자신의 의식은 죄다 새로운 공간을 확보하는 데 향해 있는지도 모른다. 그래서인지 '시간 의식'도 꼭 공간 요소로 기술된다. '찰나'는 시간이기도 하지만 그 차원(선분이 아니고 점)이 공간 지표이기도 하다. 또한 '정오'도 꼭 '현란을 극한' 정오로 그려져 시각적으로 형상화되었으니 공간 표상이다. 게다가 '나'의 정신은 사전의 종잇장에 비유되어 있어 그 공간화의 양상은 꽤 선명하다. 과연 이때 '비상(飛上)'을 꿈꾸고 있으니 새로운 세계, 새로운 공간에 대한 열망은 지대하다.

실제로 새로운 공간으로 비상하고픈 욕망의 이면에 현실 공간에 대한 불만이 도사리고 있음을 문면 곳곳에서 알 수 있다. 이를테면 다음은 그 단적인 예이다.

> 나는 내가 지구 위에 살며 내가 이렇게 살고 있는 지구가 질풍신뢰의 속력으로 광대 무변의 공간을 달리고 있다는 것을 생각했을 때 참 허망하였다. 나는 이렇게 부지런한 지구 위에서는 현기증도 날 것 같고 해서 한시 바삐 내려 버리고 싶었다. (65쪽)

---

9) 이는 '원근법적 공간' 양상을 일컫는 것이 아니다. 서사 구성의 원근법적 감각을 얘기한 것으로, 구성의 공간성과 관련된 개념일 뿐이다. 개념상 혼란의 여지는 없을 것이라 생각한다.

자신이 몸담고 있는 공간인 '지구', 그 지구의 과학적 공간성에 환멸을 느낀 것이라고까지 말할 것은 없다지만, 이 현실 세계, 이 물리적 공간 속에서 탈피하고자 하는 생각을 아까 그 정오의 순간에 단적으로 표출하였던 것이다. 물론 이런 현실 공간의 자질은 자신이 거처하고 있는 방의 공간 자질과 밀접하게 연관되어 있으며, 그 공간에서 벌어지는 사건들과 이들에 대한 자기 의식이 어우러져 공간 초월의 꿈이 파생되었을 것이다. 결론적으로 「날개」는 그 공간성의 아이러니가 '나'의 의식과 무의식(혹은 잠재의식)에 간섭하여 드러난 서사체라고 할 수 있다.

이러한 공간 탈출의 꿈은 그를 감금하고 있는 '방'의 폐쇄성 때문에 비롯된다. 그렇지만 일단 '나'에게 방은 근원적으로 비호성(庇護性 Geborgenheit)을 갖춘 공간이다.[10)]

> 나는 어디까지나 내 방이 ― 집이 아니다, 집은 없다 ― 마음에 들었다. 방안의 기온은 내 체온을 위하여 쾌적하였고, 방안의 침침한 정도가 또한 내 안락을 위하여 쾌적하였다. 나는 내 방 이상의 서늘한 방도 또 따뜻한 방도 희망하지 않았다. 이 이상으로 밝거나 이 이상으로 아늑한 방을 원하지 않았다. 내 방은 나 하나를 위하여 요만한 정도를 꾸준히 지키는 것 같아 늘 내 방에 감사하였고, 나는 또 이런 방을 위하여 이 세상에 태어난 것만 같아서 즐거웠다. (58쪽)

'나'에게 '내 방'은 자신의 존재감을 확인시켜 주고, 이를 보호해 주는 안락한 공간임에 틀림없다. 문제는 의외로 '나' 스스로가 '방'과 '집'

---

10) 비호성 개념은 힐레브란트가 볼로(O. F. Bollonow)의 용어를 응용하여 제시한 것인데, 이를 이재선이 「날개」 해석에 처음 적용하였다. 비호성 개념에는 사실 '장소'가 더 어울리지만, 앞서 언급한 대로 개념상 혼선의 여지가 있어 굳이 '장소'라 붙이지는 않는다.
이재선, 「가족사소설과 집의 공간시학」, 『한국문학의 원근법—방법론적 성찰』, 민음사, 1996, 142~143쪽.

의 개념을 달리 의식하고 있다는 데 있다. 집이 없는데 방만 있으며, 집 말고 방만을 의식한다는 것이 예사로운 생각은 아닌 듯하다. 물론 문맥상 "33번지 18가구"의 구조를 염두에 둔다면 이 말이 범상한 것으로 들릴 수는 있겠으나, 문맥상 분명한 얘기를 굳이 주석을 달아 새삼 강조할 이유는 없는 것이다. 무엇인가 심상치 않은 의식을 담고 있는 것이 틀림없다.

가령 '집'을 실체적 공간으로, '방'은 자신의 실존을 창출하는 공간이자 실존이 창출하는 공간으로 의식한 것이라고 추론할 수 있다. 이를테면 '나'의 모든 의식과 무의식이 펼쳐지는 기지(基地) 역할을 하는 이 '방'은 그 실체가 존재하여 구획된 공간이 아니라, '나'의 사유와 체험에 의해 달리 기획되는 실존적 공간인 것이다. 그래서인지 "내 방은 나 하나를 위하여 요만한 정도를 꾸준히 지키는 것 같아 늘 내 방에 감사하였고, 나는 또 이런 방을 위하여 이 세상에 태어난 것만 같아서 즐거웠다."고 포명하는 것이다. 과연 '나'는 그 방을 삶의 전부로 의식하는데, '방'은 그 삶에 조율된 공간이기도 하다.

그리고 '방'은 "내 몸과 마음에 옷처럼 잘 맞는 방"이며, "세속적인 계산을 떠난" "절대적인 방"으로 이해된다. 여기서 '세속적인 계산'이란 "행복이니 불행이니"를 가늠하여 보는 이해타산을 가리키는 말이기도 하지만, 현실적 공간 지표를 암시한 말이기도 하다. 결국 '방'은 그런 지표로써 계측 불가능한 공간이라고 해석해서 틀릴 것은 없다. 현실적 연관 관계 속에서 파악할 수 없는 공간성을 지녔다는 맥락에서 '절대 공간'이다. 그 '방'의 공간성 지표는 현실적 지시성이나 실재적 차원과 무관한 것으로, 결과적으로 '내 방'은 현실의 간여를 차단한 채 파악해야 할 공간인 것이다. 말하자면 상징적 기획 공간의 면모를 의식하고서야 의미를 이해할 수 있는 공간 표상이다.

한편 '나'는 그 방안에서도 더 안전한 공간인 "이불 속"을 마련하고서, 그 안에서 새로운 공간을 한층 깊이 창출하려고 도모한다.

> 나는 이불을 뒤집어 쓰고 낮잠을 잔다. 한 번도 걷은 일이 없는 내 이부자리는 내 몸뚱이의 일부분처럼 내게는 참 반갑다. (60쪽)

'이불 속'은 '내 몸뚱이의 일부분처럼' 느껴지는 공간으로, '방'의 속성을 한층 심화한 공간이다. 그것은 내 실존의 일부이니, 이를 떠나서는 존재의 기획을 올바로 할 수 없다. 그 공간은 창조의 공간이며 새로운 세계 기획의 장이 분명하다.

> 나는 내 좀 축축한 이불 속에서 참 여러 가지 발명도 하였고 논문도 많이 썼다. 시도 많이 지었다. (61쪽)

그 속에서 숱한 창작 행위를 하였다고 하니, 그 공간은 실존을 보호하여 존재의 기획을 돕는 속성이 극대화된 양태라고 할 수 있다. 그런데 문제는 그런 기획의 결과물들이 지속되지 못하고, 공간 속에 흩어져 사라지고 만다는 데 있다.

> 그러나 그것들은 내가 잠이 드는 것과 동시에 내 방에 담겨서 철철 넘치는 그 흐늑흐늑한 공기에다 —— 비누처럼 풀어져서 온데간데가 없고, 한잠 자고 깬 나는 속이 무명 헝겊이나 메밀껍질로 띵띵 찬 한 덩어리 베개와도 같은 한 벌 신경이었을 뿐이고 뿐이고 하였다. (61쪽)

이후 남은 것은 무딜대로 무딘, 어쩌면 감각이 전혀 없을지도 모르는 '신경'뿐이라고 한다. 더욱이 '이불 속' 사색 생활을 적극적인 양상으로 수행하지 않는다는 말을 곧 접하게 되는데, 이쯤 되면 과연 '이불 속'이 실존의 적극적 세계 기획을 돕는 공간인지 의심스러울 수밖에 없다. "될 수만 있으면 무의미한 인간의 탈을 벗어버리고 싶었다."는 말이 "가장 게으른 동물처럼 게으른 것이 좋았다."는 말의 결론임을 생각하면 더욱 그러하다. 그렇다면 과연 앞서 공간 기획의 적극성을 추론한 해석은 잘못된 것일까. '방'에 대한 '나'의 의식을 지나치게 높이 평가하고 심각하게 고려하여 과해석한 것은 아닐까. '나'의 존재의식이 그만큼 적극성을 띤다고 볼 수 있는가.

이런 의구심은 맥락상 매우 타당하다. 이를테면 '이불 속' 사색에 대한 기술 사이에는 난데없이 다음과 같은 언설이 개입하여 문맥을 심각하게 흐트러뜨리고 있다.

> 그러기에 나는 빈대가 무엇보다도 싫었다. 그러나 내 방에서는 겨울에도 몇 마리씩의 빈대가 끊이지 않고 나왔다. 내게 근심이 있었다면 오직 이 빈대를 미워하는 근심일 것이다. 나는 빈대에게 물려서 가려운 자리를 피가 나도록 긁었다. 나는 빈대에게 물려서 가려운 자리를 피가 나도록 긁었다. 쓰라리다. 그것은 그윽한 쾌감임에 틀림없었다. 나는 혼곤히 잠이 든다. (61쪽)

요컨대 '나'의 생각은 지극히 '파편적'이다. 물론 근심도 고민도 없는 '이불 속' 상념에 근심의 그늘을 드리우는 유일한 계기가 '빈대'라고 친다면, 억지로라도 이 상념의 맥락을 잡아 얘기할 수는 있다. 그렇지만 이는 억지를 부리는 격이며, 문면을 그대로 살려 생각한다면, 아무래도 문맥상 심각한 단층이 형성되어 있다고 할 수밖에 없다. 게다가 빈대에 물려 피가 나도록 긁어서 쓰라리는 아픔을 '그윽한 쾌감'이라 한 것은 가학증적 의식에 가까운 것이다. 그리고서는 '나는 혼곤히 잠이 든다.'고 함으로써 이 짧은 문단 내에서만도 문맥이 단절되어 있어 문제다. 정말이지 '나'의 의식이 온전한지 의심스러운 상황이다. 말하자면 문제는 과해석 또는 오독(誤讀)이 아니라, 원천적으로 이 서사 자체의 신빙성 정도이다.[11)]

이런 맥락에서 우선 가장 가까운 데서 눈에 띄는 언설이 다음 대목이다.

---

11) 서술상황의 불확정성이 유발되는 것이다.

나는 밤중 세시나 네시 해서 변소에 갔다. 달이 밝은 밤에는 한참씩 마당에 우두커니 섰다가 들어오곤 한다. 그러니까 나는 이 18가구의 아무와도 얼굴이 마주치는 일이 거의 없다. 그러면서도 나는 18가구의 젊은 여인네 얼굴들을 거반 다 기억하고 있었다. 그들은 하나같이 내 아내만 못하였다. (61쪽)

이 언설은 앞뒤가 완전히 어긋나 있다. 이웃네들의 얼굴을 마주치는 일이 없는데도 젊은 여인네들 얼굴은 거의 다 기억하고 있다는 것은 역설이다. 이는 단순히 논리적으로나 수사적으로 역설에 그치는 것이 아니라, 자아 분열의 양상이 구체화된 단편이라고 하는 편이 더 타당한지라 문제삼지 않을 수 없다. 그러고 보면 앞서 해석상 혼란을 야기했던 대목이 결국 '나'의 분열 상황에서 발화된 언설들이었는지 모른다. 물론 그런 역설이나 아이러니가 플롯의 단절을 야기하여 그 자체로서도 서사 공간의 형식적 표지가 되겠지만, 문제의 양상을 이렇듯 아전인수 격으로 환원 설명할 수는 없는 노릇이다.

난맥상을 좀 추슬러 생각을 정리해 보자. 문제는 '나'의 공간 의식이나 존재 의식에 적극성이 있는지 여부인데, 논의의 핵은 '내 방'의 공간 자질이다. '방'은 모종의 실체가 아니라, '나'의 삶과 의식 작용 속에서 의미를 획득하고 새로이 창출되는 공간이라고 해석하는 데까지는 별 문제가 없다. 이런 해석의 타당성은 '나'의 언설 속에서 확인된다. 그런데 '나'의 다른 언설 속에서 확인된 바로는 '방 안', '이불 속'에서 하는 모든 행위가 적극적인 양상을 띠지 않았다고 하여 해석상 난맥이 생겨난 것이다. 그 난맥상은 이들 대목에서만 드러나는 것이 아니며, 자아의 분열상이 서사에 투영되었기 때문에 드러난 현상으로 간주된다. 이렇듯 「날개」의 서사적 논항은 자아의 분열 양상이 서술상황에 간여하여 발생한다. 그 양상이 공간 의식에 개입하면서 난맥상이 형성된 것인데, 이쯤 되면 다음 대목에 생각을 돌이켜 보게 된다.

이런 이 방이 가운데 장지로 말미암아 두 칸으로 나뉘어 있었다는 그것이 내 운명의 상징이었던 것을 누가 알랴? (59쪽)

'내'가 거주하는 '방' 자체가 본디 이중적이었던 것이다. 그것이 '내 운명의 상징'이라고 스스로 언명하기까지 하는데, 그 '상징'이 지시하는 원관념은 무엇인지 문면상 끝내 명시되지 않는다. 다만 '방'의 이원화로 야기된 이중적 공간 속에서 세계를 기획해야 하는 '나'의 실존이 당면한 운명을 뜻할 것이라 추론할 수는 있다. 과연 '방'은 비호성을 내포한 공간 표상으로서만 줄곧 기술되지는 않는다. 비호성이 왜곡되어 발현됨으로써, '방'은 존재를 보호하기는커녕 존재를 감금하는 폐쇄성을 지니는 표상으로 전도되는 국면이 빚어지는 것이다. '방'의 이중성이 아이러니로써 얽혀 있는데, 이 때문에 '방'의 형상은 오히려 입체적인 공간 형상을 띠게 된다.

사실 '나'는 '내 방'의 폐쇄성을 조금씩 깨우쳐 가는데, 이는 '방'이 두칸으로 나뉘어 있다는 것을 깨닫고 '내 방'과 '아내의 방'을 대비하여 상대적으로 의식한 뒤에라야 그렇다.12)

아랫방은 그래도 해가 든다. 아침결에 책보만한 해가 들었다가 오후에 손수건만해지면서 나가버린다. 해가 영영 들지 않는 윗방이 즉 내 방인 것은 말할 것도 없다. 이렇게 볕 드는 방이 아내 방이요, 볕 안 드는 방이 내 방이오 하고 아내와 나 둘 중에 누가 정했는지 나는 기억하지 못한다. 그러나 나에게는 불평이 없다. (59쪽)

아내의 방은 늘 화려하였다.…(중략)…못마다 화려한 아내의 치마와 저고리가 걸렸다.…(중략)

그렇건만 나에게는 옷이 없었다.…(중략)…그것들은 하나같이 다 빛이 검다.…(중략)…내 방은 침침하다. (60쪽)

---

12) 이는 스토리 상의 시간적 선후 관계를 따져 얘기하는 것은 아니다. 언설의 선후 관계를 문제삼아 이렇게 논급한 것인데, 사실 언설의 배열 자체가 텍스트에서는 매우 의식적인 배열의 결과일 것이다.

이렇듯 '방'은 둘로 구획되어 있으며 두 방은 극히 대조적으로 언술되어 있다. 그렇게 대조화됨으로써 두 공간의 입체감이 구현되겠지만, 그렇게 대비되어 제시된 '내 방'이 이제는 비호성과 함께 '폐쇄성'을 지닌 공간이라는 점이 드러난다. 실제로 '내 방'에서든 '아내 방'에서든, '방 안'에서 '나'의 행위는 지극히 자폐적인 증상을 내 비친다. 물론 그의 언설 자체는 앞서도 보았듯이 지극히 분열적이다. 그래서인지 그는 "아내는 물론 나를 늘 감금하여 두다시피 하여 왔다."라고 하면서, 자신의 방을 감금의 공간이라 하는 데 순순히 동의하기까지 한다. 앞서 '방'을 보호 공간으로 인식했던 것과는 천양지차지만, 그의 분열상을 전제하면 별스러울 것도 없다.

이렇듯 「날개」에서 공간의 형상도 「소설가 구보씨의 일일」에서처럼, 지각 주체의 의식에 의해 창출되는 속성을 드러낸다. 자의식과 공간 의식의 역학 관계가 꽤 선명하게 부각되어 있는 것이다. 실제 공간의 구도보다 의식에 조율된 공간의 구도가 기술의 근간인지라, 현존재의 공간성에 주목할 수 있는 것도 마찬가지 맥락이다. 그런데 '구보'의 의식이 무한 공간을 이리저리 이동하는 도정에 따라 그 추이가 변화했다면, 「날개」의 '나'의 의식은 '내 방'과 '아내 방'으로 이원화된 공간 사이를 오가며 변화한다. 또한 '구보'의 의식이 되내이는 상념들이 일관된 자의식의 소산이라면, '나'의 상념은 무의식의 간섭을 받은 것으로 여겨지는 의식의 분열상에서 펼쳐진 것으로 해석할 수 있다. 「소설가 구보씨의 일일」에 그려진 공간 형상이 실존적 의식을 테마로 표출한 것인 데 비해, 「날개」에 투영된 공간 형상은 의식과 무의식의 역학 작용에서 구성된 이미지를 테마로 표출한 것이다. 따라서 「날개」 전반에 걸쳐 '전의하고 상징화하는 의미 형성적 공간' 양상이 잘 형상화되어 있다고 할 수 있다. 의식과 무의식의 역학이 빚어낸 공간의 속성이 선명하게 드러나 있기 때문에 그러하였을 것이다.

줄여서 '전의적 공간'이라 해도 좋을 것이고 '상징적 공간'이라 해도 좋을 것이며 '의미 형성적 공간'이라 해도 좋을 이런 공간 형상을 이상의 다른 소설에서도 찾아보기 어렵지 않다. 공간 표지를 여러모로 응용한 서사의 국면이 곧잘 펼쳐진다. 이를테면 「지도의 암실」[13]은 그 제목에 걸맞게 공간 표지들이 빈발한다. 물론 이는 예의 의식의 분열상을 전제로 기술되어 있다.

> 기인동안잠자고 짧은동안누웠던것이 짧은동안 잠자고 기인동안누웠던그이다 네시에누우면 다섯 여섯 일곱 여덟 아홉 그리고아홉시에서 열시까지 리상 —— 나는리상한우스운사람을아안다 물론나는그에대하여 한쪽보려하는것이거니와 —— 은그에서 그의하는일을떼어던지던것이다. 태양이양지쪽처럼내려쪼이는밤에비를퍼붓게하여 그는레인코트가없으면 그것은어쩌나하여방을나선다. (24쪽)

시간 의식이 분열되어 있다는 것은 상대적으로 공간 의식이 작용하고 있다는 반증이다. 말장난과도 같이 표출된 '긴 동안'과 '짧은 동안'에 대해 혼란스런 의식에다가, 시간의 경과를 애써 한 시간씩 꼽아 얘기하는 '시간의 강박 관념'이 더해져서, 시간 의식이 분열된 양상으로 치닫고 있다. 그런 정황에서 '밤에 태양이 밝게 비친다.'라거나 '그 밤에 비가 퍼붓는다.'라고 하는 식으로, 모순된 사고와 언설을 통해 분열된 의식상이 펼쳐지는데, 이 또한 시간 의식의 분열상이 확산된 형태이다. 그러나 더 본질적으로는 '비옷'이 없는 것을 걱정하여 오히려 '방'을 나선다 하는 식으로, 인과 관계가 어긋나서 심화되는 공간 의식을 표하는 데 이어져 있다. 그래서인지 '그'는 방을 나서 "북정거장" 쪽으로 옮겨 "어떤 방"에 다시금 자리를 잡는 것으로 되어 있다.

> 어떤방에서그는손가락끝을걸린다 손가락끝은질풍과같이지도위를그었는데 그는마않은은광을보았건만의지는걷는것을엄격게한다 왜그는평화를발견하였

13) 이상, 「지도의 암실」, 『날개/동백꽃 外』, 두산동아, 1996.

는지　그에게묻지않고으레K의바이블얼굴에그는눈에서나온한조각만의보자기를한조각만덮고가버렸다.

　옷도그는아니고　그의하는일이라고그는옷에대한귀찮은감정의버릇을늘하루에한번씩벗는것으로이렇지아니하냐　누구에게도없이반문도하며위로도하여가는것으로도보아안버린다. (24쪽)

그 '방'은 '어떤'이라 한정되어 있는 만큼, 실제 지시체를 전제하지 않은 대상으로 설정되었다. 대상 공간이 전제되지 않았으니 이 서사 세계에서 새로이 구성된 공간에 상응한다. 거기서 '그'는 '손가락'을 세워 '지도 위'를 이리저리 거닐기라도 하듯 장난을 치고 있는데, '방'은 그 행위에만 소용되도록 일시적으로 고안된 곳에 불과하다. 실상 '어떤 방'은 아예 없어도 상관없는 공간이다. 오히려 서사의 초점이 맞춰져있기로는 가상의 인물 K의 얼굴을 성경책 모양에 비유한 듯한 '바이블 얼굴'이나 그의 '시선'을 비유한 듯한 '보자기 조각'이 더 부각된다. 공간 이미지가 더욱 두드러진 양상으로 기술된 것이다. 과연 '그'는 '옷'에 대해 집요하리만치 관심을 표하는데, 이는 일상의 속박 가운데 가장 큰 것이라 여겨지기 때문인 것으로 보인다. 나중에 옷의 속박이 시간의 굴레와 알레고리를 이루는 짝으로 의식되기도 하여 주목을 끈다.

　그는아파오는시간을입은　사람이든지길이든지　것어버리고걷어차고싸워대이고싶었다 벗겨도옷 벗겨도옷 인다음에야 걸어도길걸어도길 인 다음에야 한군데버티고서서물러나지만않고 싸워대이기만이라도하고싶었다. (25쪽)

이처럼 '옷'은 일상적 시간의 속박을 표상한다. 겹겹이 존재를 에워싸고 있는 옷과 같이, 시간은 존재의 자유감을 여지없이 옭아매는 것이다. 그런데 속박과 구속에는 곧바로 '길'로 표상된 공간이 같이 개입해 있어 문제다. 아무리 걸어도 최종점에 다다를 수 없는 길이라면, 무한 공간을 헤매이는 의식의 표류 상태를 자아내는 요인일 것이다.

제 존재를 오롯이 고정시키고 무한의 공간에 맞서고 싶은 것은 과욕일 뿐이다. 시간의 굴레에서 벗어날 방편으로 시간 관념을 해체하려고 도모해 보기도 하지만,[14] 별 수 없었던지 상대적으로 공간 의식을 지향하려는 '그'의 의지가 드러나 있기는 하다. '지도 위'를 손가락으로써 종횡무진해 보는 것도 탈(脫) 시간 의식의 일단으로서 공간 지향 의식에 조응된다. 그런 의식의 지향성이 서사 전반에 걸쳐 드러나는 공간 이미지를 통해 극화된다. 예컨대 위 대목은 다음과 같이 이어진다.

> 암뿌으르에불이확켜지는것은 그가깨이는것과같다하면이렇다 즉밝은동안에불인지마안지하는얼마쯤이 그의다섯시간뒤에흐리멍텅히달라붙은한시간과같다하면이렇다 즉그는봉투에싸여없어진지도모르는 암뿌으르를보고 침구속에반쯤강삶아진그의몸뚱이를보고봉투는 침구다생각한다 봉투는옷이다 침구와봉투와 그는무엇을배웠느냐 몸을내어다버리는 법과몸을주워들이는법과(25~26쪽)

'전구'에 불이 켜지는 모양새는 '확'의 한정을 받아 기술된다. 그 부사는 시간의 경과를 전제하지 않고 '일순간'에 빛이 발하는 형용을 한정하는 뜻이 있다. 시간의 차원을 점하지 않은 양상을 그리는 만큼, 불이 밝혀지는 모양새를 공간적 이미지로써 표출한 셈이다. 이는 스스로의 각성, 곧 본질적 의미에서 계몽(en*lighten*ment)과 알레고리 관계에 있는 것으로, 결국 '그'의 계몽의 시간 동안 시간은 생명력을 상실한 듯 무의미한 것으로 전제되어 있을 뿐이다. '빛'으로 대유된 공간 이미지는 그대로 존재의 각성으로 전의된 채 시간의 속박을 무력화(無力化)하는 전초로 인정되고 있는 것이다.

그러나 빛의 침해를 시간이 고스란히 당하고만 있지는 않으려는 형국이 펼쳐진다. 존재를 에워싸 속박했던 '옷'에 은유된 '봉투'가 빛을

---

14) "시계도치려거든칠것이다 하는 마음보로는한시간만에세번을치고삼분이남은후에육심삼분만에쳐도너할대로내버려두어버리는마음을먹어버리는관대한세월은그에게이때에시작된다."(25쪽)는 대목에서 이런 의식의 일단을 엿볼 수 있다.

가리는 국면이 전개되는 것이다. 존재가 다시금 시간의 테두리에 감금되어 버리는 셈이다. 그런 감금의 시간 속에서 실존은 존재의 기획에 둔감할 수밖에 없다. 제 몸을 의식없이 취급하는 것으로 비유되었듯이, 세계에 질문을 던지고 세계를 해석하면서 끊임없이 스스로를 갱신함으로써 존재로 나아가지는 못하고, 그저 현실속에서 타락한 '존재자'의 모습만 남았을 뿐이다. "시간이라는 것의 무서운 힘을 믿지 아니할 수는 없다"고 되내이는 '그'의 의식을 충분히 이해할 만하다.

> 글자를 제것처럼가지고그하나만이 이랬다저랬다하면 또생각하는것은 사람하나 생각둘만 글자 셋 넷 다섯 또다섯 또또다섯 또또또다섯그는결국에 시간이라는것의무서운힘을믿지아니할수없다 한번지나간것이 하나도쓸데없는것을알면서도하나를버리는묵은짓을그도역시거절치않는지그는그에게물어보고싶지않다 지금생각나는것이나 지금가지는글자가이따가가질것하나 하나하나 하나에서모두씩못쓸것인줄알았는데왜지금가지느냐안가지면 그만이지하여도벌써가져버렸구나 벌써가져버렸구나 벌써가졌구나 버렸구나 또가졌구나
>
> 그는아파오는시간을입은 사람이든지길이든지 걸어버리고걷어차고싸워대이고싶었다 (25쪽)

쳇바퀴 돌 듯한 의식의 공전 상태에서 내린 결론이겠지만, '벗겨도 계속 옷'이고 '걸어도 계속 길'인 상황은 존재의 기획을 정면으로 방해하는 요인이다. 시간은 존재를 유폐하는 폐쇄적 공간과도 같다. 과연 시간은 꼭 공간 지표들에 매개된 채 표현된다. 그런 데에 갇힌 정도에 그치지 않고 이를 적극적으로 취하여 '입고 사는' 이들의 모습에서 존재의 환멸을 느낄 여지마저 전제되어 있다. 탈시간을 감행하는 기지이면서도 시간의 감금을 더욱 정당화하는 보루 역할을 하는, 공간의 아이러니가 종내에는 존재의 기획에 걸림돌이 될 여지가 크다. 그래서 여기 드러난 공간 의식은 본질적으로 분열상을 띠는 것으로 전제될 수밖에 없다.

그의사고력을 그는도막도막내어놓고난 다음에는그사고력을 그가도막도막내인것은 아니게되어버린다음에 그는슬그머니없어지고 단편들이춤을한개씩만추고 그가물러가있음직이생각히는데로 차례로차례아니로물러가버리니까 그의지껄이는것은 점점깊이를잃어버려지게되니 무미건조한그의한가지씩의곡예에경청하는하나도 물론없을것이었지만있었으나 (33쪽)

그런 분열상의 저변에는 '그'의 의식의 단편화가 자리잡고 있다. 이를테면 의식은 시간의 논리로써 한줄로 이어지듯 작용해야 온전한 사고가 펼쳐질 텐데, '그'의 사고력은 도막난 모양새로 공간화되어 있는 것이다. 시간의 구속에서 벗어나려는 의도에서 '그'가 자신의 사고를 단편화시켜 버린 국면이다. 의식의 공간적 단편화는 심지어 단편적 상념 자체가 단편적인 것인지 아닌지 모르게 할 만큼 집요하게 작용하고 있다. 그만큼 시간 의식의 해체에 공간 의식이 작용하고 있는 것이다. 이런 식으로 상징적 공간이 구축되는데, 그것은 분열된 의식에 마련된 공간이다. 이런 공간 양상이 문면 곳곳에 밀도 있게 형상화되어 있다.

미닫이에광선잉크가암시적으로쓰는의미가 그는그의 몸뚱이에불이확켜진것을알라는것이니까 그는봉투를입는다 침구를입는것과 침구를벗는것이다 봉투는옷이고 침구다음에 그의몸뚱이가 뒤집어쓰는것으로닳는다 발갛게암뿌으르에습기제하고젖는다 받아서는내어던지고 집어서는내어버리는 하루가불이들어왔다 불이꺼지자시작된다 (26쪽)

빛을 가린 봉투는 옷으로 전제되어 존재를 옭아매는 구실을 한다. 이는 '침구'에도 비유되어 그야말로 습관에 찌든 이들의 '틀에 박힌 일상'을 드러내는 이미지 작용을 한다. 그 일상의 하루는 '불이 꺼지자 시작된다'고 명시되어 있는데, 불빛의 의미는 '광선 잉크'로 쓴 문자와도 같은 것으로 비유된 만큼 또 하나의 공간 이미지에서 파생된 것이라 할 수 있다. 그러나 이는 일상적 시간의 속박을 해체하는 작용을 하면서도 동시에 그 속박을 정당화하는 것으로 전제되었기에 액면 그대로 이해해서는 곤란하다. 빛은 일상의 공전과 상극에 있는 것이 표면상 분명하지만, 그것이 모종의 '글자'를 쓰는 것으로 설정되었으며 앞 문맥에서 '글자'의 속성이 존재의 기획을 가로막는 시간의 유력한 원조자 역할을 하는 것으로 얘기된 점을 고려하자면, 이 역시 존재를 유폐시키는 공범임에 분명한 것이다. 이런 정황은 공간의 아이러니, 바로 공간 의식의 분열상을 반증한다. 종내에는 시간 의식과 공간 의식의 공모가 다음과 같이 기술되어 있다.

> 역시그렇구나 오늘은캘린더의붉은빛이 내어배였다고그렇게캘린더를만든사람이나떼이고간사람이나가마련하여놓은것을 그는 위반할수가없다 K는그의방의캘린더의빛이 K의방의캘린더의빛과일치하는것을 좋아하는선량한사람이니까 붉은빛에대하여겸하여 그에게경고하였으나그는몹시생각한다 일요일의붉은빛은월요일의흰빛이있을때에못쓰게된것이지만 지금은가장쓰이는것이로구나 확실치아니한두자리의숫자가 서로맞붙들고그가웃는것을보고 웃는것을흉내내어 웃는다 그는 캘린더에게 지지않는다 (26쪽)

시간의 공간화, 그 요체가 바로 '달력'에 비유되어 있다. 달력은 시간의 흐름을 지면에 글자로 고정시킨 형상이다. 더구나 달력에 적힌 글자 색을 지시하는 '캘린더의 빛'에 오면 시간과 공간의 혼재 양상이 두드러진다. 문제는 그 캘린더의 지시를 위반할 수 없다는 의식과 캘린더에 순응하지 않으려는 의식이, 채 몇 문장 지나지 않아 표출되고 있어서, 결과적으로 분열상을 이룬다는 데 있다. 그렇게 보면 '그'가 지시하는 존재가 누구인지, 같은 사람인지 다른 사람인지 혼란스럽게만 되어 있다. 'K'를 가리키는지 '리상'을 가리키는지 문면상 '그'의 지시체가 분명히 드러나지 않아서 문제 양상이 복잡하게 얽힌다. 그러고 보면 'K'는 대체 누구인지 도무지 알 수 없는 것이 사실이다. 나아가 삼인칭으로 전제된 인물의 정체가 의심스럽기도 하다. 명목상 '그'

로 전제되었을 뿐 실상은 '나'라고 해도 좋을 만큼 서술상황이 여러모로 일인칭 서술상황에 가깝게만 느껴진다.[15] 실상 일인칭으로 표기해야 제삼자와 구별이 될 텐데도 굳이 삼인칭으로 표기하여 자신을 애써 객관화하고자 한 데 어떤 의도가 있을 듯하다. 기실은 서술상황을 의도적으로 혼란스레 구성한 혐의가 짙다. 공간 의식의 분열상을 호도하려는 의도가 아울러 개입되었을 것이다. 과연 다음과 같이 의식의 분열상이 문면에 드러나 있다.

> 인사는유쾌한것이라고하여 그는게으르지않다 늘. 투스브러시는그의이사이로와보고 물이얼굴그중에도뺨을건드려본다 그는변소에서가장먼나라의호외를 가장가깝게보며 그는그동안에편안히서술한다 지난것은버려야한다고 거울에열린들창에서 그는리상 —— 이상히이이름은그의그것과똑같거니와 —— 을만났다 리상은그와똑같이 운동복의준비를차렸는데 다만리상은그와달라서 아무것도하지않는다하면 리상은어디가서하루종일있단말이오 하고싶어한다. (26쪽)

거울에 비친 자신의 모습을 두고서 또다른 '리상'이라 한 것은 확실히 자아의 분열상을 전제한 상념이다. 여기에서 그 분열의 표지가 '거울에 열린 들창'이라 하여 공간 형상으로 드러나 있다는 데 재삼 주목할 여지가 있다. 거울 속에 갇힌 또다른 자아와 거울 밖에서 일상의 시간에 구속된 자아로 분열된 상황이 곧 이 서사의 공간 형상을 전의적인 상징 공간으로 유도하고 있다고 할 수 있다. '가장 먼 나라의 호외를 가장 가깝게' 본다고 한 데서, 역설적 공간 의식의 단면을 보이는가 하면, 인사에 대한 상념에 양치질에 대한 상념이 곧 이어지는 등 의식 자체가 '병렬적 몽타주'처럼 기술되어 서사의 단속에 의한

15) 일인칭으로 기술하였다고 해도 일인칭 서술상황이 온전히 구성되지 않을 개연성이 있다. 자의식의 분열상이 서술되는 상황에서는 지각 주체와 발화 주체 사이의 온전한 일치나 서술의 신빙성을 보장 받기 어렵기 때문이다. 여기에서 일인칭 서술상황이라고 하였지만 이는 형식적 표지인 주어의 양상만 따진 단순한 언급이다.

공간 자질이 드러나기도 한다. 이 모두가 의식 분열 양상의 단면이다. 시간의 상념을 뒤엎고 공간적 질서를 무너뜨림으로써, 의식을 속박하는 현실적 굴레에서 벗어나고자 하는 의지가 여기 잠재되어 있다고 할 수 있다. '거울에 열린 들창'은 그 자체도 역설적인 이미지로써 기술되었지만, 역설적 공간 의식의 알레고리인 셈이다. 결코 열릴 수 없는 창을 찾는다는 것은, 시간의 강박 관념으로 야기된 의식의 속박에서 벗어날 공간을 찾으려 도모하지만 공전하는 무한 공간밖에 찾을 것 없는, 비극적 아이러니만 남는 형국을 반증한다. 그래서 다음과 같은 상념만 문자적 형상으로 기술될 뿐인 것이다.

> 그는그책임의무체육선생리상을만나면 곧경의를표하여그의얼굴을리상의 얼굴에다문질러주느라고그는수건을쓴다 그는리상의가는곳에서 하는일까지를묻지는않았다 섭섭한글자가 하나씩 하나씩 섰다가쓰러지기위하여 나암는다. 你上那兒去 而且 故甚麽[16] (26쪽)

목적지를 상실한 듯, 삶의 목적을 상실한 듯 되내이는 공간 상실 의식은 오히려 공간 지향 의지를 우회적으로 표출한 것이라 할 수 있다. 분열된 자아가 전제된 상황이라 문면상으로는 목적 부재인 식으로 드러났을 뿐이다. 끝내 '섭섭한 글자가 하나씩 하나씩 섰다가 쓰러지기 위하여 나암는다.'라 하고 한자(漢字)를 써서까지 글자를 도상화한 것은 다 공간 지향성을 시사하는 국면들이다. 이후 공간 형상의 이미지들이 유난히 빈발하는데, 이를테면 다른 이미지를 시각적 이미지로 전이시킨 공감각적 이미지나, 공간 형상 아닌 것을 공간 형상으로 이미지화한 예들이 두드러져 보인다.

> 태양은제온도에조을릴것이다 쏟아뜨릴것이다. (27쪽)
>
> 사원에서종소리가걸어올것이다 오다가여기서놀고갈것이다 놀다가가지아

---

16) "이상 너는 어디로 가고 또 무엇을 하느냐?"의 뜻.

니할것이다. (27쪽)

이렇게작정되어버린채 그는볕에가까운산위에서 태양이보내는몇줄의볕을 압정으로 꼭 꽂아놓고그앞에앉아그는놀고있었다. (27~28쪽)

사막너머를생각하면…(중략)…시간은그곳에아니오리라왔다가도도로가리라 (29쪽)

정오의사이렌이호스와같이뻗쳐뻗으면그런고집을사원의종이땅땅때린다 그는튀어오르는고무볼과같은종소리가아무데나 함부로헤어져떨어지는것을보아갔다 (29쪽)

풀잎위에누워서 봄내음새나는 졸음을주판에다놓고앉아있었다 (29쪽)

죽음이묵직한것이라면…(중략)…죽음은평행사변형의법칙으로보일샤를의법칙으로 그는앞으로 앞으로걸어나가는데도왔다 떠밀어준다. (30쪽)

앞으로나선웃음은화석과같이화려하였다. (31쪽)

심상치아니한음향이우뚝섰던공기를몇개넘어뜨렸는데도 (32쪽)

무시무시한하루의하루가 차츰차츰끝나들어가는구나하는 어둡고도가벼운 생각이 그의머리에씌운모자를쓰면벗기고 쓰면벗기고하는것과같이간질간질 상쾌한것이었다 (34쪽)

시계는여덟시불빛이방안에화안하여도시계는친다든가 간다든가하는버릇을 조금도변하지는아니하니까 (34~35쪽)

이런때에여자가와도 좋은때는그의손에서 피곤한연기가무럭무럭기어오르는때이다 (35쪽)

이런 언술을 중심으로 전반적으로 공간 형상의 이미지가 극화되어 있다. 요컨대 "건설되지도 항해되지도 않는 한 성질없는 지도"(32쪽)를 그려, 시간의 감금 상황에서 탈출하려 모색하는 것만 같다. 지도 위를 손가락으로 거니는 폼을 취하는 장난을 했던 것이 애초에 이런 양상을 지향해 온 것으로도 보인다. 물론 기본적으로 의식의 분열상에서 펼쳐지는 서사인 만큼, 일관된 수순을 밟아 서사적 결말에 치닫거나 하지는 않는다. 「날개」에서 그려졌던 공간 형상의 의의와 유사한 양상으로 드러나는 것이다. 공교롭게도 '정오'는 여기서도 공간 형상의 이미지로써 기술되어 있다. 시간 관념을 뒤집어 공간적 질서로 재편하는 것이다. 변화하지 않는 시간의 흐름도 공간과 시간의 아이러니를 매개로 하여 조롱거리로 전락하는 만큼, 시간에 대한 불신과 냉소가 전제되었던 앞 부분들과 상관 있다.

존재의 기획이 가로막힌 상황, 의식의 자유가 봉쇄당한 상황, 그 상황을 빚어낸 '무시무시한' 일상의 시간에서 벗어나, '그'는 현존재의 공간성을 기획함으로써 존재의 심연에 다가서려고 도모한다. 그러나 그 심연은 거울에 거울이 겹쳐 비쳐질 때 무한 공간이 반사되는 양, 자아와 또다른 자아, 의식과 무의식이 서로를 비추고 비춰 빚어진 형상을 띤다. 그래서 목적지도 출발점도 어딘지 모를 그 무한 공간을 그린 지도란, "건설되지도 항해되지도 않는 한 성질없는 지도"일 수밖에 없는 것이다. 의식의 빛이 차단된 그 심연의 나락에 그려질 지도인 만큼 '지도의 암실'이라고도 했을 것이다. 그 '암실'은 그야말로 틀에 박힌 모습 그대로 일상의 상념을 감광하는 암실인 것이다. 그래서 빛은 빛이건만 사진을 감광하는 빛이어서, 아이러니하게도 의식을 속박하는 작용을 했던 것이다. 결국 '그'는 다음과 같이 새로운 존재의 공간을 기획하려 도모하고 그러면서 서사는 종결된다.

> 넷 —— 하나둘셋넷이렇게 그거추장스러이 굴지말고산뜻이넷만쳤으면 여북좋을까생각하여도시계는 그러지않으니 아무리하여도 하나둘셋은내어버릴것이니까 인생도이럭저럭하다가 그만일것인데낮모를여인에게 웃음까지산저고리의지저분한경력도 흐지부지다스러질것을 이렇게마음조일것이아니라 암뿌으르에봉투씌우고 옷벗고몸뚱이는 침구에떼내어맡기면 얼마나모든것을다잊을수있어 편할까하고그는잔다. (35쪽)

'그'는 일상의 욕망과 상념에 찌들어 존재자로 타락하는 제 모습을 추슬러, 시간의 부조리를 온전히 해체한 채 현존재의 공간성을 기획하려 적극적인 의지를 표명하고 있다. 그 의지 표명은 아이러니하게도 체념하듯 잠을 청하는 것이다. 그러나 그 행위가 얼마나 적극적인 의지의 소산인가 하면, '스스로' 전등에 봉투를 씌우고, 벗어 던지지 못하던 옷을 벗어 던진 채, 침구에 몸을 맡겨 잠을 청하는 식이다. 의식의 분열상이 사라진 채다. 과연 '그'의 존재 기획이 온전히 이루어져 서사가 종결된 듯 하다. 물론 무한 거울이 장치된 심연에 마련된 공간이라는 사실이 전제된다면 종결 아닌 종결일 뿐이다. 의식의 분열상에서 비롯된 듯, 구성의 질서가 해체된 상태이며, 표상된 공간 형상이 대체로 전의적인 형상으로 드러난 상황이 지속되었기 때문에, '종결'에 대해 논급하기 어려운 것이 사실이다. 다만 그 공간 형상이 결과적으로, 시간 관념에 얽매어 일상에 갇힌 의식의 자유를 구가하는 상징적 공간의 자질을 드러낸다는 점은 분명하다.17)

상징적 기획 공간의 역학

인물 공간의 우위

『천변풍경』에서와 달리 「소설가 구보씨의 일일」에서는, 서사형상 공간의 양상이 인물인 구보의 의식과 결부되어 드러남으로써, 조율된 공간의 양태를 엿보인다. 실제 공간을 이야기의 무대로 삼았더라도 정작 중요한 것은 그 공간의 실제적 형상이 아니라, 무대에서 펼쳐지는 삽화와도 같은 구보의 의식의 면모인 것이다. 지각과 의식의 주체

---

17) 이는 「날개」에 드러난 공간 형상과 유사한 양상인데, 전면적이지는 않더라도 이상의 여타 소설에도 빈발한다. 「휴업과 사정」이나 「지주회시」 등에서 그런 면모가 꽤 엿보이며 「동해」, 「종생기」, 「환시기」, 「실화」 등에서도 엿보인다. 특히 「환시기」에서 "지도를 설계"하는 일을 하는 인물이 설정된 것이 예사롭지 않다. 과연 존재의 기획을 공간 기획에서 찾으려는 의식이 이상의 소설에서 꽤 본질적인 영역으로 자리잡고 있다고 할 수 있다. 물론 여기 전제된 공간 형상은 '전의적이고 상징적인 의미 형성적 공간'의 형상이다.

인 구보가 공간을 이동하는 경로를 따라 의식의 추이가 생겨나는데, 그만큼 이 소설에서 공간 의식이 비중 있게 그려져 있는 것이다. 이런 맥락에서인지 서사의 공간 지표 가운데 우선 눈에 띄는 도상적 공간의 요소를 잘 활용한 것이 이채롭다.

> 구보(仇甫)는
> 집을 나와 천변 길을 광교로 향하여 걸어가며,

이처럼, 도입 문장의 첫 구절을 절의 제목으로 삼고 이에 이어 문장을 기술한 점이 눈에 띄는 것이다. 문장 배열의 시각적 효과를 살린 표현인데, 이런 양상이 곧 서사의 공간 자질을 드러내는 중요한 거점이 된다. 그렇다고 시각적인 효과를 살린 데서 비롯된 도상적 공간의 양상만 드러나 있는 것은 아니다. 이런 서술의 양상은 당시로서는 일단 낯선 형태일 것으로, 심각한 정도는 아니지만 해석상 단층을 야기할 요소로서, 서사역학 공간의 형상을 새로이 구성하는 인자가 되었을 것이다. 담화 공간에서 화자가 위치한 공간 영역이 새로이 구성될 것이며 이에 발맞춰 독자의 해석 영역도 새로 구성될 것이고, 인물이 위치한 서사 세계의 양상도 아울러 새로운 형상으로 재구성되게끔 되어 있는 것이다. 서술자의 언변이 강하게 드러나 있어야 할 이런 서술상황에서, 인물의 의식을 따라 서사가 진행되고 있는 것은, 그만큼 서술자보다 인물이 서사에서 우위를 점하고 있다는 점을 시사하는 주요 징표다. 인물의 의식 추이를 속속들이 기술한다는 면에서 전지적 서술자의 면모를 추정할 수도 있으며 실제 그렇다고 할 수 있지만, '나'라는 주어를 '구보'로 치환해 놓고 이에 맞춰 현재형으로 문장을 종결하는 방식을 선택하여 극적인 효과를 살렸다고 할 수 있다. 기실은 서술상황이 일인칭 서술상황에 가까운 것이다. 어차피 구보 한 인물의 의식만 초점화되어 서사 세계가 기술되어 있으니, 전지적 서술자가 전제된 작가 서술상황이라 하기에 어색한 면이 없지 않다. 그러나 '나'라는 주어가 문면에 드러나 있느냐 여부에보다는 지각과 서술의 역학 관계에 주목하여 일인칭 서술상황이라 할 수 있는 것이다. 이렇게 전제해야, 실제 공간 구도가 제시되어 있지만 기술된 공간의 양상이 인물의 의식에 조율된 형태로 드러나 있다는 점을 설명할 수 있다. 이를테면 다음과 같이 서술자의 발화와 인물의 독백 형태로 표현된 발화 사이의 구분이 모호한 경우들이 있는데, 이들 경우에 일인칭 서술상황이 구성되어 있다고 이해할 수 있다.[18)]

> 오전 두 시의
> 종로 네거리— 가는 비 내리고 있어도, 사람들은 그곳에 끊임없다. 그들은 그렇게도 밤을 사랑하여 마지않았는지도 모른다. 그들은 그렇게도 용이하게 이 밤에 즐거움을 구하여 얻을 수 있었는지도 모른다. 그리고 그들은 일순, 자기가 가장 행복된 것같이 느낄 수 있었는지도 모른다. 그러나 그들의 얼굴에, 그들의 걸음걸이에 역시 피로가 있었다. 그들은 결코 위안받지 못한 슬픔을, 고달픔을 그대로 지닌 채, 그들이 잠시 잊었던 혹은 잊으려 노력하였던 그들의 집으로 그들의 방으로 돌아가지 않으면 안 된다.
> 이렇게 밤늦게 어머니는 또 잠자지 않고 아들을 기다릴 게다. 구보는 어머니의 조그만, 외로운, 슬픈 얼굴을 생각하였다. 그리고 제 자신 외로움과 또 슬픔을 맛보지 않으면 안 된다. 구보는 거의 외로운 어머니를 잊고 있었던 것임에 틀림없었다. 그러나 어머니는 그 아들을 응당, 온 하루, 생각하고 염려하고, 또 걱정하였을 게다. 오오, 한없이 크고 또 슬픈 어머니의 사랑이여. 어버이에게서 남편에게로, 그리고 다시 자식에게로, 옮겨 가는 여인의 사랑 — 그러나 그 사랑은 자식에게로 옮겨 간 까닭에 그렇게도 힘있고 또 거룩한 것이 아니었을까. (210쪽)

'오전 두 시의'에서부터 '기다릴 게다'에 이르는 대목의 의식과 발화

---

18) 이 경우에도, 지각과 발화의 함수나 서사적 신빙성의 역학을 미시적으로 해석하노라면 일인칭 서술상황의 난항에 봉착할 가능성이 있음을 전제한다. 여기에서 일인칭 서술상황이라고 논급한 대목들 거개가 이런 난항에 직면해 있는 사례들이다.

의 주체가 모호하다. 뒤에 '구보는' 하고서 문장이 이어지는 것으로 봐서 여기까지 구보의 의식이 기술된 것이라고 할 수도 있으나 명징한 징표가 없어서 그리 단정할 수는 없다. 서술자가 종로 네거리를 관망하는 가운데 떠올린 상념일 수도 있는 것이다. 만약 구보의 의식이 기술된 것이라 하면, 발화의 주체는 또 누구일지 의문시된다. 구보의 독백이라 하는 것이 문맥상 가장 적절한데, 독백임을 표시하는 장치가 없어서 문제다. 그렇다고 서술자의 발화라고 하기에도 '구보는 ~라고 생각한다.'는 식의 언명이 없기 때문에 무리가 따른다. 혹 문단이 나뉜 부분을 경계로 서술상황이 달리 구성되었으리라 생각해 볼 수도 있겠지만, 그리하더라도 발화의 양상이 명백히 드러나지는 않는다. 서술자와 인물의 구분이 모호하게 된 상황에서, 일인칭 서술상황을 전제하고 보면 그런 모호함이 거의 해소되는 편이다. '오오, 한없이 크고 또 슬픈 어머니의 사랑이여.' 이하 '또 거룩한 것이 아니었을까.'에 이르는 대목의 서술상황을 이해하는 데 그런 전제가 특히 요구된다. 줄표를 경계로 인물의 발화와 서술자의 발화 양상이 모호하게 중첩되어 있는 것이다.

다음과 같이 대화 상황이 전제된 대목에서 인물과 서술자의 경계는 더욱 모호해진다.

> 구보는, 벗이, 그럼 또 내일 만납시다. 그렇게 말하였어도, 거의 그것을 알아듣지 못하였다. 이제 나는 생활을 가지리라. 생활을 가지리라. 내게는 한 개의 생활을, 어머니에게는 편안한 잠을, 평안(平安)히 가 주무시오, 벗이 또 한번 말했다. 구보는 비로소 그를 돌아보고, 말없이 고개를 끄떡하였다. 내일 밤에 또 만납시다. 그러나, 구보는 잠깐 주저하고, 내일부터, 내 집에 있겠소, 창작하겠소 ——
>
> "좋은 소설을 쓰시오."
>
> 벗은 진정으로 말하고, 그리고 두 사람은 헤어졌다. 참말 좋은 소설을 쓰리라. 번(番) 드는 순사가 모멸을 가져 그를 훑어보았어도, 그는 거의 그것에서 불쾌를 느끼는 일도 없이, 오직 그 생각에 조그만 한 개의 행복을 갖는다. (210~211쪽)

벗이 '그럼 또 내일 만납시다.'라고 한 말을 거의 알아듣지 못했다는 것으로 미루어 보아, 이를 기술한 서술자와 인물의 경계가 다소 분명하게 드러나는 듯이 보인다. 그러나 곧 이어진 문장에서는, 구보의 독백이 '나'를 주어로 하여 직접 드러나 있는데, 이를 매개하는 문법적 징표가 없어서 서술상황이 혼란스럽다. 이런 혼란은 '나'의 독백과 '벗'의 인사말의 경계가 모호해지면서 더욱 가중된다. 말하자면 '평안히 가 주무시오'의 발화 주체가 누구인지 문면상 분명하지 않은 것이다. '내일 밤에 또 만납시다.'라고 '벗'이 재차 말한 것이 한 문장 건너 기술되어 있는 것도 이런 혼란을 가중시키는 요인이다. 발화의 형식상 징표들을 제한 채 기술되었기 때문에 그럴 것이다. '구보는 잠깐 주저하고' 하는 식으로 서술자가 발화의 매개 역할을 하는 것으로 전제되어는 있지만 '~라고 말했다.'는 식으로 인용을 마무리짓지 않고 있어, 이를테면 '체험 화법(erlebte Rede)'의 일면이 엿보이는 서사가 드러나 있는 것이다.

결과적으로, 인물의 의식이 공간 이동에 따른 추이를 드러내는 데 서사의 초점이 모아짐으로써, 실제 공간의 양상이 투시된 형상이 아니라, 인물의 지각과 체험에 따라 조망된 형상으로 드러나, 서사형상 공간의 윤곽이 뚜렷하지 않았던 것과 대를 이루어 서사역학 공간이 구성되었다고 할 수 있다. 서술자의 기술이 인물의 의식과 분명한 경계를 짓지 못한 구도에서 펼쳐진 상황이라, 담화 공간의 양상은 화자 공간과 인물 공간이 분명히 구획되지 않은 가운데 결국 해석 공간의 양상에 결부되어 그 차원이 결정될 수밖에 없는 상황이 되었다. 원천적으로 담화 공간의 구도에 균열이 생겨난 상황이라, 서술자와 독자의 화행 상황을 전제하지 않으면 양상을 가늠할 수 없게 된다. 역동적인 현존재의 공간성의 면모가 엿보였던 서사형상 공간의 양상에 걸맞게, 서사역학 공간 또한 해석 공간의 기제가 작용하여 역동적으로 구성된 것이다.

해석 공간의 창출

「날개」에 형상화된 '방'은 '나'를 보호해 주는 속성을 지니는 것으로 의식되는가 하면, 자신을 감금하는 폐쇄적인 속성을 갖는 것으로도 의식되곤 한다. 그래서 그 공간은 이를테면 '분열상'이 드러난 공간인데, 그런 속성이 '나'의 언설 자체에 표출되어 있다고 이미 지적하였다. 말하자면 의식의 발현이라 할 언설에 분열의 징조가 엿보인다면, 이미 '나'의 공간에 대한 지각 내용이 일관된 원근법으로 이루어진 것이라고 할 수 없는 것이다.

그러나 이쯤 되면, 이 서사의 서술상황 자체에 의문을 제기하지 않을 수 없다. 서술자인 '나'는 정말로 '나'의 이야기를 하는 것인가. 말하자면 서술자인 '나'는 주인공인 '나'와 동일인인가. 여기에 서술 주체와 인식 주체의 경계가 없는 일인칭 서술상황이 순연히 형성되어 있다고 할 수 있는가.

과연 「날개」의 경우, 언설의 일관성이 결여된 분열적 서사체를 두고서 서술 주체와 인식 주체의 경계를 논하기 난감한 상황이 연출되어 있다. 이른바 의식의 흐름 수법 그대로라면, 자아 분열을 체험하고 있는 인식 주체가 곧바로 서술 주체가 되어 인식하고 지각한 그대로를 기술함으로써, 서사는 자아 분열의 양상이 극화된 형태를 띤다. 그런데 「날개」에서는 자아 분열의 양상이 그렇듯 의식의 흐름 그대로 구현되지 않았고, 다만 사고의 전개 과정상 단절이 있거나 언설에 비논리나 역설이 개입해 있는 정도에 그칠 뿐이다. 이를테면 자아의 분열 양상이 드러난 대목들에서 인식 주체와 서술 주체가 정확하게 일치하지 않는 것이다.

가령 "나는 빈대에게 물려서 가려운 자리를 피가 나도록 긁었다. 쓰라리다.① 그것은 그윽한 쾌감임에 틀림없었다.② 나는 혼곤히 잠이 든다."처럼, 행위와 인식 주체의 목소리와 서술 주체의 목소리가 달리 드러나 있다. ②에서는 서술자의 목소리를 느낄 수 있고, ①에서는 행위자·인식자의 목소리를 느낄 수 있다. 특히, ②는 회상하고 판단하는 이의 목소리가 드러나 있어 순연히 지각 당사자의 언술이라고 할 수 없고, 서술자의 언술이라고 하는 편이 낫다. 물론 이때 서술자는 인물의 내면을 꿰뚫어 볼 수 있는 전지자 역할을 담당한다. 이에 비해 ①은 순전히 인물의 지각 내용을 그대로 옮겨 적은 것으로 서술자의 목소리가 전혀 감지되지 않는 서술이다. 결국 ①과 ② 사이에 분열 양상이 드러나는 것은, 동일인이라고만 전제되었던 '나'를, 지각하거나 행위하는 '나'와 서술하는 '나'로 나누어 논의해야 한다는 점을 단적으로 증명한다. 요컨대 「날개」에는 이야기의 주인공인 '나' 따로, 그 이야기의 서술자인 '나'가 따로 존재한다. 그러다 보니 인식하고 행동하는 주체인 '나'의 행위를 온전히 옮겨 적거나 온전히 해석하지 못하는 경우가 생겨나는 것이다.

그러한 분열상은 근원적으로 '나'의 자아가 분열된 데서 온 결과라고 할 수 있다. 가령 다음과 같은 언설에서 이러한 분열상을 명징하게 검증할 수 있다.

> 나는 또 내 자신에게 물어 보았다. 너는 인생에 무슨 욕심이 있느냐고. 그러나 있다고도 없다고도, 그런 대답은 하기가 싫었다. 나는 거의 내 자신의 존재를 인식하기조차도 어려웠다. (79쪽)
>
> 나서서 나는 또 문득 생각하여 보았다. 이 발길이 지금 어디로 향하여 가는 것인가를……. (80쪽)

이 언설들은 주인공인 '나' 자신 자체가 의식과 무의식으로 분열되어 있는 처지라는 점을 명시해 준다. '나'와 '내 자신'으로 분열되어 있으며, 생각 속에서 '나'의 독백을 받아줄 수화자인 '나' 또한 한편에 존재한다. 그런데 의식 세계의 '나'는 무의식 세계의 '나'를 도무지 믿을 수 없다. 아예 이를 '인식하기조차도 어려우며' 또다른 '나'의 행위를 종잡을 수 없다. 그러다 보니 의식 세계의 '나'의 연장선에 있는 서술 주체 '나'의 언설이 일관되고 논리적일 수 없다. 나아가 서술 주체와 인식 주체 사이의 경계 또한 모호할 수밖에 없다. 이 때문에 「날개」의 서술상황이 난맥상을 이룰 수밖에 없어서, 일인칭 서술상황 또는 자동기술 상황이라고 오해되기도 했겠지만, 본질적으로 이 서술상황에서 서술 주체와 인식 주체 사이에 괴리가 있다고 전제하고 보는 편이 타당하다.[19)]

이렇듯 「날개」에는 화자 공간 차원에서부터 불확정성의 공간이 형성되어 있다. 그러다 보니 독자의 해석은 이 서사의 완성에 큰 역할을 담당한다. 그래서 앞서 '의식의 공간화' 국면으로 상정했던 "어디로 가나?"는 '결말 부재(absent telos)'의 알레고리이기도 하여 또다른 차원의 공간 구성 요소가 배어 있다고 할 만하다. 이를테면 목표점을 상실한 실존은 서사적 목표 상실, 즉 결말 부재의 요인인 것이다. 이 서사는 전반적으로 자아에 관한 얘기인데, 자신의 목표나 지향점을 잃어 버렸으니 이야기의 결말이 결여된 것은 오히려 당연하다. 결국, 이 서사에서 '나'의 실존에게 문제되는 것은 '공간 상실성'이다. 그런 가운데 의식은 공간성을 지향하고 있으며, 새로운 공간 기획을 꿈꾸었던 것이다. 서술하는 '나'와 인식하는 '나' 사이의 단층이 있음으로써, 그 단층이 서술상황의 애매성을 고조시키며 서사역학 공간의 불확정성을 유발한다. 이에 따라 해석상 난맥이 심화되어 종내 서사의 완성에 독자를 이끌어 들인다. 독자의 의미 창출을 기대하는 것이다.

이런 서사역학 공간 양상은 「지도의 암실」에서도 마찬가지로 드러난다. 이 소설에서는 인물이 아예 '그'로 상정되어 있어 표면상으로 일

---

19) 이른바 프롤로그 부분이라는 데는 서술 주체의 의식과 언표가 그대로 드러나 있다. 이 부분은 이어지는 플롯에 대해 메타적인 언설이라고 할 수 있겠는데, 처음부터 「날개」의 서술상황은 서술 주체를 주인공과 별도로 상정하고 있는 것이다.

인칭 서술상황이 아닌 만큼, 서술 주체와 인식 주체가 상이한 것으로 전제되어 있다. 표면상 서술자 '나'가 '그'를 관찰한 결과를 이야기하는 것으로 되어 있는 것이다. 인식 주체와 서술 주체 모두 '나'로 전제되어야 일인칭 서술상황으로 파악할 수 있는데, 이 소설에서는 서술 주체만 '나'로 전제된 것이다. 다음 대목에 그 징표가 보인다.

> 기인동안잠자고 짧은동안누웠던 것이 짧은동안 잠자고 기인동안누웠던그이다 네시에누우면 다섯 여섯 일곱 여덟 아홉 그리고아홉시에서 열시까지—나는리상한우스운사람을아안다 물론나는그에대하여 한쪽보려하는것이거니와—은그에서 그의하는일을떼어던지던 것이다. 태양이양지쪽처럼내려쪼이는밤에비를퍼붓게하여 그는레인코트가없으면 그것은어쩌나하여방을나선다. (24쪽, 인용자 밑줄)

서술자가 '나'라는 사실은 전체에 걸쳐 이 대목에서밖에 고지되지 않는다. 그 외에는 명징한 징표가 없다. 주석 처리된 이 부분 아니면 서술 주체는 그저 제 삼의 전지자 정도로 볼 수밖에 없을 것이다. 서사 전반에 걸쳐 서술자는 인물의 내면 심리까지 속속들이 알고 있는 것으로 전제되어 있기 때문이다. 전지적인 작가 서술상황이 아니라 일인칭 서술상황이라는 점을, 사소하지만 이 주석 덕분에 일단 알 수 있다. 그런데 서술상황을 파악하는 데 오히려 난항이 생겨난 면이 없지 않다. 기실 일인칭 서술자가 자기 얘기를 하지 않는 상황이라면, 관찰한 내용만 기술할 수 있을 뿐이어야 옳다. 그렇지만 '나'는 '그'의 일거수일투족뿐만 아니라 '의식의 흐름'마저도 알고 이를 기술하고 있다. 결국 서술자가 전지자로 전제되든지 인물이 일인칭 인물로 전제되든지 해야 그 서술상황이 온전해질 텐데, 이 경우에는 '그'의 정체를 의심해 볼 여지가 많다.

서사의 신빙성 맥락에서 보건대 '그'의 흐트러진 상념을 '나'라는 서술자가 온전히 안다는 것은 어불성설이다. 그렇다고 굳이 전제된 일인칭 서술자를 전지자로 바꾸어 생각해도 문제다. 특히 '그'의 의식은 일관된 생각을 펴 나가는 것이 아니라 맥락이 대단히 혼란스러운 상념들로 가득차 있는데, 전지적 서술자라면 이를 추슬러 온전히 서사 문맥을 갖추어 기술할 것이다. 서사 세계를 '투시'하는 입장에 서서 인물을 조종할 것이므로, 예컨대 '태양이 양지쪽처럼 내려쪼이는 밤에 비를 퍼붓게 하여, 그는 레인코트가 없으면 그것은 어쩌나 하여 방을 나선다.' 하는 식으로, 인물의 의식에 따라 조율된 세계를 언술하지는 않을 것이다. 요컨대 이 소설 전반에 걸쳐 인물 서술상황이 구성되어 있는데, 서술자를 '나'로 하여 인물 서술상황이 펼쳐진다는 것은 곧 일인칭 서술상황이 펼쳐진다는 얘기다. 결과적으로 '그'는 '나'를 굳이 바꿔쓴 말이라 할 수 있다.

그렇다고 해서 이때 '나'가 서술자 '나'와 온전히 일치하는 것은 아니다. '그'는 제삼자도 아니지만 온전히 '나'도 아닌 '또다른 나'를 가리키는 것으로 보는 것이 옳다. '리상한 우스운 사람'을 안다고 제 이름의 음으로써 유희(pun)한 것으로 미루어 보아,[20] 스스로를 희화 대상으로 전제하고 제 이야기를 펼치려는 것으로, '나'는 자신을 대상화시키려고 도모한다고 추론할 수 있다. 그도 그럴 것은 '그'가 거울을 보는 행위를 통해 '그'의 또다른 자아 '리상'이 등장하기 때문이다. 자아를 대상화한다는 것은, 그것도 이중으로 대상화한다는 것은 결과적으로 분열된 자아상을 빚어내는 것이다. 이 서사는 서술상황 자체가 극히 혼란스럽게 구성되어 있는데, 서술 주체이건 지각 주체이건 본질적으로 분열된 자아를 전제로 상정된 데서 비롯된 결과라고 할 수 있다.

---

20) 이름이 '리상'이라는 사실은 실제 작가의 이름과 무관하게 알 수 있는데, 뒤에 "그는 리상 — 이상히이이름은 그의그것과똑같거니와 — 을만났다"라는 대목을 통해서다. 이를테면 작가의 실명과 인물의 이름이 동일한 데서 일인칭 서술상황일 가능성을 엿볼 수도 있겠지만, 이는 논외의 문제다.

투스브러시는그의이사이로와보고 물이얼굴그중에도뺨을건드려본다 그는 변소에서가장먼나라의호외를 가장가깝게보며 그는그동안에편안히서술한다 지난것은버려야한다고 거울에열린창에서 그는리상－이상히이이름은그의그것과똑같거니와－을만났다 리상은그와똑같이 운동복의준비를차렸는데 다만 리상은그와달라서 아무것도하지않는다하면 리상은어디가서하루종일있단말이오 하고싶어한다. (26쪽)

여기에서도 언어 유희로써 새로운 '리상'을 등장시키고 있다. 그런데 그 새 인물은 다름 아니라 거울 속에 비친 자신의 모습이다. '그'의 모습 그대로이겠지만 동시에 그와는 반대 모습일 수도 있다. 실상은 '그'의 또다른 자아일 텐데, 결과적으로 '그들' 사이의 경계가 모호한 정황이 펼쳐져 있다고 할 수 있다. 종내 지각 주체와 서술 주체 사이의 경계 또한 모호해졌으며, 그런 만큼 서술자와 인물 사이를 구분지을 명증한 징표가 없어져 버린다. 심지어 지각 대상과 주체 사이의 관계가 전도되어 서술되는 상황까지 펼쳐진다. '치솔'과 '물'이 주체가 된 듯이 문장의 주어로 쓰인 언설이 기술된 대목이 단적인 예다.

지각 주체나 서술 주체나 모두 '나'의 각기 다른 모습임에 틀림없다. 그런 맥락에서 이 서사의 서술상황은 일인칭 서술상황이 아니다. 단순히 얘기하자면 일인칭 서술자가 제 얘기를 서술하는 상황이며, 다만 주인공을 지시하는 대명사만 제삼자인 것처럼 상정되어 다소간 혼란스럽더라도 얼른 일인칭 서술상황이라 간주할 수는 있을 것이다. 그러나 심층을 들여다 보면, 지각하고 행동하는 '나'와 서술하는 '나'가 분열된 양상임을 알 수 있다. 이런 서술상황을 극화하기 위해 서술자가 굳이 인물 '나'를 '그'로 상정했는지도 모를 일이다.

그런가하면 아예 그들의 정체를 가늠하는 것이 무의미한 상황이 펼쳐지기도 한다. 서술상황이 난맥상을 이루는 것과 궤를 같이하여 주목할 점은, 사물이 지각의 대상이 아니라 지각 주체로까지 상정되고 있다는 점이며, 이런 정황이 이른바 물주(物主) 구문 형태를 빌려 드러나고 있다는 점이다. 아예 사람과 사물의 위치까지 전도되기도 한다. "사람은 피부에 검은 빛으로 도금을 올릴 것이다. 사람은 부딪칠 것이다. 소리가 날 것이다. 사원에서 종소리가 걸어올 것이다. 오다가 여기서 놀고 갈 것이다. 놀다가 가지 아니할 것이다."(27쪽)라는 식으로, 사물이 의인화된 데 그치지 않고 사람이 사물에 빗대이는 것이다. 일상의 상념을 뒤엎는 이런 언설이 의식의 분열상에서 표출되었을 것임을 짐작하기 어렵지 않은데, 이 서사의 서술상황이 극도로 혼란스럽게 드러나 있어, 아예 담화 공간이 난장을 이룬 형국이라고까지 할 수 있다.

> 다른사람하나가있다 그가늘산보를가면그곳에는커다란바윗돌이 돌연히있으면 그는늘그곳에기대이는 버릇인것처럼 그는한여자를늘찾는데 그여자는참으로위치를변하지아니하고있으니까 그는곧기대인다 오늘은나도화나는일이썩많은데그도 화가났습니까하고물으면 그는그렇다고 대답하기전에 그러냐고한번물어보는듯이눈을여자에게로 흘깃떠보았다가고개를 끄떡끄떡하면(33쪽, 인용자 밑줄)

밑줄 친 부분은 정황상 '그 여자'와 '그' 사이에서 오고간 대화를 기술한 대목인데, 직접 화법과 간접 화법이 모호하게 혼융된 양상으로 드러나 있다. '나도' 하는 것으로 미루어 보아서는 직접 화법으로 발화된 것이 분명하지만, 상대방을 가리켜 '그도' 하는 것으로 보아서는 간접 화법이어야 한다. 화법에 균열상이 빚어진 것이다. 사실은 전체 서사에 비추어 보아도 화법을 따져서 별 의의가 없을 정도이다. 인물과 서술자, 즉 지각 주체와 서술 주체의 구분이 모호한 형국이 빈발하는데, 처음부터 '그'로 상정된 인물이 실상은 '나'를 대상화한 것이라는 점부터가 화자 공간과 인물 공간을 명확히 구획하기 어렵게 하는 요인이다. 그만치 해석 기제가 작동하여 그 난맥상을 추슬러야 할 것이며, 이에 따라 독자 공간이 이 담화 공간에서 극히 중요한 영역으로 부각될 수밖에 없다. 담화 공간의 불확정성을 보정하는 데 상대적으로 독자 공간의 확장이 불가피한 것이다. 이 때문에 서사역학 공간은 대단한 난맥상을 보인다.

그런 난맥상은 도상적 공간 지표로써도 표출되어 있다. 이를테면 다다이즘 기법이나 자동기술법의 면모가 보이며, 외래어를 쓰거나 아예 외국어를 원문 그대로 기술하는 등, 일상의 문법을 의도적으로 파기하려는 의식이 강하게 노정되어 있다. 시간의 속박에서 벗어날 출구를 마련할 심산으로 집요하게 공간을 기획하려는 의식과, 여기 동인이 된 분열된 자의식이 역학을 이루는 가운데, 상식을 깨는 도상적 공간의 면모가 펼쳐져 있는 것이다. 단순히 기법 차원이 아니라, 현존재의 공간 기획 의도가 '서사역학 공간' 층위에서도 구현된 것이라고 할 수 있다.[21] 이런 공간 형상 또한 해석의 여지가 상당히 요구된다. 이는 담화 공간 층위의 한 구성소인 독자 공간을 두는 데 국한되지 않고, 별도 층위에 해석 공간이 기획될 필요가 있음을 시사한다. 담화 공간의 불확정성과 아울러, 도상적 공간의 주요 국면인 조판 공간이 해체된 상황에서, 본질적으로 해석 공간의 창출이 요구되는 것이다.[22]

불확정적 공간 구도

「소설가 구보씨의 일일」이나 「날개」와 같이, 보통 심리소설로 분류되는 일군의 작품들에서, 실제 공간의 형상 자체가 별 의의를 지니지 못하는 공간 양상이 펼쳐지는 바, 이들 소설은 모방각이 큰 서사체로서 논의선상에 부각된다. 공간적 실체가 전제된 것이 아니라, 인물의 지각과 의식에 따라 차원이 달리 드러나 구성되는 공간의 형상이 드

---

21) 이상의 소설에서 곧잘 눈에 띄는 이런 도상적 공간 형상은 전에 없는 서사역학 공간의 국면을 보여주는 전범(典範)과도 같다.

22) 맘그렌, 앞의 책, 57~58쪽 참조.

러난다는 점이 특히 주목을 끈다. 서사형상 공간은 그 실재성의 지시 관계에 국한되지 않고 의식의 작용과 해석의 국면에 따라 형상이 달리 창출되는 과정적 역학이 관건인 것으로 드러난다. 서사형상 공간과 대상 공간 사이의 지시 관계가 무효인 만큼, 서사역학 공간의 국면에서 독자의 해석이 중요한 요건으로 부각된다. 담화 공간의 구도에서 독자 공간의 영역이 확장된 양상으로 드러남으로써 해석 공간이 별도의 층위에 구성되는 형국이 빚어질 만하다.

「소설가 구보씨의 일일」에서는 자의식과 공간 형상이 연관되어 기술된다. 공간의 이동에 따라 인물의 의식이 변모되는 양상이 부각되어 있다. '구보'에게 공간은 자의식 또는 잠재 의식을 표출하는 장으로 전제되어 있는 것이다. 이에 비해 「날개」에서 공간은 자의식과 무의식이 경합을 벌이는 장으로 그려져 있다. 의식과 무의식의 역학 관계에 따라 맥락마다 새로이 창출되는 공간의 면모가 기술되어 있는 것이다. 「날개」에서 공간은 더 이상 실제성도 실재성도 없는, 실체 없는 구성체인 것이다. 현존재의 공간성과 이를 변용시킨 상징적 공간 기획이 실연되었다는 점에서 「소설가 구보씨의 일일」과 「날개」의 서사 공간 국면에 공통점이 있지만, 그런 기획이 의식의 지향에 따른 것인지 의식의 분열에 따른 것인지, 즉 의식 작용에 의한 것인지 의식과 무의식의 역학 작용에 의한 것인지에 따라 두 공간의 형상과 구도가 달라진 것이다. 다만 중요한 사실은, 어느 경우이든 서사에 투영된 공간은 더 이상 실제 현실 세계의 공간을 모사하는 차원으로 그려지지 아니하고, 서사 세계 내에서 창출된 공간 형상으로 그려진다는 점을 인상적으로 드러내었다는 점이다.

이렇게 되면, 모방각은 거의 직각에 육박하거나 아예 직각을 넘어서 둔각을 형성하게 될 것이다. 말하자면 경험 세계 축을 기준으로 허구 세계의 좌표점이 영(零)이나 음수로 표시될 수 있다는 얘기다. 본질적으로 모방 삼각형을 도시하기 불가능한 상황이다. 다만 실제 지명이 거명되었다거나 의식에 투사되기 이전의 대상 공간이 암묵적으로나마 전제되었다는 점 등을 감안하여, 순전히 도시 불가능한 상황은 모면할 수 있다. 이를테면 모방각이 직각에 육박하지만 예각이 형성되어 있고 진리치 또한 극히 작은 형태를 그려볼 수 있는 것이다. 차원을 거의 점하지 않을 형상이다.

해석각은 커진다. 서사 세계와 해석 세계 사이의 간극이 큰 것이다. 이 역시 모방각처럼 둔각으로 그려질 수도 있어, 해석 삼각형을 그릴 수 없는 형편이다. 그러나 서술상황의 역학 관계를 고려하여 충분히 해석 가능한 상황이 펼쳐져 있으므로 모방각이 크고 허구 세계 좌표값이 크며 해석치가 큰 삼각형을 그릴 수 있다. 모방 삼각형처럼 차원을 거의 점하지 못하는 것이 아니라, 높이가 커서 전체 면적이 상대적으로 큰 삼각형일 것이다. 두 삼각형을 잇는 서사 기법 차원이 클 것이므로, 서사적 공간 입체는 전반적으로 불안정한 삼각뿔에 근사한 형상이 될 것이다. 「소설가 구보씨의 일일」보다 「날개」나 「지도의 암실」과 같은 이상의 소설이 더 불안정한 형상일 것이다.

이들 소설에서는, 공간 인식과 형상의 함수 관계를 따질 여지가 없다. 굳이 말하자면 치역으로 전제된 공간 형상 좌표에는 정역에서 대응되지 않은 요소들인 공역이 많은 식으로 드러나게 될 텐데, 문제는 정역의 요소 하나하나가 다 치역의 요소들과 조응하는 전단사 함수 격으로 드러날 수도 있지만, 정역의 요소 하나나 둘이 치역의 수다한 요소들과 조응하는 상황이 펼쳐질 때에는 아예 함수 관계가 형성되지 않는 것이다. 「소설가 구보씨의 일일」에서는 실질적인 연관 관계는 없더라도 최소한 공간의 이동에 따라 다양한 의식에 투영된 공간 형상이 그려지는 만큼 전단사 함수 격이 될 것이며, 「날개」에서는 둘로 구획된 '방'이 의식과 무의식의 역학 관계 속에서 다양한 형상들에 조응하는 만큼 함수 관계가 없는 격이 될 것이다. 물론 「소설가 구보씨의 일일」에서도, 대응 관계에 함수 관계라 할 만큼 실질적인 관계가 맺어질 상황은 아니므로 기실은 함수를 따질 수 없는 상황이다. 신소설 등에서 함수 관계를 따질 수 없다는 것과 전제는 다르다. 이 서사적 공간 함수에는 병렬 공간이 변항으로 작용하고 있기 때문이다. 실체가 전제되어 실재성을 드러내는 공간 형상과 실체 없이 자의식이나 무의식에 의해 구성되어 해석을 기다리는 공간 형상이 다를 것이라는 얘기다.

해석 공간이란 변항의 역학 작용으로써 창출되는 서사 공간, 이것은 근대적 서사의 공간 자질을 드러내는 주요 지표이다.[23] 이를테면 서사역학 공간의 주요 구성소인 담화 공간 층위는 서술자와 인물의 역학에서 펼쳐지는 서술상황과 문체의 양상에 의해 그 형상이 일단 결정되는데, 이 층위에 중첩되어 있는 해석 공간이 결부된 역학을 고려하지 않으면 안 되는 서사체들이 있어, 본격적인 서사 공간 논의를 전개할 수 있게 되는 것이다. 해석 공간은 병렬 공간으로서 서사형상 공간에 나란히 놓이기도 하고 담화 공간의 한 구성소로서 교집합 관계에 있기도 하여, 서사 공간에 대한 논의를 펼 때 어느 층위에 다 걸쳐 논급되지만, 문제는 그 해석 공간의 비중이 크게 부각되거나, 부수적인 공간이나 병렬적인 공간이 아니라, 서사 공간의 한 층위를 본질적으로 점하는 공간으로 전제하지 않으면 안 되는 경우에, 담화 공간과 해석 공간의 역학 관계를 면밀히 검토할 수밖에 없는 것이다.

공간 문제가 서사의 본질을 점하고 있는 서사체들이라도, 『천변풍경』 같은 경우에는 그런 역학을 별스레 따져볼 여지가 없는 것으로 보인다. 다만 실제 공간 구도를 전제하여 실감이 전해지는 서사에는 으레 인물을 초점화한 서술상황이 구성되어 있다. 온전히 인물 서술상황으로 되어 있는 것은 아니지만, 그렇다고 서술자의 권위적인 의식이나 목소리가 드러나 있는 것도 아니어서 작가 서술상황으로 되어

---

23) 프랭크의 견해를 빌리자면, 일단은 서구의 경우이지만, 그런 서사체야 말로 서구의 경우 근대적인 서사체로 꼽을 수 있다고 한다.

있다고 할 수도 없다. 그런 가운데 독자의 입장을 전제한 화행 상황의 맹아도 엿보여, 담화 공간이 균형감 있는 구도로 드러난다. 대조적 공간 형상, 삶의 공간을 원근화한 공간 형상을 드러낼 때에도, 서술자는 적정선의 영역 내에서 서사에 개입한다. 게다가 체험된 공간의 면모나 문학적으로 변용된 공간의 양상도 형상화되는데, 이를테면 공간 형상의 파노라마와도 같은 이 서사체에서, 어느 경우에도 서사역학 공간의 구도는 각 국면들 간에 안정된 양태로 구성되어 있다. 그만큼 해석 공간이 별도로 부각되거나 새로이 창출될 여지는 없는 것이다.

그러나 인물의 의식에 조율된 공간 형상이 주로 표출되었던 「소설가 구보씨의 일일」에서는, 그에 걸맞은 서사역학 공간이 구성되기에 상대적으로 해석 공간의 의의가 부각된다. 예컨대 조율된 공간, 혹은 체험된 공간의 형상으로 실제 공간이 변용되는 데에, 체험 화법 식의 발화로 구성된 서사역학 공간의 기제가 작용하고 있는데, 그런 양태는 본질적으로 독자의 해석 방향에 따라 달리 창출되는 것이다. 도상적 공간이 강조되었거나 서술상황이 모호한 면모들도 다 해석 공간을 독자적인 영역으로 전제하게끔 유도하는 동인이다. 담화 공간의 구도에 균열이 생겨난 상황에서 화행의 장이 새로이 펼쳐진 셈이다. 역동적인 현존재의 공간성이 서사역학 공간의 양상에도 투영되어 있는 만큼, 근대적 서사 공간의 면모가 비로소 구현되었다고 할 수 있을 것이다.

그나마 「소설가 구보씨의 일일」에서는 현존재의 의식이 조율한 공간 형상이 테마가 되어 해석 공간이 별도로 창출되는 데까지 나아가지 않아도 좋다. 독자의 영역이 서사적 공간 구도에서 독립적인 영역으로 구획됨으로써, 화행의 장이 형성되는 데 구성소로 전제되기만 해도 좋은 것이다. 이에 비해 이상의 소설에서는 담화 공간에 난장이 펼쳐진 모양새인데, 이를테면 의식과 무의식의 역학이 빚어낸 공간 구도의 '불확정성'이 화자 공간 차원에 투영되어, 인식 주체인 '나'와 서술 주체인 '나' 사이에 극도의 분열상이 형성된다. 이런 상황에서 결국은 해석상 난맥이 형성되고, 직각으로 치닫는 해석각을 조정하기 위해 해석 공간은 해석 상황에 따라 새로이 구성되어야 한다. 따라서 「날개」에서 해석 공간은, 담화 공간이 난장을 이루는 데 걸맞게, 새로이 창출되어 서사역학 공간의 구성에 결정적인 인자로 작용하게 된다. 서사형상 공간이 전의되고 상징화된 공간 형상을 띤 만큼, 그 의미를 해석하는 독자의 영역이 상대적으로 중요하게 부각된 공간 구도하에 서사역학 공간이 구성된 것이다.

도시의 서사 공간 형상

장소 · 공간 · 도시

과학과 산업의 혁명과도 같은 변화에 맞물려 대두된 계몽적 시민 계급은 도시를 거점으로 급성장할 수 있었다. 경제적 거래는 물론이고 정치적인 거래에 작용하는 이해 관계를 통해 맺어지는 시민 사회는 전통적인 공동체와 기반이 다를 수밖에 없다. 일정한 영역으로 구획된 공동체적 사회는 시민 사회의 성립과 확대에 걸림돌이었을 것이다. 삶의 전방위로 확산되었을 근대 혁명의 양상에 걸맞게 '드넓은 공간'이 요구되었던 터, 도시는 한정되고 폐쇄적인 '장소'를 넘어 자유롭게 열린 '공간'을 지향하는 것이 수순이었다. 산업혁명과 대혁명을 통해 그려진 근대의 밑그림에 채색함으로써 근대의 모양새를 그럴싸하게 꾸민 것이 이를테면 혁명에 준하는 '도시화'였음 직하다. 과연 도시는 근대의 표상처럼 이해된다.[1)]

---

1) 여기에서 일컫는 '도시'는 산업화의 결과로 드러난 근현대 도시를 말한다. 따라서 이러한 언명이 일견 순환논증의 오류를 범하게 될 여지가 없지 않다. 그렇지만 오늘날 '도시(city/urban)'는 서구에서도 산업화 도정에 형성되고 외연이 확산된 근현대 도시에 상응하므로 이렇듯 얘기할 수 있다. 이는 여기에서 사용할 '도시(화)'의 개념 층위를 한정하는 얘기이기도 하다.

우리의 경우, 계몽적 이성에 기반한 근대의 내적 표지를 상정하기 곤란한 면이 있지만, 적어도 도시에 관여된 문명적 징후와 사회 구조의 변동 양태에 근대의 '표상'이 맞닿아 있는 것은 분명하다.[2] 서구 문명의 낯설음, 이에 대한 거부감과 함께 열광적 수용 태도가 이율배반적으로 공존하였음은, 서구화가 서구 열강의 침탈이나 일제의 강제 점령 등과 때를 같이 한 데서 비롯되었을 터이다. 그 와중에 도시에 대한 지각과 인식 양상이 다각화되었을 것은 수순이다.

도시는 삶의 경관(landscape)은 물론이거니와 인간의 관계 개념이나 신념 혹은 가치관, 나아가 이념까지 바꾸어 문화 전반의 지형을 새로 그리게끔 할 정도로 영향력이 막강하다. 특히 오늘날 도시는 더 이상 이질적이거나 삶의 본령에서 벗어난 배경으로 취급할 수 없다. 요컨대 도시는 현대인의 삶의 기초적 조건이자 사회적 조건의 기저를 이룬다고 할 수 있다. 낯설지만 호기심거리로 대상화되어 이해되던 도시가 더 이상 아닌 것이다. 이는 구체적인 삶의 장으로서 받아들여지기보다 추상적인 관념의 층위로 전환된 구조나 이미지의 양태로 수용되는 공간 차원의 장이다.

이런 맥락에서 도시에 관해서는 형상의 차원에서 논급할 여지가 생기는데, 특히 공간 형상에 관한 입론을 세울 필요가 다분하다. 구체적인 지각 대상인 '장소'가 관념의 여과를 거치는 과정에서 빚어지는 변이형에 주목할 수 있으며, 그러한 형들이 표현될 때 결과로 드러나는 형상에 주목할 수 있는 것이다. 이때 특히 삶의 총체에 관한 이야기 장르인 소설에 투영된 공간 형상에 관심이 모인다. 소설과 도시는 공히 삶과 진리에 관한 한 규모가 큰 이미지[3]이며, 도시에 관한 담론이

2) 그 심층적 의미나 속성에 대해 일컫는 것은 아니다. 근대/근대화에 관여된 이벤트적 표지를 일컫는 것이다.

3) Stephen David Ross, 'Discourse, Polis, Finiteness, Perfection', M. A. Caws(ed.), *City Images*, Gordon and Breach, 1991, p.25 참조.

야말로 욕망과 권력이 효력을 발휘하는 주요한 장[4]이라는 점을 염두에 두어도 좋을 것이다. 도시의 서사적 공간 형상에 관한 논항이 구성되는 셈이다.

여기서 서사적 공간은 단순히 이야기의 배경에 국한되거나 대상 세계를 전사(轉寫)하여 구현되는 차원의 것이 아니다. 이는 실감을 자아내는 방편으로보다는 모종의 의미를 구현하는 기제로 작용한다. 물리적 장소의 실상을 고스란히 구현하려는 공간 투시의 방법이 없지 않으나, 이는 본격적인 서사 공간으로 인정되지 않는다. 공간 투영의 과정에 작용하는 서사적 변용이 전제되었을 때라야 의미를 획득하는 공간 형상일 수 있는데, 그 실감 형상이나 지시적 투영 여하를 가늠하는 데보다는 서사적 공간 형상의 국면을 분석하는 데 관건이 있다. 삶의 총체적 국면을 전망하기에 좋은 소설 장르의 본색을 고려할 때 더욱 그러하다. 단순히 도시를 배경으로 펼쳐지는 이야기는 별스런 관건이 아니니, 도시에 관여된 삶의 문제를 주제로 한 이야기에 관심을 지향하는 것이 타당하다. 이때 도시가 장소 아닌 공간 논점으로 수렴될 터이며, 이를 요컨대 도시의 서사적 공간 형상이라 할 수 있는 것이다.

기실, 혈연이나 지연 공동체인 농경 사회에서는 사람들이 일정한 지역 내에 터전을 일구어 삶을 영위하는 까닭에 한정된 장소를 구획하는 것이 지혜롭다.[5] 이른바 장소애(topophilia)[6]는 공동체의 보호 속성에서 비롯된다. 그런데 친족적 연고나 지역적 연고와 관계 없이 구성되는 도시 사회에서 저러한 장소애가 구심을 이룰 여지는 없어 보인다. 이방에서 모여든 도시인들에게 애착이 가는 장소는 고향일지언정 거주 지역은 아니기 때문이다. 따라서 도시인들에게는 장소에 대

---

4) 위의 책, 같은 쪽.

5) 에드워드 렐프, 김덕현 외 역, 『장소와 장소상실』, 논형, 2005, 86쪽 참조.

6) 위의 책, 93쪽.

한 감각보다 특정 장소를 초월한 공간에 대한 의식이 유효하다. 도시는 공간에 대한 관심을 부르며, 도시의 본질은 공간의 기획에 있다.

전통적 공동체 사회에서는 삶의 범위가 특정 장소에 한정되어 있는 까닭에 광대하고 개방적인 공간에 대한 관심이 생길 개연성이 적다. 공동체의 장소적 범위가 구획됨으로써 성원들은 삶의 안정을 보호 받는다. 장소애가 이러한 전통 사회의 공동체적 유대감에 기반을 두고 있음은 주지할 바다. 이는 개인이 공동체의 터전에서 성원들과 어우러짐으로써 자기 존재의 거점을 확보할 수 있다는 인식을 추동한다. 구체적인 대면 관계를 통해서라야 개인의 존재가 공동체 속에서 보호받을 수 있으니, 인간 관계의 진정성이 이러한 장소의 속성[7]을 점하는 것은 수순이다.

이에 비해 도시는 삶의 터전이 될지언정, 존재를 안전하게 비호하는 안정적 영역으로 수용되지 않는다. 친밀한 유대감으로 맺어지는 관계가 아니라 계약과 이해(利害) 조건에 따라 가변적인 관계가 이 도시 사회의 구성 요건이다. 따라서 도시는 추상적이고 보편적인 관계인 구조로서 이해되는 장이다. 인간 관계의 진정성에서 벗어난 속성[8]이 구심을 이루는 표상이기도 하다. 물리적이고 구체적인 장소적 실감과 다른, 피상적 의미 관계로 구축되는 추상적 표상으로서만 도시가 의식된다. 도시는 장소 상실의 상대적 표상으로서만 의미를 띠는 구성체로 기획된 공간인 것이다. 이는 관계망에 작용하거나 이에서 파생되는 이념이나 정치경제적 조건항들을 통해 그 의미를 읽을 수 있는 의미체이기도 하다. 체감된 범위 내의 장소가, 지각된 바대로 실감을 낳는 대상으로 전제되는 것과 뚜렷이 대조된다.

이렇듯 도시는 직시적 지표를 통해서보다는 의미 표지를 통해 해석되는 공간 형상을 본질로 한다. 자기 지향적인 전통 사회와 다른 타

---

7) 위의 책, 172~173쪽 참조.
8) 위의 책, 178~182쪽 참조.

자 지향적 도시 사회의 속성이 이와 연관된다. 장소상실의 의미가 구현되는 거점이기도 하다. 자유감과 함께 불안감을 내포한 '도시 공간'에서 인간은 실존적 한계상황을 넘어서 '공간 내 존재'를 기획한다. 이러한 기획이 소설을 통해 표현될 때 서사적 공간 형상에 수렴되는 것이다. 장소 상실의 결과 기획된 공간 표상이 배경적 실감 구현의 차원을 넘어선 주제적 표상으로 전형되는 결과가 빚어질 법하다.

이러한 도시의 공간 형상이, 한국의 근현대 소설에서는 어떤 국면으로 펼쳐졌을까.

도시 공간의 투시

우리에게 도시는 서구화(개화)의 한 표지이다. 개화기와 일제강점기에 '모던'으로 직결되던 서구 문명의 총화가 곧 도시로 수렴된다. 이때 도시는 구체적 실상으로 그려지기보다는 개화 이념을 응축한 추상적 표상으로 기술된다. 가령 이광수의 『무정』[9]에서 단적인 양상을 확인할 수 있다.

> 차가 남대문에 닿았다. 아직 다 어둡지는 아니하였으나 사방에 반작반작 전기등이 켜졌다. 전차 소리, 인력거 소리, 이 모든 소리를 합한 '도회의 소리'와 넓은 플랫폼에 울리는 나막신 소리가 합하여 지금까지 고요한 자연 속에 있던 사람의 귀에는 퍽 소요하게 들린다. '도회의 소리!' 그러나 그것이 문명의 소리다. 그 소리가 요란할수록에 그 나라가 잘된다. 수레바퀴 소리, 증기와 전기기간 소리, (쇠마차 소리)…… 이러한 모든 소리가 합하여서 비로소 찬란한 문명을 낳는다. 실로 현대의 문명은 소리의 문명이라. 서울도 아직 소리가 부족하다. 종로나 남대문통에 서서 서로 말소리가 아니 들리리만큼 문명의 소리가 요란하여야 할 것이다. (313쪽)

이 대목에서 도시는 곧 문명에 상응하는 것으로 전제된다. '사방'을

---

9) 이광수, 「무정」, 『무정 외』, 동아출판사, 1995.

밝히는 것은 물론이요 전과 차원이 다른 교통 수단의 원동력이 되는 '전기'는 문명의 찬란함과 강력함을 대유한 것으로 이해된다. 정적이고 '고요한' '자연'에 비견되는 전통적 삶의 장이, '요란한 소리'를 통해 체감되는 역동적 도시로 대체되어야 하리라는 당위적 상념이 이처럼 담론된다. 이는 단선적인 목소리를 통해 표명되는 터라 주지가 선명하다. 도시와 문명의 상관성을 전제로 개화(서구화)의 가치를 역설하는 것이다.

이처럼 도시는 삶의 구체적인 터전으로서 지각될 대상으로 그려지는 것이 아니라, 비약적 관념화를 통해 인식되는 추상적 형상을 띠고 드러난다. 즉, 장소의 묘사를 통해 실감이 드러나는 양상이 아니라 '도시 이미지'를 표상한 공간 형상인 것이다.[10] 특히 도시의 면모가 온전히 갖추어지지 않은 상황에서 도시화의 당위를 설파하는 담론 양상이 실감과 무관할 수밖에 없음은 당연한지도 모른다. 권위적 서술자가 서사 세계의 외부에서 투시(Außenperspektive)함으로써 빚어지는 공간 형상이 이러한 이념적 도시 이미지를 거점으로 그려지는 것이다.[11]

염상섭이 기술하는 '부산'의 형상도 이와 유사하다.

> 우선 부산이란 데로만 보아도, 부산이라 하면 조선의 항구로는 첫손 꼽을 데요 조선의 중요한 첫 문호라는 것은 소학교에 한 달만 다녀도 알 것이다. 그러니만치 부산만 와봐도 조선을 알 만하다. 조선을 축사(縮寫)한 것, 조선을 상징한 것이 부산이다. 외국의 유람객이 조선을 보고자거든 우선 부산에만 끌고 가서 구경을 시켜 주면 그만일 것이다. 나는 이번에 비

10) Mary Ann Caws, 'Introduction: the City on our Mind', Caws, *ibid*, p.1 참조.

11) 이하 내용 가운데는, 전 장에서 '서사 공간과 근대 소설의 자질'에 관해 논급한 구체적 내용과 상관되거나 일부 겹치는 논지가 있으나 논점이 '도시의 서사적 공간'에 관한 논의로 한정된 만큼, 맥락이 다르다는 데 유의하면 좋겠다.

로소 부산의 거리를 들어가 보고 새삼스럽게 놀랐고 조선의 현실을 본 듯 싶었다. …(중략)…

부두를 뒤에 두고 서편으로 꼽들어서 전찻길을 끼고 큰길을 암만가야 좌우편에 이층집이 쭉 늘어섰을 뿐이요, 조선 사람의 집이라고는 하나도 눈에 띄는 것이 없다. 얼마도 채 못 가서 전찻길은 북으로 꼽들이게 되고 맞은편에는 극장인지 활동사진인지 울그데불그데한 그림조각이며 깃발이 보일 뿐이다. (597~598쪽)[12)]

도시의 면모가 짙은 '부산'은 조선의 축도(縮圖)에 상응하는 것으로 기술된다. 말하자면 부산은 특정 장소로서 구체적인 모습으로 그려지지 않고, 조선을 대유하는 공간 형상을 띠는 구도로 표현된 것이다. '이층집'과 '조선 사람의 집'의 대조를 통해 '개화 대 전통'에 관여된 대조적 공간 형상을 시사하는 식이다. 그리고 '부산의 거리'를 통해 표상된 그 공간은 고스란히 '조선의 현실'로 환원된다.

여기에 조선 고유의 가옥을 찾아 보기 어려운 데 대한 부정적 인상을 시사하는 언설이 뒤따름으로써, 서구화나 일제강점과 맞물린 도시가 장소성을 상실한 데 대한 냉소적 시선이 비친다.

조선 사람 집 같은 것은 그림자도 보이지를 않는다. 간혹 납작한 조선 가옥이 눈에 띄기에 가까이 가서 보면 화방을 헐고 일본식 창틀을 박지 않은 것이 없다. 그러나 우스운 것은 얼마 되지 않는 좁다란 시가이지마는 큰 길이고 좁은 길이고 거리에 나다니는 사람의 수효로 보면 확실히 조선 사람이 반수 이상인 것이다.

'대체 이 사람들이 밤이 되면 어디로 기어들어가누?' 하는 생각을 할 제, 큰 의문이 생기는 동시에 그 불쌍한 흰옷 입은 백성의 운명을 생각해 보지 않을 수 없는 것이었다. (599쪽)

존재를 보호함으로써 안정감을 주는 장소성의 구심인 '집'[13)]의 구조

12) 염상섭, 「만세전」, 『삼대 외』, 동아출판사, 1995.

13) 렐프, 앞의 책, 97쪽 참조.

와 형태가 급변한 것은 고스란히 '장소상실'의 표지에 상응한다. 비호성을 상실한 장소는 모종의 의미 연관을 통해 표상됨으로써만 의의를 지니는데, 위와 같은 언명을 통해 영토를 침탈 당하고 주권을 상실한 식민 치하의 존재의 상실감이 표상되고 있는 것이다.

이쯤 되면, 부산이라는 도시 공간에 대한 지각과 서사는 구체적인 실감을 전하는 데서 이념적인 의미를 표출하는 데로 양상이 전이된다. '흰옷 입은 백성'이란 상투적 언표[14]를 전제로 겨레의 운명이 불쌍하다며 이어지는 언설을 통해, 개화 문명의 대명사인 도시의 그늘진 구석에 대해 냉소하듯 비판하는 의식을 드러내는 것이다. 이러한 가운데 도시의 공간 형상은 추상적인 실재성(reality)의 구현을 통해 주제적 관념을 드러내는 주요 기제로서 구성된 것이라고 할 것이다.

청계천변의 '풍경'을 통해 당시 서울의 도시 풍광을 실감 있게 그린 것으로 알려져 있는 『천변풍경』이라도 상황이 다르지는 않다. 등장인물의 지각을 통해서, 즉 인물 초점화를 통해서 전해지는 서술상황을 염두에 두고 보면, 이 소설에 기술된 도시의 풍광이 '주관의 막이 끼이지 않은' 객관적 서술의 결과라고 볼 수는 없다. 대개 인물이 지각한 바라도 서술자의 언설을 거쳐 매개되는 까닭에 '천변 풍경'으로 드러나는 도시 풍광은 장소적 실감을 구현한 것이 아니라 공간적 표상을 기술한 것으로 여겨진다. 가령 다음과 같은 대목은 단적인 사례일 것이다.

> 소년은, 드디어, 그렇게도 동경하여 마지않던 서울로 올라오고야 말았다. 청량리를 들어서서 질펀한 거리를 달리는 승합자동차의 창 너머로, 소년이 우선 본 것은 전차라는 물건이었다. 시골 '가평'서 결코 볼 수 없었던 것이, 그야, 전차 한가지가 아니다. 그래도 그는, 지금 곧, 우선 저 전차에 한번 올라타 보았으면 한다. 그러나 아버지는 어린 아들의 감격을 일일이 아랑

14) 『무정』에서도 서술자가 계몽의 언설을 표할 때 계몽의 대상으로 꼽았던 언표다.

곳하지 않고, 동관 앞 자동차부에서 차를 내리자, 그대로 그를 이끌어 종로로 향한다. (44쪽)[15]

인물의 의식의 여과를 거쳐 지각되고 인식된 도시의 모습은 우선 시골의 모습과 대조됨으로써 공간성[16]을 획득한다. '서울'은 '동경하여 마지않던' 세계이며, 시골에서는 볼 수 없었던 풍광과 문물이 어우러져 '감격'을 유발하는 곳이다. 이러한 정황을 표현한 담론은 서울의 구체적인 장소적 요소와 무관하게 '전차'로 수렴되는 도시의 공간 이미지를 수용함으로써 구성된다. 이에 서술자의 언설이 작용하는 서술상황을 고려하고 보면, 이 대목을 통해 기술된 도시의 이미지가 온전히 인물의 지각과 인식을 통해서 얻어진 것은 아니라는 '서사적 사실'이 드러난다. 서울의 실감이 주제화되지 못하는 셈이며, 되려 '시골 대 도시'라는 관념항을 기술한 서사적 결구가 도드라질 따름이다. 서울은 도시의 주제적 표상을 대유하는 추상적 공간 형상이며, 대상의 외부에서 투시한 바를 재구성하여 기술한 형국으로 드러난다.

그 결과 이야기 대목이 다음처럼 맺어진다.

소년은 곧 밖으로 뛰어나왔다. 그리고 신기롭게 주위를 둘러보았다. 이곳은 가평이 아니라 서울이다. 나는 그렇게도 오고 싶어 마지 않았던 서울에 기어코 오고야 말았다. 이 생각이 소년의 눈에 보이는 것, 귀에 들리는 것, 그 모든 것에 감격을 주었다. 아무리 시골서 처음 올라온 소년의 마음에라도, 결코 그다지는 신기로울 수 없고, 또 아름다울 수 없는 이곳 천변

15) 박태원, 『천변풍경』, 깊은샘, 1989, 15쪽. 이하 인용시 쪽 수만 병기함.

16) '대조'는 서사적 공간 요소 가운데 가장 비근한 지표다. 이는 공간의 양상을 대조적으로 병치해서도 드러나지만, 어의의 대조만으로도 표출된다(Hans-Werner Ludwig (Hrsg.), *Arbeitsbuch Romananalyse,* Guter Narr Verlag, 1982, S. 173~174. Frank C. Maatje, 'Versuch einer Poetik des Raums; Der lyrische, epische und dramatische Raum', Alexander Ritter, *Landschaft und Raum in der Erzählkunst*, Wissenschaftliche Buchgesellschaft, 1975, S.400 참조).

풍경이, 오직 이곳이 서울이라는 그 까닭만으로, 그렇게도 아름다웠고, 또 신기하였다. (47쪽)

소년은 구체적인 장소 체험에 근거하지 않고, 다만 "이곳이 서울이라는" 이유만으로도 더할 나위 없이 '아름답고 신기한' 곳으로 인식하고 있을 뿐이다. 시골 '가평'과 대조되는 요소를 구체적으로 적시(摘示)하지 못한 채, 상투적이고 피상적인 관념으로 시골과 도시의 대조적 공간 양상을 이야기하는 데 그친 것이다. 소년의 의식에 각인되었을 '서울'에 대한 환상을 고려해 본다면, 그가 지각한 공간 구도가 대조적 실재성을 띠고 있을 것은 당연하다.

결국 서울을 막연히 동경하면서 상경한 시골뜨기는 도시에 대한 인상을 구체적인 형상과 현실적인 체험으로 승화하지 못한 채, 의례적인 예찬을 늘어 놓고 만다. 물론 이는, 서술자가 통어하는 서술상황을 고려하자면, 인물의 지각 내용이라고 할 수 없으며, 주제 차원의 이념이 작용하여 빚어진 추상적 형상이라고 할 수밖에 없다. 외적 투시의 공간 형상인 것이다. 그렇다고 해서 실제 공간과 무연한 피상적 형상에 국한되지는 않으며, 온전히 인물 초점화 국면까지는 아니라도 인물의 지각을 통해 공간을 투영하는 국면이 조성된 터다.

인물 초점화를 통해 도시 공간의 의미를 내면화하는 국면은 가령 「소설가 구보씨의 일일」과 같은 소설에서 명징해진다.

도시 조망과 공간 조율

박태원의 「소설가 구보씨의 일일」은 도시의 거리를 배회하는 인물에게 포착된 도시의 공간 형상이 주제를 이루며, 이른바 '산책자 소설'이라는 모더니즘 특유의 한 장르종을 명증한다.[17)]

17) 이재선, 『현대소설의 서사주제학』, 문학과지성사, 2007, 116쪽 참조.

구보(仇甫)는

집을 나와 천변 길을 광교로 향하여 걸어가며,…(중략)…

구보는 마침내 다리 모퉁이에까지 이르렀다. 그의 일 있는 듯싶게 꾸미는 걸음걸이는 그곳에서 멈추어진다. 그는 어딜 갈까, 생각하여 본다. 모두가 그의 갈 곳이었다. 한 군데라 그가 갈 곳은 없었다.

한낮의 거리 위에서 구보는 갑자기 격렬한 두통을 느낀다. (160쪽)[18]

천변 길에서 광교로 이어지는 '구보'의 행로를 『천변풍경』의 배경 장소와 비교하면, 두 서사 세계에 투영된 대상 공간의 구도는 공분모가 큰 듯 보인다. 그렇지만 공간에 대한 지각자의 관계 양상이 사뭇 다르다. 이를테면 이 소설의 경우, 실제 지명을 거명하였거나 해당 장소의 모습을 묘사하는 등 실제성(actuality)이 드러나는 듯하지만, 종내는 공간의 양상이 구보의 의식과 결부되어 표출되는 식이다. 서사의 주안점이, 집에서 광교로 향해 가는 천변 길의 형상에가 아니라, 신경쇠약에서 비롯된 두통을 느끼는 의식에 맞춰져 있는 셈이다. 구보가 옮겨간 장소마다 의식의 방향이 달라짐으로써, 공간의 이동에 따라 의식의 추이가 드러나는 서사가 구성된 것이다. 따라서 여기 기술된 공간의 형상은 지각과 인식의 여과를 거쳐 구성된 형태로서, 조율(된) 공간이나 체험(된) 공간에 상응한다.

이로써 도시는 의식의 내면을 통해 의미가 재구성되는 공간 형상의 면모를 띠게 될 정도로, 더 이상 피상적 인식의 대상이 아니다. 도시의 장소적 요소들이 어느덧 격과 형을 갖추고 있었을 터, 도시는 막연한 동경이나 감탄의 대상이 아닌 것이다. 도시의 이미지를 더욱 내면화하고 이에 의미를 덧붙일 수 있는 여지가 조성되었으니, 이즈음 도시의 공간 표상을 주제화한 본격적인 도시 소설의 탄생을 선언해도 좋을 것이다.[19]

---

18) 박태원, 「소설가 구보씨의 일일」, 『성탄제 외』, 동아출판사, 1996.

19) 이재선, 『한국소설사: 근현대편 I』, 민음사, 2000, 357~360쪽 참조. 김남천

이렇듯 도시를 조망하고 내면화함으로써 창출된 서사 공간의 형상은 도시화가 가속되던 산업 시대에 더욱 명징한 징표를 얻게 된다. 60년대에서 80년대에 이르는 시기의 소설에서, 도시의 서사적 공간 형상에 관한 풍성한 결실을 목도할 수 있다. 특히 70년대는 도시 소설의 부흥기라고까지 할 수 있을 정도로 도시 공간의 내적 조망(Innenperspektive) 형상을 주제로 한 소설이 한 주류를 형성한다.[20] 대개는 급격한 도시화에 따르는 사회 구조적 문제와 이에 따른 실존적 고통이나 한계 상황에 직면한 이들의 상황이 갈등 요소가 되어 빚어진 소설들이다. 도시가 안락한 삶의 보금자리를 제공하는 장소성에서 벗어나 장소상실의 기제로 작용함으로써 공간성 층위로 전이되는 원리를 구현한 사례들이 이 시기 소설에서 많이 보이는 것이다.

가령 이범선의 「오발탄」은 자기 역할의 상실과 방황이라는 주제를 공간 상실의 모티프를 통해 구현한다.

> 빈 도시락마저 들지 않은 손이 홀가분해 좋긴 하였지만, 해방촌 고개를 추어오르기에는 뱃속이 너무 허전했다. 산비탈을 도려내고 무질서하게 주워 붙인 판잣집들이었다. 철호는 골목으로 접어 들었다. 레이션 갑을 뜯어 덮은 처마가 어깨를 스칠 만치 비좁은 골목이었다. 부엌에서들 아무데나 마구 버린 뜨물이, 미끄러운 길에는 구공탄재가 군데군데 헌데 더뎅이 모양 깔렸다.[21]

도시는 피상이 아닌 구상으로 표현된다. 인물의 지각을 통해 얻어진 구체적인 형상이 그 기저를 이룬다. 그렇다고 그 형상이 실감으로 수렴되는 것은 아니다. 전후의 혼란한 시대상이 '무질서'한 도시 풍광

의 「맥」이나 「경영」 등을 통해 주거 환경 등의 변화 양상이 드러나는 것으로 보아, 도시는 문화 차원에서 낯설지 않은 장소로서도 기능했을 것이다.

20) 이재선, 『현대 한국소설사』, 민음사, 1991, 247쪽 참조.

21) 이범선, 「오발탄」, 최원식 외 편, 『전광용 이범선 이호철: 20세기 한국소설 17』, 창비, 2005, 115~116쪽.

을 통해 시사되는 식이다. 실제 도시의 모습이 저러했겠지만, 이 도시의 풍광이 사회의 축도처럼 인식된다. 전쟁 와중에 삶의 안정된 장소를 상실한 이들의 불안이, 무질서하게 늘어선 판잣집들과 마구 버려진 뜨물과 연탄재에 투사되어 있는 것이다. 이것이 당시 도시의 공간 표상과 조응한다.

이러한 공간 표상은 "근사한 양옥"에다 "장기판만한 문패"를 달고서 존재의 근거를 마련하여 안정되이 살고자 하는 원망(願望)과 대조를 이루며 구성된다. 그러나 현실은 그러한 원망을 요원하게 할 뿐이다. 삶의 목적지나 지향점을 온전히 두지 못한 가운데 방황할 수밖에 없을 이들의 삶의 정황이 도시의 공간 표상을 통해 서사적 개연성을 얻음 직하다.

> 마음 속으로 혼자 생각하는 것이었다. '아들 구실, 남편 구실, 애비 구실, 형 구실, 오빠 구실, 또 계리사 사무실 서기 구실. 해야 할 구실이 너무 많구나. 그래 난 네 말대로 아마도 조물주의 오발탄인지도 모른다. 정말 갈 곳을 알 수가 없다. 그런데 지금 나는 어디건 가긴 가야 한다……' (154쪽)

사회적 관계와 행위에서 비롯된 사회 구조나 메커니즘은 그 자체로서 사회적 공간에 상응한다. 그 구조적 공간 내에서 개인은 제 역할을 담당함으로써만 자리를 점할 수 있다. 그런데 자기 역할을 온전히 정하지 못한 채 갈등하고 방황하는 불안정 상태는 현대인의 장소상실성을 명변한다. 이는 도시 공간의 자기화 양상이라 할 수 있을 텐데, 이런 맥락에서 「오발탄」은 전후의 암울한 사회상을 도시화 와중의 혼란한 '서울'의 공간 표상을 통해 조망한 전범(典範)이라고 할 만하다.

산업화와 도시화가 맞물려 가속화되던 시대의 소설에서 도시 문제에 관심하는 소설 대부분이 도시에 대한 내적 조망으로 구성된 공간 형상을 기저에 두고 있다. 가령 도시인들의 소통 부재로 말미암은 공동체의 파탄과 소외의 문제를 다룬 「서울 1964년 겨울」(김승옥)에서,

인간 관계의 단절감이나 소통의 요원함은 장벽으로 구획된 공간 표상을 통해 드러난다. 도시의 비정함을 냉소하는, 통속적이지만 당시로선 통렬한 주제 의식이 도시를 조망하여 얻은 공간 형상으로 그려진 것이다. 도시 소설로서 이미 잘 알려진 이호철의 『서울은 만원이다』 또한, 아파트 지역과 서민촌의 대조를 통해 도시의 대립적 공간 구도와 실존적 조건에 따라 내면화된 공간 형상을 보인 사례다.

이청준의 「잔인한 도시」도 빼놓을 수 없다.

> 도시를 빠져 나온 신작로길이 가을날 저녁 햇살 속을 남쪽으로 하얗게 뻗어 나가고 있었다.…(중략)…그는 계속해서 남쪽으로 걸었다. 그리고 그의 등뒤로 멀어져 가는 도시의 하늘에서 자신의 지친 발걸음을 재촉할 구실을 구하듯 때때로 고개를 뒤로 돌아보곤 하였다.
>
> "그래 어쨌거나 우리가 녀석을 떠나온 건 백 번 천 번 잘한 일이었을 게다. 게다가 이제부터 도시엔 겨울 추위가 몰아닥치게 되거든. 너같은 건 절대로 그 도시의 추위를 견디지 못한다.…(중략)"
>
> "…남쪽은 훨씬 북쪽하곤 다르다. 겨울에도 대숲이 푸른 곳이니까.…(중략)"…그 한줄기 햇살이 꺼지지 않는 한 그의 눈앞에서 남쪽으로 뻗어 나가고 있는 좁은 신작로길이 그토록 따뜻하고 맑게 빛나고 있을 수가 없었다. 그건 차라리 사내의 가슴 속을 끝없이 비춰주는 영혼의 빛줄기와도 같았다.…(중략) "…탱자나무 울타리와 붉은색 벽돌 굴뚝이 높은 기와집, 게다가 텃밭이 넓고 뒤쪽 언덕에 푸른 대숲이 우거져 내린 집……그런 집이 있는 동네…(하략)"22)

비정한 상술에 오버랩된 '잔인한 도시'의 냉엄한 현실이 설득력 있게 형상화된 다음, 해 따뜻한 '영혼의 빛줄기'를 찾아 떠나는 도시 탈출의 여행길이 의미심장한 공간 형상을 내비친다. 대조적 공간 형상을 통해 의미가 부여되는 도시 이미지가 선명하게 부각되는 것이다. 소외와 인간성 상실의 현실에 대한 비판적 관조가 주제라고 할 때,

---

22) 이청준, 「잔인한 도시」, 『소문의 벽: 이청준 문학전집 7』, 열림원, 1998, 293~296쪽.

내적 조망을 통해 기술된 도시 공간의 형상들이 그 주제를 명변한다.

조세희의 「난장이가 쏘아올린 작은 공」으로 대변되는 도시 빈민과 노동 소외의 문제를 다룬 소설은 자본주의의 모순과 긴밀한 도시 문제의 축도를 형상화할 때 대조적 공간 형상을 거점으로 한다. 내적 조망과 조율을 통해 빚어지는 도시의 공간 형상과 그 의미망이 창출되어, 도시 문제의 단면을 성찰하는 계기가 이룩된다.[23)]

양귀자가 그리는 '원미동'이라는 서사 공간은 그래서 의미심장하다.

> 아직도 서울인가. 번잡하게 오가는 서울 시내버스를 바라보며 그는 서울의 광활함에 질려버린다.
>
> 그 넓은 서울특별시의 어디에도 붙박여 있지 못한 자신의 삶을 되씹어보고 싶지 않았다.…(중략)…그렇게 수도 없이 이사를 다니며 얻은 결론은 한 가지, 집이 없으면 희망도 없다는 사실이었다. 희망이란, 특히 서울에서 살고 있는 이들에게 희망이란 집과 같은 뜻이었다.
>
> 이제 그 희망을 갖기 위해 서울에서 떠나게 되었다. 그는 뭔가 기이하다는 느낌을 저버릴 수가 없었다. 넓고 넓은 서울에서 그는 여태껏 집을 갖지 못하고 살았다. 희망 없이 살았다는 말과도 다름이 없다. 그런데 이제 집을 가지게 되었다. 다른 것은 서울이 아니고 부천이라는 점이다. 그렇다면 이 경우에도 집과 희망은 동의어인가. (26쪽)[24)]

도시에서 주거 환경은 정치경제적 주요 지표에 해당한다. '집'은 장소적 안정감을 주는 표상이지만, 도시에서는 개인을 비호하는 장소 표지에 국한되지 않는다. 그것은 구조적 차원에서 정치경제적 요건을 가늠케 하는 척도일 뿐이다. 따라서 이는 구체적인 장소성보다는 공간 표상으로 이해되어 마땅하다. 인용 대목에서 '집과 희망'을 동궤의 의미 연관에 배열한 데 수긍이 가는 것은 이런 맥락에서다. 대도시와

---

23) 생존의 기반으로서 삶의 안정을 비호하는 '집과 일터'의 상실 문제를 통해 도시의 장소상실성에 관한 단서가 시사된다.

24) 양귀자, 「멀고 아름다운 동네」, 『원미동 사람들』, 살림, 2004.

위성도시 사이의 위계가 형성되던 시절에 '집'을 찾아 서울에서 쫓겨나 주변 도시로 내몰리는 일은 당사자에게도 가슴 아픈 일이지만, 구조적 차원의 모순을 함축하고 있는 표상이라서 공간 형상 차원에서 고민할 문제다.

이렇게 보면 '원미동'은 경계 공간의 표상으로 이해된다.

> 그 거리는 난삽했고 진눈깨비로 젖은 골목길은 포장이 안 돼 있어 사뭇 질척였다. 여기저기에서는 겨울임에도 불구하고 건축공사가 한창 진행중이었고 전철역에서 조금만 벗어나면 연탄재 쌓인 공터가 흩어져 있었다. 집이거나 상점이거나 간에 모두 같은 얼굴의, 그러나 전혀 오순도순하게 보이지도 않았고 때로 방심한 듯한 느슨함을 내보이며 자리잡고 있었다. 도시는 이제 막 새로 시작하는 모습이었다가도 어느 순간 적잖이 훼손되어버린 노쇠한 모습으로 겹쳐 보였다. (21쪽)

"출발과 마멸이 같이하고 있는 낯선 도시"인 그곳의 공간 표상이 '경계 공간'에 상응할 것은 말할 나위 없다. 이는 희망과 절망이 뒤섞인 공간이라서도 경계성을 안고 있다. 현실과 꿈이, 삶의 고통이나 비애와 낭만이 얽히고설켜 이야기되는 서사적 공간이라서도 그러하다. 고도 산업화에 수반된 재화 집중이 빚은 기형적인 거대 도시 속에서 소외된 인간이 본질을 회복하고자 몸부림치는 이야기가, 도시 공간의 조망을 통해 기술되고 있는 것이다. 그것은 산업화 시대 인간사의 다면을 성찰하게 하는 계기도 되는 만큼, '원미동'이라는 공간 표상은 한두 군데 장소에 국한되지 않고 그 외연과 함의가 넓고 깊다. 이는 곧 도시 공간을 현실 연관의 차원 너머에 기획한 형상을 예비하는 것인지도 모른다.

이와 관련하여 김승옥의 「무진기행」이 새삼 관심을 끈다. 이 소설은 도시의 비정한 관계망 속에서 지친 영혼과 도시 탈주를 꿈꾸는 영혼의 절묘한 조우를 통해 도시인의 초상을 음울한 색감으로 채색하여 그린 듯한 형상이 주를 이룬다.

> 서울이 어느 거리에서고 나의 청각이 문득 외부로 향하면 무자비하게 쏟아져 들어오는 소음에 비틀거릴 때거나, 밤늦게 신당동 집 앞의 포장된 골목을 자동차로 올라갈 때, 나는 물이 가득찬 강물이 흐르고 잔디로 덮인 방죽이 시오리 밖의 바닷가까지 뻗어나가 있고 작은 숲이 있고, 다리가 많고 골목이 많고 흙담이 많고 높은 포플라가 에워싼 운동장을 가진 학교들이 있고 바닷가에서 주워 온 까만 자갈이 깔린 뜰을 가진 사무소들이 있고 대로 만든 와상이 밤거리에 나앉아 있는 시골을 생각했고 그것은 무진이었다.[25)]

도시를 벗어나 가고픈 '시골' '무진'의 모습은 서울의 모습과 모순될 정도로 대조적이다. 물론 그곳 무진이 실제 장소는 아니다. 그 자체로서 도시와 대조적 의미 연관으로 맺어진 공간 표상이다. "서울에서의 실패로부터 도망"하거나 "새출발"을 도모하도록 기획된 공간인 것이다. 몽환 속에 표상된 듯 '안개'에 둘러싸였다는 그 공간에서 주인공의 억눌린 욕망이 역동하여 고개를 쳐들곤 한다. 열망을 온전히 실현할 수는 없다손 치더라도 역할과 책임에서 자유로운 그 공간을 통해, 주인공은 영속적이지는 않더라도 해방감을 누릴 수 있는 것이 분명하다.

도시가 채워줄 수 없는, 아니 오히려 억압하기 일쑤인 실존적 열망을 저 무진이라는 가상 공간을 통해 투사할 수 있는 것이다. 그것이 존재를 비호하는 장소의 속성을 내포하고 있는데, 외연을 구성하는 연장(extension)이 없는 까닭에, 공간 표상의 기획 양태로 이해된다. 연장의 제한이 없으니 도시에서 탈주를 꿈꾸는 실존들이 기획하는 공간 형상은 다각의 조망을 통해 각양으로 빚어질 가능성이 열린다.

그런데 외연의 경계를 가늠하기 힘들 정도로 도시가 확장되어 조망의 여지조차 허락하지 않을 경우라면 공간의 형상은 어떻게 그려질까.

---

25) 김승옥, 「무진기행」, 최원식 외 편, 『김승옥 이제하 외: 20세기 한국소설 19』, 창비, 2005, 243쪽.

도시 공간의 상징적 기획

도시는 장소로서 기능할 수 없다. 장소상실을 유발하거나 장소상실의 결과로 기획된 공간으로서 기능할 따름이다. 관건은 공간의 외연과 함의가 태생적으로 무한 확장될 가능성이 내재해 있다는 데 있다. 지각과 의식의 범위 내에서 조망함으로써, 조율 공간이나 체험 공간으로서 기획하여 내면화할 수 있다면 그나마 다행일지 모른다. 그런데 주체의 의식 영역 내에서 더 이상 통어할 수 없는 차원에 구성된 형상이라면, 모종의 다른 서사적 대응이 요구될 것이다. 주체의 의식 범위 내에서 지각하거나 인식하기 어려울 정도로 해체적 징후가 엿보일 때, 도시는 요컨대 지시적 연관 관계에서 벗어난 상징 차원의 공간 형상으로 그려질 수밖에 없다. 이는 대개 무의식과 의식의 역동적 관계에서 빚어진 경계 층위에서 구성되는데, 제도와 관계 속에서 억눌린 자의식이 단적으로 표출되는 양상의 서사를 통해 표현되게 마련이다. 앞서 살펴본 「소설가 구보씨의 일일」에서도 그 일단이 드러난 터이지만, 그보다는 이상의 「날개」와 같은 소설에서 그 단서를 추적하기 수월하다. 그 단면을 들여다 보자.

> 여러 번 자동차에 치일 뻔하면서 나는 그래도 경성역을 찾아갔다. 빈 자리와 마주 앉아서 이 쓰디쓴입맛을 거두기 위하여 무엇으로나 입가심을 하고 싶었다.…(중략)…
>
> 나는 어디로 어디로 디립다 쏘다녔는지 하나도 모른다. 다만 몇 시간 후에 내가 미쓰꼬시 옥상에 있는 것을 깨달았을 때는 거의 대낮이었다.…(중략)…
>
> 나는 또 희락의 거리를 내려다 보았다. 거기서는 피곤한 생활이 똑 금붕어 지느러미처럼 흐늑흐늑 허비적거렸다. 눈에 보이지 안는 끈적끈적한 줄에 엉켜서 헤어나지들을 못한다. 나는 피로와 공복 때문에 무너져 들어가는 몸뚱이를 끌고 그 희락의 거리 속으로 섞여 들어가지 않는 수도 없다 생각하였다. 나서서 나는 또 문득 생각하여 보았다. 이 발길이 지금 어디로 향하여 가는 것인가를…(중략)…

이때 뚜우하고 정오 사이렌이 울었다. 사람들은 모두 네 활개를 펴고 닭처럼 푸드덕거리는 것 같고 온갖 유리와 강철과 대리석과 지폐와 잉크가 부글부글 끓고 수선을 떨고 하는 것 같은 찰나, 그야말로 현란을 극한 정오다.

나는 불현듯이 겨드랑이 가렵다. 아하, 그것은 내 인공의 날개가 돋았던 자국이다. 오늘은 없는 이 날개, 머릿속에서는 희망과 야심의 말소된 페이지가 딕셔내리 넘어가듯 번뜩였다.

나는 걷던 걸음을 멈추고 그리고 어디 한 번 이렇게 외쳐보고 싶었다.

날개야 다시 돋아라

날자. 날자. 날자. 한번만 더 날자꾸나.

한번만 더 날아 보잤꾸나.[26)]

삶의 지향점, 삶의 안주 장소를 찾지 못하였거나 상실한 이의 방황이 그려진다. 장소를 상실한 이의 공간 기획이 이처럼 기술된 터, 무의식의 저층에서 비롯한 공간 원망(願望)이 주인공의 의식을 장악하고 있는 형국이다. 장소일 수 없는 도시의 풍광과, 그 속에 섞인 도시인들의 모습이 현란함의 극점이라는 상념은 분명 아이러니다. 자기 존재의 근거가 되는 장소를 발견하지 못하는, 혹은 인식하지 못하는 이의 심리는 종잡을 수 없는 서사의 난항을 통해 시사된다.

존재의 지향점을 찾지 못하였을 뿐만 아니라 인식조차 할 수 없다는 저 가련한 실존은 도시 이미지의 정점인 '백화점 옥상'에서 탈주를 꿈꾼다. 요컨대 실존의 공간 기획이라고 할 법하다. 그러나 그러한 탈주의 열망을 발설조차 할 수 없는 현실의 벽에 부딪혀 '박제' 상태 그대로 남을 따름이다. 비상의 꿈은 무의식의 저층에만 있을 뿐인 것이다.

비상함으로써 무한 자유의 공간을 지향하는 것이 저 "박제가 되어버린 천재"에게는 더할 나위 없는 무한 좌절의 거점으로 환원되는 부조리에 직면해 있는 터다. 외쳐보고 싶을 뿐 입 밖에 내지 못하는 실존적 부조리가 이를 대변한다. 비상을 꿈꾸는 박제의 부조리 말이다.

---

26) 이상, 「날개」, 김윤식 엮음, 『이상문학전집2』, 문학사상사, 1998, 342~344쪽.

이는 제도화된 도시에 순응하지 못하여 소외되고 방황하는 이들이 구조적으로 처한 상황을 표상한 것이다.

이처럼 도시가 내면화의 단적인 양상으로 치달음으로써 의식의 저층이나 무의식 층위로 잠재될 때에 공간 양상이 상징적 형상으로 기획되는 국면으로 전이된다. 제도와 현실의 장벽에 부딪힌 채, 존재를 비호하는 장소를 상실한 이들이 기획하는 서사적 공간의 형상이 도시의 공간 형상과 아이러니를 이루며 조응한다. 오늘날 도시는 존재의 안정감을 보호하는 장소로서의 기능을 상실하였을 뿐만 아니라, 일관된 의미 연관을 통해 연속된 이념이나 관념을 낳는 의미체로서의 공간성을 유지하지 못하는 해체된 공간인 까닭에, 저러한 상징적 기획은 파상적인 형국으로 펼쳐짐 직하다.[27)]

이러한 맥락에서 이승우의 『끝없이 두 갈래로 갈라지는 길』[28)]에 주목할 만하다. 사실과 허구 사이의 역학 관계에 천착하는 일종의 메타 픽션인 이 소설에서, 도시의 현실 이면에 숨겨진 비의적 가상 공간을 모티프로 하고 있는 점이 주목을 끄는 것이다. 이와 관련하여 모두(冒頭)부터 심상치 않다.

> 사람들은 믿지 않을 테지만, 왜냐하면 나도 믿지 않았으니까, 광화문 한복판에 땅굴이 있다는 것은 사실이다. …(중략)…나는 그 이야기를 지난 8월 25일 밤에 김소령이라는 위인으로부터 들었다. '끝없이 두 갈래로 갈라지는 길'이라는 찻집에서였다. 그 찻집에 간 것은 세 번째였고, 남자와 이야기를 나눈 것은 처음이었다.
>
> 그날 세종문화회관에서는 제법 규모가 큰 문학상의 시상식이 열렸다. (11쪽)

27) 이러한 형국은 존재를 비호하는 장소의 표상인 '집'의 의미 연관을 해체하는 것을 거점으로 하여 펼쳐지기도 하는데, 이는 별도로 논급할 규모의 논점이다.

28) 이승우, 『끝없이 두 갈래로 갈라지는 길』, 창해, 2005.

실제 지표인 '광화문'은 거대 도시의 중심 지역으로서 도시 중의 도시를 표상한다. 이는 도시의 현실 연관에서 가장 유력한 표지이기도 하다. 여기에 도시의 온갖 이미지가 수렴되어 응축된다고 해도 좋을 것이다. 그런 도심의 한복판에 '땅굴'이 있다는 풍문이 있으며 그것이 사실이라고 강변하며 이야기가 시작되는 상황이 펼쳐진다. 주변 지형물의 실명과 실제 지형을 묘사하는 형국으로 보아 땅굴에 관한 언변이 실로 여겨짐 직하다. 그렇지만 이러한 실감 탓에 되려 그 허구성은 더해지는 것으로 판단된다. 한때 광화문 지하에 땅굴이 있다는 풍문이 떠돌았으며 그 실체를 증명하고자 시추까지 도모하였던 일이 실로 있었으나 실증된 바는 아니었음을 기억하는 터라면 더욱 그러하다.

매우 허구적인 공간의 설정이 실제 장소의 지표들과 대비되어 현실과 허구 사이의 원근감이 더해진다. 이러한 정황 속에서 드러나는 다음과 같은 언명이 공간에 대한 의식의 일단을 엿보인다.

틈나는 대로 땅굴과 취화당에 대한 자료를 찾아다녔다. 도서관에 가고 인터넷 사이트를 돌아다녔다. 그런 시도를 하는 과정에서 나는 내가 김소령의 이야기가 지어낸 것이 아니라 실화이기를 바라고 있다는 걸 분명하게 알아차렸다. 나는 길을 찾고 싶었던 것이다. 나의 공간, 우리의 자리. 그 길이 땅위에 없다면 땅속으로라도 들어가야 할 것이다. (133쪽)

김소령의 이야기를 전적으로 신뢰하자면, 공간적으로만이 아니라 시간적으로도 우리들의 길은 지하를 향해 열려 있었다. 지하는 현실의 이면으로 들어가는 길이면서 동시에 200년 전의 시간 속으로 들어가는 길이기도 했다. 현실 밖으로, 또는 안쪽으로 길을 내는 일이 나에게는 절실했다. 내가 김소령의 광화문 땅굴과 취화당에 집착하지 않을 수 없는 이유였다. (195~196쪽)

정말로 그곳에 방이 있었다. 50평은 족히 되어 보이는 넓은 공간이 갑자기 나타났다. 그 한복판에 침대가 놓여 있었다. 실내는 아늑하고 훈훈했다. 지하통로를 지나오는 동안 느껴졌던 축축한 기운이 더 이상 느껴지지 않았다. 벽과 천장에 방수 공사가 되어 있고, 환기도 잘 되도록 만들어진 듯했다. 은은하긴 하지만 야릇한 향기도 맡아졌다. 지상에 세워진 취화당은 헐리고 입구는 막혔지만 그러나 비운의 연인들의 사랑의 보금자리였던 방과 침대는 그대로 남아 있었다.

정말로 꿈을 꾸고 있는 것일까. 정말로 꿈을 꾸고 있는지 모른다는 생각이 들었다. (195쪽)

도심에 있다는 땅굴이나 지하에 있다는 취화당의 실체에 관한 이야기 대목들이 현실적 지시 관계나 역사적 기록을 따져 보자면 허무맹랑한 공상이거나 삿된 음모에서 비롯된 날조로 여겨지게 마련이다. 그렇지만 '서사적 진실'은 그러한 공상이나 판타지를 실로 바꾸어 놓는 데서 빚어진다. 도심의 거리에서는 결코 찾을 수 없고, 제도로 얽히고설킨 현실 연관에서는 허황한 이야깃거리밖에 아닌 '그곳'은 '현실 밖'이나 현실 '안쪽'으로 낸 '길'을 통해 찾을 수 있는 '넓은 공간'이다. 물론 이는 뒤틀린 현실적 열망을 투사한 가상의 공간이요 상징적으로 기획된 공간이다. 도시의 부조리한 공간을 해체하여 구성된 공간이기도 하다.

그러고 보면, 오늘날 현실 연관의 대명사 격인 도시는 인간의 욕망이 빚은 거대한 실체로 기능한다. 도시는 삶의 장소가 아닌 정도에서 벗어나 이제 삶을 억압하는 기제로 작동하기까지 한다. 무한 욕망을 발동하게 하는가 하면, 그 욕망을 억누르는 제도로서 기능하여 부조리의 온상이 된다. 그래서 도시에서 탈주하고자 하는 꿈은 억눌린 욕망의 투사인 동시에, 부조리한 현실을 전복하고자 하는 의식의 기획이다. 이러한 기획은 곧잘 장소를 해체하고 공간을 창출하려는 판타지의 창작과 조응한다. 현실에는 없는 공간, 그러나 무한히 열린 공간을 꿈꾸는 것이 비단 특정 시대에 국한된 것은 아니겠지만, 존재를 보호하는 장소적 속성에서 요원해진 도시가 거대해지고 장소 간 이동에 따르는 제약이 급속히 사라져 공간의 외연이 커진 오늘날 그러한 공간 원망이 빈발하는 것이 분명하다.

나는 종종 현실의 균열을 꿈꾸곤 했다. 현실의 벌어진 틈으로 겨우 들여다보이는 아주 작고 흐릿하고 불안정한 비현실의 처소. 그러나 내 꿈은 막연하고 투박했다. 적어도 김소령이 나타나 광화문 땅굴에 대한 이야기를 해줄 때까지 내 꿈은 그저 추상에 지나지 않았다. (124쪽)

우리는 현실에는 존재하지 않는 그 틈을 통해 여기로 들어온 걸 거예요. 김소령은 여기가 우리들을 위한 집이라고 했어요. 그러니까 이곳은 비현실이고, 어쩌면 우리는 꿈을 꾸고 있는 건지 몰라요. 모든 게 다 꿈인지 몰라요. 김소령도 취화당도 땅굴도, 심지어 우리들도. (196쪽)

안정되지 못하여 현실의 지층에 균열이 생긴 틈새로 들어선 비현실의 공간이야말로 현대인들에게는 존재의 안정감을 확보하도록 돕는 공간임 직하다. 현실을 지배하는 시간과 제도의 장벽에 틈을 내고서 찾을 수 있는 이면의 공간은 과거의 것도 미래의 것도 아닌 "시간이 멈추"고 "의식은 정지"한 밀실로 표상되는 상징적 공간이다.

현실 속 어디에서도 존재를 비호하는 장소를 확보할 수 없는 도시를 벗어날 수 없는 다음에야, 그 공간 기획은 좌절된 존재의 열망을 투사한 비현실의 세계에서라야 유효한 법이다. 도시를 떠날래야 떠나서 도달할 비도시 혹은 반도시의 장소를 현실에서 찾을 수 없기 때문이다. 도시 탈주의 꿈은 오늘날 짐짓 꿈에 불과한 것이다. 고도 정보사회로 나아갈수록 도시와 비도시의 경계는 모호할 수밖에 없지 않겠는가. 장소의 해체 양상이 가속될 수밖에 없는 이 사회 구성체적 조건 속에서 도시 공간에 부치는 상징적 기획 형상은 각양으로 빚어질 가능성이 크다.[29)]

도시화가 막 시작되는 단계에서는, 도시에 대한 피상적인 형상이

29) 정보 네트워크와 미디어가 고도로 발달한 시대의 무장소성(placelessness)과 관련된 논점은 별도의 글을 통해 논급해야 할 만큼 논항의 범위가 크다. 포스트모던 징후와 정보 사회의 조건 속에서 해체적 공간 형상을 띠는 도시의 서사적 공간 형상에 대해서도 모색해 볼 만하다. 과제로 남긴다.

이념적 연관항을 통해 드러나는가 하면, 시골(대개는 농촌)과의 대조적 형상을 통해 표상되는 경우가 대부분이다. 지향과 거부의 태도가 달리 드러날 뿐, 도시는 장소로서가 아니라 추상적 공간 형상으로 이야기되는 것이다. 도시가 삶의 조건으로 온전히 작용하기 시작할 때라야 주체의 의식 속에 투영되어 다양한 의미 연관이 빚어질 수 있다. 그럴 때 도시는 삶의 체험에 투사되거나 삶의 조건에 따라 조율된 공간 형상으로 기술될 수 있다. 한국 소설에서 도시의 서사적 공간 형상을 다각으로 엿볼 수 있는 것은 이와 궤를 같이 한다.

그런데 한껏 비대해진 도시는 삶에 긍정적인 조건으로 작용하지 못하고 온갖 제도적 굴레를 통해 삶을 압박할 수 있다. 게다가 도시의 공간 구도가 여일하지 못하고 해체적인 징후를 보이는 시대에 직면한 실존들은 산업 시대와는 또 다른 양상으로 탈주를 도모한다. 도시는 어느덧 존재를 억압하는 현실 기제의 표상이 되었고, 현실에서 벗어난 세계를 꿈꾸는 실존의 기획이 상징적인 공간 형상을 빚는 데 지향한다. 첨단의 문명과 정보 네트워크로 구성된 거대 도시의 이면에서 신화나 판타지에 준하는 공간을 창출하려는 서사적 기획과 이에 대한 긍정적 반응이 이는 정황을 납득할 만하다. 도시가 이미 생활 터전으로서 일반화되어 있으며, 시골 생활이라도 도시적 생활 방식이 스며 있는 오늘날, 굳이 도시를 배경으로 하거나 이를 명시적인 주제로 삼지 않더라도, 현실에 연관을 둔 이야깃거리라면 모두가 도시 소설로 수렴됨 직하다. 이런 맥락에서 서사적 공간의 상징적 기획은 그 자체로서 도시의 공간 형상에 상응하는 것일 수 있다.

서사 공간의 상징적 기획

통상, 시간과 함께 공간은 배경 요소로서, 이야기의 개연성을 드러내는 데 결정적 인자로 간주된다. 특히 물리적 연장(extension)을 지닌 공간은 이야기의 실감을 빚는 데 크게 기여하는 것으로 여겨진다. 물론 여기에는 이야기가 펼쳐지는 무대 격인 공간이 실제 세계의 공간 양상을 모사한 것이라는 전제가 깔려있게 마련이다. 따라서 서사체에 투영된 공간 형상을 논급하는 것은 곧 실제 세계의 공간 형상을 지시한 양상을 따지는 작업에 국한되며, 경우에 따라서는 그런 관계 양상을 논급하는 것 자체가 무의미하게 비쳐질 수 있다. 이를테면 서사체에 드러난 공간의 형상이 애초에 실제 공간을 모방한 것으로 전제된 다음에야, 굳이 그 형상화 과정을 따질 필요가 없으며, 연구자들은 서사체에 드러난 공간 형상의 지시체를 찾아 실증하는 일밖에 할 수 없다. 이런 상황에 서라면 '서사 공간'은 논점으로 부각될 수조차 없을 것이다.

그렇지만 서사체에 투영된 공간은 물리적 공간에 직접 상응하지 않는다. 공간은 차원(dimension)들의 관계로써 형상이 구성되며, 지각자의 시점에 따라 재구성되어, 말하자면 상대성을 띤다. 실체로서 전제될 수 없는 만큼, '반영'의 대상을 확정할 수 있는 명징한 징표가 없다. 서사 공간은 실제 공간 양상 그대로일 수 없는 것이다. 혹여 실제 세계의 이야깃거리가 고스란히 반영된 경우라 하더라도, 서사 공간은 어떤 식으로도 실제 공간을 그대로 옮긴 형상을 띨 수는 없다. 형상화와 기술 과정에 작용하는 지각과 표현의 역학이 물리적 공간과 서사적 공간 형상의 관계를 다각으로 빚을 것이기 때문이다.

따라서 서사론에서 공간 문제에 접근할 때에는 우선, 서사체에 기술된 공간 형상이 실제 세계 어딘가를 지시하고 있을 것이라는 논리적 착종에서 벗어나, 서사적 공간 형상이 실제 공간 형상에서 굴절된 양상으로 드러날 것이라 전제하는 자세가 필요하다. 그 굴절된 양상을 추적하여, 현실 세계의 공간과 서사 세계에 투영된 공간 사이에 맺어질 함수 관계를 파악하는 데 논점이 있음을 주지해야 한다.

그러한 서사적 공간 함수는, 정교한 묘사를 통해 실감을 낳는 공간 형상에서부터 대상과의 지시성이 전무한 관념적 공간 표상에 이르기까지, 다양한 형상의 스펙트럼을 빚어낼 것이다. 도상(icon)적 기호나 시청각적 이미지를 통해 세계의 실제 공간 형상을 기술하여 개연성을 표현하거나, 공간 속성에서 추론된 공간 표상을 기술함으로써 공간 관념을 창출할 수 있는 것이다. 다만 언어적 매재를 통해 대상 세계의 공간 형상을 구현할 때 생기는 여러 난항들을 염두에 두어, 대상 공간과 구현된 공간 사이에 불연속성이 생길 수 밖에 없다는 점을 염두에 두어야 한다. 특히 그 구현 과정에서는 시각적 표상을 실제 적용할 수 없으므로, 공간의 이미지는 정신적 이미지화를 거칠 수밖에 없다.[1)]

결국 서사 공간은 구상이 아닌 추상의 양상을 띠게 마련이며, 서사적 공간 논점은 실제 공간의 지표를 확인하는 데보다, 공간의 속성에서 파생된 표상적 의미를 추론하는 데 수렴되는 경우가 많다. 가령,

---

1) Hans-Werner Ludwig (Hrsg.), *Arbeitsbuch Romananalyse*, Guter Narr Verlag, 1982, S.171.

루드비히는 서사 공간의 여러 국면들을 제시한 뒤, 각 지표들을 대조적인 자질을 통해 분석한다. 공간 감각을 자아내는 '대조' 효과가 서사적 공간의 의미를 추론하는 데 적용될 수 있는 것이다. 그리고 서사적 공간 지표가 '전의(轉義)하고 상징화하는, 의미 형성 기능'으로 확대 적용됨으로써 정신적 이미지가 창출되는 계기가 형성된다. 종내 공간 표현은 그 맥락 안에 사회·정치적이거나 종교·윤리적인 자질들과 가치 평가들을 내포하고 있어서, 의미론적 대립 관계로 이해될 수 있다. 따라서 공간적 좌표들은 세계관-이데올로기적 좌표들로 옮겨 이해될 수 있기에 새로운 의미 층위를 낳는다.[2)]

이처럼 서사 공간은 의미의 창출에 기여하는 관념적 추상 차원에서 논급할 여지가 많다. '장소'가 아닌 '공간'이 논항인 탓에 더욱 그러하다. 가시적인 차원이 명징하여 구획이 분명한 '장소'와 달리 '공간'은 의미를 함축한 표상이다.[3)] 장소는 지각 가능한 국면이지만 공간은 분석이나 이해를 통해 추론 가능한 국면이다. 따라서 대상으로서 주어지는 장소에 비해, 공간은 시점에 따라 상대적인 양상을 띠는가 하면 기획을 통해 다각의 양상이 빚어지는 구성체이다. 서사적 공간은 그런 기획의 한 소산이다.

이러한 서사적 공간의 기획은 비단 물리적 지표의 변형에만 국한되지 않으며, 상징적 기획을 통해 구성된 세계의 공간성을 드러내는 데 지향한다. 특히 인간의 실존적 한계를 지우는 '장소'를 넘어서는 개방적이고 자유로운 '공간'은 존재 기획의 거점으로 인식된다. '장소'가 안전하고 안정된 삶의 터전을 구획하는 데 구체적으로 작용하는 원리를 함축하는 데 비해, '공간'은 개방과 자유를 추구하는 인간의 원망(願望)

2) 위의 책, 172~174쪽 참조.

3) 이푸 투안에 의하면 장소는 대상이며 기하학적 특성을 통해 공간을 한정한다고 한다. 아울러 장소는 안전과 안정성을 기반으로 하는 반면, 공간은 위협·개방·자유 등의 개념과 상징을 함축한다는 맥락으로 전제한다.

을 투영한 개념적 형상이나 상징적 표상을 기획하는 원리를 함축하고 있다. 때로 억압 기제일 수 있는 폐쇄적 '장소'를 넘어서고자 하는 열망을 투사하여 공간 표상을 기획하기도 한다. 서사 공간은 그런 기획의 명징한 소산임 직하다. 안정된 삶의 터전을 마련하려고 구획하였던 장소가 상대적인 억압과 통제의 기제로 작용하는 한, 그 한정된 장소를 일탈하여 자유를 구가하려는 상징적 공간의 기획은 빈번할 수밖에 없다.

그렇다면, 일상·역사·의식 등의 층위에 걸쳐 있을 장소적 억압 기제에 대응하여, 소설과 같은 서사체는 어떠한 양상으로 서사 공간을 기획하고 있을까.

허구적 임계 공간

제도의 틀에 갇히고 시간의 장벽에 부딪혀 불안한 실존은 일탈을 꿈꾸곤 한다. 허나 현실의 고통에서 벗어나고자 하는 몸부림은 더한 절망을 부르기 십상이다. 더러 행복감에 휩싸이는 때도 있으나 인생의 시간에 비하면 찰나에 불과한 법, 한때의 포만이 영속한 욕망을 충족시키지는 못한다. 현실에서 드러낼 수 없는 욕망을 채우려는 일을 두고 오죽하면 일장춘몽과 같다고 빗대어 이르겠는가. 과연 인간은 꿈에 구현된 가상 세계에서라야 겨우 자기 욕망을 투사할 여지를 얻을 뿐이다. 그러고 보면 꿈과 같은 허구야말로 인간적 열망을 담은 결정체임 직하다.

시간의 흐름이 멈추고 제도의 영향이 미치지 않는 데 지어지는 허구 세계는 그대로가 인간의 공간 원망(願望)에서 기획된 산물이다. 현실 세계를 가득 채운 시간의 불안과 함께 제도의 그물망에서 탈주하고자 꿈꾸는 이들은 숨겨 두었던 허구와 상상의 날개를 펼친다. 일상을 구획한 폐쇄된 '장소'를 벗어나 자유를 구가하는 열린 '공간'으로 비상하고자 시도하는 실존이 이 즈음 서사와 조응한다. 시간을 멈추고 인과적 관계의 망에서 벗어난 세계를 서사에 구현하려는 도모는 곧, 공간을 기획함으로써 존재를 회복하려는 실존의 전략에 고스란히 수렴된다.

서사 공간은 이러한 전략의 한 층위를 점하고 있다. 그것은 앞서 언급한 대로, 일상의 장소와 정합한 지시체가 아니며, 이야기의 실감을 조성하는 배경에 대응되는 것이 아니다. 오히려 그 공간은 현실과 사실에서 실체를 찾을 수 없는 가상의 세계에 구획된 불확정의 공간인 경우가 많다. 시간 관념에 종속된 채 인간을 가두는 폐쇄적 장소와 명백히 구분되는, 시간과 인과에서 자유로운 드넓은 공간(räumlicher Raum/spacious space)을 기획하는 일은 중요한 서사적 전략이다. 실제 세계의 장소에 대응되는 허구적 가상 공간은, 삶의 현실과 허구적 가상의 경계를 자유로이 넘나들고자 하는 실존적 열망과 맞닿은 현존재의 공간성(Räumlichkeit des Daseins)[4]을 대변한다.

가령, 이승우의 장편소설 『끝없이 두 갈래로 갈라지는 길』[5]은 허구 편과 사실 편으로 갈라져 영원히 합치될 수 없을 듯한 두 갈래 선택의 길목에 우리를 데려다 놓는다. 이야기를 촉발시킨 '땅굴'의 실체는 물론이거니와, 이야기의 모티프 격인 '끝없이 두 갈래로 갈라지는 길'이라는 찻집이 실제 있는지 여부는 관건이 아니다. 각 장의 모두(冒頭)마다 덧붙은 '땅굴의 사실'에 관해 강변하는 대목은, 사실과 허구 사이의 임계(臨界)에 구축된 서사적 공간에 관해 메타(meta) 층위에서 명변하는 것이기 때문이다. 언명하는 순간 이야기는 사실에 관한 것이 아니라 '진실'에 관한 것이다.[6]

---

4) Martin Heidegger, *Sein und Zeit*, Max Niemeyer Verlag, 1972, S.101.

5) 이승우, 『끝없이 두 갈래로 갈라지는 길』, 창해, 2005.

6) 전 장에서 이 소설에 드러난 도시의 공간 형상과 관련하여 다룬 내용과 일부 겹치는 부분이 있음을 밝힘.

> 사실이지만 진실은 아니다. 몇 개의 사실이 포함되어 있지만, 그 몇 개의 사실들은 진실을 포섭하지 못한다. 때때로 우리는 진실을 감추기 위해 여러 개의 사실들을 늘어놓는다. 사실들을 나열함으로써 진실을 엄호하는 것이다. 그러나 진실은 다른 사실 속에 내장되어 있다. (15쪽)

우리는 은연중에 '사실이어야 마땅하다'는 편견에 사로잡혀 있다. 그런데 사실이란 믿음으로 환원된 허구인 경우가 많다. 그래서 때로 사실이 환상으로 환치되는 아이러니가 빚어지기도 한다는 것이 위 진술의 요지다. 사실이라는 환영(illusion)에 매혹된 채 사태의 표면만을 응시하노라면 호도된 본질과 '진실'을 보지 못하게 마련, 사실에 대한 편견은 진실을 은폐하려는 음모에 전략적 거점을 마련해 준다. 상대적으로 사실에 은폐된 진실을 드러내기 위해서 사실 아닌 허구로써 사태를 재구성하여 봄 직할 것이다. 적어도 목전에 주어진 사실만을 주목해서는 안 되는 법이다. 왜 하필이면 그날 그 시간에 광화문에 있었으며 그 찻집에 가게 되었는지, 그리고 처음으로 이야기를 나누었다는 '김소령'에게서 '땅굴의 사실'에 대해 듣게 되었는지, 그 시간적 순차와 인과 관계를 언술하는 가운데 끼어든 위 대목은 이런 맥락에서 의미심장하다.

이를테면 이 소설의 이야기는 사실의 서사가 아니다. 진실을 드러내기 위해 사실과 허구의 경계를 넘나들며 특유의 서사적 공간을 구축하기 위해 설계한 허구적 서사다. 담화의 층위에서 그 임계의 문턱(*limen*)을 표징한 것부터가 범상치 않다. 작가(내포작가)는 곳곳에 공간의 형상을 그리고 공간 의식을 드러냄으로써, 사실과 일상의 제약과 환영으로부터 일탈하고자 하는 열망이 기획한 서사 공간을 축조하는 데 이 소설의 지향점이 있음을 시사한다.

> 간절함과 절심함이 구체를 얻지 못하고 내면화될 때 안타까움이 되지요. 열망하지만 열망을 펼쳐내지는 못해요. 당신들은 그런 사람들이에요. 열망

> 을 현실화하려고 하는 순간 당신들은 이상한 거북함에 시달려요. 일종의 자기혐오. 물론 현실적인 장애가 있겠지요. 그렇지만 진짜 장애물은 당신들 내부에 있어요. 꼭 그렇지 않을 수는 있지만 내눈에는 금기에 대한 지나친 자의식이 관련되어 있지 않나 싶어요. 어쩔 줄 몰라 쩔쩔매는 당신들의 처지가 너무나 잘 보여요. 적어도 지금 당장은 현실 속에 당신들의 자리가 없어요. 당신들의 자의식과 현실의식이 그래요. 당신들에게는 현실과는 다른 차원의 공간이 필요하지요. 내 말이 맞나요? 현실의 눈들을 피해 현실의 빈 틈새 어딘가로 스며들고 싶어하는 당신들의 욕망을 알아보았어요. 그런데 현실은 워낙 견고해서 그런 틈새를 찾을 수가 없지요. 제8요일 이야기를 꺼낸 건 그래서였어요. 땅굴 생각이 문득 났지요. 당신들이야말로 그곳에 갈 사람들이라고 생각했어요. (103~104쪽)

인간의 열망은 실체를 찾을 수 없어 늘 추상이나 관념 차원으로 투사된다. 이를 삶 속에서 실현하고자 할 때면 여러 장벽에 부닥치게 마련이다. 금기에 관한 제도와 관습은 인간적 열망을 순순히 허용하지 않는데, 이보다는 스스로를 금기에 속박하는 자의식의 검열이 문제라는 '김소령'의 통찰은 예리하다. 그러한 자기 검열 속에는 아이러니하게도 '자기 자리'가 없다. 실존을 가둔 금기의 철옹성이 있을 뿐이다. 이러한 존재의 감금 상태를 벗어나 '현실과는 다른 차원의 공간'을 기획하는 일은 '현실의 빈 틈새'를 찾는 일에 상응한다.

그런데 욕망을 분출할 현실의 균열을 기대하기 어렵다. 그래서 그 틈새를 찾으려고 도모하는 일은 현실에서 실현될 수 없다. 그 일은 현실을 탈주한 공간을 기획하는 일로 다시금 이관된다. 허구적 공간인 '땅굴'이야말로 그러한 공간의 조건에 걸맞다. 추상인 열망이 구상을 띠게 되는 그 공간에서 제도적 속박을 벗어나 자기 존재의 자리를 구획할 수 있을 것이다.

> 나는 종종 현실의 균열을 꿈꾸곤 했다. 현실의 벌어진 틈으로 겨우 들여다보이는 아주 작고 흐릿하고 불안정한 비현실의 처소. 그러나 내 꿈은 막연하고 투박했다. 적어도 김소령이 나타나 광화문 땅굴에 대한 이야기를

해줄 때까지 내 꿈은 그저 추상에 지나지 않았다. (124쪽)

결혼이라는 제도나 사랑에 관한 금기에 얽매인 이가 꿈꾸던 '현실의 균열'은 땅굴에 관한 이야기를 계기로 구상화된다. 막연한 열망을 구현하는 서사적 공간이 비로소 저변을 얻은 것이다. 금지된 사랑을 이루었다는 가상의 공간인 '취화당'에 관한 이야기가 땅굴 이야기와 조응하여 그럴싸함이 더해진 터다. 물론 그 이야기는 '역사적 사실'이 아닌 '소설적'인 이야기이며, 설사 사실이라 하더라도 오랜 시간의 장벽이 가로 놓여 있는 까닭에 현실의 것이 아니다. 그런데도 사실과 시간의 장벽 너머에 기획된 서사적 공간은 추상적 꿈을 구상으로 전환하는 계기를 마련하여 존재의 기획을 돕는다.

틈나는 대로 땅굴과 취화당에 대한 자료를 찾아다녔다. 도서관에 가고 인터넷 사이트를 돌아다녔다. 그런 시도를 하는 과정에서 나는 내가 김소령의 이야기가 지어낸 것이 아니라 실화이기를 바라고 있다는 걸 분명하게 알아차렸다. 나는 길을 찾고 싶었던 것이다. 나의 공간, 우리의 자리. 그 길이 땅위에 없다면 땅속으로라도 들어가야 할 것이다. (133쪽)

김소령의 이야기를 전적으로 신뢰하자면, 공간적으로만이 아니라 시간적으로도 우리들의 길은 지하를 향해 열려 있었다. 지하는 현실의 이면으로 들어가는 길이면서 동시에 200년 전의 시간 속으로 들어가는 길이기도 했다. 현실 밖으로, 또는 안쪽으로 길을 내는 일이 나에게는 절실했다. 내가 김소령의 광화문 땅굴과 취화당에 집착하지 않을 수 없는 이유였다. (195~196쪽)

일견 허무맹랑한 이야기에 관심을 기울이고 심지어 집착하게 되는 이유는, 현실에서 벗어나는 길을 내고자 하는 절실한 열망에서 비롯된다. 김소령의 이야기가 실화이기를 바라는 심정이 연민을 자아낼 정도로, '나의 공간, 우리의 자리'를 향한 길을 찾고자 하는 열망은 절실하기 그지없다. 현실 이면으로 통하는 길이자 시간의 경과를 거슬러 오르는 그 길이 공간 표지임은 말할 나위 없다. 그리고 사실과 허구, 역사와 현실의 경계에 걸쳐 있는 그 공간이 이들 앞에 실로 드러난다.

> 정말로 그곳에 방이 있었다. 50평은 족히 되어 보이는 넓은 공간이 갑자기 나타났다. 그 한복판에 침대가 놓여 있었다. 실내는 아늑하고 훈훈했다. 지하통로를 지나오는 동안 느껴졌던 축축한 기운이 더 이상 느껴지지 않았다. 벽과 천장에 방수 공사가 되어 있고, 환기도 잘 되도록 만들어진 듯했다. 은은하긴 하지만 야릇한 향기도 맡아졌다. 지상에 세워진 취화당은 헐리고 입구는 막혔지만 그러나 비운의 연인들의 사랑의 보금자리였던 방과 침대는 그대로 남아 있었다.
>
> 정말로 꿈을 꾸고 있는 것일까. 정말로 꿈을 꾸고 있는지 모른다는 생각이 들었다. (195쪽)

'정말로 그곳에'는 '꿈을 꾸고 있는' 듯한 환상을 불러일으키는 '넓은 공간'이 펼쳐져 있다. 지상의 실체는 없고 이로 통하는 입구마저 막힌 상황이지만 '비운의 연인들의 사랑의 보금자리'는 남아 있다. 꿈과 현실이 뒤섞인 정황이 빚어진다. 자신들의 처지가 투사되고 현실에서 이룰 수 없는 열망에 조율된 공간이 눈앞에 펼쳐지는데, 그 공간은 실체가 없어야 마땅하며 실상인지 가상인지 구분되지 않는 형상이어야 마땅하다. 그것은 "현실의 보이지 않는 뒤쪽. 우리들 사랑의 간절함과 안타까움이 만들어낸 보이지 않는 틈"을 통해서만 도달할 수 있는 공간이기 때문이다.

> 우리는 현실에는 존재하지 않는 그 틈을 통해 여기로 들어온 걸 거예요. 김소령은 여기가 우리들을 위한 집이라고 했어요. 그러니까 이곳은 비현실이고, 어쩌면 우리는 꿈을 꾸고 있는 건지 몰라요. 모든 게 다 꿈인지 몰라요. 김소령도 취화당도 땅굴도, 심지어 우리들도. (196쪽)

현실에서는 찾을 길 없는 틈을 통해 들어온 공간이 비현실임은 말할 나위 없다. 그렇다면 그 공간은 꿈의 세계에 조형된 셈인데, 거기

들어선 이들이라고 해서 예외는 아니다. 아무에게도 방해 받지 않고 마음껏 욕망을 탐할 수 있는 판타지 세계는, "자의식조차도 간섭하지 않았다"고 할 정도로, 온갖 제도의 속박에서 일탈한 실존적 자유를 표상할 수 있는 여지를 조성한다. "시간은 멈추"고, "의식은 정지"(198)한 그 밀실에서 펼쳐지는 사랑의 판타지는 시공을 초월한 보편적 서사 공간을 창출한다. 현실 세계로 통하는 문을 열고 닫는 "주도권"을 안에서 쥐고 있어서 "자발적으로 열고 닫을 수 있"도록 고안되어 있다는 저 서사 공간은 "가두는 공간"이 아니라 존재를 향해 열린 공간이다.

같은 일상 세계에서 살더라도 "공간은 같지만" "다른 세상에 속해 있는 것 같"(200)다고 체감한 그들에게 그 공간은, 현실 세계를 반영한(reflective) 공간이 아니라 현실 세계를 돌이켜 볼 수 있는 '반성적(reflexive)' 공간이다. 사실과 허구로 향하여 끝없이 갈라지던 두 갈래의 길이 그 공간에서 어우러질지 모를 일이다.

이처럼 허구적 서사 세계에서 기획된 공간은 인간의 열망이 억압된 가운데 이를 투사하여 펼쳐지는 가상 세계의 경계에 구축된 임계 공간 양상을 띤다. 일상의 장소에서 일탈한 서사 공간은 상징적 기획 공간의 양상을 여실히 증명하는 사례로 기억할 만하다.[7]

열망의 판타지 공간

시간 관념이 빚은 정점의 결정체로 빛나는 것이 바로 '역사'라는 실체다. 시간이 그러하듯이 역사는 실체가 없는데도 어느 틈엔가 실체처럼 인식되고 있다. 그래서 역사는 '재구'할 대상이고 '복원'할 대상으로 운위되곤 한다. 그리 실체로 전제된 역사는 그만큼 위의를 풍기는

---

7) 이승우의 소설은 「미궁에 대한 추측」 이래, 사실과 허구의 역학 관계를 단서로 한 서사 공간의 기획을 통해 인간의 열망을 상징적으로 표상하는 데 수렴되는 일면이 엿보인다. '이승우 소설의 서사 공간'에 관한 논점을 집중 논급해 볼 직하다.

가 하면 권위적 실체로서 모습을 드러낸다. 역사는 현실을 비춰보는 거울 같은 수단이나 현실과 끊임없이 대화하는 상대방이 아니라, 현실에 은총을 베푸는 신격이요 현실을 호령하는 왕좌에 있는 존재의 모습을 띤다. 특정한 이데올로기, 특히 지배자의 이념에 의해 조작되고 왜곡된 채 실체를 가장한 역사를 내세움으로써 개인의 삶에 위해를 가하거나 위기를 조장할 때, 그러한 실체는 인간의 삶을 장악하는 부정적 힘으로 작용하게 마련이다. 역사의 질곡에서 인간을 해방시키려고 도모하는 역사 의식이나, 역사적 위기에서 벗어나 인간 본향으로 회귀하고자 열망하는 신화 의식은 역사의 실체를 부정하려는 의식의 양단에 걸쳐 있다. 그 사이에 다양한 서사의 스펙트럼이 형성된다.

그리하여 서사의 본질 가운데 하나는 연속된 역사적 시간에서 벗어나 역사를 대상화함으로써 직시하고 조망하는 장을 마련하려는 기획이다. 그러한 조망이 없다면, 인간은 역사적 고통을 실로 체감하여 좌절하거나, 반대로 고통 받는 이들의 삶을 관망하며 쾌감을 얻는 데 그칠 수밖에 없다. 자학이나 피학을 넘어서 삶의 주체로서 위상을 확인하고 성찰하는 계기를 서사에서 얻을 수 있어야 하는 것이다. 그 반성적 공간을 조성하려는 서사적 전략은 역사 이면의 의미를 되묻고 정치적 연대기에 잠복한 음모를 폭로하여 그 이념을 전복하는 데 수렴된다. 그 구심에 판타지적 요소가 자리잡고 있다는 사실이 그리 새삼스럽지는 않다. 이 또한 자유를 구가하는 실존의 서사적 공간 기획에 관여된다. 역사적 연대기의 형식이나 사실에 근사한 감각을 낳는 역사 기술의 방식을 해체함으로써 공간 형식이 창출되는 식이다.

천명관의 『고래』를 예로 들어 보자. '국밥집 노파'에서 '금복'과 '춘희'로 이어지는 여성 삼대록 형식을 띠는 이야기를 통해, 역사적 격변기를 이야기하는 듯 보인다. 그러나 시간의 흐름이나 인과적 전개 양상과 전혀 무관한 이야기 구성은 역사라는 실체를 무색하게 한다. 역사는 사실을 기술하는 제재로 쓰이지 아니하며 단편적으로 나열되는 이야깃거리에 불과하다. 물론 그 이야기의 의미 양상도 일정한 의미를 산출하는 계기로 작용하지 아니하며 이를테면 가십거리 정도의 수준에 국한된다. 가령 근대화의 도정에 관해서는 다음과 같은 식으로 기술된다.

> 근대의 물결은 여자들의 사생활에도 큰 변화를 가져와 이즈음에는 무명천을 빨아 쓰던 개짐에서 일회용 생리대로 바뀌어 있었던 것이다. (256쪽)

일견 개연성이 있는 언명이지만 '근대의 물결'에 결부되는 역사의 흐름을 이처럼 '사소한 변화'와 결부하여 이야기하는 것이 상식은 아니다. 그렇지만 인간사의 미시적인 국면에 주목하고 보면, 삶의 조건과 환경이 바뀌어 펼쳐지는 풍속의 단면을 통해 '근대의 물결'을 얘기할 수 없지 않다. 커피의 수입과 영화관의 등장을 통해 감지되는 근대의 풍경 또한 이야기 속 인물들이 주목하는 바이다. 물론 이러한 이야깃거리는 역사를 앞세운 거대 서사(grand narrative)에 비추어 볼 때 무의미할 수밖에 없다. 변화된 풍속과 삶의 방식을 혁신하는 문물을 통해, 역사에 상응하는 시대의 추이를 '이야기'한 것이 나름의 타당성 있는 맥락으로 구성된다.

일련의 사실(事實)에 바탕을 둔 실증적 역사와 달리, 이 소설에 기술된 역사적 서사의 양상은 요컨대 일제 강점기와 전쟁, 군부 독재 시절 등 한국사의 격동을 배경으로 이야기하는 듯하면서도 그 실상의 단서는 지시성이 거세된 양태로 드러난다. 이는 단적인 허구를 통해 구현되기도 하지만, 때로는 지나칠 정도로 사실적인 이야기를 간략하게 기술하여 오히려 실감을 상쇄함으로써 구현되기도 한다.

> 금복이 세상을 떠돈 지 이태가 되던 해 여름, 나라엔 큰 전쟁이 있었다. 남쪽과 북쪽으로 나뉘어 싸우게 된 그 전쟁은 이후 삼 년이나 지속되었다. 당시만 해도 산 경이나 죽은 것이나 별반 다를 게 없었으며 죽음은 너무나

> 흔해서 귀하게 취급받지 못했다. 남쪽 사람들과 북쪽 사람들은 너무나 흔해서 귀하게 취급받지 못했다. 남쪽 사람들과 북쪽 사람들은 미칠 듯한 증오에 휩싸여 서로 수백, 수천 명씩 한꺼번에 학살했다. 그들은 상대를 한군데 몰아넣고 죽창으로 찌르거나 구덩이에 산 채로 매장했다. 건물에 가둬놓고 불을 지르기도 했다. 그렇게 죽임을 당한 자들 가운데는 여자와 어린아이도 부지기수였다. 그들은 자신의 생각을 감춘 채 아무나 붙잡고 상대방의 생각이 무엇인지를 물었다. 대답할 수 있는 것은 둘 중의 하나뿐이었기 때문에 살아날 수 있는 확률은 언제나 반반이었다. 그것은 이념의 법칙이었다.(129쪽)

비극적 근대사의 중심에 있다는 '한국전쟁'의 총체적 실상은 분명 위 대목에서 이야기된 것에서 크게 벗어나지 않는다. 그런데 이처럼 이야기해 두고 보면, 과연 역사적 사실을 기록한 것인지 의구심이 들 수밖에 없다. 한 구절 한 구절 꾸며낸 바 없는데도 사실 여부를 의심하게 되는 것은 요약적 진술이 자아내는 피상성 탓이다. 더욱이 모든 것이 '이념의 법칙'으로 환원됨으로써, 한국전쟁에 연루된 일련의 사건은 실감 여하를 따질 사안이 아님이 역설된다. 일견 역사는 사실(史實)의 기술이라는 관점을 염두에 두어 봄 직하다.

이처럼 역사의 실감이나 개연성 차원이 상쇄된 이야기가 공간 형식을 띠는 것은 수순이다. 시간적이고 인과적인 의미의 연쇄가 끊어져 생긴 공백을 이야기의 단편들이 채우고 있는 것이다. 병렬적 몽타주[8]를 연상케 하는 이야기의 단속(斷續)은 구성의 공간 속성을 심화한다. 사실에 근사한 개연성 있는 서사 세계가 아니라 적나라하게 허구적인 서사 세계를 통해, 실감의 환영(illusion)이 아닌 일탈의 꿈을 그린 판타지가 조성된다.

그러한 일탈의 판타지가 '대극장'의 건축 이야기를 구심으로 이어진다.

---

8) 이러한 숏(shot) 편집 기법은 서사의 공간적 속성을 구성 차원에서 구현하는 원리이다. 영화에 특화된 기법이라기보다는 공간적 구성의 속성을 드러내는 서사적 기법으로 이해해야 한다.

> 오래전, 부둣가 도시에서 보았던 대왕고래의 거대한 이미지에 흠뻑 매료된 금복은 이십여 년이 흐른 뒤에도 그 황홀한 매력을 잊지 않았다. 금복의 주장에 따라 고래의 모양을 본따 설계가 이루어진 극장은 당시의 건축기술이 총동원된 첨단의 건축물이었다.…(중략)…이즈음 금복에게 한 가지 커다란 변화가 생겼는데, 그것은 바로 아무 데서고 치마를 걷어붙이고 건축업자가 됐든 목사가 됐든 공장의 인부가 됐든 가리지 않고 이불 속으로 끌어들여 마을 사람들의 입방아에 오르내렸던 바로 그 바람기가 사라졌다는 것이다.(256쪽)

저 '첨단의 건축물'은 내밀한 욕망을 채우는 상징적 기획 공간이다. 설계의 계기로 작용하였다는 '대왕고래의 거대한 이미지'는 실상이 아닌 '이미지'일 뿐이다. 그 이미지가 기억에 각인되어 시간의 경과를 거스른 채, 대체 표상을 통해 실체를 얻게 된 셈이다. 극장의 건축을 계기로 욕망의 '바람기'가 사라지고 호르몬의 변화를 통해 '남성성'을 지닌 욕망이 그 자리를 대신하게 된다는 점은 대극장를 둘러싼 여러 판타지를 대표하여 표상한다.

그 모든 욕망은 죽음의 공포에 맞닿아 있는 유년의 기억에서 도피하려는 몸부림과 조응한다. 그 열망의 극점에 고래형 극장을 건축하려는 여망이 자리잡고 있으며, 그 공간 기획에 관여된 원망(願望)이 유년기의 비극적인 체험을 낭만적 체험으로 투사함으로써 판타지를 창출하였던 것이다.

> 그날 이후, 소녀를 지배한 건 죽음에 대한 공포였다. 그리고 인생의 절대 목표는 바로 그 죽음으로부터 도망치는 거였다. 그녀가 좁은 산골마을을 떠난 것도, 부둣가 도시를 떠나 낙엽처럼 전국을 유랑했던 것도, 그리고 마침내 고래를 닮은 거대한 극장을 지은 것도, 모두가 어릴 때 겪은 엄마의 죽음과 무관하지 않았다. 그녀가 고래에게 매료된 것은 단지 그 크기 때문만은 아니었다. 언젠가 바닷가에서 물을 뿜는 푸른 고래를 만났을 때 그녀는 죽음을 이긴 영원한 생명의 이미지를 보았던 것이다. 이때부터 두려움 많았던 산골의 한 소녀는 끝없이 거대함에 매료되었으며, 큰 것을 빌

려 작은 것을 이기려 했고, 빛나는 것을 통해 누추함을 극복하려 했으며, 광대한 바다에 뛰어듦으로써 답답한 산골마을을 잊고자 했다. 그리고 마침내 그녀가 바라던 궁극, 즉 스스로 남자가 됨으로써 여자를 넘어서고자 했던 것이다.(271쪽)

죽음에 직면할 수밖에 없는 실존적 한계상황을 넘어서고자 하는 열망은 사뭇 보편적이다. 그 한계상황을 의식한 계기는, 원상(Trauma)처럼 의식의 저변에 각인된 죽음의 공포를 극복할 수 있는 영생의 꿈을 실현하려고 도모하는 의식인데, 그 꿈은 '인생의 절대 목표'까지 추동한 터이다. 원상의 잠재력을 염두에 두고 보면 그러한 단적인 파급 양상이 허황한 것만은 아니다. 협소하고 폐쇄적인 '산골마을'을 떠나 '부둣가 도시'로 가거나, 아예 한 '장소'에 얽매이지 않고 곳곳을 떠돌며 공간적 개방성을 체감하려 한 것이 다, 원상의 장악으로 억압된 열망을 해방하려는 실존의 공간 기획에 상응한다.

결국 '죽음을 이긴 영원한 생명의 이미지'로 표상된 '고래'의 상징성을 실로 구현할 '거대한 극장'이 건축됨으로써, 드넓은 공간을 통한 존재의 해방을 열망하는 이의 공간 원망이 가상으로 실현된다. 종내 자신의 욕망을 제도적으로 가두어 공간적 자유를 훼방하는 '여자'의 몸을 바꾸어 '남자'가 되고자 하는 허황한 꿈마저도 실현되는 판타지가 이야기된다. 이는 역사를 지배한 '가부장적 질서'를 승인한 듯하지만, 냉소 가득한 담화의 전략 탓에 가부장 체제를 승계한 역사의 흐름을 전복하려는 열망을 표현한 아이러니이거나 알레고리로 비친다. 밑도 끝도 없이 펼쳐지는 부조리하고 인과성 없는 이야기 자체만 하더라도 로고스 중심주의가 떠받치는 가부장적 질서에 대해서는 전복적 전략의 단면을 시사한다.[9] 그 전략이 서사 공간의 상징적 기획을 통해 눈

9) 물론 이야기의 인과성이 배재된 채 단편적인 이야기만을 나열한다고 해서 문학적 서사의 가치가 완성되는 것은 아니다. 서사는 스토리와 플롯의 조합 이상의 효과를 산출함으로써 그 미적 가치가 산출되는 경우가 허다하다는

에 띄는 거점을 구축하고 있다는 사실만큼은 분명하다.[10]

무의식의 불확정 공간

현실은 환멸을 부르기 십상이다. 멸(滅)해 버린 환(幻)은 허황한 꿈으로 치부되기 일쑤인 것이다. 그러나 환을 멸한 현실은 인간 실존을 밑도끝도없는 절망의 벼랑 끝에 내몬다. 그 극한의 상황에서 실존은 환을 불러 일으킴으로써 절망에서 탈주하고자 꿈꾸어 보지만 꿈은 꿈일 뿐이다. 채우지 못한 열망은 현실의 제약을 벗어날 것을 요구한다. 그러나 현실과 가상의 경계를 온전히 넘나들지 못하여 그 경계에 머무르는 경우 혼돈에서 헤어나지 못한 채 방황하게 마련이다. 의식은 분열된 채 사실과 허구, 실상과 가상의 임계에서 불확정의 공간에 처한다.

안성호의 『때론 아내의 방에 나와 닮은 도둑이 든다』[11]는 이러한 불확정의 환멸을 서사 공간으로 승화한 이야기가 채우고 있어 주목을 끈다. 그 가운데 「나비」는 표제작으로 삼았어도 좋을 만큼, 현실과 서사 세계 사이의 불안정한 함수 관계를 명변한다.

> 초병은 몇 번 뒤척이더니 더 깊은 잠의 세계로, 기억할 수 없는 세계로 편입되었다. 그곳은 아주 먼 곳이었고, 도저히 두 발로 걸어서는 갈 수 없는 곳이었다. 그래서 일직사령에게 꿈에 대한 이야기는 거기까지밖에 할

점을 고려한다면, 이야기의 가치를 평가하는 기준이 단순한 점에 수렴되지 않는다는 데 유의하게 된다.

10) 이러한 열망의 판타지 공간은 현실과 허구 사이의 경계를 넘나들 수 있는 개연성이 완전히 제거된 까닭에 '임계 공간'의 속성이 사라진 양태다. 일견 허무맹랑한 이야기로 치달아 의미를 낳지 않을 수(혹은 못할 수) 있으며, 『고래』 또한 이런 한계에 직면해 있다. 역사적 시간을 공간화함으로써 역사적 사실을 재해석하려는 시도는 최근 한승원의 노작들을 통해서도 집중 논급할 수 있다는 데 주목할 따름이다.

11) 안성호, 『때론 아내의 방에 나와 닮은 도둑이 든다』, 랜덤하우스 중앙, 2005.

수 없었다.

"자네에게 휴가를 주지 않을 생각이었네만, 오늘 아침에 자네의 꿈 이야기를 들은 소장님이 휴가를 주라고 말씀하셨네. 며칠 되지는 않지만 푹 쉬는 것이 건강에 좋을 것 같다는 말이네. 아 참, 자네 고향이 어디라고 했지?"

"난도입니다."

"거기가 어딘데?"

"백령도 밑에 딸린 섬 중 하나이지요."

"먼 곳에서 왔구먼." (10쪽)

'먼 곳'이라는 지칭을 통해 초병의 고향과 꿈의 세계를 표현한 것은 공교롭다. 초병은 교도소 경비대에 전입하는 날부터 줄곧 고향에 갈 수 있는 휴가를 꿈꾸어 온 만큼 둘 사이의 함수 관계가 그럴싸해 보인다. 다만 '기억'이라는 변항에 따라 '기억할 수 없는 세계'와 '추억을 낳은 세계'로 대별될 뿐, 현실을 벗어난 공간이라는 면에서 등가 관계이다. 그리고 실상 고향에 얽힌 추억마저도 온전한 기억에서 비롯된 것이 아니라는 사실이 밝혀진 다음이라면, 초병의 의식을 거쳐 발화된 이야기의 개연성을 의심하지 않을 수 없다. 추억만 아니라 현실에서 드러나는 의식조차도 꿈과 사실을 착종한 데서 비롯된 의식의 분열상이 엿보인 터다. '백일몽' 속의 허구적 세계는 현실에서 일탈하고자 하는 한 실존의 잠재적 열망이 의식과 착종됨으로써 형성되는 임계 공간의 양상을 창출한다.

이 백일 휴가에 대한 생각은 처음 망루에서 총을 들고 근무를 설 때부터 시작되었다. 하루가 지나고, 이틀이 지나면서 첫날 생각했던 것이 다음 날에는 현실처럼 느껴졌고, 사흘째 되던 날에는 섬에 있는 애인과 공기 중에서 대화를 하는 것 같은 착각에 빠지곤 했다. 그것이 바로 한낮에 꾸는 꿈, 백일몽이었다. 이것은 무료함을 달래기 위해 최초에 붙들었던 기억이 닳고 닳아 더 이상 기억해내기조차 힘들게 되자, 현실에 비추어 전혀 있지도 않은, 상상의 일들이 지극히 현실처럼 머릿속에 남으면서 정작 현실은 사라지고 자신이 만든 백일몽이 실재가 되어버린 꼴이었다. 갈매기처럼 생

> 긴 비둘기가 허공에서 똥을 누고, 초소 담장 옆 아파트 단지에 불빛들이 섬을 향해 다가오는 목선 같았고, 총구에서 2단 낚싯대가 나와 허공에서 감성돔을 낚아올리기도 했다. (11쪽)

과거의 기억과 현실의 의식은 착종되어 경계를 분별할 수 없거나 아예 사실 여하를 가늠하기 힘든 지경이 되었다. 기억은 현실을 벗어나고자 하는 이의 무료함을 달래기 위한 수단이거니와 상상을 부추기는 수단으로 전락하였다. 이런 와중에 초병의 의식은 '착각'이나 '백일몽'에 준하는 것으로 전제된다. 종내 상상 세계가 실제 세계로 전이되는 의식의 분열상이 시사된다. '초소 담장 옆 아파트 단지'는 '난도'와 착종된 지경이며, 총을 들고 경계를 서는 근무는 낚싯대를 드리우고서 행복감을 만끽하는 휴가와 경계를 가늠하기 힘든 상태로 전제된 것이다.

그런 가운데 그의 시선에 '나비를 먹는 여자'가 포착되는데 그가 실상을 본 것인지 착시한 것인지 의구심이 들지 않을 수 없다. 그 여자가 나비를 먹는 행위가 초병의 엉뚱한 상상을 불러일으킨 탓에 더욱 그러하다.

> 화장실마다 가득한 나비들, 이 나비들이 여자 죄수의 성기를 통해 들어가 어느 날 교도소에 있는 여자 죄수들이 노란 날개를 달고 담을 넘어가지는 않을까 하는 상상을 했다. 여기까지. 이런 상상을 하는 것은 그리 어려운 일이 아니었다. 어느 날 갑자기 머리 위로 헬리콥터가 나타나서 그것을 타고 고향으로 간다거나 한 여자 죄수와 땅굴을 파고 서로 사귀다가 어느 비 오는 날 함께 탈옥을 하는, 허무맹랑한 상상을 수도 없이 해온 초병이었다. 그러나 여자 죄수가 나비를 먹는 것은 이런 종류의 것과는 다른, 사실에 가까운 것이라고 단정을 내렸다. (8쪽)

"탈옥을 꿈꾸는 죄수가 틀림없다"고 간주된 그 여자 죄수에 관한 상상은 터무니없어 보인다. 그런데도 사실에 가깝다고 단정하는 언설을 통해 의식의 신빙성이 의심된다. 사실이라 단정하는 것도 아니고 사실에 근사하다고 생각한 점도 미심쩍다. 사실과 허구 사이의 착종이 빚어지고 있음을 방증하는 대목이다. 나비를 잡아 먹은 여자 죄수가 급기야 거대한 나비가 되어 노랑 날개를 펴고서 많은 재소자들을 상대로 탈주의 '희망'에 대해 강연하는 장면을 상상하기까지, 그가 사실에 가깝다고 단정한 것은 '기억할 수 없는 세계'에서 빚어진 꿈이나 공상에 불과한 것으로 고지된다. 어쨌든 이런 정황을 통해, 갇힌 세계에서 일탈하여 열린 세계로 비상하려는 꿈을 서사 공간을 통해 상징적으로 기획한다는 점이 도드라져 보인다.

어쨌든 그 여자 죄수든 초병이든 둘 중에 하나는 나비의 날개를 달고서, 부적응한 현실에서 벗어나 비상하고자 꿈꾸고 있는 것만은 분명하다. 실제로 초병은 휴가에서 복귀해야 했던 날, 고향 섬에서 나비를 잡아 먹고서 기도가 막혀 죽고 만다. 정작 나비를 잡아 먹었다던 여자 죄수는 그런 일이 없었다고 강변한다. 나비와 같이 날아 올라 현실의 장벽을 넘어 탈주하고자 꿈꾼 당사자는 정작 초병 자신이었던 셈이다. 설사 여자 죄수가 나비를 잡아 먹었다손 치더라도 탈주의 꿈을 꾸고서 그리한 것이 아니라 되려 나비의 환영에서 오는 공포에서 탈출하고자 그리했을 것이라는 사실이 시사된다.

자기가 짝사랑한 교수의 가족이 행복하게 어우러진 모습에서 나비의 환영을 처음 본 그녀가 그 환영에서 벗어나기 위해 교수를 살해했다면, 나비는 탈주에 관여된 형상이 아니었던 셈이다. 그 나비의 형상을 무의식에 각인시킨 트라우마(Trauma)가 있는지는 모르겠으나, 교수를 살해함으로써 나비에게 쫓기는 환영에서 벗어나기까지의 과정은 아무런 인과 관계 없이 진행된다. 그도 그녀 스스로 쓴 진술서의 내용을 옮긴 것이니 미덥지 않은 구석이 많다. 아무런 죄책감도 느껴지지 않고 살인의 동기나 과정마저도 무심하기 그지 없이 기술된 진술 내용이 경악을 불러일으킬지는 모르지만 말이다.

둘 중 누구라도 자의식의 분열상이 빚은, 꿈과 현실의 착종 상태에서 비극적인 사건이 생긴 만큼 강렬한 반응을 불러일으킬 여지가 많은 제재이다. 그런데도 무심히 읽히는 것은, 비상의 꿈이나 탈주의 꿈이 어우러진 속에서 백일몽이 현실이 되는 듯한 착각이 유발되기 때문일 것이다.

현실과 꿈의 임계 상황에서 구축된 서사 공간은 이처럼 의식의 분열상을 구상화하는 전략을 파생시킨다. 사실과 가상이 혼재되고 착종되면서 전도된 세계의 단면을 통해, 현실의 속박에서 벗어나고자 하나 그리하지 못하고 혼돈에 처한 의식이 이 공간에 노정된다. 그 의식은 논리적 인과성을 저변으로 하는 의식의 원래 속성을 온전히 담보하지 못한 까닭에, 실상은 의식 층위보다는 무의식 층위를 점한다. 사실과 허구가 뒤섞인 세계에서 분열된 자의식의 면모를 엿보임으로써, 불확정이지만 반성적인 서사 공간이 구축된다.

현실의 환영이 낳는 환멸은 인간의 탐욕에서 변주된다. 그 욕망이 온전히 채워지지 않을 때, 혹은 그것이 잔뜩 부풀어 올라 의식의 통제권을 벗어날 때, 인간은 환멸과 함께 자기 분열을 경험하기 십상이다. 그리고 결핍된 욕망이나 과잉된 욕망이 투사되어 환상이 빚어진다. 환상은 그 자체로서 자기 분열의 표지이지만, 서사 공간의 상징적 기획을 표상하는 징표이기도 하다.

같은 소설집에 수록된 「육식」의 무대인 '생태빌라'는, 숲과 함께 무덤이 한데 어우러진 곳에 지어진 공동체 공간이다. 인간의 욕망을 부추기는 '육식'을 거부하고 생태적 환경에 어우러지는 '채식'에 동참하는 이들이 어울려 사는 공간인 것이다. 환경을 오염시키던 젖소 농장을 생태에 적합하게끔 환경 친화적인 주거지로 바꾸어 놓은 만큼, 과연 '생태빌라'라 할 만하다.

그런 생태빌라에 악취가 번지면서 입주민들 사이의 관계에 균열이 생긴다. '505호'로 표상된 옥탑방을 거점으로 퍼지는 악취는 성원들의 분노를 부추긴다. 그리고 분노는 잠재되었던 육식에 대한 욕망을 겉으로 끌어낸다.

> 이들은 아주 오랜만에 자신들의 몸을, 아니 자신들의 정신을 담고 있는 항아리 뚜껑을 열고 그 내부를 내려다볼 수 있었다. 채식으로 가득해야 할 항아리에 알 수 없는 욕망들로 가득했다. (45쪽)

육식을 하지 않을 수 없는 인간의 본능을 일깨우는 '505호'를 통해 입주민들은 차츰 우유와 고기에 맛들인다. 그러면서 육식을 가능하게 한 원천인 옥탑방에서 벌어지고 있을 일에 대한 호기심을 이기지 못한다. 급기야 그 방에 난입하여 실체를 확인하기에 이른다. 그러나 그들 앞에 펼쳐진 잔혹한 장면은, "죽어가는 한 생명이 자신의 머리 위에서 살고 있었다"는 아이러니를 일깨우며 스스로를 경악하게 한다. 그것은 육식하는 인간의 본성이 빚은 자기 분열의 형상에 상응하는 모습을 연상시킨다. 악취 풍기는 욕망과 무의식이 어우러진 그 허구적 공간은 잡식성인 인간의 모순된 이면을 기본 구도로 구축되었다고 할 수 있다.

욕망에 가득차 있으며 그 욕망에서 벗어나지 못하면서도 욕망을 폄훼하여 얘기하기 일쑤인 인간의 이중성이 이러한 분열상에 밀착된 환상을 낳았을 것이다. 욕망의 쓰레기더미를 연상시키는 '섬'을 중심으로 허구일 게 뻔한 이야기를 펼친 「섬」은 그 분열상을 명징한 공간 징표로써 기술하여 선보인다.

도시에서 쏟아져 나오는 식욕과 성욕의 쓰레기가 쌓여 이루어진 '섬'은 욕망을 분출하기에 급급한 인간상을 우의한 공간 형상을 띤다. 음식 찌꺼기가 나날이 쌓이는 것은 물론이거니와, 연인들이 시시때때로 찾아 은밀한 성욕을 채우고 난 후에 버리는 '휴지'가 널브러진다. 그 연인들 가운데는 도시를 장악한 세력에 의해 색출되어 주검으로 변한 채 쓰레기 섬에 버려지는 경우도 허다하다. 폐쇄된 채 감시와 통제 하에 처한 섬에서의 탈주를 감행한 주인공은 종내 도시에서 탈주하여 섬으로 돌아온다. 도시의 현실은 통제보다 더 숨통을 막을 듯한 침묵과 불안, 그리고 무기력이나 무감각 같은 것에 휩싸인 채 소통 불가능한 단자(Monad)들로 가득차 있었던 것이다. 쓰레기디미에서 통제 받고 사역하는 한이 있더라도, 안락한 섬으로 복귀하는 편이 숨막히는 현실에서 사는 것보다 나을지 모른다는 주인공의 판단은 타당해 보인다.

그러나 처음부터 "어떻게, 여기까지 왔는지 알 수 없었다."라고 하였고, 감각의 몽롱함 속에서 체험한 섬 생활이 과연 실상인지는 의심스럽다. "무서운 것은 사람들 속에 내밀하게 일렁거리는 그것"이라고 끝맺어졌으니, 은밀한 욕망이 추동하였을 '섬'을 두고 지향점을 상실한 채 현실 세계와 섬 사이를 유영하는 인간의 모습은 연민조차도 자아내지 못한다. 존재의 근거는 물론이거니와 삶의 지향점을 상실한 채 의식과 욕망이 분열되어 존재의 저변을 잃은 인간은 현실과 꿈의 임계에 서사 공간을 마련해 둘 수밖에 없다. '섬'은 그 명증한 징표다. 현대인의 공간상실성(Raumloßichkeit)이 그 공간 징표를 통해 투사된다.

「때론 아내의 방에 나와 닮은 도둑이 든다」에 등장하는 '하얀 프라이드'도 그와 근사하다. 아내와 정부를 살해하여 파묻고 그 위에 차를 방치하여 은폐함으로써 인간의 애증에 얽힌 욕망의 극단이 표상된 터다. 엽기적인 환상이 현실을 압도하는 이야기는 욕망이 단적으로 투사된 가상의 공간을 부수고 짓고 하는 과정을 통해 전개된다. 꿈을 꾸는 것인지 실상을 보는 것인지 모를 지경에 이르른 이야기의 서술 상황은 분열된 자의식의 단면을 엿보인다. 그것은 무기력에 잠복한 열망이 표출된 신화에 상응하는 것이라는 언명을 통해, 욕망이 빚은 신화적 서사 공간으로 확장되는 듯하다.

그 욕망의 서사 공간은 "현실에 대한 헐떡거림이나 패배"가 아니어야 옳다. 대신 결핍되거나 과잉되어 의식의 분열상을 부르는 욕망을 돌이켜 보는가 하면, 이에 조소를 보내는 반성적 공간으로 작용해야 한다. 욕망이 부풀어 떠오르는 환상을 모티프로 삼은 「하늘에 떠 있는 저 사내를 보라」나, 모래처럼 흩어져 휩쓸리기 쉬운 욕망의 파편이 부르는 환멸과 허무를 극화한 「움직이는 모래」가 그 서사적 공간을 공유한다. 태연히 불륜 관계를 맺고 근친상간의 금기를 범하는 이들의 열망은 꿈이 되고 그 꿈은 환상에 투사되어 허무하게 부풀어 오르거나 퇴적되지 못하고 휩쓸려 흩어지는 공간 형상을 빚어낸 것이다.[12)]

인간의 욕망은 현실의 벽에 부딪혀 결핍을 낳는다. 그 결핍은 욕망을 더욱 부풀어 오르게 하여 삶의 대기를 장악하거나, 분비(紛霏)된 욕망을 삶의 내밀한 구석까지 스미게 한다. 결핍으로 뒤틀린 욕망의 극한에 내몰린 이는 의식의 분열 지경에 처해 납득하기 어려운 징후를 보인다. 가령 의식과 무의식이 뒤엉킨 채 환각으로 경험한 가상을 실상으로 전도시키는 일이 벌어진다. 이런 상황을 이야기로 꾸밀라치면 현실 탈주의 꿈을 구현하려는 서사적 기획이 온당한 전략일 텐데, 가상과 실상의 임계에 형성되는 서사 공간은 그 전략을 대변한다. 잠재된 무의식이 투사되어 빚어내는 환상적 서사 공간에서 이들 가련한 영혼이 구원받을 수 있을지는 모르겠으나, 현실의 균열을 찾아 그 틈새에다 저러한 공간을 기획함으로써 가상이나마 자유를 구가할 여지가 전혀 없지 않을 것이다.[13)]

현실의 억압과 통제 기제가 힘을 발휘할수록 현실 세계의 균열을

12) 다만 실제 세계와 가상 세계 사이의 역학에서 파생되는 그 공간 구도를 잘 조율하지 못하여 가상으로 치우친 듯한 이야기 양상이나 때로 장황하게 전개되는 상황과 작위적인 대립 구조 등이 피상으로 비쳐질 가능성을 배제하기 힘들다.

13) 의식의 분열 상태에서는 현실과 가상의 경계 자체가 착종된 지경이 펼쳐진다. 서술자가 서술상황을 조율하지 못할 경우 서사 공간을 통해 기획될 '서사적 자유'의 의미가 무색하거나 퇴색될 우려가 없지 않다.

찾아 탈주할 공간을 탐색하는 시도는 더욱 빈번해질 것이다. 인간적 열망의 판타지를 구현하려는 서사적 결구는, 현실을 핍진하게 묘파한 서사로써 구현하기 힘든 현상 이면이나 현실 너머의 세계를 열어 보인다. 시간의 흐름과 인과적 관계 속에서 억눌렸던 인간의 꿈은 서사적 공간에서 구현된다. 실존적 불안의 원천인 시간의 흐름이 정지된 그 공간에서 무의식이 의식과 착종되는 일은 비일비재하다. 분열된 자의식이 이 공간에서 타당한 구체를 얻는 것도 이상한 일이 아니다. 종내 제도와 관습에 옭죄였던 고통스런 영혼은 현실을 초월한 판타지의 임계에 기획된 서사 공간에서 서사적 자유를 구가한다.

이러한 서사 공간의 양상은 일관된 흐름을 전제한 구성이나 실감을 연출하는 이야기 기법을 통해서 드러내기 어렵다. 서사 기제의 역동적 작용에 관여된 서사 공간의 역학에 상응하는 서사역학 공간의 양상이 불확정성을 띠게 되는 것은 이런 정황과 관련되는 듯하다. 시간의 원리를 역동적으로 재구성함으로써 구축되는 공간의 원리는 서사 공간에도 고스란히 적용되어, 이야기를 통한 공간적 체험을 도모하려는 존재의 기획이 서사 공간을 통해 구체적인 국면에 닿는다고 해도 좋을 것이다. 일상, 역사, 의식 등 시간 요소가 실존의 자유를 위협하는 한, 서사 공간을 통해 위기와 한계상황을 극복하고자 하는 상징적 기획은 계속될 것이다.[14)]

---

14) 디지털 문화의 다양한 산물이 이와 직간접적으로 관련되어 있다. 이른바 디지털 노마드의 관심사 가운데 중요한 거점인 판타지의 속성이 서사 공간의 구현에 맞닿아 있기도 하다.

2

서사 기제의 역학

시점의 역학과 공간 자질

서사 시점의 단서

서사 공간은 소설의 역학에 관한 여러 단서들을 파생시키는 구심점으로 작용한다. 그 역학에서 가장 직시적인 논항으로 의식되는 것은 '시점'이다. 이는 서사의 공간 자질과 관련하여 자주 거론되어 온 터이기도 하다. 그런데 이러한 역학을 온전히 전제하지 않은 채, 시점 문제의 범주를 제대로 인식하지 못해서 범하는 오류가 몇 있다.

가장 비근한 오류는 시점 논의를 인칭 분류 논의 정도로 환원해서 생각하는 것이다. '○인칭 ○○시점' 등으로 작품군을 분류하는 경우가 이에 해당한다. 물론 인칭 분류는 초창기 시점 논의의 주요 논점으로서 초심자들에게 기초적인 정보를 제시하는 것이 사실이다. 그렇지만 분명히 '인칭'은 시점 논항의 일부일 뿐이며, 인칭을 구분하는 논리 자체의 타당성을 의심하는 입론이 제기된 형편이다. 이런 점을 감안하여 볼 때, 시점 논의가 인칭 분류론에 귀결된다는 생각은 시점을 본격 연구할 때 판단유보할 필요가 있다.

인칭 분류를 지향한 시점 논의는 대개 작품 단위로 시점의 유형을 규명하려고 해서 특히 문제된다. 물론 이런 논의를 펼칠 때 '이 작품은 3인칭 관찰자 시점이 주를 이룬다.'는 식으로 여타 시점이 중첩되었을 가능성을 전제하여 일방적인 환원론이란 비판을 피할 수 있지만, 적어도 시점 분석을 작품 단위로 하는 데에 문제가 없을 수 없다. 인칭 분류에 얽매인 시점 논의가 작품 단위로 시점을 논급하는 수준에 머무를 수밖에 없는 것도 사실이라서, 시점 문제의 수위를 먼저 따져보아야 할 것이다. 그럴 때 시점은 서사적 분절(segments) 단위에서 구성되는 기제로 미시적 수준에서 분석할 요소라는 사실이 드러난다. 기실 작품 단위 인칭 분류 논의에서도, 그 논거가 되는 분석들은 단위 문장이나 문단을 중심으로 한 것들인 점을 새삼 되새겨 볼 만하다.

'시점'은 서사의 상황과 구성에 관한 문제이고 서사 진행 '과정'에서 파생되는 현상이며 관계 개념으로 이해할 문제이지 실체 개념으로 파악할 문제가 아니다. 구체적인 서술상황에서 서술자와 서술 대상 사이의 관계 양상을 규명하는 데 시점 논의의 본령이 있다. 그렇게 구체적인 상황이 전제되어야 시점을 온전히 논의할 수 있을 텐데, 이를 굳이 작품 전체의 문제로 환원할 필요가 있으며 그리 할 논리적 근거가 있는지 의문이다. '인칭' 개념 자체가 이미 관계 개념인 점도 매우 시사적이다.

인칭(person)은 서술상황에서 서술자의 정체(identity)를 밝히기 위해 이론적으로 조작한 술어다. 더 적확히 얘기하자면, 서술자와 등장 인물의 동일성 여부를 밝힘으로써 서술자가 이야기한 것(서사)의 신빙성(Verläßlichkeit)[1]을 가늠하여 내보이려고 고안한 수사적 장치요 허구적 요소다. 이는 서사에 실재하는 것이 아니며, 특정 서술상황에서 서술자의 위치를 분석하는 데만 소용되는 도구적 개념이다. 말하자면 인칭은 그 자체만으로 별스런 의미가 없으며, '서술자' 문제를 밝히는 기

---

1) Franz K. Stanzel, *Theorie des Erzählens*, 3., durchgesehene Auflage, Vandenhoeck und Ruprecht, 1985, S.149.

제로서만 의의 있다. 따라서 인칭 논의는 시점 문제의 일단에만 연루될 뿐, '인칭'으로써만 서술자가 서술 대상에 대해 갖는 관계까지 적확히 구명할 수 없다. 그런데 서술자가 서술 대상을 인식(혹은 지각)하는 과정을 논리적으로 구명하지 않고서는 시점 문제의 본질을 비켜가게 된다. 물론 인칭을 분류하는 논의에서도 이런 문제 의식이 없지는 않지만 부수적인 것으로 취급되며, 설사 이 문제에 대해 논의한다 하더라도 개념에 대해 근본적으로 성찰하지 않았거나, 인식론적 전환을 거치지 않은 것이라 문제를 근원적으로 해결할 것은 아니다.

이론가들은 이런 인칭 분류론의 난항을 지적하고 시점 문제에 좀더 본격적으로 접근하려고 '초점화(focalization)' 개념을 상정한다. 이 개념으로써 인식과 서술 사이 관계를 규명할 수 있게 되고, 이데올로기의 개입 문제까지를 시점 논의 맥락에서 논급할 수 있는 논의 폭이 형성되었다. 여러모로 시점 논의는 새 국면을 맞이하였고, 서사 전개 과정에서 맞닥뜨리는 시점 문제를 풀어갈 폭넓은 해결책이 마련될 가능성이 생기게 되었다.

그러나 이 개념 역시 초점화나 초점화자에 대해 인식론적으로 검토할 필요가 있다. 즉, 인식 혹은 지각 개념에 대해서 검토할 여지가 있는 것이다. 특히 문학적 서사에 대한 논의인 만큼, 인식이나 지각의 애매성에 관한 입론을 적극 채용할 여지가 있을 것이다. 서술자와 초점화자, 그리고 서술 대상(그것이 인물이든 사건이든 아니면 의식이나 무의식이든) 사이의 관계, 나아가 '서술자 · 서사체 · 독자' 삼항에 연루된 소통 과정 등을 해명하지 않고서는, 초점화 이론은 사상누각일 뿐이며 그 분석 결과는 환원론에 봉착할 위험이 있다. 덧붙여 인식(지각)의 주관성과 객관성 문제도 꼭 논급할 문제다.

인칭 문제보다 인식과 지각 문제에 주목하여 시점 논의를 펼치면 그 논의의 주제들이 달라진다. 인칭 논의에서는 인물이나 사건과 같이 서사의 전경을 이루는 요소에 대해서 논급하는 것이 상례지만, 인식과 지각 문제에서는 전경 요소뿐만 아니라 그 배경 요소들까지 해석 대상으로 상정할 수 있다. 특히 인식과 지각에 대한 현상학적 논리를 상기할 때 전경 요소보다 배경 요소에 관심을 더 기울일 필요가 제기되는 것이다. 물론 그런 배경 요소가 전경 요소와 어떤 관계를 맺는지, 그런 관계에서 배경은 전경의 의미를 해석하는 데 어떤 기여를 하는지를 밝히는 것도 관심거리다.

서술상황과 서사 공간

'시점'은 본디 회화나 영화와 같은 이른바 시각 예술에서 논급할 문제이다. '시점' 개념에서 술어(述語) 부분이 '보다'인 점은 이에 대한 단적인 방증이다. 대상을 지각하는 방향과 그 지각 내용을 화면에 '형상화'하는 양상 등을 논의하려고 고안해 낸 개념이 바로 '시점'이다. 화면의 구도와 공간 구성상 구조 등을 논의하는 데 단서가 될 것이 바로 시점 논의일 것이다. 요컨대 '시점'은 시각과 관련된 개념이고 공간 구성에 관여된 논항이다.

그런 '시점'을 서사 논의에 응용하는 데는 의외로 적잖은 난점이 따른다. 시각과 공간 문제인 이 개념을, 시간 요소인 언어를 매재로 하여 또 따른 시간 요소인 이야기와 관념 등을 전달하는 서사 문학의 논의 맥락에 끌어들이는 것 자체가 모순이기까지 한 것이다. 그런데도 굳이 서사론에서 시점을 문제시하는 데는 이것이 작품의 '구성'이나 '구조' 문제와 관련해서 중요한 논점이기 때문일 것이다.[2] 또한 조셉 프랭크의 입론 이후 관심거리로 부각된 서사의 공간 형식(spatial form) 논의에 비추어 보면, 근대 소설 이래로 서사의 시간적 연속성을 위반하는 사례가 많아서 서사를 시간 예술로만 보는 것이 무의미한

2) 보리스 우스펜스키, 김경수 역, 『소설구성의 시학』, 현대소설사, 1992, 121쪽 참조.

측면이 있다. 예술 장르를 공간 예술과 시간 예술로 나누어 이원적 분류론을 펼치기보다는 개개 작품에서 시간 자질과 공간 자질을 구체적으로 추론하는 것이 더 의미 있고 타당한 작업일 것이다. 이런 맥락에서, 시간 자질을 논급하기 위해 사건 전개, 이념 표출, 주제 제시 등을 논급하는 데 그치지 않고, 공간 자질을 논급하기 위해 이미지 구현, 배경 기술, 인물 묘사 등을 논의하는 데 나아갈 수 있다. 이때 공간 자질에 관여된 논점들을 '형상화' 맥락으로 묶을 수 있으며, 이 형상화 논의는 시점 논의를 전제로 하는 것이다.

이렇듯 서사 이론에서는, 구조 연구와 서사 공간에 대한 연구가 본격 진행되면서 '시점'에 대한 관심이 촉발되었다고 할 수 있다. 특히 회화에서 시점을 다루는 관련 입론은 이런 관심에 논리적 연속성을 부여하였다. 회화의 투시법과 역투시법 논의 맥락이 서사의 시점 이론에 맥이 닿는 것이다.

투시법(perspective)은 실제 대상을 지각하는 것과 같은 공간성을 확보하기 위해 대상 간의 거리감을 유지하고 원근감을 잘 살려 대상을 형상화하는 기법이다. 그 공간은 실제 공간을 그대로 모사하는 수준이며, 과학적 화면 구성 원리가 지배적으로 작용한다. 대상 밖의 한 지점에서 지각한 바를 공간 구성상 왜곡 없이 고스란히 그리려는 것이다. 대상의 밖에서 그 내부를 자세히 관찰하고 '분석'하여 그려내는 것이니 투시법임 직하다. 여기에서 '분석한다'고 했지만, 그 분석 대상은 대상 자체라기보다는 그 대상의 차원(dimension)과 대상들 간의 거리 요소(즉 공간 구성 요소)이다. 이를 분석함으로써 대상 세계를 객관적 공간 구성 원리에 맞추어 화폭에 옮길 수 있으며, 이때 전경과 배경은 명확히 변별된다.

이에 반해 역투시법은 이러한 공간 구성 양상을 뒤집는 방식이다. 투시법으로는 화가가 대상의 밖에 위치하여 그 대상을 지각하고 분석하므로 대상 세계의 원근감을 실사할 수 있겠지만, 역투시법으로는 화가가 대상들 하나하나에 의식을 투사하여 그 내재한 의식을 통해 대상 자체와 외부 세계를 응시한 결과를 형상화하므로 대상 세계의 객관성이 무색하게 된다. 대상의 인식과 지각이 대상에 내면화된다는 것은 결국 화가의 의식이 대상에 대한 지향성을 획득한다는 말이며, 대상 인식의 주관성이 형성된다는 얘기다. 그 결과 구성된 공간은 실제 공간 구도에서 크게 벗어나 있으며, 이를 형상한 화면 또한 실제 세계를 왜곡한 화면이다. 그런 화면은 시각적 대상만 형상화된 소산이 아니라, 화가의 관념까지 형상화된 소산이다. 따라서 이런 화면을 해석하는 과정에서는 해석자의 지각뿐만 아니라 의식 작용까지 개입하게 된다. 요컨대 역투시법은 화면의 공간성과 함께 시간성을 내포한 기법이다. 이때 물론 전경과 배경은 명확히 변별되지 않는다.

공간을 지각하고 형상하는 두 기법에서 관건은 지각하는 주체이자 표현하는 주체인 화가의 시점이다. 그가 대상 세계 밖에 서서 투시하느냐, 아니면 대상 세계(혹은 대상 개체 하나하나) 안에서 역투시하느냐 하는 문제이다. 그 시점에 따라서, 표현된 형상의 공간 구도나 주·객관성의 여하가 결정된다. 같은 대상이라도 시점의 양상에 따라 화면의 구도나 배치가 전혀 상반될 수 있는 것이다.

이렇듯 회화에서 관건인 시점의 국면이 서사 시점 논의 맥락에 시사하는 바 사뭇 크다. 서사에서 배경과 관련된 공간 기술 양상은 물론, 대상이나 인물의 외형 묘사뿐만 아니라 내면 의식의 기술 양상을 논의하는 데까지 폭넓은 단서를 제시하는 것이다. 그러나 이때 반드시 서사 공간을 실제 공간의 실감을 자아내는 배경 묘사 차원으로 환원하는 상식에 얽매일 필요는 없다. 때로 시각적 표지들을 통해 공간의 실감이 잘 형상화된 경우도 있겠지만, 그렇지 않은 경우 즉 역투시된 공간 형상을 기술한 경우도 많을 것이다. 그런 공간 형상이야말로 '서사 공간'의 중요한 국면이라는 점을 재삼 의식할 일이다. 기실 회화에서 역투시법은 매우 서사적인 개념으로 구성된 원리이다.[3]

이런 맥락을 의식할 때, 공간 논점을 서사의 시점 논의에 결부시켜 본격 논급한 우스펜스키의 『소설 구성의 시학』과, 이를 계승하여 공간성에 관련된 개념들을 서사 이론에 적극 도입한 슈탄첼의 『서사의 이론』에 주목하게 된다.

슈탄첼은 '투시화(Perspektivierung)'를 상정하여 '공간의 표현'이라고 규정한다. 그 '공간' 개념은 일단 객관적이고 물리적인 공간 개념이다. 말하자면 회화의 투시법에 부합하는 말이다. 실제로 '투시주의(Perspektivismus)'와 '역투시주의(Aperspektivismus)'가 대립적 개념으로 상정된다.[4] 그리고 두 경향을 문학 사조와 시대 구분에 맞추어 예시한다. 이때 '투시주의'는 '시점의 일관성' 정도로 이해할 수 있는 개념으로, 서사의 공간성(객관적 공간성)을 보장하는 원리에 기반한다. 회화의 투시법처럼, 인식자나 서술자가 대상 세계의 밖에서 대상을 투시하여 서술한다고 할 수 있으니 시점이 일관될 수밖에 없다. 이에 비해 역투시주의는 인식자나 서술자가 대상 개체 각각의 내부에서 외부 세계를 조망하여 서술하는 식이니 그 시점의 구도가 대상에 따라서 달라질 것이다.

이런 맥락에서 슈탄첼이 시점 문제에서 지각 문제와 관련하여 'Perspektive'를 상정하고 이를 다시 'Innenperspektive'와 'Außenperspektive'로 구분한 점은 흥미롭다. 통상 이를 '내부 시점', '외부 시점'으로 번역하는데, 여기에서 'Perspektive'를 '시점'으로 번역한 것은 술

---

3) 그림에 의식을 투영하여 관념을 구현하며 이야기 요소를 삽입하는 것 등은 그림의 시각성보다 서사성을 고양하려는 의도에서 온 것들이다.

4) 물론 슈탄첼의 논의는 회화의 개념을 빌려오는 데서 그치지는 않는다. 그는 이 개념들을 서사 이론의 개념들과 접목하여 서사의 시점 이론을 정립하려고 한다. 그래서 서사 공간 개념을 단서로 서사적 투시화 이론을 기획한다(이는 뒤에 상술할 것이다). 그러나 그 과정에 개념상의 혼동을 일으켜 논리가 뒤엉켜 난맥을 이루어, 이해하기 어렵게 되어 버렸다. 그 헝클어진 논의의 맥락을 잘 추스려 여기 정리하고자 한다.

어의 범주로 보아 오역이다. 슈탄첼은 '시점(point of view)' 문제를 두 국면으로 보아 서사의 신빙성 문제를 논급하는 항으로 '인칭(Person)' 개념을, 서술자의 지각 문제를 논급하는 항으로 '퍼스펙티브(Perspektive)' 개념을 내세운다. 이 때 'Perspektive'는 '시점'의 하위 범주로 이 자체를 '시점'으로 번역해 버린다면 범주 설정에서 문제가 생긴다. 혹 '관점'으로 번역하는 경우도 문제다. 그는 퍼스펙티브 개념 자체도 구분하고 있는데, 바이만(R. Weimann) 등의 논의와 관련하여 이데올로기적 구성 문제를 따질 때는 서술자가 대상을 인식할 때 취하는 태도 또는 규준이 되는 세계관 정도를 의미하는 '관점' 개념이어서, 앞서 상정한 퍼스펙티브 개념과 구별해야 한다는 점을 명시하고 있기 때문이다.[5)]

이런 맥락을 고려하여 나는 'Perspektive'를 '시각(視覺)'으로 번역하여 쓴다.[6)] 그러면 'Innenperspektive, Außenperspektive'는 '내부 시각, 외부 시각' 정도로 번역할 수 있겠지만 그렇게 하지 않는다. 그렇게 하면 'Perspektive'의 역어와의 일관성이 유지되어 번역어만으로도 두 개념이 한 개념의 대립된 하위 범주인 사실을 시사할 수 있어서 좋지만, 그 의미를 정확히 전달하기 어렵다. 이 용어들은 공간 지각과 관련된 것들이면서 그 원천인 '투시법, 역투시법' 등과 관련되었기 때문이다. 그래서 나는 'Außenperspektive'를 '(외적) 투시'라고 하고, 'Innenperspektive'를 '(내적) 조망'이라고 번역하여 쓴다. 대상 세계의 밖에서 그 대상을 들여다보아 분석적으로 공간화하는 시각이라서 '투시'이고, 대상 개체에 내재하여 그 개체의 창(눈)을 통해 대상 세계를 응시하고 내면화하는 시각이라서 '조망'이다.

이렇게 번역하여 이해하면 슈탄첼의 논의 맥락들을 더 잘 이해할 수 있게 된다. 특히 이 시각 논항을, 그가 정식화한 또 한 개념인 '서술상황(Erzählsituationen; ES)'[7)]에 연관지어 설명하는 논리 맥락을 이해

5) 슈탄첼, 앞의 책, 166~167쪽.

6) 視角(angle)이 아니다.

하는 데 도움이 된다. 그는 시각의 두 국면인 투시와 조망을 각각 작가 서술상황(auktoriale ES)과 인물 서술상황(personale ES)에 대입시킨다. 그러면서 인물 서술상황에 대입되는 조망이 기호학적으로 의미있다고 논급하는데, 사실 그 논리를 이해하기 용이하지는 않다. 그러나 위 번역 과정의 이해를 바탕으로 이 논리를 재고하면 난점을 의외로 쉽게 풀 수 있다.

이를테면 작가 서술상황은 서술자가 작가의 입장에서 서사 세계 밖에 위치하여 대상을 서술하는 서술상황이다. 따라서 서술자는 대상 세계에 대해 전지(全知)하며 그 세계를 분석적으로 이해할 수 있다. 이에 반해 인물 서술상황은 서술자가 등장 인물의 가면(*persona*)[8]을 쓰고 있는 상황에 비견되는데, 말하자면 서술자가 등장 인물의 내면에 들어가서 그 인물의 눈을 통해 대상 세계를 지각하여 서술하는 서술상황이다. 따라서 서술자는 그 등장 인물의 의식에 따라서만 세계를 인식하게 되며 주관적으로 바라보게 된다. 이런 맥락에서 투시와 조망이 각각 작가 서술상황과 인물 서술상황에 상응하는 것이다. 그리고 이쯤 되면 시각 문제가 결국 시점 문제와 직접 관련된다는 사실이 드러나게 된다. 특히 인물 서술상황에 대응되는 조망이 기호학적으로 의미있다는 것은, 조망에 의한 서사는 그만큼 지각자와 서술자의 주관성이 두드러지기 때문에 그 의미를 해석하는 과정에 독자의 개입이 빈번한 만큼 의사소통 측면에서 기호학적인 문제를 두드러지게 야기한다는 얘기로 이해할 수 있다.

이런 맥락에서 슈탄첼은 물리적 공간 개념 대신 서사 공간 개념을 논의 선상에 올려, 투시화 개념을 서사론적 개념으로 재정립하려고 시

---

7) Franz K. Stanzel, *Typische Formen des Romans*, 10., durchges. Aufl., Vandenhoeck und Ruprecht, 1981.
슈탄첼, 앞의 책, 15~21쪽.

8) 슈탄첼(1981), 위의 책, 17쪽.

도한다. 이때 공간 개념은 물리적이거나 객관적인 공간이 아니라 지각과 체험의 여과 과정을 거쳐 서술된 공간이다. 이 서사 공간은 '불확정성(Unbestimmtheit)'을 안고 있어서 그 의미가 독자에게 열린 채로 남겨져 있다. 따라서 시각 예술에서 투시화 원리가 구체적으로 적용될 수 있는 것과 달리, 서사에서 투시화는 상당히 애매한 논리일 수밖에 없다. 주지하다시피 투시화는 객관적 공간 구성 원리인데, 서사에서 그 투시화의 대상인 공간 자체가 객관적 공간으로 확정된 것이 아니기 때문이다.

이런 맥락에서 슈탄첼은 서사에서 투시화를 오히려 주관화 원리로 대치하려고까지 한다.[9] 그도 그럴 것은 '퍼스펙티브'에 사태에 대한 견해(관점)라는 의미도 있어서, 투시화를 표현의 주관화 원리로 이해할 수 있는 맥락이 형성되는 것이다. 그는 이런 생각을 텍스트 분석 과정에서 확인하면서 결국은 서사에서 투시화와 역투시화 사이의 경계가 불분명하다는 결론을 유도하는 것 같다.[10] 여기에서 추측성 논의를 하는 것은, 슈탄첼 자신도 이 투시화 문제와 관련해서는 논리적 난항에 봉착했던지 개념상 일관성을 유지하지 못하고 있어서 논의의 맥이 자꾸 흐트러지기 때문이다.[11] 이는 아마도 슈탄첼이 최근의 서사 공간 논의의 요체를 자신의 입론에 반영하지 못한 데서 비롯된 한계인 것 같다.

---

9) 슈탄첼(1985), 앞의 책, 166쪽.

10) 기실 그의 대립항 논의의 귀결은 대립항 사이의 동적 역학(Dynamik)이다. 항들 사이의 경계가 열려있다는 것이 그 논의의 결론인 셈이다(위의 책, 299쪽 참조).

11) 그는 투시화와 역투시화 문제를 공간성 문제와 결부시켜 논의를 진행하다가, 곧장 서사에서 관점 문제를 거론하면서 논의의 방향을 바꾼다. 이점 슈탄첼 논의의 맥을 잘 따라잡기 힘든 지점이기도 하지만, 그는 확실히 서사 공간 개념에는 정통하지 못했던 것으로 보인다. 위의 책, 165~166쪽 참조.

지각과 기술의 공간 역학

시점 문제가 공간 구성상의 논점인 만큼 서사에서 시점 문제도 공간 논점에 수렴되는 것이 사실이다. 다만 서사에서 공간 논의의 맥락은 물리적 공간의 형상화에 대해서보다는, 서사 내적 공간에 대해 논의하는 데 초점이 맞춰져야 할 것이다. 특히 슈탄첼이 불확정성의 장(場)을 서사 공간의 주요 개념으로 지적한 것을 보면 그러하다.[12] 이 개념은 서사가 작가나 서술자와 텍스트 양자 사이의 문제에만 국한된 것이 아니라, 독자의 해석 국면이 개입함으로써 완성되는 메커니즘에 처해 있다는 점을 돌이키게 한다. 특히 시점 문제를 서술상황(ES) 맥락이나 화법(Modus) 맥락에서 논의할 때면,[13] 서사적 소통 상황에서 독자의 영역이 중요한 국면이 된다. 그런 까닭에 서사의 시점 문제가 서사 공간론에 맥이 닿을텐데, 이는 프랭크의 입론 이후 논의되기 시작한 공간 형식에 관한 입론에 비추어 더 분명해진다.

레싱이 『라오콘(Laocoön)』에서 예술의 영역을 공간 예술과 시간 예술로 구분한 것은 유명하다. 말하자면 점·선·면 등을 매재로 하여 형상화한 회화나 조형과 같은 시각적 예술은 공간성에 기반한 양식이고, 리듬이나 언어 등을 매재로한 음악이나 문학 등의 서사적 예술은 시간성을 기초로 한 양식이라는 것이다. 공간 예술은 일개 화폭이나 장소와 같이 단일한 공간에 형상화된 것으로 이를 감상하는 방법 또한 거의 순간적이고 직관적으로 이루어지는 게 정석이다. 이에 반해 시간 예술은 여러 장의 종이 면처럼 여러 개의 연속적인 공간을 차지하여 기술되며, 이를 이해하는 당사자 역시 그 공간들을 일일이 따라가며(그러니까 시간을 따라 순차적으로 경과하며) 듣거나 읽어서 받아들인다. 아울러 그 이해의 텍스처(texture) 역시 순간적으로 구성되어 주어

12) 물론 이는 잉가르덴(R. Ingarden)이 처음 제안한 생각이다.
13) 이때, 특히 화법 맥락에는 주네트 식 '초점화' 개념이 연관된다.

지는 것이 아니라, 해석자의 관념으로써 그 맥을 따라가 이를 재구하게끔 되어 있다. 따라서 시간 예술은 공간 예술처럼 직관적인 예술 양식이라기보다는 인식적인 예술 양식이라고 할 수 있다. 말하자면 공간 예술이 '보여주기(showing)'를 본질로 하는 것이라면, 시간 예술은 '말하기(telling)'를 본질로 하는 것이라고 할 것이다.

그런데 문제를 고전적 이분법으로만 처리하는 데서 금세 난항이 빚어진다. 시각적 예술이라는 회화나 영상 예술 가운데 시간적 요소인 관념을 담는 예가 나타나며, 서사적 예술이라는 음악이나 문학 등에서 공간적 요소인 시각화 양상을 구현한 예가 나타나기 때문이다. 물론 두 예술 양식 간의 상호 작용 결과로 드러난 예들이겠지만, 그런 상호 작용은 근대 이후에 분명해졌던 모양이다. 전술한 대로 역투시법이, 과학적 공간성을 구성하는 원리인 회화적 투시법에 반하여, 그림의 관념성을 강조하기 위해 생겨난 기법이라는 점을 고려하거나, 소설에서 이른바 말하기 대신 보여주기 기법이 빈발한다는 점을 고려한다면, 저러한 이분법은 예술에 대한 일반적 전제 정도로 받아들이는 편이 옳다.

어디까지나 본질적으로 시간 예술인 서사에서 공간성(정확히 말해서 공간 형식)이 빈발한 것은 근대 이후 소설의 경향인데,[14] 그런 공간성을 문제삼아 서사 공간에 관한 입론이 본격 대두되었던 점은 시사적이다. 특히 작품의 '총체적 이해'나 '구조적 이해'라는 맥락에서, 시간 예술인 서사의 공간 자질에 관한 논점의 해법을 찾는 것은 중요한 관건이다. 이때 특히 주목을 끄는 것이 시간 순차적 이해를 방해하는 회고(retrospect)의 플롯이다. 서사란 보통 시간적 순차 구조를 따라 사건의 진행을 예기(anticipation)하는 기능으로 유지된다. 그런데 그런 순차적 시간성을 일탈(anachronies)하는 플롯에 따라 서사가 구성된다는 사실이 일단 문제다. 개념적 상대성에 비추어 탈시간성이니 곧 공간

14) Matei Calinescu, *Rereading*, Yale University Press, 1993, pp. 21~22.

자질이 드러나는 것이 분명한데, 시간을 거슬러 이해하기 위해서는 그 시간을 공간의 구도에 빗대어 이해해야 한다. 과거와 현재의 사건들 사이를 '오갈 수 있다'는 것 자체가 단순한 상념이긴 하지만 공간을 전제하지 않고서는 불가능한 논리이기 때문이다.

요컨대 공간 예술의 요소인 '보여주기'와 공간성을 전제해야 가능한 '회고' 플롯에 관한 논항을 온전히 논급하기 위해 제기된 논리에서 서사 공간 논의가 시작된 것이 분명한데, 이 두 논점이 곧 시점 논의에서도 주요 문제라는 점에 주목하게 된다. 전 절에서 논의한 바대로 시점이 서사의 공간성을 보장하는 기제가 된다는 논지의 연장선상에서 있는 얘기이기도 하지만, 시점 문제는 곧 서사 공간 논의의 단초가 된다는 말이다. 물론 그 역도 타당한데, 시점 논의는 단순히 인칭 분류론에 그칠 문제가 아니라 서사에서 공간 자질을 구성하는 데서 구심이라는 점을 의식해야 한다.

이렇듯 시점 문제를 서사 공간 논항에 조응시켜 논급하려고 할 때 특히 '지각(perception)' 논의에 집중할 여지가 다분하다. 지각은 공간 자질의 이해 맥락을 설명하는 개념이다. 인간은 보통 시각과 청각과 촉각 등의 감각을 통해 공간을 인식하는데, 그런 감관을 통한 공간 인식이 곧 지각이다. 물론 이 감관 가운데 시각이 공간 지각에서 가장 중요한 요소이다. 그래서인지 예술에서도 시각 예술에서 공간 자질이 명징하게 드러나는데, 어쨌든 지각에 관한 논점이 시점 논의의 중핵을 이루는 것은 사실이다. '누가 지각하느냐, 또 어떤 각도에서 어떤 방식으로 지각하며 그 지각 내용을 어떻게 형상하느냐'하는 것이 시점 논의의 본질적 질문이고 보면, 시점 논의 가운데 맨 먼저 논급해야 할 것이 바로 지각 문제일 것이다.[15)]

15) 그러나 여태 시점 논의에서는 이런 '지각'의 문제를 본격 접근한 예가 없다. 이 문제를 의식은 하면서도 그 메커니즘이나 역학을 논의 선상에 올린 예는 없다. 인칭 분류론에 머문 초기 시점론의 영향을 못 벗었던지, 시점론을 단

사실 학술적 입론에서 지각이 문제시되기 시작한 지는 오래되지 않았다. 지각자의 주관에 따라서 그 지각 내용이 달리 구성될 터인데, 이런 상대성과 다양성 혹은 주관성 등을 과학적 학문 체계에서 용납할 리 없었던 것이다. 특히 지각의 주 내용이 될 공간은, 전통적으로 물리학의 대상으로서 철저하게 과학적이고 객관적으로 논의할 대상인데, 여기 지각이라는 주관을 들이대는 것을 옳게 생각할 수 없었을 것이다. 혹 지각으로써 다양하게 구성된 공간들은 모두 허상에 불과한 것으로 학문적 논의의 대상은 결코 아니라는 생각이 지배적이었다. 받아들일 수 있는 진리란 계량에 정합되는 공간 지표들뿐이었다. 그래서 예컨대 착시 현상이 빚은 거리감의 차이는 진리가 아니며 다만 착각일 뿐이라고 치부되었다.

그러나 형태 이론(Gestalt Theorie)에 비추어 보면, 이런 착시도 엄연한 '현상'이며 그러한 지각이 일반적이라면 그 자체로서 객관성을 띠는 것이라는 식으로 생각을 전향할 여지가 열린다. 이렇듯 공간에 대한 인식 패러다임의 변화를 전제로, 메를로퐁티(Maurice Merleau-Ponty)는 '지각의 현상학'을 전개한다.[16] 공간은 각 요소들로 분석하고 계량하여 인식할 대상으로 간주되기보다, 요소들이 이루는 전체를 총체적으로 지각하여 이해할 현상으로 여겨진다.

순히 분석의 기술(technique) 정도로 한정하였기 때문에 그런 것 같다. 그러나 나는 처음부터 시점 문제 또한 서사의 이해에 본질적인 어떤 영역을 차지하고 있을 것이라는 생각을 품고 이 논의에 나섰다. 특히 시점론에서 단서가 되는 질문인 '누가 보는가, 또 누가 서술하는가'와 관련하여 바로 이 '지각' 문제를 본질적으로 제기해야 한다고 생각했으며, 이는 곧 서사 공간 문제와 직결되리라고 생각했다. 지금 이 논의가 다소 사변적이고 이론적 논구에 치중하게 된 것 또한, 텍스트들에서 시점의 실제 문제들을 궁리하면 할수록 깊어가는 의구심과 호기심을 채워야 했기 때문이다. 시론적이나마 시점 문제의 인식론을 논구해야 할 것 같아서이다.

16) Maurice Merleau-Ponty, Colin Smith (trans.), *Phenomenology of Perception*, Humanities Press, 1962.

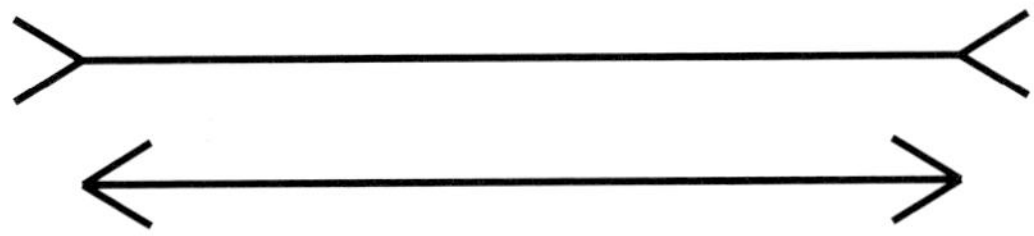[17]

예를 들어, 이 그림에서 위 직선과 아래 직선은 길이가 같다. 자로 재어보면 같은데 실제로 우리가 보기에 위의 것이 아래 것보다 길다. 이런 결과를 두고 과학적 입장에서는 '착시 현상'이라서 그릇되었다고 규정하겠지만, 지각 현상학 맥락에서는 지각에 의해서 객관적 연장이 왜곡된 현상이라고 단언할 수 없다. 그냥 자연스러운 지각 현상일 뿐이다. 길이와 같은 연장(extension)을 분석하여 판단하는 것이 오히려 엄연한 지각 결과를 객관적 실체에 환원하여 타당하지 않은 결론을 유도하게 될지 모를 일이다. 우리에게는 지각 가능한 현상만이 유효할 뿐이며 이를 초월한 이데아적 실체는 의미 없는 이념에 불과하다. 우리는 현상으로 되돌아가 안전에 펼쳐진 세계를 지각하여 의식하게 된다.[18] 그래서 원호(circle)를 분석하여 보면 무수한 점 집합의 연속체로 파악되지만, 지각하면 총체적으로 파악되어 곡선으로 여겨진다.[19]

이럴 때면 객관적 규준에 의해 현상의 해석 내용을 규정하는 것은 무의미하다. 지각이란 개개 지각 주체가 현상과 세계를 이해하는 고유한 방식이라고 전제해야 하기 때문이다. 그것은 주관성과 상대성의 영역인데, 거기에서는 지각 주체가 처한 상황이나 지각의 방향에 따라 지각 내용이 달라질 여지가 얼마든지 인정된다. 시(視) 지각의 방향에 따라 대상은 다르게 보이며, 대상의 공간 구성 양상이 달라진다. 지각자는 공간의 형식인 연장을 분석하여 인식하는 대신 공간의 게슈탈트(형태)를 지각한다. 그렇다고 게슈탈트가 순전히 주관적으로만 받아들여지는 것은 아니다. 각 지각 주체의 주관성인 의식이 절대 고립

17) 위의 책, 6쪽.
18) 위의 책, 8쪽.
19) 위의 책, 14쪽.

적으로만 이루어지는 것은 아니기 때문이다. 현상학에서 논급하기로, 그런 의식은 지향성을 갖는다고 한다. 의식 주체들 간의 상호성을 전제하지 않고서는, 일개 주체(노에시스)가 타 주체에게는 대상(노에마)으로 전락하고 말아 논리적 난항에 봉착할 수밖에 없는데, 이를 해소하기 위해서는 각 주체의 주관성만을 절대적으로 보장해서는 안 된다. 그래서 현상학에서는 '상호주관성(Intersubjektivität)'을 상정한다. 또한 지각된 대상은 이미 객관적 대상이 아니라 지각 주체의 의식이 개입하여 재구성된 것이기 때문에, 지각 대상과 지각 주체 사이의 경계가 '애매해진다'. 즉, 주체는 이미 지각 대상이 속한 세계에 '닻을 내린'[20] 존재이기 때문에 지각 주체는 대상을 객관적으로만 분석할 수 없다.

이런 맥락에서 지각 주체의 의식의 단면인 '시점'은 대상의 인식과 형상화에 관해 논급할 때 주요한 관건으로 부각된다. 시점이 공간 자질 규명에 관련된 문제인 점은 변함 없지만, '공간'에 대한 인식의 패러다임이 이처럼 변화할 때면 시점 문제 또한 논의의 맥락을 달리해야 하는 것이다. 그래서 더욱, 구조적이고 규정적인 분류론에 시점 논의를 국한시킬 수 없다. 시점은 지각자와 대상과 형상화자 사이의 역학(dynamics)에 관여된 논항인 것이다. 쥬네트가 초점화 개념을 제시하여 시점 논의의 지평을 재정립한 것은 이런 맥락에서 시사하는 바 크며, 설득력 있는 것으로 여겨진다. 인식하는 주체와 서술하는 주체를 변별하고서 그 주체들이 인식과 서술의 대상들과 맺는 관계 양상을 추론하는 것을 골자로 하는 초점화 이론은, 인칭 분류론에 정체되어 있던 시점 이론의 시야를 넓히고 논의의 심도를 더하게 하는 데 중요한 역할을 하였다. 이때 비로소 인식(지각)과 서술 사이 관계를 묻는 데로 시점 논의의 향배가 바뀌며, 시점에 관한 논의가 서사론의 본령에 편입될 지평이 열린다.

그런데 지각의 주체 문제가 지각 문제의 다는 아니다. 지각의 방향,

20) 위의 책, 67쪽.

즉 시각(視角)과 관련하여서 중요한 문제가 또 있는데, 지각의 메커니즘에 관한 것이다. 앞서 지각 주체의 의식의 지향성과 관련하여 객관적 공간 인식에 문제를 제기했는데, 그 연장선상에는 지각 대상의 선택적 재구성 문제가 더 있으며, 구체적인 논의 국면에는 전경과 배경의 변별 문제가 있다.

공간을 물리적으로 분석할 때 중요한 요소는 어디까지나 전경으로서 드러나는 요소들이다. 앞서 제시한 그림을 분석하는 경우에도 중요한 것은 그 연장의 전경인 직선의 길이이며, 배경이라고 할 수 있는 화살표의 방향은 분석 과정에서 무시된다. 그래서 직선의 길이가 같으면 두 그림의 공간 구성은 동일한 것으로 판명된다. 그러나 지각에 초점을 맞추어 해석할 경우에는 배경 요소인 화살표의 방향이 공간적 변별성을 결정하는 변수로 작용한다. 말하자면 연장이 동일한 두 직선의 길이라도 방향에 따라서는 달리 지각되는 것이다. 분석적 공간 구성에서 말그대로 부수적 배경 역할밖에 못하는 배경 요소가 지각적 공간 구성에서는 전경의 공간 구도까지 달라지게 하는 역할을 할 수 있는 것이다. 이 경우 전경과 배경의 경계나 역할이 확연히 변별되지 않아 지각의 애매성이 드러나게 되며, 지각 주체의 의식이 개입함으로써만 공간이 구성되기도 한다. 흔히 착시 현상을 응용하여, 시각에 따라 두 가지 대상으로 보이도록 애매한 형상을 그린 그림을 떠올려 보아도 좋다.[21)]

화폭에서 전경과 배경의 구별이 의미심장한지는 따져볼 필요가 분명 있다. 물론 투시법으로 형상화된 화면에서 전경과 배경은 거의 명백하게 구별된다. 그런 기법 자체가 전경과 배경을 뚜렷이 표현하려고 고안된 기법이기 때문이다. 그러나 역투시법으로 형상화된 화면의 경우에 전경과 배경의 구별은 무의미하다. 그것은 지각자와 대상 간에 조성되는 의식의 지향성 맥락을 고려하고서 판단할 문제이기 때문

---

21) 이 또한 게슈탈트 이론에서 크게 문제 삼는 텍스트들이다.

이다. 화면의 지각자, 곧 해석자의 시각에서 지각된 바대로 의미가 구성될 화면이기에 더욱 그러하다. 물론 형상화자는 이런 맥락까지 고려해서 화면을 구성하겠지만, 화면과 해석자의 역학 관계에서 재구성될 여지가 조성된 터이다. 전경과 배경의 경계가 모호하여 지각 구도에 따라 공간이 구성된다는 점은 서사에서도 배경 기술 문제와 관련하여 중요한 단서이다.

서사의 주된 기법은 어디까지나 '말하기'이다. 서사는 이야기를 전달하는 장르이다. 그런데 이야기를 '그린다'고는 하지 않고, 이야기를 '들려 준다'고 하거나 '쓴다'고 한다. 이야기는 구술(口述)이나 기술(記述)과 관련되지 구현(具現)이나 형상화(形象化)같은, 시각 예술의 개념에 연관되지 않는다. 그런데도 서사적 '형상화'에 대해 논의하곤 하는데, 이는 이를테면 서사에서도 시각 예술의 기법을 차용하고 있다는 얘기이다. 가령 '묘사(description)'가 그런 기법이다. 흔히 서사에서 시각적 공간성이 드러나기로는 묘사 대목이라고 논급된다. 물론 그런 공간성을 드러내는 묘사 대목은 전체 서사에서 부수적이거나 특이한 기법 정도로 다루어지는데, 서사는 어디까지나 기술에 의해 주도된다는 전제가 통상적인 서사 논의의 기저를 이룬다.

그러나 지각의 이론에서는 기술과 묘사의 구분이 무의미해진다.[22] 그리고 배경과 전경은 딱히 구별되는 대립항이 아니며, 구별된다고 하더라도 전경이 배경보다 더 중요한 지각 요소라고 할 근거는 없다.

---

22) 'description'은 '기술'의 의미가 더 짙다. 문제는 이것이 예술의 개념으로 쓰일 때는 '묘사'란 의미로 쓰인다는 점인데 개념상 혼란의 여지가 있다. 그런데 그런 혼란이 우리의 논의에 오히려 시사하는 바가 크다. 특히 메를로퐁티의 현상학 맥락에서 보아 그 두 개념이 애매하게 혼재한 의미를 갖는다고 보는 편이 더 낫다. 말하자면 공간 문제와 관련하여 시각적 묘사라는 의미와 서사적 기술이라는 의미를 동시에, 혹은 애매하게 함축하고 있다고 보면 되는 것이다. 여기서는 개념상 변별을 위해 '묘사'라고 번역하였지만, 이후에는 줄곧 '기술'이라고 번역할 것이다. 물론 그때 '기술'은 메를로퐁티 식 '현상학적 기술'이란 개념으로 받아들여야 할 것이다.

전경은 배경에 의해서만 전경화될 수 있으며, 배경도 전경을 배경으로 놓고 맥락을 재구성하면 전경이 될 수도 있다. 이때 전경과 배경을 구분하는 것은 지각자의 상호 주관성에 의해서이겠지만, 때로 지각자는 배경 요소를 전경 요소보다 더 중요하게 의식하기도 한다. 배경은 전경 해석의 맥락에 그치는 것이 결코 아니다.[23)]

배경은 전경에 비해 부수적인 요소가 아니며, 그 자체로서 중요한 지각 구성 인자이자 지각 대상이다. 시각 예술의 경우이건 서사 예술의 경우이건 간에 특정 텍스트의 총체적 이해에 필연적인 요소이다. 다만 지각자가 그런 배경에 얼마나 초점을 맞추어 지각하였고 또 어떻게 기술하였는가 하는 문제가 남는다. 말하자면 '초점맞추기(Fokusierung)' 방식에 따라 전경과 배경의 지각 맥락이 달라질 수 있다는 것이다. 이때 '초점맞추기'는 슈탄첼이 논급한 개념으로 특정 지각 대상을 전경화하여 강조하는 것을 일컫는다.[24)] 물론 그 초점 맞추기의 방향은 지각의 방향에 맞추어 구성된다. 따라서 전경과 배경은 원래부터 구별된 것이 아니라 지각자가 지각하고 서술하는 상황에 맞추어 결정되며, 그 서술상황은 본디 독자의 해석 여지를 상정한 설정이다.

여기에 덧붙여 중요한 문제가 또 하나 있는데, 지각자가 자신의 지각 결과를 텍스트에(그러니까 독자 앞에) 전면화시키는지, 아니면 숨기는지 여부가 서술상황에서 중요한 관건으로 떠오른다. 말하자면 지각자는 지각한 바를 그대로 다 서술할 수도 있고, 일부만 서술할 수도 있고, 전혀 서술하지 않을 수도 있다. 또 지각하여 얻은 정보를 다 알

23) 물론 전경과 배경을 굳이 뒤집어서까지 생각하여 배경이 오히려 전경이라고 강변하는 데까지 동의하려는 것은 아니다. 그렇게 생각하는 것은 오히려 전경에 주도권(이니셔티브)을 넘겨 주는 일이다. 배경의 역할이, 특히 배경의 기술이 담당하는 역할이 서사에서 중요하다고 생각하는 데 이 문제 의식을 한정짓는다.

24) 슈탄첼(1985), 앞의 책, 152쪽. 슈탄첼은 이를 초점화(focalization)와 혼동하지 말라고 친절히 이른다.

고 있는 입장에서 서술할 수도 있고, 전혀 모르는 입장에서 서술할 수도 있다. 즉 지각 대상을 기술할 때, 자기(일인칭) 서술상황, 작가 서술상황, 인물 서술상황 가운데 어떠한 서술상황에서 이야기를 기술하느냐 하는 문제가 여전히 제기될 수 있는 것이다. 이럴 때면 내적 초점화, 외적 초점화, 영(zero) 초점화 등 초점화 논리로 설명할 문제들이 생겨나기도 한다.[25] 내적 조망과 외적 투시의 결과 얻어진 지각의 내용을 서술하는 과정에 발생하는 문제들이다.

그런데 지각 주체와 그 대상 사이의 구별이 모호한 경우가 발생할 수 있다.[26] 그리고 지각자와 서술자 사이의 관계가 애매한 상황이 연출될 수 있는데, 이런 상황에서 시점의 방향을 어떻게 정해야 할지 문제가 아닐 수 없다. 이른바 '자유 간접 화법' 형태로 서술되는 대목을 지각 문제와 관련하여 어떻게 해석할 것인지 하는 논점이 제기되는 것이다. 그런데 이 자유 간접 화법이 실제 지각에 직결되는 문제는 아니다. 지각자(혹은 인식자)와 대상, 그리고 서술자 사이의 관계가 애매한 상황에서 제기되는 발화를 분석하는 데 소용되는 개념이긴 하지만, 처음 의도와는 달리 지각 상황과 서술상황의 애매성을 해석하는 데에 적용되지는 않고, 다만 직접 화법과 간접 화법으로 분석할 수 없는 화법 양상을 분석하는 형식적 지표 정도에 그치고 만 듯하

---

25) 슈탄첼(1985), 앞의 책, 153쪽.
슈탄첼은 주네트의 초점화 개념이 자신이 제시한 '시각(Perspektive)'과 동일한 층위에 있다고 논급한다. 즉 내적 초점화는 '내적 조망(Innenperspektive)' 개념과, 영 초점화(작가적 서술자의 전지성)와 외적 초점화는 '외적 투시(Außenperspektive)'와 관련된다고 한다. 아울러 '초점 맞추기'가 '초점화'와 구별되는 개념 층위인 것으로, 조망과 투시 대립항 내의 주제적 강조(thematische Akzentuierung)라고 지적한다.

26) 앞서 지적했듯이, 지각의 현상학에 입각하면, 지각 주체와 그 대상 사이의 경계가 애매하다. 특히 서술상황과 관련하여 볼 때, 자아 서술상황의 경우 이런 문제가 빈발할 것이다. 물론 인물 서술상황 또한 지각자 혹은 서술자가 인물의 페르소나(*persona*)를 통해 서술하게 되니 그 스스로가 지각의 대상이 될 수도 있어 주체와 대상 간 구별이 애매하게 될 것이다.

다. 특히 그런 화법을 매개하는 문법적 징표들의 출현 유무를 분석하는 데 소용되는 것으로 보통 여겨진다. 이에 비해 종종 자유 간접 화법의 독일어 번역어로 여겨지는 체험 화법(erlebte Rede)의 경우는 이와 양상이 좀 다르게 보인다. 대체로 자유 간접 화법과 유사한 개념이지만, 그 화법의 본질인 지각 상황과 서술상황의 애매성에 대한 해석이라는 맥락이 여기에 내포되어 있는 것 같다. 즉, 인식론적 함의가 배어 있다는 얘기다. 이런 체험 화법 류 발화체의 해석은 지각 주체와 대상 사이의 애매성, 그리고 지각과 서술 사이의 애매성을 해석하는 거점으로서 의의 있다.

이처럼 시점 논의는 서사 공간 구성에 관한 논의로 귀결되는데, 그런 공간 구성 면에서 서술상황의 문제는 복잡 다기하다. 공간 지각의 문제를 해결해야 하는데, 이를 해결할 단서가 되는 지각의 현상학에 대한 검토가 그리 만만한 것만은 아니기 때문이다. 그 중 가장 큰 난점은 지각의 '상호주관성'에 관한 것인데, 어쨌든 '객관성'을 요구하는 인식의 패러다임은 여전히 그 뿌리가 깊다. 더욱이 시점 구성에서 중요한 관건인 서술상황은 독자의 개입 양태에 따라 재인식되어야 하는데, 이는 근래 서사 공간에 관해 논급할 때 독자의 해석 공간에 관한 논항이 부각된다는 점과 깊이 관련되기에 시사적이기도 하지만, 앞으로 논의를 심화하는 데 부담도 될 것이다.[27)]

이런 제반의 정황을 고려하여 여태 논구해 온 바를 정리하여 시점 논항의 맥을 다소 잡아보자.

우선 시점은 서술상황 구성의 문제이다. 서술자와 서사체 사이의 관계를 규명하는 문제인데, 이는 시점 논의의 단초이다.[28)] 자기 서술상황, 작가 서술상황, 인물 서술상황 등, 서술상황에서 서술자와 서술

27) 또한 인칭 분류론에 국한된 고전적 시점 이론 역시 만만치 않게 우리를 강박해 오는데, 그런 분류론까지도 어느 정도 염두에 두지 않으면 안 될 것이다.
28) 초보적인 인칭 분류론은 이런 맥락에서 일찍이 제기된 논의일 것이다.

대상 사이의 관계를 드러내는 문법적 징표들에 대한 분석은 이 맥락에서 수행할 일이다. 슈탄첼의 결론대로라면 서술상황은 혼재되는 경우가 많아서, 전통적 인칭 분류론 같이 하나의 서사체 전체를 어느 한 서술상황에 귀속시키는 오류를 범해서는 곤란하다. 일정한 단위의 분절 수준에서 각 상황에 걸맞은 서술상황을 분석해야 하며 둘 이상의 서술상황이 혼재될 가능성이 늘 있음을 염두에 두어야 한다.[29)]

시점은 지각의 방향과 양상에 관여된 개념항이다. 지각은 곧 공간지각을 가리키는 것인데, 시점이 본디 서사의 공간 자질에 관여되는 기제인 점을 고려하여 공간 지각의 양상을 논급하는 일은 시점의 인식론적 단서를 궁리하는 데 상응한다. 구체적인 논항으로 초점 맞추기의 국면과 배경 양상의 해석 등을 거론할 수 있으며, 나아가 지각주체의 정체성과 신빙성 문제를 논구하는 초점화 논의를 이 맥락에 수렴시킬 수 있을 것이다.

시점은 또한 서사 기술의 문제로 귀결된다. 지각 주체와 서술 주체의 규명과 그 관계 양상의 규명이 관건이다. 그리고 양 주체 간에 개재된 애매성의 국면을 논급할 때 체험 화법의 해석이 직결된다. 또한 지각 내용 가운데 무엇을 어떻게 기술하였는가 하는, 기술 대상 선택의 문제가 이 맥락에서 파생된다. 특히 서술의 기법 문제와 관련하여, 서술의 주체가 지각한 바에서 얻은 정보에 대해 전지적인 입장을 취하느냐, 무지를 위장하느냐 하는 문제 등이 서술상황 논의 맥락과 관련하여 제기될 것이다.

이렇듯 시점은 구조나 형식 차원의 논항이 아니라 역학 차원의 논항이다.

---

29) 그래서 슈탄첼은 여러 서술상황의 혼재 가능성을 미리 상정하고서 각 혼재상황에 걸맞은 예들을 제시하고 있는 것이다. 『서사의 이론』 제7장에 그런 논의가 펼쳐져 있는데, 이를 일별할 수 있는 표가 책의 말미에 제시되어 있다(슈탄첼, 앞의 책, 240~300쪽 참조).

구성의 역학과 공간 형식

이야기의 세 국면

일상에서 쓰는 '이야기'의 용법은 크게 생각해 보아 두가지 정도가 있다.

모종의 사건이 있고 이를 적절히 각색하여 허구로 엮어 놓은 것 정도로 정의할 수 있는 '이야기'란 말이 그 첫째이다. 보통 '이야기' 하면 이런 용법으로 쓰는 말이며, 소설을 이야기 문학, 서사 문학으로 규정할 때도 이런 뜻을 염두에 둔 것이다. 그래서 소설의 본질인 이야기의 속성을 구현하기 위해, 거기에는 인물간의 갈등으로 빚어진 사건의 추이가 드러나 있어야 한다고 여겨지는 것이다.

그런가 하면, 가령 "요즘 어떻게 사는지 이야기 좀 해 봐."라고 할 때 쓰이는 '이야기'의 용례는 앞의 경우와 다르다. 이를테면 '담소'나 '말'이란 뜻으로 쓴 것인데, 이런 식이라면 '이야기'란 말처럼 일상에서 자주 쓰는 말도 없을 것이다. 그렇게 일상적으로 쓰이기에 소설을 이야기 문학이라고 할 때에는 이런 용법과는 별반 관계 없을 것으로 생각하는 것이 보통이다. 소설이라고 하면 무엇인가 그럴싸하고 삶의 중차대한 의미를 담고 있는, 정말이지 '이야깃거리'를 다루어야 한다고 여기기 십상이다. 그러나 그럴 듯하게 꾸며 놓은 흥미진진한 사건이 펼쳐지는 이야기의 용례에만 소설의 이야기 개념이 국한되지 않는다는 사실을 짚고 넘어갈 필요가 있다.

삶의 자리 곳곳에서 터져 나오는 말, 제 인생을 넋두리하고 다른 사람의 마음을 다독이고 어루만져 위로하는 말, 서로의 생각을 나누는 말 하나하나까지 다 소설의 이야깃거리가 될 수 있다. 혹 굵직한 사건을 화제로 이야기를 나누다가도 그 흐름에서 빗겨난 자잘한 얘기들이 끼어들곤 하는 것도 예사라는 사실을 염두에 두어도 좋을 것이다. 어쩌면 그렇듯 지류(支流)로 흘러 든 이야기 대목들이 흥미를 자아낼 때가 있는 것도 사실이다. 이를테면 거창한 역사를 이야기하다가도 지난 삶의 소소한 일상이나 자질구레한 삶의 궤적을 이야기하는 경우에 재미가 배가될 수 있는 것이다. 이야기는 삶의 구석구석에 배어 있으며, 사람들은 이야기로써 삶의 결을 겯고 틀어 삶의 바탕을 직조한다.

삶을 소재로 한 이야기, 아니 더 본질적으로 삶의 한 자리를 점유한 이야기, 그런 이야기를 전하는 것이 서사의 한 지표이다. 이를테면 서사의 본질은 사건의 추이(推移)를 일방으로 전하는 데 있지 않고, 이야기를 찬찬히 풀어내는 데 있다고 할 수 있다. 사실 따지고 보면, 하나로 주욱 이어져 쉼없이 전개되는 이야기가 어디 있던가. 사건의 추이만 하더라도 시작과 끝이 한 줄기로 내리 전개되는 예는 흔치 않을 것이다. 혹 그런 예가 있다고 하더라도 이를 고스란히 이야기한대서야 재미를 짓기는 어렵다. 인물 간의 갈등으로 빚어질 사건의 발단이 있고 전개가 있으며 그 위기감이 고조되다가 종내는 대단원된다고 하는, 이른바 '플롯'의 단계는 이야기의 구조를 추려서 정리한 것에 지나지 않을 뿐, 모든 이야기 모든 소설의 구성상 본질을 대변하는 것은 아니다.

'이야기'는 구성이 관건이다. 구성은 이야깃거리에 상응하는 '스토리(story)'와 층위가 다르다. 물론 '스토리'를 우리말로 옮기면 '이야기'라고밖에 할 수 없는 터라 혼란이 유발된다. 앞서 '이야기'에 대해 얘기했을 때의 용례와 혼동을 일으킬 수 있는 것이다. 다만, 이야깃거리만으로 이야기를 다 할 수 없는 터라, 일반적으로 '이야기'라는 말의 용례에는 이미 이야기 '방식'이나 이야기 '구성', 그리고 이야기 '행위'에 관한 의미가 배어 있다고 할 수 있어서, 특별한 개념항이 아닌 경우 '이야기'는 '스토리'의 역어로 쓰일 수 없음을 깨닫게 된다. 그렇게 보자면, '이야기'는 소설의 구성이나 '서사 담론(discourse)'에 상응하는 술어이다. 스토리가 사건의 개요나 이야기의 줄거리 층위에 해당한다면 이야기는 그런 사건의 전모를 어떤 과정과 절차를 통해 구성하느냐 하는 서사적 전략에 관련된 것이다.

이러한 이야기의 층위에 관해서 흔히 스토리와 플롯을 변별하여 설명한다. "어느날 왕비가 죽고, 이를 슬퍼한 왕이 이틀 후에 자살했다."라는 사건을 두고서 시간 순서 그대로 사건을 기술해 놓는다면 스토리 차원에서 기술한 것이고, 이를 "어느날 왕이 자살했다. 그 이틀 전에 왕비가 지병으로 숨졌는데, 왕이 이를 슬퍼한 나머지 식음을 전폐하며 눈물로 날을 지새더니 결국 이날 자살하고 만 것이다."는 식으로 기술하였다면 플롯 차원에서 사건의 전모를 기술한 것이라는 말이다. 한마디로 플롯은 인과적 구성 원리에 의해 사건을 기술하는 것을 가리킨다는 점이 저 유명한 예에서 잘 드러난다.

그러나 개괄적으로 논급하여 그렇게 말할 수 있을 뿐이며, 실제로는 플롯의 개념과 관련하여 이견이 있으며, 스토리와 플롯의 차이점을 상정할 수 없다는 견해 또한 만만치 않다.[1] 보통 위 예문은 두 개

1) 아리스토텔레스가 로고스(logos)와 뮈토스(mythos) 개념을 대별한 이래, 쉬클로프스키의 파불라(fabula)/수제트(sjuzhet)나 채트먼의 스토리(story)/디스코스(discourse)에 이르기까지, 이야기 제재와 이야기 구성을 대비하는 입론은 서사 이론에서 기본 전제처럼 의식되고 있다. 스토리/플롯 대비 또한 이런 논의 맥락의 일부다. 그런데 이렇듯 개념을 양분하는 것은, 논의의 관점이나 차원이 달라질 때, 의심되거나 파기될 여지가 없지 않다. 학자들에 따라 지

념을 변별하여 설명하기 위해 단적으로 드는 것일 뿐, 실제로 서사체를 분석하다 보면, 저렇듯 단순하게 구조화되는 예는 찾기 힘들다. 그리고 어찌보면 시간적 경과 역시 인과적 구성의 한 요소일 여지가 다분하므로 그 변별 논의의 타당성은 꽤 의심스럽다. 게다가 스토리와 플롯을 구별할 것을 주장하는 이들이 제시하는 플롯 개념 역시, 사건의 줄거리를 다만 인과적 구성 원리에 맞게끔 재구성해 놓은 것일 뿐, 사건 개요의 기술이라는 측면에서는 스토리와 별반 다를 것이 없다. 그렇다면 과연 플롯이 이야기 구성의 원리이거나 그 전략적 요소라고 할 수 있을지 극히 의심스러우며, 결국에 이런 측면에서도 스토리와 플롯이 큰 차이로써 변별되는지도 의문인 것이다.

서사의 구성 원리 혹은 서사 전략의 차원에서 이야기 개념을 이해하려면, 스토리와 플롯의 변별을 전제로 이야기의 층위를 구조로 환원하는 일은 금물이다. 스토리와 플롯의 변별 논리만 하더라도 포스터(E. M. Foster) 등이 제시한 하나의 개념 구도일 뿐, 반드시 이에 따라야 하는 것은 아니다. 이를테면 스토리와 플롯을 아예 동일한 층위에 두고, 이와 대비되는 개념으로 '디스코스(discourse)'를 상정할 수 있다. '디스코스' 개념 자체가 일상적 소통 상황과 화행 상황[2]이나 말의 일상 용법을 분석 대상으로 부각시키려는 의도에서 나온 것이기에, 이에 대한 번역어 역시 상황과 문맥에 맞추어 일상적으로 쓰는 용례대로 쓰는 것이 옳다.[3] 다만 어느 경우이건 간에 '디스코스'는 구체적

칭 용어가 다르다는 점이 바로 용어 '선택'의 자의성을 시사하며, 이분론의 단순함을 보완한다는 심산으로 삼분론을 펼치는 입론이 이어졌던 것 또한 개념 규정의 상대성을 암시한다.

Patrick O'neill, *Fictions of Discourse: Reading Narrative Theory,* Toronto UP., 1994, pp.19~21 참조.

2) 언어적 발화가 청자에게 단순한 메시지를 전달하는 데 그치는 것이 아니라 청자로 하여금 모종의 반응을 보이도록 하는 효력을 발휘한다는 전제하에서 그 소통 과정을 분석하는 데 초점을 맞추려는 것이 화행론(speech act theory)의 기본 입장이다.

인 정황 맥락이 전제되어야 해석할 수 있는 언어체를 가리킨다는 용례를 함축한다는 사실을 염두에 두면 된다. 말하자면 모종의 의미가 실체로서 전제되어 있지 않고, 상황에 따라서 의미가 구성되어 드러나는 언어체를 가리켜 디스코스라고 하는 것이다. 그렇게 의미가 구성적으로 드러난다고 전제될 때에는 언어체가 발휘할 효과와 세부 구성의 공정이 중요한 변수로 떠오른다.

이렇게 볼 때, 이야기를 구조화하여 제시하려는 구도가 플롯 개념에 들어맞는 것이라면, 그 세부 대목을 이야기하는 방식과 대목과 대목을 이어 큰 이야기를 짜나가는 방식 등과 같은 서사 전개의 구체적 전략은 디스코스 개념에 포괄될 것이다. 전술한 '이야기 방식'은 엄밀히 말해 플롯 논항이라기보다는 디스코스 논항인 것이다. 다만 디스코스가 소설과 같은 서사체의 구성 전략에만 국한된 특화 개념이 아니라, 인간의 의사 소통 행위와 관련된 제반의 논점들에 다 소용되는 개념으로서 의사 소통에 관여하는 쌍방의 의미 생성과 해석에 대해 추론하는 데 쓰이는 방법론적 개념이기에, 서사론에서는 특별히 플롯이나 스토리 개념 등과 대비하여 이해하는 것이 맥락에 걸맞다. 그래서 '이야기'나 '이야기 방식' 등을 범박하게 플롯 논점이라 하곤 한다.

---

3) '디스코스'는 맥락에 따라 '담화'나 '언술' 혹은 '언설', '담론' 등으로 번역되어 쓰이고 있는데, 어느 경우라도 '청자에게 효과적으로 말을 전하는 책략'이란 의미가 기저에 있음을 염두에 둘 필요가 있다. 일반적으로 문학 작품의 언어적 구조를 넘어선 화행 상황을 분석하는 데 초점을 맞추는 경우에 '담화'라고 번역하거니와, 철학적 입론에서 분석 대상이 되는 언어적 텍스트를 가리켜 '언술'이나 '언설'이라고 번역하는 예가 있고, 푸코(M. Foucault)가 '이데올로기'에 대응되는 개념으로 제시한 이래, 사상이나 이념을 표출하는 제반 언어 현상을 가리켜 쓸 때 '담론'이라고 번역하는 경우가 많다. 그래서 문학 논의에 소용되는 술어라고 전제하여, '담화'로 번역하는 것이 옳다고 할 수도 있지만, 특히 담화나 담론이 서술어로 파생된 형태로 쓰이고 있음에 주목하여, 일상적 소통과 화행 상황을 전제로 '이야기'에 대해서는 담화라고 해도 좋고 담론이라고 해도 좋을 것이다. 여기에서는 맥락이나 어감에 맞춰 두 말을 혼용할 것이다.

사건의 구조화__플롯

'플롯'에 대해서는 처음 아리스토텔레스가 『시학』[4]에서 논의를 제기했다고 알려져 있다. 『시학』은 그리스의 비극(특히 소포클레스의 비극)과 서사시에 대해 논의한 저술로서 오늘날 서사 이론의 모태가 되었다. 거기에는 서사론의 주요 논점들과 용어들이 제시되어 있는데, '플롯'도 그 가운데 하나이다. 어찌 보면 '시학'이라기보다는 '서사론'이나 '비극론'이라 하는 편이 그 내용에 근사한 제목을 붙인 것이라 할 만큼, 이야기 요소와 관련된 논항이 대부분을 차지한다. '플롯' 개념도 비극의 구성을 논급하면서 쓴 말이다.

아리스토텔레스가 논급하기로는, 비극의 요소에 여섯 가지 있다고 하는데, 그 가운데 비극의 목적이라고까지 할 수 있을 만큼 가장 중요한 제일 요소가 바로 플롯이다. 그 플롯은 바로 행위의 모방으로 정의된다. 이는 매우 중요한 논의 맥락으로 여겨지는데, 리얼리즘의 핵심 언명이 이를 통해 제시된 것이다. 말하자면 『시학』에서 플롯에 관한 논의는 문학 이론에서 모방론의 원조에 해당하는 셈이다. 이때 '행위'는 개별 인물의 실제 행동을 지시하는 개념이 아니며, 인간의 총체적인 형상이나 본체에 해당하는 개념이다. 모방의 대상은 이미 벌어진 '실제(actual)' 행동이나 사실(fact)의 국면이 아니라, 있음 직하거나 있어 마땅한 행위의 당위적이고 '실재적(real)'인 국면이다. 가령 외디푸스왕은 실제로 신탁을 거스르면서까지 패륜을 저지를 운명을 피하고자 하는 선한 의지에서 비롯된 행동을 하지만, 그 행동 탓에 운명의 그물에 걸려들고 말아 종내 더할 나위 없이 비극적인 행위의 정점에 다다른 표상으로 전해진다. 외디푸스왕의 비극은 개인으로서 외디푸스의 이야기가 아니라 인간이라면 누구나에게 작용하는 운명의 실

---

4) 여기에서 참고한 『시학』은 엘스의 영역본이다. Aristotle, Gerald. F. Else (trans.), *Poetics*, Michigan UP., 1970.

재에 관한 이야기로 구성된 국면에 수렴되는 것이다.

잘 알려져 있듯이, 플라톤은 철인(哲人)이 다스리는 이상국가를 구상하면서 시인을 추방해야 한다고 했다. 지각 가능한 현상계인 현실세계는 어디까지나 이데아계의 모방에 지나지 않기 때문에, 인간은 허상만 지각할 수 있을 뿐이며 어떻게든 이성으로써 그 실체에 근접해 가려고 노력해야 하는 처지인데, 문학(예술)은 현상계를 모방한 결과라서 이데아계를 재차 모방한 산물이므로 진리에 도달하려는 인간의 의지에 역행하는 것이라고 한 것이다. 물론 이데아적 이념에 근사한 모방 작품들의 가치를 인정할 여지는 있어, 이를테면 감성과 직관 따위에 의존하여 지어진 작품이야 일고의 가치가 없지만, 이성에 기초한 사유 능력과 윤리적 판단력을 북돋우는 작품이라면 그 가치를 인정할 여지는 남는다. 이때 미적 가치는 진리의 영역에 종속되어 있다고 할 수 있어, 어쨌든 미의 창조 작업에서 감성과 직관 등이 복권되는 것은 아니다. 어디까지나 진리와 선의 가치를 고양하는 데 기여해야만 미의 가치도 인정할 수 있는 것이기에 예술적 행위도 이성적 사유, 즉 이데아의 모방 작업에 동참해야만 했던 것이다.

오직 이데아, 모든 길은 이데아계로 통한다고 얘기할 수 있을 만큼, 플라톤의 사상은 이데아계와 현상계를 나누어 이데아계를 세계의 모형으로 둠으로써 서구 사상의 밑바탕에 '이원론'을 세웠던 것이다. 현상계는 이데아계의 모방에 불과한 것으로 허상이라고 하였으니, 어찌 보면 세계를 이원 구도로 보았다고 하기보다는 오로지 그 본질을 이데아라는 일원에 귀결시켰다고 하는 편이 더 타당한지도 모른다. 그렇다고 해서 그 사상을 일원론에다 귀결시켜 얘기할 수 있다는 얘기는 물론 아니다. 근본적으로 세계의 구조가 이데아계와 현상계의 이원 구조로 이루어져 있다는 생각이므로 이원론은 분명하지만, 그 안에 논리상 착종되는 생각이 똬리틀고 있었다는 점만큼은 기억해 둠직하다는 얘기다. 어쨌든 플라톤의 이데아론 맥락에서는 가령 문학

고유의 개체성이 인정될 수 없다. 아무리 문학의 의의를 인정한다고 하더라도 그것이 이데아를 모방한 현상을 재차 모방하여 산출된 것이라는 점은 부정할 수 없으며 미(美)가 진선(眞善)의 영역에 종속된 것이라는 점 또한 전제하지 않을 수 없다.

이에 비해 아리스토텔레스는 문학의 개체성을 존중하고, 역사와 문학의 고유한 영역을 전제하였다. 이를테면 역사가 삶의 현실을 그대로 기술하는 양식인 데 비해, 문학은 그 현실을 '모방'하여 기술하는 것이어서 역사와 문학의 기술 방식에 차이가 있을 수밖에 없다고 언명하였던 것이다. 이때 역사 기술의 대상 영역인 삶의 세계와, 문학 기술의 대상 영역인 모방된 세계 사이에 간극이 있는 것이 사실이겠지만, 아리스토텔레스의 입장에서 보기에 문학적 모방의 대상은 인간 행위의 실재로 전제된다. 짐짓 문학은 현실 세계의 사상(事象)을 단순히 모사하는 데 그치지 않고, 현상 너머의 실체(substance)에 가까이 다가선 세계를 그린 소산이다. 그래서인지 그는 역사가가 이미 일어난 사건을 기술하는 데 그쳐 개별적인 현상의 필연성밖에 설명하지 못하는 데 비해, 문학가(시인)는 일어날 법한 세계를 기술함으로써 보편적인 현상의 개연성을 예시(豫示)할 수 있다고 본다. 이런 맥락에서 아리스토텔레스는 스승이 문학을 대했던 태도보다 더 적극적으로 그 본질적 의의를 옹호했던 것으로 평가된다. 그렇지만 문학이 삶의 실재를 모방하여 창작되어야 하며 이로써 그 실체적 진리를 적극 구현해야 한다는 쪽으로 논의를 귀결시킴으로써, 결국은 인식론적 근저를 플라톤의 이데아론과 동일한 데 둔 형이상학적 '실재론(realism)'을 벗어나지 못한 혐의를 지울 수 없다. 문학은 어떤 식으로든 '실재의 모방'이며 그 실재에 가까이 다가설수록 더 의미있는 '진리의 근사치'가 될 수 있는 것이다.

이때 주목할 문제는 '실재' 의식과 '진리' 의식이다. 요컨대 서구 사상의 원류라고 할 수 있는 이 두 철학자들이 그토록 집착한 문제가 인간의 '이성'인데, 이성은 이데아나 실체를 인식하는 도구이건만, 이를 문학을 설명하는 데까지 운용했던 것이다. 그러니 미적 가치는 진리의 하위 범주에 불과한 것으로, 감성과 직관으로써 지어지고 향유되는 문학은 진리에서 먼 것으로 치부되고 말았다. 문학은 최소한 선(善)의 가치를 구현해서라도 진리에 다가서야 하는 것으로 여겨졌던지, 문학의 윤리적 가치를 따져보는 시각 또한 이 두 철학자들의 생각에 연원을 두고 있다. 아리스토텔레스가 비극의 효과로 논급하였던 '카타르시스(catharsis)'는 보통 감정의 정화(淨化) 정도로 이해되고 있는데, 사실은 윤리 의식의 순화(純化) 정도로 이해해야 더 적확하다. 의식을 순화하여 삿된 생각을 씻어내고 당위의 가치에 부합한 인간상과 세계의 실재에 근사한 형상을 기술하는 미덕을 갖춘 문학이 유효한 것이다. 훌륭한 문학적 소산은 그래서 당위적 행위를 모방한 결과다.[5)]

아리스토텔레스가 플롯을 가리켜 행위의 모방이라 한 것은 이러한 맥락에서 이해해야 마땅하다. 그가 플롯에 대해 '사건의 구조화'라고도 했던 점을 염두에 두어도 좋다. 행위의 모방을 가리켜 곧 사건의 구조화라고 설명했던 것 말이다. '구조화'라는 말부터가 삶을 있는 대로 모사하여 옮기는 것이 아니라는 뜻을 품고 있다. 때로 단편화되어 있고 헝크러져 있을 현실을 그대로 기술해서 플롯이 되는 것이 아니라, 삶의 단편들을 한 줄기로 꿰어 잇고 다시금 그 줄기들을 직조(織造)하듯이 짜서 그럴싸한 짜임새를 짓고서야 플롯이 이루어지며, 그렇게

---

5) 우리가 흔히 리얼리티라고 해서 '현실'로 번역하거나 '실제'로 번역하여 이해하는 예가 보통이며, 그래서 리얼리즘의 핵심에 자리잡고 있는 '모방' 개념을 현실을 모사하듯이 그려내는 것 정도로 여기는 게 상례인데, 이는 타당하지 않은 것이라는 점을 이런 맥락에서 지적할 수 있다. 요컨대 모방한다는 것은 대상물 개체들의 공통된 특성을 추려서 모형이 될 만한 실체 혹은 '실재'를 조작하여 제시한다는 말이다. 문학적 실재론의 한 모범이라 할 수 있는 루카치의 리얼리즘 논의나 사회주의 예술론에서 이른바 '전형'의 창출을 중시하였던 것은 이런 실재론적 의식을 단적으로 표출하였다고 할 수 있다.

조작된 플롯이 있어야 비극이 제대로 모습을 갖추고 우리에게 전해질 수 있다는 것이다. 이를 얼마나 잘 짰느냐 여부가 작품의 성패와 직결되는 터라서 아리스토텔레스가 플롯을 비극의 목적이라고 하였을 것이다.

이런 맥락에서 볼 때, 플롯 개념에서 중요한 것은 '행위'나 '사건' 등 개념의 목적어가 아니라, '모방'이나 '구조화' 등 개념의 술어(述語)라고 할 수 있다. 이를테면 플롯에서는 실재화되어 투영된 삶의 현실이나 인물의 행위 자체가 문제시되는 것이 아니라, 이를 언어로써 실재화시키는 모방 원리나 구성 원리가 더 본질적인 논점인 것이다. 결국 플롯은 사건의 줄거리를 제시하는 구성 원리로서 의의 있는 것이며, 아무래도 작품의 모방 대상이자 내용이라 할 수 있는 '실제 현실'보다 그 현실을 기술하는 구성 원리이자 형식이라 할 수 있는 '구조적 실재'에 초점을 맞추어 제기된 용어이다.

그래서인지 아리스토텔레스는 비극 플롯의 일반 원리로서 첫 번째에 총체성(wholeness)과 완결성(completeness)을 제시한다. 그런 총체성과 완결성이란 다름 아니라, '서(beginning) → 본(middle) → 결(end)'의 구성을 완비하였음을 가리키는 말이다. 게다가 그 규모가 적절하여야 하며, 질서에 따라 잘 정돈되어 있어야만 플롯의 아름다움이 보장된다고도 한다. 길이도 기억하기 쉬울 만큼 적절하게 안배되어야 하며 일상적으로 주의 집중하기에 알맞은 시간만큼만 소요되어야 한다고 한다. 이러한 사항들이 잘 조율되어서야 비로소 플롯의 미가 성취될 것이며 결과적으로 작품의 미적 완성도가 두드러질 것이라는 얘기다. 이처럼 길이의 규준에 걸맞게 연결되어 통일을 이루며 전개되는 단순한 행위(simple action)가 '단순 플롯'의 모방 대상이 되는데, 이런 단순 플롯에서는 행위의 반전(reversal)이 급전(急轉 peripety)이나 인식(recognition) 없이 드러난다고 한다. 이에 비해 복잡한 행위(complex action)를 모방한 '복합 플롯'에서는 반전이 연속되더라도 인식이나 급전을 수반한다고 한다. 어떤 경우의 전개 양상이든 필연성이 뒤따르거나 개연성에 일치하거나 하여 플롯 고유의 구조에서 싹터 자라나게 되는 것이라 한다.

이를테면 이런 얘기다. 단순한 플롯은 사건이 순연히 진행되어 사건의 양상이 급격히 변하는 경우가 없으며, 그러다 보니 사건의 전개를 충분히 예측할 수 있는 데 비해, 복합 플롯에서는 사건의 흐름이 급전되는 경우가 수반되므로 사건의 전개를 예측하기 어려운 경우가 발생하는 것이다. 예측의 어려움은 이를 지켜보는 이에게도 해당되지만, 아리스토텔레스의 논의 맥락대로 하자면 그 행위의 주체에게 적용되는 문제다. 이를테면 외디푸스왕이 자신의 운명에 대해 인식하는 순간 그 사건의 전개 양상이 급전되고 파국으로 치닫게 된다. 그렇게 인식과 급전이 정밀하게 조율되어 있는 플롯의 가치를 아리스토텔레스는 고평한다. 아울러 이런 비극의 플롯에서는 인식과 급전의 영향으로 파토스(pathos)가 유발되고 관객들의 몰입을 야기하여 극적 효과를 드높이는 것이다. 결국 인식과 급전, 그리고 파토스가 플롯의 세 가지 요소이다.[6)]

구성의 역동성과 공간 형식

그런데 그 논의 내용 중에 단순한 플롯 가운데서 '삽화(揷話)적 플롯(episodic plot)'이 있다고 전제하고서 이를 최악의 플롯 유형이라고 하여 주목을 끈다. 에피소드들이 필연성이나 개연성이라고는 일절 없이 단편적으로 연결된 경우를 가리키는데, 이를 단순한 플롯에 분류한 것부터가 눈길을 끈다. 물론 아리스토텔레스가 제시한 플롯 유형에 대해 다소간 알고 있는 이라면 그 생각을 이해하기 어렵지 않겠지만, 언뜻 생각해서 에피소드들이 길게 이어져 있는 것을 두고서 단순 플롯이라고 여기기 쉽지는 않았을 것이다. 보통 단순 플롯은 길이부

6) 아리스토텔레스, 앞의 책, 38~42쪽 내용을 요약한 것임.

터 짧은 플롯이라 의식하고 있기 때문이다. 그러나 단순 플롯과 복합 플롯을 나누는 기준이 길이의 장단은 아니라는 사실을 분명히 의식할 필요가 있는데, 복합 플롯도 아리스토텔레스가 지적한 대로 적절한 길이를 유지하고 있다는 점을 분명히 해 둘 필요가 있다. 두 플롯 유형의 구분점은 길이 차이가 아니며, 앞서 언급한 대로 사건 전개 양상에서 인식과 급전이 수반되느냐 여부에 있는 것이다. 따라서 수 개의 이야기들이 끼워 넣어져 구성되었을 삽화적 플롯에서 일관된 사건의 갈등과 반전 등을 기대할 수 없을 뿐더러 인식이나 급전 등의 요소가 발견되리라고는 더더욱 바랄 수 없을 것이다. 그러니 이런 플롯 양상은 단순한 플롯의 한 부류에 속할 것이고, 사건의 전개(development)에 초점을 맞추어 논의를 펼쳤던 아리스토텔레스에게 이런 양상이 최악의 경우로 비쳐진 것은 당연한 일이다. 이야기의 규모가 너무 방만해져서 정돈된 느낌을 찾아볼 수 없을 것이고, 그 길이도 길어질 수밖에 없는 까닭에, 플롯의 아름다움이라고는 당최 기대할 수 없기 때문이다. 행위의 모방, 사건의 구조화라는 플롯의 기본 개념에 비춰 보아도, 이에 들어맞는 구석이라고는 찾아볼 수 없을 것이므로 플롯이라는 말을 붙이는 데조차 의구심을 품었을 법하다.

이렇듯 플롯 개념의 원조격인 아리스토텔레스의 입론에서 최악의 경우로 여겨진 삽화적 플롯은 이후 서사 이론이 본격 정립되면서도 마찬가지로 취급되었다. 서사 이론에서도 플롯 논의는 주로 구성의 완결성을 따지는 데 집중되었고, 따라서 규모나 짜임새가 적절히 조율된 단편을 논급하는 게 보통이다. 이런 상황에서, 구성의 밀도가 떨어지고 구조의 완성도가 온전하지 못한 삽화적 플롯이 폄하되었을 것은 자명하다. 근래 서사 이론의 논점이나 개념 규정의 틀이 『시학』에서 크게 벗어나지 못하고 있는 것이 사실인지라, 이런 상황이 별스러울 것은 없는 것이고, 어떤 면에서는 삽화적 플롯 유형으로 분류될 작품들의 운명은 이미 저런 틀에 갇힐 수밖에 없는 것이다. 맥락에서 다소 벗어난 얘기이겠지만, 화이트헤드(A. N. Whitehead)가 서구 철학사를 두고서 '플라톤 철학의 각주'라고 논파하였던 것을 패러디하여, '서구 문학 이론은 아리스토텔레스 『시학』의 각주다.'라고 해도 좋을 만큼, 현대 문학 이론도 『시학』의 영향권을 벗어나지 못하고 있다. 이를테면 서구 철학사에서 주류를 이루었던 사상들이 숱하지만, 그 인식론적 저변이 플라톤의 형이상학적 이원론을 벗어나지 못했던 것처럼, 수많은 문학 이론의 논점과 개념, 그리고 방법론 등에 저변이 되는 인식론이 『시학』에서 제시된 모방론이나 플롯 개념 등과 차원을 달리하지 못했다는 말이기에 서구에서 주류를 이루는 서사 이론의 패러다임이 크게 변동되지 않았다는 얘기다.[7] 특히 플롯 개념과 관련하여서는 『시학』의 입론을 전범 삼아 구성이나 유형 논의를 펼치는 예가 허다하다.

그러다 보니 구성의 밀도가 떨어지거나 이야기의 집적도가 덜하기 십상인 장편 소설의 플롯에 대해서는 이렇다 할 설명을 덧붙이기 힘든 상황이 연출된다. 특히 서구에서 근대 소설의 특징적 구성 자질로 꼽히는 공간 형식으로 이루어진 일군의 소설이나 포스트모더니즘 계열의 소설 등, 플롯 개념으로 설명할 수 없는 경우가 많은데, 대체로 '플롯 파괴'라든가 '플롯 해체'라는 식의 부정적 어휘 조합을 통해 논급하기 일쑤다. 그렇게 논함으로써 근대 소설이나 포스트모더니즘 소

---

7) 서구 철학의 경우에도 주류 이론에 비판적인 입론이 제기되었고 그 인식론적 저변을 문제 삼는 반론이 없지 않았다는 사실과 마찬가지로, 문학 이론에서도 소위 정론으로 받아들여지고 있는 입론들에 대한 반론이 없었던 것은 아니다. 다만 그런 입론들이 주류 이론으로 채택되지 않아서 문제이다. 물론, 주류다 비주류다 하는 것을 결정하기 위해 이론가들 사이에 모종의 회담이 오고 가는 등 가시적인 일들이 벌어졌던 것은 아니며, 무엇이 주류고 비주류인지 쉬이 단정할 단서들이 눈에 띄는 것도 아니다. 그러나 이를테면 교과서적이고 개론적인 책들에 정론으로 소개되는 이론이나 여러 이론서들에서 전범(典範)으로 취하고 있는 이론의 모형들을 따져 보면 주류 이론의 윤곽을 어느 정도 감지할 수 있다.

설의 경향을 시사하려 했던 것이겠지만, 본질적으로 새로운 소설 경향에 구래(舊來)의 개념틀로써 접근하려 하였으므로 적극적 입론을 펼칠 수 없었던 것이 사실이다. '플롯 파괴'니 '플롯 해체'니 하는 말들 자체가 기존의 플롯 개념을 그대로 이어받았다.

이런 양상과는 달리 연극 이론에서 아리스토텔레스의 플롯 개념에 근본적으로 의구심을 제기하고자 한 입론이 있어 주목을 끈다. 극작가이자 이론가인 브레히트(Bertolt Brecht)가 제기한 '서사극론'은 『시학』의 여러 입론들에 반론을 제기하고 대안을 제시하려는 의중에서 기획된 것으로 보인다. 특히 그것이 극적 상황을 실제 현실과 혼동하게 하여 극에 몰입하게끔 하는 플롯의 요소와 그에 따른 효과에 문제를 제기하는 입론임에 주목하게 된다. 행위의 모방으로 일구어 낸 플롯은 삶의 실재를 모형화하여 제시하는 것이기에, 어찌보면 실제 현실보다 더 현실적인 것을 제시할 수 있어야 하는 것으로 여겨졌을 터인데, 브레히트가 보기에 극은 극적인 상황으로만 전제되어야 고유의 효과를 제대로 창출할 수 있다고 여겨진 것이다. 따라서 극은 인간 행위의 실재를 모방함으로써 삶의 보편성과 인간의 본체적 형상에 종속되는 지위에 있지 않고, 극적인 상황에서만 가능한 현실 비판의 기제를 산출하는 위상에 있다.

이렇듯 서사극에서는 플롯 개념이 본질적으로 용인되지 않는데, 역으로 플롯에 새로운 개념이 덧붙여질 맥락이 마련되었다고도 할 수 있다. 행위의 모방을 통해 현실의 환영(幻影)과 실재를 산출하려는 실재론적 플롯 개념을 부정하고, 또한 플롯의 유형이 미리 주어져 마련되어 있다는 식이라서도 실재론적인 플롯 개념을 부정하고, 극 '상황에서' '구성'이 산출될 수밖에 없다는 식으로 전제함으로써 구성적 개념(constitutive notion)[8]으로 극을 이해할 여지가 생긴다. 따라서 이런

8) 보통 사상(事象)의 속성이나 의미가 선험적으로 실재한다고 전제하여 개념을 '규정'하는 데 반해, 그 속성이나 의미가 사상의 과정에 따라 창출된다고 여

맥락에서라면 플롯 유형을 미리 전제할 수 없으며, 더군다나 유형 간의 위계를 전제로 개별 플롯의 가치를 평가하는 일은 무모하다.

물론 서사극에 관한 논의가 비단 이론적인 데 쏠려 있는 것은 아니고, 실제 연극 연출과 관련된 방법론을 제시하는 데 향해 있다. 게다가 극의 구성에 관한 논리와 소설의 구성을 논하는 원리 사이에 얼마마한 연관성이 있는지 제대로 검토하지 않은 가운데, 서사극론의 논지를 소설 구성 논의의 맥락에 끌어들이는 데에 문제가 없지 않을 것이다. 본디 아리스토텔레스가 플롯 개념을 제시한 것이 비극을 논급하는 과정에서였다손 치더라도, 이 문제에 대해 더 심화 논의하는 일은 논점을 비켜갈 공산이 크다. 다만 서사극론에서 시사하는 바, 요컨대 행위의 모방이며 사건의 구조화라는 식의 실재론적 플롯 개념 대신, 극적 행위의 창출, 혹은 사건의 구성이라고 할 만한 서사극적 구성 원리가 대두되었다는 사실만 염두에 두어도, 서사 이론에서 '플롯'을 상정하고 그 개념을 규정하고 범주를 한정하여 유형화하려는 태도의 한계를 짐작할 수 있다. 과연 서사 이론에서 플롯을 논의하는 입장은 정형적인 플롯을 옹호하는 것이든, 해체적 플롯을 옹호하는 것이든 간에 모두가 『시학』의 실재론을 인정하고 전제하는 입장이다. 그 인식론적 입장에 대해 본원에서 비판적으로 사유하여 입론을 얻을 여지가 상대적으로 제기된다.

『시학』의 '플롯' 개념이 본질적으로 비극 구성에 관한 술어인 만큼, 서사체의 경우 비극적 세계관을 표상한 소설의 구조를 설명하는 데는 적합할지 모르지만, 여타 비극적이지 않은 이야기를 다루는 서사의 구성 원리를 설명하는 데 직접 적용시킬 수 없다는 점을 의식함 직하다. 특히 시간적 순차 구조에 걸맞지 않은 구성 양상을 빚은 소설 양식이 빛을 발하면서 '플롯'의 빛이 바랠 수밖에 없다. 마르셀 프루스트의 『잃어버린 시간을 찾아서』라든가 제임스 조이스의 『율리시즈』 등

겨 개념도 '구성'된다고 논급하는 것은 이를테면 반실재론 경향의 일단이다.

은 그 구심에 자리한 대표작들로 거론된다. 사건의 발단에서 결말에 이르는 일반적 플롯에 걸맞지 않은 구성을 취한 이들 소설을 두고서, 소설 구성의 기본 원리도 모른 채 씌어진 것이라고 단언할 수 없음은 당연하다.

보통은 사건의 순차 구조를 바탕으로 구성된 플롯에는 '단선적(單線的linear)'이라는 형용어를 붙여 설명하곤 한다. '서 → 본 → 결'로 전개되는 이야기의 양상이 마치 선으로 연결해 놓은 모양새라는 얘기다. 그렇게 보면 '선형'이라고 이해해도 좋겠지만, 이 형용어에는 시작점에서 끝점에 이어지는 선상에서 이야기가 전개되어 일차원적인 형상을 취하고 있는 형태이므로 '단선적'이라 이해하는 편이 적확하다. 결과적으로 단선적 플롯은 기본적이고 단순한 유형으로 전제된다.

이에 비해, 시간성에서 벗어난 구성을 취한 경우를 두고서는 '공간 형식(spatial form)'으로 설명할 수 있다. 시간의 흐름을 따라 혹은 사건의 순차적인 전개에 따라 이야기가 구성되는 방식이 아니라, 시간 흐름에 역행하는 전개 양상이 기술된 이야기 구성의 경우, 사건의 맥은 단선적으로 이어지지 않고 결말을 향해 진행되면서도 시간상 원점으로 회귀하는가 하면 그 전으로 거슬러 가는 경우까지 빈번하다. 따라서 그 맥을 추스르는 과정을 도시하면 여러 선이 교차하거나 다각형 형태를 띠게 되는 것이다. 사건의 맥락 자체가 이렇듯 얽혀서 구성되는 터라 독자 입장에서는 그 맥을 추슬러 읽어야 하기 때문에, 구성 문제에서 독자의 해석 역학이 관건으로 부각되는 것이다. 이러한 양상을 도시할 경우 삼차원의 입체 형상이 그려질 것이고, 서사 구성은 일차원적인 단선에서 벗어나 이차원의 평면 형상을 띠는 데서도 더 나아가, 비로소 공간의 차원을 온전히 갖춘 형상을 띠게 될 것이다.

이러한 공간 형식 논의는 결국, 이야기가 결말을 향해 치닫는 데 초점을 맞추는 플롯으로만 서사 구성의 전모를 환원해서는 안 된다는 점을 일깨운다. 중요한 것은, 이러한 논의 맥락에서라면 아리스토텔레스가 그토록 폄하해 마지 않던 ‘삽화적 플롯’에 대해서도 재고해 볼 여지가 생긴다는 사실이다. 이야기의 서두에서 결말에 이르기까지 일관된 사건 전개 양상이 돋보이는 구성을 제일로 삼았던 입론에서야, 이야기의 편린(片鱗)이 불규칙하게 널려 있는 것처럼 보이는 그런 구성이 눈에 거슬리겠지만, 서사 진행의 공간적 속성을 적극 검토하려는 입론에서는 독서의 역학까지 논급하게 하는 그 구성이 더할 나위 없이 중요한 논항인 것이다. 특히 장편 소설이나 대하 소설 같은 대작들을 대하고 보면, ‘행위의 모방’이나 ‘사건의 구조화’라는 측면에서 모종의 ‘일관성’과 ‘명료함’을 이야기 구성에서 기대하는 것이 조작된 허구요 이상에 불과하다는 점을 의식하게 된다. 물론 아무런 구성의 메커니즘 없이 이야기의 단편들을 짜기워 놓은 결과를 상대할 수는 없는 노릇이지만, 서사의 공간 자질을 논급할 경우에 그런 양상들조차도 공간 형식을 창안한 양태로 분류하지는 않는다. 단순히 눈에 띄는 형식적 요소들만으로 소설의 가치를 평가하려고 모색하는 방법적 설정은 아닌 것이다.

작품의 미학적 자질을 낳는 여러 요소들이 잘 조율되었을 때라야 서사 공간에 관한 타당한 논의 맥락이 형성된다. 다만 플롯 논의에만 국한시켜 상황을 정리하자면, 『시학』에서 제시된 기본 개념과 유형 논의가 뿌리 깊이 자리하고 있었던 상황에서, 근대 이후 나온 소설 상당수가 그 모델에 걸맞지 않아 가치를 온전히 평가받지 못하는 상황이 벌어질 수밖에 없는 난항을 교정하려고 도모하면서 공간 형식 입론이 제기되었다는 점에 주목하게 된다. 이를테면 서구의 경우에도 명작이요 고전으로 손꼽히는 작품들 가운데 상당수가 『시학』의 기준에 비추어 볼 때 흠잡을 데가 한두 군데가 아니며, 이들 작품도 이론적 논의들이 교정된 후에라야 적확하게 평가될 수 있었다는 점은 시사적인 것이다.

서사 담론과 공간 형식의 지평

이야깃거리가 새롭고 기발하여 흥미를 불러 일으킨다고 해서 좋은 이야기라는 보장은 없으며, 같은 이야깃거리를 다룬다고 해서 그 가치나 미감 등의 차원에서 동일하다고 얘기할 수는 없다. 이야기의 제재나 줄거리의 선호 여하보다 이야기의 효과적인 방식과 소통 기제가 좋은 이야기의 관건이기 때문이다. 아리스토텔레스에서부터 쉬클로프스키와 토도로프, 주네트를 거쳐, 발, 채트먼, 리몬-케넌 등 현대 서사론의 성립과 전개에 공헌한 이들이 공히 이야기의 제재와 구성 및 담화(담론) 양상으로 이야기의 층위를 대별하여 입론의 전제로 삼았던 것은, 이야기가 표현되고 이해되는 소통 과정에서 양과 태가 다른 성과를 낸다는 점을 의식한 데서 비롯되었을 것이다. 이야기 장르의 대화적 속성에 주목한 바흐친이나, 소통이 관건인 이야기의 담론에 주목하여 독자의 해석에 관여된 자질에 논의의 초점을 맞춘 리쾨르의 통찰에 비추어 보더라도, 서사적 소통의 역학이 서사론의 구심을 이루는 논항임을 인정하게 된다.

상대방이 없는데도 혼자서 이야기를 주절대는 상황이 이상해 보이는 만큼, 이야기는 소통을 전제로 하는 현상이라는 생각은 상식에 가깝다. 그렇다고 이야기의 소통에 관여되는 기제의 작동 양상을 이해하는 일이 녹록한 편은 아니다. 구체적 형상을 얻지 못한 관념 수준의 이야깃거리를 표현하는 과정에서 작동되는 표현 기제에다, 표현 매체에 따라 각양을 띨 이야기 매재의 구성 요소들이 작용하는 양상과 표현 기법의 다각적 구사 양상 등이 여일하지 않을 것이기 때문이다. 단선적으로 이야기가 전달되어 오롯한 이해를 불러일으킨다면 그나마 일이 복잡하지 않을 테지만, 이야기의 수용 기제는 표현 기제보다 복잡하고 다단한 양상을 띤다. 따라서 이야기의 소통은 정태적이지 않고 역동적이며, 표현과 이해의 과정이 단번에 완성되거나 하나의 선으로 진행되지 않고, 수차례의 상호 작용과 다면적 의미망이 교직되는 양상이 빚어진다. 일반적인 생각처럼 이야기는 시간적 선형에 걸맞게 진행되는 구조체가 아니라 공간 형식에 걸맞게 구성되는 의미체이다.

이때 부각되는 '공간 형식'은 요컨대 서술과 이해의 역학이 빚어지는 장에 상응하는 개념항이다. 그것은 고정된 형(型)에 놓고 자르고 늘려 맞추려는 논리로써는 그 본색을 가늠할 수 없는 서사의 형태를 아울러 논급하기에 적당하다. 특히 구성과 담화의 역동성을 드높이려는 모색에서 비롯된 소설을 단적인 논리로 환원하지 않고, 서술에 관여된 기제들이 다각으로 작용하여 소통의 회로를 잘 작동하게끔 구사되는지 추론하는 논리적 단서로 활용할 수 있다. 소설의 문법이나 구조적 플롯만으로 소설의 다면과 다층을 이해할 수 없다는 사실에 직면할 때 서사의 공간 형식이 부각되는 셈이다.

이런 맥락에서 서술 층위의 역학을 물어 공간 형식에 수렴시키는 일은, 구조적 틀을 벗어나 분방한 스타일로 이야기하는 최근 소설을 적극적으로 이해하여 지표를 가늠하는 데 도움이 된다. 구조 개념인 플롯을 통해서는 단번에 폄훼될 수밖에 없을 소설들의 본색을 묻기 위한 방편을 세움 직한데, 바로 서술과 이해의 역학이 펼쳐지는 장인 공간 형식을 묻는 일이 이에 상응하는 것이다. 공간 형식이란 구조적 틀이 아니며 일정하게 고정된 형식을 일컫는 것이 아니라는 점을 주지하는 것이 관건이다. 이는 서사적 소통에서 빚어지는 구성의 역학을 묻는 논항에 수렴된다.

서사적 소통의 구심은 서술에 관여된 요소들의 기제적 역학 관계이다. 서사 세계를 기획하고 통어하는 신격(神格)에 상응하는 내포작가가 그 모습을 실로 서사 세계에 드러내는 법은 없다.[9] 그 대리자(agent)

9) 세계를 창조하여 섭리한다는 신이 인간세계에 모습을 드러내지 않는 데 비견된다.

인 서술자가 흡사 전령 역할을 하듯 서술에 참여함으로써 관념 층위에 있는 이야기(파불라fabula)에 언어적 질료를 입혀 구체를 띠게 함으로써 서사체가 비로소 드러난다. 서술자는 이야기 세계의 주역들인 인물과 그 행위로 빚어지는 사건을 기술하되, 내포작가의 통어를 받아 서사 세계의 형상들과의 거리가 조율된 이야기를 펼친다. 이때 이른바 시점이나 초점화, 서술상황 등의 서사 기제가 작동하여 서사의 양태가 다채롭게 빚어진다. 특히 근대 이후 새로운 서사 양식을 표방하고서 그 위상을 공고히 한 소설(novel)의 경우, 서술에 관련된 기제의 역학이 일방으로 환원할 수 없는 양상으로 드러나기에 이야기의 소통을 따지는 서사론의 핵심 논항이 부각되었다고 할 것이다.

이때 관건인 공간 형식이란 관계와 배열의 시간적이고 인과적인 지표를 해체하는 데 그 본색이 있다. 시간변조의 양상이 해체적 징후와 조우할 때라면, 삶을 장악한 제도와 이성을 중심에 둔 인과적 세계관을 해체하는 서사 전략을 모색하는 태도는 온당하다는 평가를 넘어서 권장하고 고무해야 할 것이다. 공간 형식이 겉으로 보기에 파괴적인 듯하지만 짐짓 해체일 수 있는 것은, 이러한 탈중심의 세계관, 해체적 전략과 어우러질 때이다. 일정하고 일관된 이념으로 환원될 주제의 중심을 구축한다고 믿어지는 작가의 권위(author-ity)와 절대적 위상을 해체함으로써 독자의 해석을 문학 현상의 구심으로 이끌고자 하는 해체 비평의 전략에 공간 형식의 자질이 수렴된다고 해도 좋을 것이다.

이런 맥락에서 이야기의 제재는 이성과 의식에 윤색된 현실 세계의 이야기만이 아니라, 기억에 묻힌 과거나, 직면하지 않은 미래는 물론이거니와, 무의식 차원에서 빚어지는 억압된 기제의 실상을 들추는 이야기를 다루는 데까지 미친다. 그런 이야기일수록 서술의 균열 양상이 더해지는 만큼, 이야기의 구성이나 담화 국면에서 인과적인 문장 형식이나 순차적인 시퀀스의 배열 등의 양상이 해체될 수밖에 없다. 공간 형식이 더욱 명징해지며, 독자의 해석 알고리즘이 더욱 복잡

해짐으로써 작가의 의도가 여일하게 적중되지 못하는 것은 물론 의미의 중심을 분석할 수 없는 지경이 펼쳐지게 된다. 이처럼 서술과 이해의 역학에서 빚어지는 공간 형식이 최근 소설의 난맥상을 대변하는 것이지만, 그 난맥을 추슬러 읽을 비평의 거점을 상대적으로 명변하는 것이기도 하다.

과연, 삶을 이야기하는 순간 그것은 구조로 환원할 수 없는 어떤 것으로 변주되게 마련이다. 그것이 소통에 부쳐진 다음이라면 일정한 틀에 맞춘 이야기가 다양한 의미를 낳을 길은 없다. 대화할 때 문법에 맞는 문장과 격을 갖춘 말만 하지 않는데, 소설과 같이 자유분방한 문예물을 두고서 문법을 추출하는 것 자체가 당찮은 일인지도 모른다.

허무맹랑한 이야깃거리라도 이야기되어 전해지고 소통되는 과정에서 사실인 것처럼 여겨져 허실이 전도될 개연성이 서사의 한 속성이다. 아킬레스가 거북이를 결코 이길 수 없다는 얘기를 허풍이나 궤변이라고 치부해서는 그러한 서사적 담론의 본색을 온전히 지각할 수 없다.[10] 허구의 개연성이란 이야깃거리에서 빚어지는 것이 아니라 이야기를 진행하는 과정과 방식에 상응하는 담론 층위에서 빚어진다는 데 재삼 주목할 일이다.

근자에 다양해진 소설의 모습에 대해 부정적인 견해가 없을 수 없겠지만, 서술과 이해의 과정에서 빚어지는 역학이 다각으로 작동하여 빚어진 소설을 두고서, 고정된 형(型)으로 환원하여 폄훼하려는 논리를 펴면 곤란하다. 서술과 이해에 관여된 기제들의 역학과 소통 회로가 어떻게 구성되는지 주목하여, 서사 문법이나 구조적 플롯, 원근적 시점 등으로 환원할 수 없는 소설의 다면과 다층을 이해하도록 모색해야 할 것이다.

물론 이야기의 소통에 기여하는 구성과 담론의 역학은 단순히 형식

---

10) 오닐, 앞의 책, 7쪽 참조.

이나 기법이 기발하여 새롭고 파격적인 데서 기인하지 않는다. 재기 넘치는 상상력이라고 해서 그저 좋은 것이 아니라, 전하여 소통하는 담론의 양식이 적절히 조응했을 때라야 심장한 서사적 결실을 맺을 수 있다. 겉만 현란하게 새로 꾸민다고 해서 새로운 감흥을 줄 수 없음은 당연한 일, 새로움도 자동화되면 상투형(cliché)으로 전락할 수 있다는 데 유념해야 할 것이다. 구성과 담론의 역학이 관건인 소설을 살펴 '공간 형식'에 주목하려는 이들의 의중은 이런 정황과 무관하지 않다.

인물의 서사적 구성 역학

인물의 서사적 층위

소설의 구성소 가운데 '인물'에 대해 논급할 때 흔히 범하는 우는, 인물을 실체로서 전제하는 것이다. 특히 인물을 구상적인 인간 형상으로 전제할 때 문제가 불거진다. 실제 세계의 인물과 지시 관계에 있는 요소를 추론하여 인물 논의를 펼칠 때라면 더욱 그러하다. 그래서 소설 속의 인물이 실제적이냐 가상적이냐를 따져 이야기의 실감 정도를 가늠하는 것이 상례인데, 과연 소설의 주요 국면인 사건의 개연성은 인물의 개연성 정도와 거의 일치한다고 해도 과언은 아니다. 그러나 이는 소설을 서사체로서 전제하지 않았을 때 적용되는 얘기이며, 소설을 서사체로 전제할 때에는 문제의 국면이 사뭇 달라진다.

소설을 서사체로 전제한다는 것은 요컨대 서사적 소통 모델에 입각해서 소설을 이해한다는 얘기다. 서사의 소통 모델을 창안하는 데에는, 서사체를 분석 대상이 아닌 상호 주관적인 현상으로 이해하는 자세가 요구된다. 흔히 실제 작가에서 실제 독자에 이르기까지 서사적 소통 과정을 도시하곤 하는데, 여기에 부지불식간에 현상학의 테제가 배어 있다. 모든 개체는 고립된 실체로서가 아닌 상호 관계를 맺는 존재로서 우리의 지각과 의식에 드러날 수 있다는 전제하에서만, 서사체가 소통되는 원리를 제기할 수 있는 것이다. 기실 그런 소통 원리에 입각해서 서사체의 '의미'를 해석할 수 있다는 디스코스 이론의 입장 또한 현상학적 전제에서 비롯된 징후가 짙다.[1)]

서사체를 소통 모델로 전제하면 텍스트 이해의 층위가 달라진다. 서사 세계의 표현 매체(Darstellungsmittel)이자 서사 텍스트의 구성 자질들(Konstituionsmerkmalen)인 인물・사건・시간・공간[2)] 등은, 실제 세계의 면모를 모형으로 기술된 것이라고 이해할 논항이 아니라, 오직 서사적 소통의 과정에서 실제 작가의 기술 의도와 실제 독자의 해석 사이에서 이루어지는 역학에서 그 면모들이 드러날 것으로 이해할 논항이다. 이를테면 '서사적 인물'은 실제 세계의 인간 형상을 지시하는 것으로 미리 전제될 수 없으며, 서사적 소통 과정에서 구축되는 서사 세계에서 창출될 것이라는 사실을 염두에 두어야 한다. 물론 그 과정에서는 서사 세계의 인물과 실제 세계의 인물 간의 지시 관계가 분명한 경우도 있을 수 있겠지만, 이는 기호적 자의성 관념에 입각하자면 어디까지나 우연한 현상에 불과하다. '서사'라고 전제함으로써 현상을 여러모로 개념적으로 조작한 뒤이기 때문이다. 따라서 그런 경우라도 논의의 핵심은, 서사적 인물을 실제 인물이라 여기고 그 인물의 성격이나 가치관 등을 논급하는 데 있어서 아니 되며, 그 둘 사이의 기호 함수(sign-function)[3)] 양상이 어떠한지, 즉 서사적 인물과 실제 인물 사

---

1) 디스코스 이론에서 문제삼는 '의미'는 지시적 의미(Bedeutung)가 아닌 해석적 의미(Sinn)이다. 모든 텍스트의 의미는 실체적으로 고정되어 주어지는 것이 아니라, 담론의 과정에서 구성된 것이라는 전제가 여기 내재해 있다. 이런 맥락에서 서사체의 의미에 대해 재고해 보건대, 이는 실증의 대상이 아니라, 해석의 상호 주관적 현상으로 볼 여지가 다분하다.

2) Cordula Kahrmann, Gunter Reiss, Manfred Schuchter, *Erzähltextanalyse: eine Einführung; mit Studien- und Übungstexten*, Anthenäum Hain Hanstein, 1993, S.134.

3) Carl Darryl Malmgren, *Fictional Space in the Modernist and Postmodernist*

이의 형상화 관계 양상이 어떠한지 따지는 데 있어야 된다. 굳이 위계를 따지자면, 서사 세계의 인물 형상에 실제 세계의 인물 형상이 종속된 형국이다.

그런데 서사 세계에 드러난 인물의 형상을 논급할 때에는 필연적으로, 그 형상이 기술되는 과정에 작용할 서사 기제에 대해 논급하지 않을 수 없다. 서사 세계를 기술하는 서술자와 그 세계의 주인공 격인 인물 사이에 역학 관계가 없을 수 없기 때문이다. 실제 세계에서도 인간은 모나드(Monad)적인 실체로서보다는 상호적인 존재로서 그 속성이 더 극화된다는 점을 알레고리 삼아도 좋겠지만, 그보다는 서사적 인물이 결국은 서술자에 의해 구성되고 기술될 수밖에 없는 운명에 처해 있기 때문에라도, 서사적 인물에 대해 논급할 때면 서술자와 인물 사이에 맺어지는 관계인 서술상황(Erzählsituationen)에 대해 논급하지 않으면 안 되는 것이다. 특히 인물 서술상황이 구축된 경우에는 서술자와 인물 사이의 경계 자체가 모호해지는 예가 생길 것이므로, 인물에 대한 논의는 곧 서술자의 입지를 논급하는 데 수렴되는 논항으로 이해된다.

이런 맥락에서 카르만(Cordula Kahrmann) 등이 서사적 소통을 전제로 서사 기제의 층위에 각기 '서사형상'과 '서사역학'이라 한정어를 붙여 대비적 술어로 설정한 것은 의미심장하다. 그들은 서사 텍스트 구성의 자질들 각각에 대해, '서사형상(erzählte)~', '서사역학(erzähl(ende))~', '~구도(Konzept)'라 한정함으로써 층위를 변별하고 텍스트 분석의 단서로 삼는다. 이는 기본적으로 서사적 소통에 관여된 변별 자질로서 고안된 항이며, 그대로가 소통 층위(Kommunikationsniveau)를 구축하는 것으로 상정된다. 그렇게 해서 사건은 '서사형상 사건, 서술 과정, 서술 구도'로, 시간은 '서사형상 시간, 서사역학 시간, 시간 구도'로, 공간은 '서사형상 공간, 서사역학 공간, 공간 구도'로 그 층위가 대별되

American Novel, Associated University Presses, 1985, p.31.

며, 인물 역시 '서사형상 인물, 서사역학 인물, 인물 구도'로 층위를 상정하여 논급해야 할 것으로 제안된다.[4] 물론 층위 변별은 분석상 편의를 위한 조작이므로, 종내 그 층위들간의 역학 관계 또한 논급해야 하는 것이 사실이다. 그렇지만 결과야 어찌되었든, 텍스트를 분석하는 과정에 소통 층위를 전제했는지 하지 않았는지 여부는 논의의 본질을 사뭇 다르게 결정하는 요인이 될 것이다.[5]

서사적 인물의 기호 함수

서사는 의미의 실체 혹은 대상의 실체를 전제할 수 없는 현상이다.

예컨대 서사 세계를 구축하는 데 필수 요소들인 시간이나 공간에 대해 논급할 때, 실제 세계의 시간이나 공간과는 별도로 서사 시간과 서사 공간을 상정하는데, 이는 서사 세계가 실제 세계와 지시 관계에 있지 않다는 점을 의식한 소산이다. 서사 세계는 일단 실제 세계를 기의 삼아 창출된 기표인데, 그 자의성을 염두에 두고서 함수 관계를 따져야 할 기호 체계이다. 실제 세계가 어떤 식으로든 투영되어 있는 서사 세계는 결국 기술됨으로써만 드러날 수 있기 때문에, 서사 세계

---

4) 이 한정어를 그대로 번역하여 '서술된/서술하는'이라고 역어를 붙이면 내용상 혼란의 여지가 생긴다. 특히 '인물'이란 술어에 붙였을 때 혼란이 가중될 여지가 많다. 이를테면 '서술하는 인물'은 기실 서술상황과 관련된 논점을 바탕으로 서술자와 인물 간의 역학 관계를 따지는 데 소용되는 개념 층위라 할 수 있는데, 이 말 그대로라면 인물이 서술하는 역할을 담당한다는 식으로 오해될 여지가 있다. 그래서 개념과 용례에 배인 의미를 충실히 해석하여 '서사형상/서사역학'이라 쓰면 비교적 타당하고 적확할 것이다. 이 글에서 '서사형상 인물'은 서사에 투영된 인물 형상의 제 국면과 함수를 따지는 데 소용되는 술어로, '서사역학 인물'은 서사적 기제로서의 인물을 가리키는 것으로 서술자와 이루는 서술상황의 역학을 따지는 데 소용되는 술어로 전제된다. 설사 '서술하는 인물'로 쓴다손치더라도 '인물이 서술한다'는 식으로 서술어의 실제 뜻을 개입시켜 이해할 말이 아님을 염두에 두어야 한다.

5) 이는 실재론일 것인지 현상학적 해석학일 것인지 여부와 직결되어, 결국은 소설의 미학적 본질을 묻는 데 관여되어 있다.

와 기술체 사이에 다시금 기호적 함수 관계가 형성된다. 결과적으로 '기표의 기표'에 내포된 기의를 밝히는 것이 서사의 의미를 해석하는 작업인 셈이다. 그 중층적인 작업의 편의를 위해서 분석의 층위를 나눌 것이 요구된다. 이를테면 서사 시간이나 서사 공간에 대해 논급하기 위해, 서사형상 시간/서사역학 시간, 서사형상 공간/서사역학 공간으로 층위를 대별하여 논급하는 것은, 서사의 기호 함수를 풀기 위해서다. '인물'이라고 해서 다를 것은 없다.

그런데 흔히 인물론을 펼칠 때면, 서사적 인물을 실제 인물의 모방 양태로 전제하여 그 실체를 혼동하기 쉽다. 그래서 시간이나 공간 문제와는 달리, 인물론은 층위를 변별하여 전제하기 쉽지 않은 것이 사실이다. 그렇지만 실제 세계의 인물과 맺어진 정합성을 전제하고 그 지시적 의미를 추론하는 입론은 기실 의미론이라기보다 실증론에 가깝다. 그리고 그런 식의 인물 분석 모델을 따를 경우 실제 세계의 인물 형상을 재구하여 제시할 여지가 생기는데, 지시 관계를 실증하는 데는 의외의 난점이 따른다.

통상 소설에 등장하는 인물을 가리키는 개념인 '캐릭터(character)'가 이런 개별적인 실제 인물의 실감을 전제로 제시되는데, 그런 캐릭터 개념에 해당되는 인물은 개별적인 실제 형상을 전제로 그려지는 만큼 지시적 의미를 실증할 수는 있다. 그렇지만 인물 형상을 기술하는 과정에서 실제 대상과의 지시 관계가 고스란히 유지되는 것만이 훌륭한 캐릭터의 창출로 귀결되는 것은 아니다. 가령 아리스토텔레스가 소포클레스의 비극을 논급하면서 캐릭터보다 플롯을 본질적인 것으로 간주한 것은, 인물이 개별적인 실제 인간상들을 아우를 수 있는 이상적인 실재상을 지시할 때에 의미심장한 효과를 낳게 된다는 점을 시사한다.[6] 이를테면 전범(典範)으로 인정할 만한 인간상을 모방하여 설정되어 플롯에서 제 역할을 할 때라야 인물은 극적 효과를 창

6) Aristotle, Gerald F. Else(trans.), *Poetics*, Michigan UP., 1983, p.43 참조.

출하는 도정에 동참할 수 있는 것이다. 물론 이 경우 인물은 개인적 자질(personality)을 띤다기보다, 행위에서 추론된 구조적·추상적 속성을 띠는 것으로 전제된다. 따라서 인물은 행위의 모방이요, 사건의 구조화 요소인 플롯에 종속되는 요소라고 설명되는 것이다.[7)] 결국 플롯이 지시하는 행위의 국면들을 분석하는 과정에서 인물의 형상이 드러나게끔 되는 것이다. 이때 그 양상은 실체적 아이덴티티가 전제된 것으로 파악되게 마련이다.

그러나 의미론 차원, 서사론 차원에서 인물에 대해 논급할 때에는 그런 식의 단자적 인물에 대한 개념을 전제로만 논의하는 것이 무의미하다. 인물을 의미의 국면, 의사 소통의 국면에 놓는 일은 실체화된 형상으로 전제하지 않고, 의미 맥락과 화행 상황에 따라 다른 형상이 창출되는 '구성 개념(constitutive notion)'으로 상정하는 데에 수렴된다. 인물은 아이덴티티를 함의한 '자아' 개념으로서가 아니라, 상호 주관적 활동 속에서 스스로를 갱신하고 새로운 의미 국면을 창출해 가는 존재로서 이해된다. 요컨대 서사적 인물은, 현존재(Dasein)가 '세계-내-존재(In-der-Welt-Sein)'로서 세계를 해석하고 기획하는 것과 동궤로, '서사-내-존재'로서 서사 세계를 창출하는 '상호 주체(Intersubjeckt)'이다. 따라서 서사적 인물은 실제적인 인물상을 구현한 '캐릭터'나 실재적이고 추상적인 형상을 띠는 '행위항' 등에 상응한 것으로 전제될 것이 아니라, 서사 세계에서 '비유적으로' 창출된 인물, 그래서 '서사형상 인물(Figur)'에 상응한 것으로 전제되어야 타당하다.

이런 맥락에서 서사적 인물은 반드시 사람일 필요가 없다. 인간적 실체 아닌, 인간적 기능(menschenähnlicher Funktion)을 하는 동물이나 사물이 다 서사적 인물로 인정된다. 심지어 우화적·전설적 존재(Fabelwesen)도 실체는 없지만 서사적 인물 기능을 담당할 수 있다.[8)]

---

7) "플롯 없는 극은 있을 수 없지만, 캐릭터 없는 극은 있을 수 있다."는 언명을 음미해 봄 직하다(아리스토텔레스, 위의 책, 27쪽).

서사적 인물은 서사 세계에서 배역을 맡은 '등장 인물'인 셈이다. 서사적 인물이 서사에서 기능을 담당한 인물 형상이라는 얘기는 이렇듯 단적인 말도 되지만, 요컨대 프롭(V. Propp)이 논급한 설화 구조와 관련된 말이다. 바로 설화의 구조를 인물, 혹은 행위의 기능 단위로 분석한 것 말인데,[9] 그의 입론 자체가 서사체의 인물을 실체로 전제해서 안 된다는 점을 시사한 것이라 할 수 있는 것이다. 물론 프롭의 입론은 설화의 인물 기능을 구조화하고 이를 토대로 유형론을 펼침으로써 결과적으로는 모종의 또다른 실재론으로 환원되기는 하지만, 적어도 서사적 인물을 분석하는 데 요구되는 전제가 무엇인지는 적시한 것으로 고평될 만하다.[10]

어쨌든 서사적 인물에 대한 논급은 서사 속에서 창출되는 인물의 형상이 테마다. 그 형상이 산출되기까지 실제 세계의 인물과 허구 세계의 인물 사이에 맺어지는 함수 관계 여하에 따라, 실체를 모방한 실재적 인물 형상이 있을 수 있고, 반대로 실체를 부정한 채 지시 관계를 무화시킨 해체적 인물 형상이 있을 수 있다. 이런 양극단 사이에서 다양한 양상의 인물 형상이 드러날 것은 말할 나위 없다. 그에 따라 유형론을 펼칠 수도 있겠지만, 논점은 어떤 경우에도 서사적 인물의 실체를 밝히는 데 있지 않고 그 형상이 창출되는 과정, 즉 인물

---

8) 카르만, 앞의 책, 142쪽.

9) 저 유명한 『설화(민담) 형태론』에서 펼친 논의.

10) 그렇다지만, 프롭이 인물을 실체로서 분석하지 않고 기능 단위를 통해 구조화한 것은, 플롯에 인물이 종속된 요소라는 아리스토텔레스의 입론을 강화한 것에 지나지 않는다는 사실만큼은 남아 비판의 여지가 있다. 이야기의 구조를 밝힌다는 것 자체가, 사건의 구조화라는 플롯 개념을 보족하는 데 소용될 것이다. 프롭의 입론 역시 본질적으로 인물을 구조화하여 그 의미를 고정된 양태로 전제하였다는 혐의에서 자유롭지 않다. 다만, 인물의 실재 형상을 전제하기보다는 플롯을 구축하는 과정에서 추론 가능한 것이라는 점을 적시한 점만큼은, 서사체에서 '인물' 개념을 어떤 논의 맥락에 위치지워야하는지 시사한 바 크다.

의 형상화 양태를 추론하는 데 있다는 사실을 염두에 두어야 한다. 여기에다 인물의 의식 또한 전적으로 서사 세계 내에서 제약된 한에서 논급할 여지가 생긴다는 점을 기억해야 한다. 결국 인물 형상이란 의식의 양상과 불가분이라는 점을 염두에 두어야 하는 것이다. 그 의식 또한 실제 세계의 실체적 자아가 품는 의식을 먼저 상정해서는 안 되고, 순연히 서사 세계 내 존재로서 전제된 인물의 의식을 추론하는 식으로 논점을 한정해야 한다. 그 점이 전제되어야 인물 의식의 함수 관계를 이어 논급할 여지가 생긴다.

서사적 인물의 기호적 함수를 논급할 때 제일 논점으로 부각될 것이 아무래도 '자아' 문제이고 그 '정체성(identity)' 문제다. 인간은 삶의 주체로서 전제될 때 늘 자아의 정체성 문제에 직면하게 마련이다. 그 문제에, 서사 세계에서 행위하는 인물들도 직면할 것은 말할 나위 없다. 따라서 두 세계 간의 간극 여하에 따라 정체성의 상관 정도를 가늠하는 것이 우선 논점으로 부각됨 직하다. 인물의 아이덴티티를 논급하는 것이, 저간에 인물론의 주요 논점 가운데 하나였다는 점이 새삼스럽지는 않을 것이다. 다만 아이덴티티 개념 자체가 인물상의 실체를 부각시키는 요소라는 점을 의식하지 않고서는 인물 문제에 본질적으로 다가설 수 없다는 데 유의해야 한다.

요컨대 '자아'라는 개념, '아이덴티티'라는 개념 자체가 선험적(*a priori*) 존재의 실체를 지시하고 있다. 변화무상한 삶 속에서 개개 존재의 면모들은 '실재적'인 자아 형상을 향해 지양되어야 할 현실태에 불과하므로, 개인은 불변의 선험적 존재 형상에 다가서기 위해 끊임없이 성찰해야 한다는 생각이 '자아'를 앞세운 사유의 거점이다. 이때 개인이 지향해야 할 그 실재적 자아 형상은 차라리 이념적인 것에 가깝다. 자아와 아이덴티티에 초점을 둔 생각 자체가 실재론의 소산인 것이다. 서사적 인물 형상 가운데도 그런 맥락으로 실재적 형상을 의도한 경우가 있을 것이다. 그 경우라면 서사체에 투영된 인물 형상이 예의 실제 세계의 인물과 지시 관계에 있게 마련이다. 유연적(有緣的)인 기호 관계라도 맺어지듯이, 두 세계의 인물 형상 사이에 정합성이 두드러질 것이고, 어느 경우든 자아의 실체를 전제한 경우가 될 것이다. 이때 서사적 인물 분석의 지점은 분명하다. 실제 인물과의 지시 관계 양상을 따지고서, 궁극적인 실재를 추론하는 작업이 이어지면 되는 것이다. 그렇게 인물 분석에 임할 대상 텍스트가 많다. '행위의 모방'인 플롯을 부지불식간에 전제한 소설 작품들이 많기 때문이다.

그렇지만 앞서 언급한 대로, 그런 분석은 의미 해석 작업에보다 지시적 의미를 밝히는 실증 작업에 더 가깝다. 실재 형상을 지시하는 인물의 형상을 재구하는 것이 그 분석 작업의 요체일 것이므로, 이를테면 지시적 의미를 사전에서 확인하는 작업에 유비해도 좋을 것이다. 서사적 인물의 지시적 의미를 좀더 구체적으로 '설명'하는 작업인 만큼, 이는 여러모로 실증의 영역에 처해 있다.[11] 굳이 이해의 폭을 넓혀 생각하자면, 인물 문제는 개인적 정체성 문제이며 특히 자아와 세계 사이의 이원론에 해당하는 문제인 만큼, '도덕'의 문제와 직결되거나[12] '자유와 인과율'(freedom and causality)[13] 문제에 연관될 여지가 있는 정도다. 물론 이때라도 서사 세계의 인물과 실제 세계의 인물 사이의 관계를 분석하는 작업 자체는 실증 층위에 국한된다는 점을 주지해야 한다. 이데올로기 문제는 어디까지나 실제 세계의 가치관이 전범이 될 문제이기 때문이다.

이에 반해 인물 문제를 의미론 차원에 놓을 때에는, 논의의 층위가 응당 달라져야 한다. 의미론 차원에서 논급해야 할 텍스트를 별도로

---

11) 딜타이(W. Dilthey)가 자연 과학에 대해 정신 과학(Geisteswissenschaft)을 제안하면서, 그 방법론상 차이를 전제하여 실증적 자연 과학의 방법으로 '설명'을 해석적 정신 과학의 방법으로 '해석'을 제시한 것은 익히 잘 알려져 있다.

12) W. J. Harvey, *Character and the Novel*, Cornell UP., 1965, p.119, pp.121~122.

13) 위의 책, 130쪽.

상정할 여지도 있다. 요컨대 서사적 인물이 실제 세계의 인간 형상을 지시하는 것으로 상정될 수 없는 경우에, 그 기표의 기의를 내포적인 양태로 이해해야 할 것이다. 이를테면 비유적이거나 상징적인 인물 형상이 드러날 경우나, 실제 형상을 전도시키거나 해체시킨 인물 형상이 드러날 경우, 혹은 구체적인 인물 형상 없이 아예 인물의 역할만 기술된 경우 등에서는, 서사적 인물의 지시적 의미를 가늠할 여지조차 없을 것이다. 이때면 서사적 인물이 표상한 바를 추론하는 데 논의의 초점이 맞춰질 텐데, 표상의 실체가 전제되지 않았을 터라, 결국 서사체 내에서 구성된 표상적 의미를 '해석'하는 작업이 요구되는 셈이다. 그 의미는 기표와 기의 사이에 지시적이거나 인과적인 관계가 성립되어 생겨나는 것이 아닌 만큼, 해석 과정이 단선적일 수 없다.

이렇듯 의미 해석의 견지에서 보아, 지시체로서 인물 형상에서 시간성이 드러난다면 비지시적인 인물 형상에서는 공간성이 드러난다고 추론할 수 있다. 기실 자아의 아이덴티티가 순차적이고 인과적인 독서 과정을 통해 이해될 것이라면, 아이덴티티를 전제하지 않은 인물의 형상은 서사 전반을 총체적으로 '지각'함으로써 이해될 성질의 것이다.[14] 인과율은 사람을 속박하는 시간 관념과, 자유 의지는 인간에게 자유로운 해방감을 열어주는 공간 관념과 각기 알레고리 관계에 있음을 떠올려도 좋을 것이다. '자아'는 존재에게 줄곧 실체의 굴레를 씌우는 관념이므로, 그 굴레를 벗을 수 있도록 돕는 자유로운 담론의 장을 제공하는 서사 세계야말로 존재에게 '공간' 그 자체인 셈이다. '아이덴티티'라는 말 자체가 분리되고 고립되었으며 유일한 존재라는 개념을 함의하고 있는 것으로 미루어 보아도,[15] 추상적인 시간 관념에 연결된 것임을 알 수 있다. 대신에 관계 개념이고 구성 개념인 공간 요소에 어울리는 인물 형상은, 실체에 구애되지 않고 서사체의 담

14) 위의 책, 112쪽.
15) 위의 책, 119쪽.

론 전개에 따라 구성되는 서사 내 존재로서 인물 형상이다. 서사적 인물, 특히 서사형상 인물 층위는 이런 맥락에서 논점이 전제되어야 할 것이다.

서사적 인물 구성의 기제

과연 고립된 실체로서 인물을 설명할 것인지, 서사 세계에서 상호 주관적 활동을 통해 구상화되는 구성체로서 인물을 설명할 것인지 따지는 데서부터 인물 논의를 시작해야 한다. 물론 서사의 구체적인 문면을 놓고서 논급해야 옳다. 서사 세계는 서사 세계로서 우선 전제해야 하는 만치, 서사적 인물을 기본적으로 '서사적' 인물로서 전제해야 한다는 점은 자명하다. 기실 서사적 인물이 실제 세계의 인물을 재현하는 경우라 하더라도, 그 모형인 인물조차도 삶의 세계 속에서 타아와 상호 작용하는 가운데서만 존재를 확인할 수 있을 것이므로, 서사적 인물은 근본적으로 상호 주관적 존재로 전제될 수밖에 없다. 이런 맥락에서 볼 때, 서사 세계에서 활동하는 인물을 인물 요소로서만 고립된 실체로 이해되어서도 안 된다. 서사 세계를 구축하고 이를 기술하는 데 작용하는 제 주체들의 기제 아래 이해되어야 한다. 요컨대 내포작가나 서술자, 독자와의 관계 양상이 인물 논의의 주요 국면에 자리잡고 있다.

카르만 등이 서사적 인물의 층위 가운데 하나로 상정한 '서사역학 인물' 논의는 따져보면 서술상황 논의와 궤를 같이한다.[16] 심지어 '서사형상 인물' 층위도 '서술자 발화'와 '인물 발화'를 통해 구축되는 것으로 설명되어 있다.[17] 그만큼 서사적 인물은 서사 세계를 구성하는 주역들 간의 역학 작용을 통해 형상화되는 것이라는 점에 주목하게

16) 카르만, 위의 책, 146쪽 참조.
17) 위의 책, 같은 쪽.

된다. 그들의 논점이 서사적 소통 모델에 입각한 것이니 그럴 수밖에 없겠지만, 확실히 '인물'은 그 자체만 고립된 실체로 전제하고서 논급할 수 있는 논항이 아님을 일깨운다. 시간이나 공간 논점도 그러하지만, 그것들에 비해 인물 논점은 서술상황 논의에 더욱 본질적으로 관여되어 있다. 결국 인물론의 핵심 테마는 서술상황의 역학 하에서 인물과 서술자의 관계를 여러모로 따지되, 인물을 주제로 삼으면 되는 것이다. 특히 외적 투시와 내적 조망의 작용에 의해 달라질 인물 형상의 차이에 대해 논급하는 과정에서 인물과 서사 공간의 역학에 대한 분석이 인물론 층위로 수렴될 것이다. 인물의 실체를 논의하는 것이 시간 논점에 관련되는 데 비해, 서사 진행 과정에서 구성되는 인물의 형상을 논의하는 것이 공간 논점에 관련된다는 점을 의식해도 좋을 것이다.

서사적 인물은 그 자체로서 존립할 수 없다. 서술자의 기술(記述)과 독자의 해석에 의존해서만 성립되는 구성체이다. 그야말로 '서사 내 존재'로서 현존재의 속성을 안고 있는 셈이다. 인간 존재를 보는 시각의 국면들이 여럿 있겠지만, 요컨대 아이덴티티를 전제하느냐 아니면 구성적 개념으로 전제하느냐 하는 문제는 존재론과 현상학의 국면에 관여된다.[18] 소설을 서사체로 본다는 것, 서사적 소통 모델에 입각해서 소설을 이해한다는 것이, 기본적으로 현상학적 전제와 관련된다는 점을 맨 처음 지적했던 것은, 삶의 세계(Lebenswelt)에 문제를 던지고 세계를 해석하여 끊임없이 세계 기획(Entwurf)을 도모하는 현존재의 형상으로 '서사적 인물'을 전제하고자 의도한 것이다. 서사 내 존재로

18) '세계 내 존재'로서 인간 현존재의 속성을 적시했던 하이데거는 세계 내 존재 자체가 선험적인 필연성 개념이 아니라는 점을 명시하고 있다.(Martin Heidegger, *Sein und Zeit*, Max Niemeyer Verlag, 1972, S.53). 또한 세계 내 존재는 곧 '함께하는 존재Mitsein'(위의 책, 114쪽)라고 하여, 고립된 실체로서 존재를 규정하는 데카르트적 존재론을 여러모로 부정하고 있다. 데카르트적 존재론에 대한 비판은 위의 책 89~101쪽에 구체적으로 제시되어 있다.

서 서사적 제 주체와 더불어 그 세계를 기획하는 '서사적 현존재로서 인물'을 테마 삼고자 했던 것이다. 그리할 때 서사적 인물 논의의 주제는 결국 '서사역학 인물'에 지향점이 있다고 할 수 있다. '서사역학 인물'의 양상을 논급하는 가운데 '인물 구도'나 '서사형상 인물'의 국면을 추론할 수 있다. 서사적 인물은 '서술자·인물·독자'의 역학을 전제하는 구성 개념이자, 서사 기제의 역학 구도에서 창출되는 것이기 때문이다.

이런 맥락에서 서사적 인물 논의의 지평은 서사역학 인물 논의의 구심인 서술상황 논의에 맞닿아 있다. 다만 시점이 주제일 때 서술상황 이해의 주축으로 서술자를 상정하는 데 비해, 인물을 주축으로 삼아 서술상황을 이해한다는 점에서 차이 있다. 또한 서술자가 주축일 때에는 서술상황을 문체 구성에 결부짓지만, 인물이 주축일 때에는 인물의 의식 문제에 결부지음 직하다. 인물의 의식과 관련하여서는 서술자보다 내포작가에 대해 좀더 구체적으로 논급할 것이 요구되기도 한다. 서사 세계의 진리 체계와 실제 세계의 진리 체계가 꼭 정합되는 것은 아니며, 실제 세계의 규범이 서사 세계에 꼭 적용되는 것은 아니다. 그래서 서사론에서는 실제 세계의 규범 체계에 종속될 수밖에 없을 실제작가 대신에 가상의 내포작가를 추상해서 전제한다. 요컨대 서사 세계의 규범과 가치 체계 등 이데올로기의 표상에 상응하는 내포작가 기제를 통해, 서사 세계에 참여하고 있는 인물의 의식을 이해할 단서를 얻을 수 있는 것이다.

이와 같은 맥락에서 결국 논의선상에 부각되는 것은 외적 투시에 의한 작가 서술상황과 내적 조망에 의한 인물 서술상황의 구성 역학과 그 작용 양상이다. 이는 시간성 원리로써 설명될 지시적 서술 양상과 공간성 원리로써 이해될 해석적 서술 양상의 차이를 시사한다. 그런 차이를 야기하는 내포작가의 인물 기획 구도 역시 양상의 차이를 엿보일 것이다. 이를테면, 인물 서술상황과 관련하여, '서술자의 인

물화 현상'[19]이나 '사물의 인물화 현상'[20]에 초점을 맞춰 논의를 펼쳐

---

19) 가령, 고전소설에서 흔히 작가 혹은 서술자의 논평이라고 설명해 버리는 대목들의 언술을 이런 맥락에서 면밀히 검토해 보면 의외로 흥미있는 논의를 펼 수 있다.

> 셜임강 쥭임동을 차자갈 ᄉᆡ, 여어 날마ᄂᆡ ᄒᆞᆫ 곳의 다다은니 일낙셔산ᄒᆞ고 월츌동영리라. **무심한 잘ᄂᆡ비ᄂᆞᆫ 월ᄒᆞ의 실피 울려 ᄀᆡᆨ회을 자라나고…(중략)…수양산 바ᄅᆡ 보니 치미쳐가 소죠ᄒᆞ다.** <u>무수한 경산경을 엇지 다 그록할리요.</u> 망망ᄒᆞᆫ 강가의 갈 ᄇᆡᆨ을 졍치 못ᄒᆞ야 셔양의 ᄇᆡᆨ회ᄒᆞ던이,

이는 『숙영낭자전』(유탁일 소장 필사본)의 한 대목인데, 숙영낭자가 재생해 있는 설임강 죽림동에 백선군이 찾아가는 길목에서, 그 풍경을 감상하고 여기서 느끼는 객창감을 쓴 것이다. 이때 일단 그 지각의 주체는 선군이며 서술의 주체는 서술자이다. 특히 고딕체 부분은 선군이 풍경을 보고서 느낀 심회를 기술해 놓은 부분이라고 할 수 있다. 그런데 이 부분은 고사와 고문이 많이 인용되어 있어서 서술자의 인식이 상당히 개입해 있다고 해도 좋을 것이다. 물론 과거에서 장원급제한 선군의 학식을 고려해 보아 이 고딕체 부분을 그 스스로 인식하고 술회한 것이라고 해도 되겠지만, 이 소설의 전반적인 서술상황을 고려할 때, 이 부분은 서술자의 인식이고 기술이라고 하는 것이 더 나을 듯하다. 특히 밑줄친 부분은 분명 서술자의 논평으로서 전적으로 서술자의 의식과 언표로 구성된 것인데, 이를 근거로 앞 부분을 다시 보면, 그것을 서술자가 전적으로 인식하고 쓴 부분이라고까지 생각할 수 있다. 이때면 서술자는 서사 세계의 밖에서 서사 세계 안에 들어온 꼴이 된다. 이를테면 서술자가 이 서사 세계에 인물화되어 등장한 셈이다. 이런 맥락에서 바로 뒤에 이어진 서술이 다음과 같다.

> 호연 한 동자 일엽편쥬의 등불을 도도 달고 지ᄂᆡ 가거늘, 할임이 급피 불너 왈, "강상의 <u>져 동자야</u> 셜임강 죽임동을 인도ᄒᆞ라." ᄒᆞ니,

여기에서도 선군의 말을 직접 인용한 부분에 서술자의 인식과 발화가 개입해 있다. 선군이 직접 한 말이라면 밑줄 친 부분은 "여보게 동자" 정도였을 것이다. 그런데도 여기에 '저'라는 지시어가 개입하였기 때문에 결코 선군의 인식이라고 할 수 없다. 이는 분명 선군 말고 다른 인물의 인식을 전제로 한 발화일 텐데, 그 인물이란 맥락상 서술자일 수밖에 없다. 서술자는 단순히 서사 세계의 밖에서 수동적으로 서술하는 데 그치지 않고, 이 세계에 직접 뛰어 들어 자기 스스로 인식한 바를 서술하기까지 하면서, 때로 인물들의 발화까지 통제하게 된 것이다. 다음 경우 역시 서술자의 인물화를 극명하게 보여준다.

봄 직하다. 특히 서술자의 신빙성 문제와 관련하여 서술자와 인물의 역할 간에 잠재된 장력(張力)을 추론해 봄 직하다.[21] 이점 서술상황과 관련된 논점이니, 서사 공간 국면에 논의를 결부시켜 볼 만도 할 것이다.

춘향이 ᄃᆡ셩 통곡 왈,…(중략)…. 그말 ᄭᅳᆺᄐᆡ 기절ᄒᆞ니, 일월리 무광ᄒᆞ고 산쳔쵸목이 다 함누ᄒᆞ난 덧ᄒᆞ더라.

기존에 서술자의 편집자적 논평이라고 설명한 부분들은 대개 따지고 보면, 이런 식으로 서술자가 인물화되어 서술한 양태일 것이다. '편집자적 논평'이란 말 자체가 피상적이거니와, 이것이 기존의 인칭 분류론 수준의 시점 논의에 머무른 개념이라면, '서술자의 인물화'란 말은 서술자와 인물의 지각과 발화 문제를 논점으로 삼는 '서술상황 논의'에 걸맞은 개념이다. 인식(혹은 지각)과 발화의 주체를 따져서, 이 분석의 맥락에서 시점의 양상을 논의할 때, '편집자적 논평'이란 말을 '서술자의 인물화'로 바꿔 부르는 편이 타당하다.

이런 양상이 비단 고전 소설 문제에 국한되는 것은 아니다. 대개 고전 소설의 서술상황에 대한 분석이 미시적으로 이루어지지 않은 가운데 피상적으로 규정하곤 하는 문제에 비판적 입론을 이렇듯 제기해 보려는 것인데, 서술자의 인물화 양상은 서술자와 인물의 역학 관계를 좀더 세밀하게 고려하여야 한다는 점을 단적으로 시사하는 예인 셈이다. 이외에도 일인칭 소설로 분류되는 근·현대 소설이나 이른바 심리 소설 계열에 분류되는 소설에서 문제시되는 일인칭 서술상황의 경우, 서술자와 인물의 역학을 미시적으로 분석할 여지가 다분하다. 가령, 김유정의 「동백꽃」이나 이상의 「날개」의 서술상황을 논급할 경우, 단순히 일인칭 서술상황으로 전제하지 않고 담론의 디테일을 분석하여 지각 주체와 서술 주체의 관계 양상을 얘기한다면 이는 고스란히 서술자와 인물의 역학을 문제삼는 '서사역학 인물' 논점에 수렴될 만하다.

20) 배경 기술 대목 등에서 엿보이는 비유적 이미지들을 해석할 때 제기될 만한 논점이다. 가령 배경의 디테일이 분량상으로나 밀도 면에서 돋보이는 최명희의 『혼불』에서, 자연 배경인 노적봉의 형상이 비유적 이미지로써 활물이 되다 못해 종내 인물 형상으로 극화된 경우 등을 엿보자면, 배경 기술이라 해서 단순히 서술자의 일방적인 묘사에 의한 것은 아니라는 점을 깨닫게 되며, 나아가 서사적 인물의 논점이 실체적 인물에 지향해서 안 될 것이라는 사실을 시사받게 된다.

21) 앞서 주석에서 언급했던 일인칭 서술상황과 직결된 논점이다.

이처럼 서사적 인물 논점은 실재론과 구성론 사이의 간극을 본질적으로 전제한다. 단순히 인물의 실체적 형상을 재구하거나 그 의식의 국면들을 추론함으로써 자아의 아이덴티티 문제를 비추어 보는 데서 그칠 문제가 아닌 것이다. 서사적 인물 논점은 본질적으로 서사적 제 주체 간의 역학 구도를 해석하는 데 지향해야 타당하다. 그것이 '서사적 인물론'이란 이름을 붙일 법한 논항일 것이고, 이는 결국 서사 공간의 역학에 직결된 논항일 것이다.

문체의 구성과 소통 역학

문학은 특수한 기제를 통해 언어를 운용함으로써 예술적 효과를 낳는다고 알려져 있다. 익숙한 '일상어'를 '낯설게' 변용하여 문학 특유의 미감을 창출한다는 것이다. 그렇다면 일상어와 대별되는 '문학어' 특유의 미적 기제를 추적함으로써, 문학 작품에 내재한 미학적 본질을 추론할 수 있음 직하다. 그렇지만 일상어와 문학어의 경계를 확정할 만한 자명한 자질을 금세 찾을 수 있을지는 의문이다.

특히 소설은 언어의 운용 양상에서 일상어의 경우와 별반 다르지 않은 산문 양식인 까닭에, 소설어에서 유발되는 미감의 본질을 추적하기 어려운 것이 사실이다. 물론 문학 작품에 구사된 언어는 '운치'[1] 있는 표현을 통해 일상어에 비해 격조 높은 성향을 띤다는 데 주목하여, 산문 양태라도 특유하게 운용하는 양식에 상응하는 '문체'를 단서로 소설의 미적 특질에 접근할 수 있을 것이다. 그렇지만 삶의 다양한 국면을 이야기로 재구성하는 창작의 원리를 염두에 두면, 언어의 격을 기준으로 소설어의 문체적 특질을 논급할 수 있는 경우는 극히

---

1) 유진 니다, 송태효 역, 『언어간 의사소통의 사회언어학』, 고려대출판부, 2002, 47쪽.

제한될 수밖에 없음을 의식하게 된다.

가령 언어의 격을 단서로 보자면, 소설에 많이 채용되는 비속어나 방언 요소는 언어 규범에서 일탈하여 문학적 품격을 떨어뜨리는 요소로 간주될 수밖에 없다. 더러 이야기의 실감과 개연성을 드높이거나 배경의 토속적 정감을 드러내는가 하면, 인물의 성격이나 생활 환경을 시사하는 장치로 이해될지언정, 품격 있는 언어의 총화인 문학어의 방외로 여겨진다. 말하자면 격이 떨어지는 언어 표현은, 고도로 운치 있는 표현을 지향하는 문학어에서 일탈하여 부수적인 효과를 자아낸다고 논급하는 선에서 그 의의를 타진할 수 있을 뿐이다. 따라서 비속어나 방언은 그 자체가 언어 연구의 변방으로 취급되는 것과 유사하게, 문체 논의에서도 주변적인 대상으로 취급될 수밖에 없을 것이다.

그렇지만 언어에 대한 관심의 축을 규범(langue)에서 수행(parole)으로 옮긴다면 문체에 접근하는 방법론의 본질이 달라진다. 실제로 숱한 소설에서 비규범적인 언어 표현이 활용되고 있다는 사실을 감안하면, 서사 문체에 대한 논의의 구심을 언어 규범의 구조를 재구하는 데 둘 경우, 언어 수행의 한 양태인 소설 텍스트의 상당수를 규범에서 일탈한 것으로 간주할 수밖에 없는 난항에 봉착할 수도 있다. 그러나 의사소통의 역동적 과정에서 구심인 언어 수행의 효과와 영향에 문체 자질의 수렴항을 둠으로써, 특히 일상어의 채용이 활발한 산문 서사의 문체를 온전히 이해할 단서를 얻을 수 있을 것이다. 언어의 구조 층위에서 담화의 화행 상황과 소통의 전략으로 문체 논의의 거점을 옮길 필요가 있는 셈이다.

이런 맥락에서, 서사적 담화의 수행에서 파생되는 문체 효과와 독자의 반응 사이에서 구성되는 소통의 역학에 주목하여 문체론의 단서를 논급한 '영향 문체론(affective stylistics)'은 시사적이다.

담화 수행과 문체 효과

문체는 효과적인 언어 수행(linguistic performance)을 위해 규범적인 언어를 상황과 맥락에 맞게 변용하는 수사적 전략을 총체적으로 가늠하는 기제다. 따라서 문체는 단순히 언어의 형식 면에 관련된 문제가 아니며, 인상이나 정서적 효과에 따라 분류할 대상도 아니다. 가령 소설의 문체를 논급할 때, 한 작품이나 작가의 문체를 '우유체, 강건체, 간결체, 만연체' 등으로 분류하지 않고, 소설 고유의 서사 문법에 주목하거나 의사소통 전략에 주목하는 관점은 타당하다. 물론 그렇게 추론한 문체의 양상을 또다른 차원의 '규준(norm)'으로 환원하지 않을 때라야 타당함이 유지될 것이다.

문체는 고정된 '하나의 논리'가 아니라, 발화의 조건에 따라 구성되는 '상황적 논리들'에서 비롯되는 담화들(discourses)의 양태이며, 이에 대해 실체가 어떠하다는 식으로 얘기할 수는 없다. 파울러(R. Fowler)가 명증하듯이, 문학적 텍스트가 독립적 대상이거나 객관적 대상, 혹은 물자체(thing-in-itself)가 아니라는 생각은 문학적 담화를 논급할 때 중요한 전제이다. 관건은 문학의 '언어'가 아니라, 문학의 '언어들'인 것이다.[2] 특히 전언(message)의 전달보다는 감화나 설득과 같은 화행적 소통이 관건인 서사적 담화에서 얘기될 문체라면, 아무리 개성을 창출하는 고유의 문법이라도 서사 문체의 본색과는 거리 있다. 게다가, 서사 문체는 이야기를 조직하여 독자에게 전달함으로써 소기의 효과를 거두기 위한 소통의 방편인 만큼, 독자의 이해를 전제한 화행 상황에서 문체적 효과가 생성될 것이다. 문체는 상황 의존적인 언어 수행과 반응을 일으키는 효과와 언어 활용의 변이 양태[3]를 추론함으

2) Roger Fowler, *Literature as Social Discourse*, Batsford Academic and Education Ltd., 1981, pp.186~187 참조.

3) Geoffrey Leech, 'Stylistics', Teun A. Van Dijk(ed.), *Discourse and Literature*, John Benjamins Publishing Company, 1985, p.39 참조.

로써 이해할 수 있는 역학적 기제인 것이다.

이와 관련하여 스탠리 피쉬(Stanley Fish)의 '영향 문체론(affective stylistics)'은 중요한 단서를 제공한다.

피쉬의 관심은 정체되고 구조화된 텍스트의 의미를 추출하는 데 있지 않고, 독서 과정에서 구성되고 창출되는 의미를 추론하는 데 있다. 그래서 그는 '구조주의적 설교술(structuralist homiletics)'을 거부하고 의미 충만한(meaning-full) 텍스트 개념에 문제를 제기한다.[4] 그리고 이러한 문제 의식에서 '영향 문체론'을 안출한다. 그는 신비평 관점에서 제기된 언어학적 문체론을 비판하면서 기존의 인상주의 문체론의 의의를 돌이키고자 도모한다. 기존에 '영향(감정)의 오류(affective fallacy)'라고 하여 논리적으로 오류로 치부된 인상주의 문체론의 기본 전제를 '독자 반응'을 단서로 재구성하여, 구조주의적 논의의 오류를 극복하려 한 것이다. '영향의 오류라는 오류(affective fallacy fallacy)'[5]를 문제삼은 셈이다. 의미의 실체를 전제한 구조주의적 문체론에서는 본질적으로 '문체 효과'의 의의에 무관심한데, 문체가 독자의 기대 지평과 해석에 미치는 '영향' 요소를 제하고 논하는 그러한 방법을 취할 경우, 사소하지만 매우 중요한 논항을 삭제해버리는 꼴이 된다는 얘기다.[6]

피쉬에 의하면, 텍스트의 객관성은 환상이다. 자족성과 완전성에 대한 환상이 텍스트를 객관적인 것으로 전제하게 하는데 의미의 해석에 관여된 서사적 소통의 기제를 염두에 두고 보면 여러모로 난항이 생긴다.[7] 문장에서 담화에 이르기까지 어떠한 텍스트도 그 자체로서 완결된 실체일 수 없다. 문장은 문장을 구성하는 요소들이 왼쪽에서 오

4) 파울러가 피쉬의 문체론을 고평한 것도 이런 맥락에 동의한 데서 비롯된다. 파울러, 앞의 책, 187쪽 참조.

5) Stanley Fish, *Is There a Text in This Class?; The Authority of Interpretive Community*, Harvard UP., 1980, p.42.

6) 위의 책, 181~182쪽 참조.

7) 위의 책, 43쪽.

른쪽으로 배열된 순차 구조 이상의 것으로 파악되어야 한다. 첫 번째 문장의 의미에 두 번째 문장의 의미가 덧붙고 다시 세 번째 문장의 의미가 덧붙어서 산출된 결과물로 이해되어서는 안 된다.[8] 촘스키(N. Chomsky) 식대로 말하자면, 이해란 정보의 순차 공정(linear processing) 이상의 것이다. 말하자면 문장의 연쇄는 그 자체 이외에, 혹은 그 지시틀 외부에 무엇인가 중요한 요소가 있어서 독자가 연쇄된 문장을 체험하는 과정을 조율하고 있음에 틀림없는 것이다.[9]

그러기에 문체 분석의 방법론은 일단 구조 문법에서 변형 문법으로 전환되어야 한다. 문장의 표층적 구조만 분석할 것이 아니라, 그 심층 구조를 지각하는 양상(deep sturucture perception)을 분석해야 하는 것이다. 나아가 변형 문법이 포괄하는 것 이상을 거론해야 한다고 피쉬는 지적한다. 바로 독자의 '반응'을 논점 삼아야 한다는 것이다.

이런 맥락에서 피쉬는 문체론적 사실은 '반응의 사실'이라고 논급한다.[10] 문학적 문체론에서 탁월한 업적을 남긴 리파테르(M. Riffaterre)가 내세우는 주요 개념이 '강조(emphasis)'인 점을 감안해도, 문체 문제는 언어적 구조 문제에 국한될 것이 아니라 반응 문제로 옮겨져야 한다. 그 반응은 작가와 독자의 체험 문제와도 결부된 것이므로 문체론은 '영향 문체론'으로 수렴되어야 하는 것이다.

이렇듯 관심의 초점을 구조에서 역학으로 옮겨 문체론을 전개하기 위해서는 단순히 의사소통 구조를 분석하는 데에 국한되어서는 안 된다. 의미의 실체를 부정하고 텍스트를 구성적 개념으로 전제하는 방법론을 본질적으로 모색하여야 할 것이다. 피쉬는 이런 맥락을 의식하였던지 화행론(speech act theory)에 주목한다. 의미의 실체나 실재성이 근거 없는 것으로 전제되는 화행론 맥락에서 보건대, 발화 자체의

8) 위의 책, 46쪽 참조.
9) 위의 책, 같은 쪽.
10) 위의 책, 65쪽.

의미(meaning)를 분석하는 것은 일종의 토톨로지에 불과하다. 발화는 정체적인 의미 구조를 표출하는 것이 아니라, 모종의 효과를 발휘하려는 '행위'다. 문체는 그러한 발화의 효과를 산출하는 가장 중요한 기제이다.

마찬가지 맥락에서 문학어(literary language)와 일상어(ordinary language) 사이의 변별성도 형식적 구조의 차이나 인상에서 비롯되지 않고, 작가의 표현과 독자의 이해 사이에 형성되는 문체 효과와 반응에서 비롯된다. 따라서 문체론의 관건은 발화의 맥락과 이해의 코드(약호code)에 관련된 요건을 분석하는 데 있다. 구체적인 서사 담화의 문체 효과 또한 수사적 전략과 이해의 장력을 조율하는 독자의 반응을 변항으로 하여 파생되는 것이다.

가령 소설에 구사된 방언의 문체적 특질을 단순한 일탈 양상으로 이해할 수만은 없으며, 서사적 담화와 소통에 관련된 수사적 전략과 이해의 역학에서 다각으로 발휘되는 문체 효과를 구심으로 이해해야 한다.

인물의 사회적 조건과 언어 선택

소설에는 규범에서 벗어난 표현은 물론이거니와 비어나 속어, 방언 등 비표준어가 광범위하게 쓰인다. 다양한 부류의 인물이 등장하는 만큼, 각 인물의 성향이나 조건에 걸맞게 다채로운 언어 양상이 드러날 수밖에 없다. 게다가 다각으로 펼쳐지는 사건 정황에 영향 받는 인물들의 언어 수행은 사회 문화적 환경이나 정치 경제적 배경에 따라 양상을 달리한다. 특히 방언에 대한 통념이나 의식이 정황에 따라 달라지는 만큼, 공용어를 기조로 하는 문학어에 방언이 채용될 때는 다각의 조건에 따른 변용 과정이 수반될 것이다.

물론 서술상황에 따라 내포작가의 의식이 영향을 미쳐 인물이 구사하는 방언의 양상이 실상과 달라질 수도 있다. 가령 문제 의식을 지닌 관념적 지식인의 경우와, 일상적 삶을 이어가는 인물의 경우, 같은 담화 조건에서 방언을 구사하는 양상이 다를 개연성이 있다. 지식인이라고 해서 표준어만을 쓰지는 않을 것이며, 특히 방언을 모어로 습득하고 나중에 표준어를 학습한 이로서 방언 구사자와 함께 담화하는 상황이라면 은연중에라도 방언을 섞어 쓰게 마련이다. 표준어에 익숙하지 않은 상대방과 의사소통을 수월하게 하기 위해서라도 방언을 구사할 가능성은 커진다. 그런데도 해당 인물의 담화에서 방언의 흔적을 찾을 수 없다면, 실제 세계의 실감을 넘어선 주제를 구현하기 위한 내포작가의 의식이 개입했을 가능성을 점치게 된다. 상대적으로 인물의 의식과 행위가 서술에 투영되는 인물 서술상황에서라면, 인물 스스로가 처한 제반 환경에 따라 언어 구사 양상이 달라지며 실감이 창출될 것이다.

따라서 소설의 인물 층위에서 방언이 구현되는 양상을 이해하기 위해서는 서술상황에 관여된 서사적 기제의 역학을 전제해야 한다. 등장인물이 처한 사회 문화적, 혹은 정치 경제적 조건에 따라 방언의 양상을 분석하되, 인물 간에 변별되는 발화 양식에 주목하면서 이에 작용했을 내포작가의 의식이나 서술자의 서술태도 등에 유의해야 하는 것이다. 그 변별의 요인을 밝힐 때, 인물의 신분이나 문화적 배경, 사회적 야망 등과 함께 언어 태도나 언어에 대한 충성도(language loyalty) 등을 고려하여 사회언어학 맥락에서 논점에 접근할 수 있다. 나아가 방언 구사 양상이 인물 형상의 창출이나 인물 간의 갈등 양상에 미치는 영향이 있는지 해석함으로써, 형식에 국한되지 않고 서사의 총체적 형상에 관여된 문체 효과의 본령에 접근할 수 있을 것이다. 겉에 드러난 현상만을 실증해서는 '문체' 차원에 근사한 논의를 펼 수 없다.

가령 방언이 채용된 소설의 문체에 대해 단순한 정서적 효과를 낳거나, 토속적 정감을 불러일으키는 부수 요소로만 볼 것인지 이런 맥락에서 생각해 보아야 한다. 각 지방의 방언이 산문 형식인 소설에 적극 채용되고 있는 것이 엄연한 현상이며, 공용어와 방언이 뒤섞여 텍스트가 빚어지는 경우가 많다. 소설에 채용된 방언은 공용어[11]를 보조하여 정형의 문체를 윤색하는 방편으로 이해되거나, 이야기의 정황과 인물의 형상에 개연성을 부여하여 글의 실감을 자아내는 기법 정도로 전제되곤 한다. 토속적 정조를 조성하거나 순박하고 무지한(혹은 반대로 악하고 약삭빠른) 인물 형상을 창출하는 수단으로 이해되기도 한다. 그렇지만 방언이 특히 두드러지게 구사된 소설의 경우, 그것이 문체 특질을 드러내는 결정적 요인이라는 데 주목하여 그 구체적인 담론적 효력이 어떠한지 논급할 여지가 생긴다. 통상 문학어가 격조 높은 고급 언어의 총화를 지향한다는 사실을 고려해 보면, 이러한 현상의 이면에 모종의 사회 문화적, 혹은 정치 경제적 조건이 작용하고 있을 가능성이 엿보이는 것이다.

기실 한 작품에 드러난 언어 운용의 양상을 담론의 유형이나 서사적 문법 등으로 규준화하여 논급할 수 없는 측면이 있기에, 발화의 맥락에 관여된 기제의 역학을 고려하여 문체의 국면을 해석하는 방법론이 요구된다.[12] 요컨대 화자의 발화 상황이나 청자와 연관된 화행 상황, 언어에 대한 화자의 태도 뿐만 아니라, 사회 계층이나 성별, 연령, 조직 내 지위, 사회적 야망 등, 발화에 연루되었을 조건에 대한 해석이 필요한 것이다. 서사적 소통에 관여되는 각 층위의 기제를 고

11) 문학 작품에 쓰이는 언어는 표준어를 기조로 쓰지만 규범에 구애되지 않는 면을 엿보인다. 더 큰 범주에서 '공용어'를 쓴다고 할 만하다. 대개 공용어와 표준어가 겹치지만 때로 그렇지 않은 경우가 있으므로 다소간 구별이 요구된다.

12) 앞서 언급한 대로, 스탠리 피쉬는 기존의 구조적 문체론에서 나아가 의사소통의 회로에서 독자의 반응을 유발하는 문체적 영향에 주목하는데, 문체론적 사실은 '반응의 사실'이라는 언명은 의미심장한 단서다(Stanley Fish, *Is There a Text in This Class?; The Authority of Interpretive Community*, Harvard UP., 1980, p.65 등 참조).

려할 때, 작가와 서술자, 그리고 인물의 발화 양상이 사회언어학적 변이형을 빚어내고 그 양상에 따라 각양의 문체 효과가 창출될 것이다. 특히 방언은 화자의 사회적 조건에 따라 담화에 영향을 끼침으로써 문체 효과를 낳는 역학적 변수로 작용하기 십상이다.

이런 맥락에서 방언은 이야기의 배경이나 담화의 실감을 드러내는 차원의 문체 요소로 채용되는 데 그치지 않을 것이라 예측할 수 있다. 인물 형상의 창출과 서술상황의 역학에 관련되는 기제에 작용하는 방언 양상에 주목할 것이 요구된다. 그리고 작가의 언어적 태도와 독자의 이해 가능성 정도에 따라 달라지는 방언 구사의 여하도 문체 효과를 이해하는 데 중요한 단서이다. 이러한 논점은 구조 논의에 국한되지 않으며, 담화의 사회언어학적 국면을 해석하는 방법론을 요한다.[13]

조정래의 『태백산맥』[14]을 예로 들어 보자. 이 소설은 호남 방언을 매우 실감나게 기술한 것으로 유명하다. 이념의 그늘이 드리운 비극적 역사에 연루된 숱한 인물들이 겪은 삶의 실상을 들추어 구체적으

13) 바흐친은 소설에서 보이는 이질언어(heteroglossia)에 주목하여 문체론의 기본적 특성을 규명한다. "소설은 다양한 사회적 발언 유형과 그 밑에서 꽃피는 서로 다른 여러 개인적 발언에 의존하여 그 모든 주제들, 즉 그 안에서 묘사되고 표현되는 사물 세계와 관념 세계의 전체를 교향(交響)시킨다.…(중략)…다양한 발언과 언어 사이의 독특한 연결 및 상호작용, 다양한 언어 및 발언 유형을 통한 주제의 이동, 다양한 사회적 언어들 속으로의 주제의 이동, 다양한 사회적 언어들 속으로의 주제의 분산 및 그것의 대화화, 바로 이것이 소설의 문체론을 특징짓는 기본적 특성이다."라고 한 대목이나 "장르로서의 소설이 지니는 독특함을 다루는 어떠한 문체론도 사회학적 문체론이어야 한다. 소설적 담론에 내재하는 사회적 대화성은 그 담론의 구체적인 사회적 맥락이 그 담론의 전체 문체 구조, 즉 '형식'과 '내용'을 결정"한다는 대목에 주목할 만하다. 이러한 특성은 방언의 사회언어학적 자질이 문체에 영향을 끼칠 수 있다는 사실을 시사한다(미하일 바흐찐, 전승희 외 역, 『장편소설과 민중언어』, 창작과비평사, 1988, 68~69쪽, 110쪽 참조).

14) 조정래, 『태백산맥』, 해냄, 2001.

로 그리는 데 지향점이 있는 소설인 만큼, 방언권을 배경으로 이야기를 엮노라면 방언을 구상적으로 기술하는 데 유념하지 않을 수 없었을 것이다. 그런데 흥미로운 점은, 인물 모두가 방언을 균일하게 구사하지 않는다는 '서사적 사실'이다. 인물의 성향에 따라 방언을 구사하는 정도가 극적으로 대비된다.

이를테면, 형제지간인 '염상진'과 '염상구'의 언어 구사 양상은 사뭇 대조적이다.

> 「하 동무도 다 짐작은 하겠지만 한참 동안 어려운 투쟁을 해야 할 것이오. 주력부대가 무너졌으니 우리의 혁명 시도는 일단 실패한 것이오. 그러나 힘을 내시오. 혁명 완수는 실패 다음에 얻어지는 값진 열매니까.」
>
> 염상진은 어조만 전라도의 것일 뿐 거의 사투리를 쓰지 않고 침착하게 말했다. (제1권 53쪽)

염상진은 사범학교를 졸업하기까지 고등 교육을 받았으며, 사회주의 이념을 학습하고 혁명을 지향하는 인물이다. 그런 그가 방언을 '거의' 쓰지 않는다고 상정된다. '농사'를 지으며 시골에 살면서도 방언을 쓰지 않는다는 것은 그 인물의 실제 이력은 물론이고, 이에 연관된 언어 구사 양상이 '실제' 그러했을지 의구심을 갖게 한다. 어차피 허구적 인물을 창출하는 터라면, 그 인물 형상에 걸맞은 삶의 형상을 구성하게 될 텐데, 이념적 인물 형상에 대응하여 방언을 구사하지 않는 속성을 부여한 것은 그럴싸하다.[15] 염상진의 이력을 응축하여 전하는 다음 대목과 대를 이루어 개연성은 더해진다.

> 하대치가 속했던 소작회를 이끌었던 사람은 바로 염상진이었다. 그는 사범학교를 나오고서도 교편을 잡지 않고 농사를 지었다. …(중략)…하대치의

15) Judith T. Irvine, "'Style' as distinctiveness: the culture and ideology of linguistic differentiation", P. Eckert & J. R. Rickford (ed.), *Style and Sociolinguistic Variation*, Cambridge UP., 2001, p.24 참조.

눈에는 그는 아는 것이 너무도 많았고, 모르는 것이 하나도 없는 것 같았다. 사범학교까지 나온 사람이 삼복더위에 나무그늘에 앉아 느긋한 목청을 뽑아대는 매미 신세와 다를 게 없는 선생질을 마다하고 그 궂고 험한 농사일을 작정했다는 것만으로도 하대치는 염상진을 우러러볼 수밖에 없었다. (제1권 49쪽)

이러한 염상진의 인물상은 리얼리즘 경향의 소설에서 필시 등장하는 '적극적 주인공(positive hero)'에 상응한다. 혁명 이념을 실천하고 유포하기 위해 지식인의 삶에 안주하지 않고 민중의 삶에 어우러지는가 하면, 이념적 지도자로서 민중을 의식화하는 역할을 하는 인물 형상에 염상진이 들어맞는다. 가령, 봉건적 신분 질서가 자본주의적 불평등 관계로 전환되었으며, 여기에 제국주의의 침탈에 맞물린 구조적 모순이 결부되어 있음을 설파하는 모습(1권 49~50쪽 참조)은 이념적 인물의 전형을 엿보인다. 그러한 모순 속에서 수탈당하는 민중의 의식을 일깨우고 역사와 현실의 모순을 극복할 것을 역설하는 데서 전형성은 극대화된다. 인물의 '실제(actuality)'를 넘어선 '실재(reality)'[16]를 구현함으로써 전형을 창출하는 리얼리즘의 서사 전략에 비추어 보면, 염상진의 캐릭터는 개연성 있다.

이러한 개연성은 그가 구사하는 언어의 양상을 실재화함으로써 드높여진다. '거의 사투리를 쓰지 않고' '어조만 전라도 것'이라는 담화 양상은 인물의 전형을 창출하는 데 기여한다. 실상을 추측해 보면, 민중과 어우러져야 할 담화 상황에서 은연중에라도 방언을 쓸 법하다. 그렇지만 전형적 인물을 형상화하기 위해서는 실제 양상을 재현하는 데 그치지 않고 본질이나 당위에 근사한 리얼리티를 기술해야 하므로, 염상진이 방언을 거의 사용하지 않는다고 전제한 가운데 그의 담화에서 방언 요소를 제한 것이다. 이로써 실상이 아닌 허구적 '개연성'

16) 리얼리즘에서 창출하는 형상의 '실재성'은 현상을 모사한 수준의 '실제성'과 다르다.

을 기술할 수 있다.

기실 이 소설이 지향하는 주제가 이념의 본질을 밝히고 역사 의식을 재고하는 데 있는 만큼, 염상진을 중심으로 펼쳐지는 이념적 담론이 서사의 주축을 이룬다. 그 담론은 내포작가의 관념에 통어(統御)된 서술자에 의해 기술되는 양상을 띤다. 요컨대 염상진에 관여된 서사가 전반적으로 작가 서술상황에서 빚어지므로, 인물의 구체적 담화상황을 전제로 한 실감이 드러나기보다는 이념적 문제의 본질을 파헤치는 관념이 드러난다. 위에 인용한 대목만 하더라도 염상진의 목소리를 통해 직접 표현되지 않고 서술자에 의해 기술되고 있다. 이런 맥락에서라면 방언의 구사 여부 자체가 문제되지는 않을 것이다.

이에 비해 염상진의 동생 '염상구'의 언설은 과장되었다 싶을 정도로 실감나는 방언으로 이루어진다. 비속한 표현과 어우러져 방언의 어감이 더해진다.

> 「성님, 자다가 봉창 뚜둘기는 소리 고만 허씨요. 똥줄 타게 도망질 친 빨갱이가 산지사방에 백혀 득실거리는 판이고, 타향서 밀어닥친 진압군이 멀로 빨갱이 안 빨갱이럴 구별허겄소. 아, 성님을 벌교바닥에서나 김범우로 알아주제 벌교바닥 벗어나뿔먼 누가 알아볼 것이요. 통행찡 없음사 영축읎이 빨갱이제. 나가 성님을 딱 본께로 기차 타로 역으로 나가는 것이 분명헌디, 찡을 안 가진 것이 틀림읎덜 않겄소. 찡 읎이 역에 가봤자 헛걸음질이고 되짚어 찡 맹글로 읍사무소로 와야 헐 것인디, 워찌 성님이 그 고상 허게 냅둘 수가 있겄습디여? 그려서 불러 세운 것이구만이라.」(제1권 168~169쪽)

염상구가 내뱉는 말에서 어휘는 물론이고 이를 발음할 때 생기는 어조까지 전라 방언의 구색에 맞는 어감이 전해진다. 그러한 어감은 문장이나 담화 차원에서도 구현됨으로써 구성진 방언의 현장감이 느껴진다. '비아냥거림과 으스댐이 뒤섞인 말투'라는 해설이 필요 없을 정도로, 인물의 발화만으로도 담화의 정황을 감지할 수 있다. 특히 방언과 비속어가 뒤섞인 말씨를 통해 염상구의 됨됨이나 지위, 사회적 태도 등을 눈치챌 수 있다.

> 염상구는 적의를 누그러뜨리지 않고 있었다. 검은 동자가 반나마 가릴 정도로 작게 찢어진 눈, 살이라곤 붙어 있지 않은 강파른 얼굴에 주걱처럼 안으로 휘어든 턱, 성깔 사나움과 독기가 한데 어울려 있는 생김이었다. 바짝 마른 체구는 허약해 보이는 것이 아니라 오히려 얼굴의 느낌과 함께 날쌔고 강인해 보였다. (제1권 168쪽)
>
> 염상구는 양쪽 바지주머니에 두 손을 찔러넣고 단음의 휘파람 소리를 내며 역전 마당을 가로지르고 있었다. 삐뚜름하게 치켜올라간 양쪽 어깨와 걸음을 옮길 때마다 장단이라도 맞추듯 건들거리는 상체는 천상 주먹패의 모습 그대로였다. 남들이 보기에는 아무 생각도 담겨 있지 않은 것 같은 그런 몸짓으로 걷고 있으면서도 그의 작은 눈은 마당의 좌우와 건너편 차부를 빠르게 훑고 있었다. 「지기미, 하루 벌어 하루 묵고 사는 것들이 목심은 드럽게 아까운 것인갑구만.」 그는 이빨 사이로 찍 침을 내쏘았다. (제1권 181쪽)

서술자의 진술과 인물의 행동을 통해 묘사된 염상구의 모습과 됨됨이는 고스란히 그가 구사하는 담화의 양상과 조응한다. 형인 염상진과 사뭇 대조되는 그 캐릭터는 담화의 양상까지도 단적인 대조를 이룸으로써 극화되는 것이다. 실감나게 방언을 사용하는 점도, 규범적 언어를 사용하게끔 실재화된 염상진의 경우와 대조된다. 이런 맥락에서라면 염상구가 쓰는 방언을 실감나게 기술한 것 또한 실감을 구현하기 위한 기법이라기보다, 염상진과 대조되는 인물 형상을 실재화하기 위한 서술 전략의 일환이라고 하는 편이 타당할 것이다.

염상구가 염상진과 적대적인 인물로 전제되어 있다는 사실은 다음 대목에서 여실히 확인할 수 있다.

> 염상구는 형과의 그런 피할 수 없는 대치에 대해서 추호도 신경을 쓰지 않았다. 아니, 오히려 형과 그렇게 맞설 수 있게 된 것을 통쾌하게 생각하고 있었다. 염상구의 가슴 저 깊은 곳에는 어린날로부터 차곡차곡 쌓아둔 형에 대한 원한이 사무쳐 있었다. 닭똥집을 언제나 혼자서만 야금야금 처먹었던 형,

그 형이 얄밉고 밉살스럽다 못해 더는 견딜 수가 없어서 이 세상에서 없어져 주기를 얼마나 바랐던가.…(중략)…형이 사범학교를 졸업하고 '선상님'이 되기를 목빠지게 기다린 아버지의 뜻을 거역하고 농사꾼이 되자 아버지는 하늘에 구멍이라도 뚫을 것처럼 펄펄 뛰다가 끝내 성질을 이기지 못하고 앓아누웠다. 그때 얼마나 고소하고 시원했던지 아무데나 찍찍 침을 내깔기며, 씨엉쿠 자알됐다, 속 씨언허다, 소리를 몇 수십 번도 더 했었다. (제1권 190~191쪽)

형제의 삶의 이력과 지향점이 단적으로 엇갈린 데에는 저와 같이 유년 시절부터 쌓인 골 깊은 '원한'이 작용하고 있다. 형에 비해 차별받은 데서 오는 분노와 콤플렉스가 잠재되어 일부러 형과 대척점에 서려는 의지를 추동한 터다. 서술자의 언설에 인물의 목소리가 섞여 드러난 이 대목은 염상구의 인물 형상에 모종의 실재성을 부여하려는 전략을 드러낸다. 규범적인 언어로 이루어져야 할 서술자의 서술 대목에, 염상구가 구사했을 만한 비속어와 방언 표현이 뒤섞임으로써, 염상진과 염상구를 적대적 인물 관계의 전형으로 삼으려는 서술 의도를 시사하는 것이다. 염상진에 대한 기대감을 응축한 '선상님'이란 말의 어감이 염상구에게는 적대감을 배가하는 말로 여겨지는데, 인물의 목소리가 뒤섞여 방언이 드러나는 서술 양상을 통해, 염상진에 대한 기대감과 적대감에 관한 이중성이 드러나기도 한다. 감정적으로 사태를 대하는 염상구의 성격이나 태도 또한 이러한 서술상황의 중첩을 통해 드러난다.

서술상황과 문체 효과

대하장편 규모인 『태백산맥』의 언어 양상의 전모가 실재 형상의 창출에 수렴되는 것은 물론 아니다. 지배적 이념에서 기술된 역사의 이면으로 사라진 민중 삶의 면면이 허구적 서사를 통해 재구될 때에는, 격동의 시대에 삶의 자리를 지키고자 했던 이들의 이야기가 다채롭게 형상화된다. 시대적 분위기를 이용하여 치부하거나 권력에 아당하는 이들의 실상도 다각으로 그려지면서 이야기의 범위가 폭넓다. 이에 걸맞게 다양한 인물의 구체적인 담화 양상이 다각으로 기술된다. 그 와중에 인물의 형상을 실재화할지 실상대로 표현할지 여하에 따라 문체 특질의 관건이 결정될 것이다. 이처럼 실감의 구현과 실재의 기술이라는 양항의 역학이 작용하여, 서술자와 인물 사이에 형성된 서술상황에 조응하는 문체적 변별 자질이 여러모로 구성되곤 한다.

서술상황의 역학은 문체 특질에 직결되는 문제다. 요컨대 인물 서술상황이 구성되었을 경우에는, 각 인물의 지각 능력이나 인식 능력에 걸맞게 어법이나 어투가 제대로 구현되게 마련인데, 발화의 양상을 그대로 기술하려고 한다면 각 인물의 발화마다 문체의 차이를 구현해야 한다. 이 말은 역으로, 발화 간에 문체의 차이가 극명하게 대비된 경우는 그 서술상황이 인물 서술상황임을 적시한 예라고 보아도 무방하다는 얘기다.

최명희의『혼불』을 예로 들어 보자. 이 소설의 서술상황은 인물 서술상황에 더 초점맞춰져 있다.[17] 서술자가 인물의 의식과 교감하여 그 의식을 통해 세계를 지각하고 그 결과를 발화하는 양상이 두드러진다. 심지어 서술자 스스로가 서사 세계에 참여하듯 흡사 인물 역할을 하면서 자신의 인식을 발화하는 경우를 엿볼 수 있다. 혹 서사 세계의 밖에 위치하여 안을 투시할 경우에도 거리감이 최소화되어, 여느 작가 서술상황과는 차별되며 서술상황이 사뭇 역동적이다. 그러니 방언 표현이 드러난다고 해서 무턱대고 실감 요소로 전제할 수는 없을 것이다. 다음 대목을 보자.

① 효원은 숙인 이마를 더욱 깊이 수그렸다. 그네가 무슨 말을 할 수 있으랴. 그네 자신이 주도하여 하는 일이라면, 두부를 자르듯이 네모 반듯하게 경영하여 어여쁘게 할머님 앞에 놓아드릴 수도 있겠지만, 혼자 앉아 아

17) 장일구,『혼불읽기 문화읽기』, 한길사, 1999, 165쪽.

무리 각골명심 새겨들어본들 무슨 하릴 있으리오.

(할머님의 심경을 제 어찌 모르겠는가……. 하오나, 다만 헤아려 드리올 뿐 더 어쩌지도 못하고, 제 몸으로 남의 인생 사는 것이 무슨 희롱인지 알 수 없습니다. 어인 운명이, 제가 바라는 대로 살지 못하고, 살라고 주어지는 것을 살아야 하는다. 여인이라 그러한가, 남들도 나 같은가. 만들고 고치고 소망하는 것이 모두 다 홀로 달을 바라봄과 같으니 손발이 있으면 무엇하고, 뜻이 있으면 무엇하겠는가.)

효원의 수그린 이마와 각이 진 어깨에 그 단단한 마음이 글자처럼 드러나 보였는지 청암부인은 미소를 머금었다.

그리고 손부의 손을 따뜻하게 잡는다.

"…(중략)… 순리가 있는 것을. 허나, 나는 이렇게 하루가 다르게 늙어가고, 시절은 흉흉하여 앞날을 예측하기 어려운지라, 어린 너한테 과중한 짐을 부려 버리고자 이렇게 자꾸 다짐을 하는 것이니라."

청암부인은 쥐고 있는 효원의 손을 조용히 조용히 어루만지고만 있었다. 부인 손의 다순 온기가 효원에게로 번지며 스며드는 것을 효원은 느낀다. 그 온기 속에는 추상(秋霜)의 찬서리 기운도, 뇌정(雷霆)의 울음 소리도 아닌 그저 한 아낙의 간절한 심정만이 어려 있는 것 같았다.

② 마당에서 콩심이가 달랑거리며 뛰어가는 발자국 소리가 들려온다. 누렁이와 함께 뛰는지 무어라고 땍땍거린다. …(중략)…

고것은 안서방네에게 가끔씩 쥐어박히면서도 그 옆에 가서 쪼그리고 앉아, 이런저런 자잘구레한 이야기의 말 동무도 되어 주고 낫낫하게 잔심부름도 곧잘 하였다.

"아이고, 이년아. 너는 무신 노무 목청이 그렇게 때까치맹이로 땍땍땍땍. 내 귀가 마대. 조신허게 가만 가만 좀 못허겄냐?"

안서방네는 콩심이의 주둥이를 향하여 주먹을 질러 보인다.

콩심이는 혓바닥을 날름하며 눈을 질끈 감는다. 알았다는 시늉이다.

"너 이년, 이 댁으 청암마님이 어뜬 양반인지 알기나 허냐? 매급시 천방지축 팔랑거리고 댕기다가, 다리 몽생이 분질러질 중 알어라."

"아앗따아, 워찌 고렇코롬 무선 양반이다요?"

"이년. 이 주둥팽이, 어른이 무신 말을 허는디 그렇게 비얏 셋바닥 맹이로 날름 말을 받아먹냐? 그렇다면 그렁갑다, 허고 속으로만 알어들을 일이제."[18]

---

18) 최명희, 『혼불 1』, 한길사, 1996, 274~275쪽. 숫자(원문자)는 인용자가 표시함.

①번 대목과 ②번 대목은 문맥이 이어져 있는데도 담화 양상에서 큰 차이가 드러난다. ①은 양반댁인 '청암부인'과 '효원'이 주고 받는 담화이고, ②는 그 집 하인인 '안서방네'와 '콩심이' 사이에 펼쳐진 담화이다. 인물의 의식과 발화가 직접 전달되는 대화문에서 담화의 내용이나 방식이 차이나는 것은 당연하지만, 사실 그 차이를 구현하기가 쉽지만은 않을 것이다. 양반은 양반대로 그 담론 속에 교양과 권위가 배어 있을 것이며, 상민이나 천민은 또 그들대로 삶의 체험에서 우러난 말을 그대로 사용할 것이다.[19)]

청암부인과 효원의 발화를 보면 상당한 수준의 교양과 지식이 있어야 구사할 수 있을 어휘가 빈발하는가 하면, 독백에서조차도 종결법이나 존대법의 형식이 잘 지켜지고 있음을 알 수 있다. 그런 문법 요소 때문에 전체적으로 안정감 있고 규율 있는 어투가 발현되었으리라 생각할 수 있다. 무엇보다 방언 요소가 전혀 개입되지 않았다. 양반가의 인물이라지만 분명 방언권에서 벗어나지 않고 살았던 정황을 고려하면 저토록 규범적인 공용어를 구사할 수 있을지 의구심이 들지 않을 수 없다. 다만 지역적 조건 이외의 사회 문화적 조건을 고려하자면 개연성을 엿볼 여지가 생긴다.

이에 비해 안서방네와 콩심이 사이의 대화는 그런 권위적인 교양이나 규율과는 거리 있다. 의성어와 의태어를 직접 발화함으로써 비유의 실감을 돋우는 데서나, 욕설에 가까운 속어와 사투리를 여과없이 구사함으로써 현장감을 더한다. 게다가 콩심이가 어른에게 해대는 말투는 권위에 아랑곳하지 않는 것만 같다. 구성진 전라도 방언의 어감이 상승작용한 터다. 어휘나 종결어미, 선어말어미 등 눈에 띄는 문법적 차이뿐만 아니라, '-의'를 굳이 '-으'라고 함으로써 호남 일부 지역의 방언에서 엿보이는 특유의 음감마저 놓치지 않고 표현하였을 정도다. 신분이나 연령의 차이는 물론이고 교양 정도까지 감안한 어감의

---

19) 장일구, 앞의 책, 166~169쪽 참조.

실재성과 함께 실감이 구현되어 있다.

그런데 재미있는 것은 대화 당사자들의 발화 부분뿐만 아니라, 그 주변에서 문맥을 형성하고 있는 서술자의 발화 부분에서도 그와 같은 문체상의 차이가 드러난다는 사실이다. 이를테면 ①에서 서술자가 발화한 대목을 보면, 그 어투가 효원이나 청암부인의 어투와 비슷하다. 이에 비해 ②에서 서술자의 발화에는 콩심이나 안서방네의 어투가 개입해 있음을 알 수 있다.

가령 ①에서 '두부를 자르듯이 네모 반듯하게 경영하여'라든가, '각골명심 새겨들어본들 무슨 하릴 있으리오.' 한다든가, '추상(秋霜)의 찬 서리 기운도 뇌정(雷霆)의 울음 소리도'라고 하는 등, 어투가 두 양반 인물의 교양 정도에 어울릴 만하게 구사되어 있다. 물론 정연한 표준어로써 기술되어 있다.

이에 비해 ②에서는, '달랑거리며 뛰어가는', '땍땍거린다', '(어린 아이를 가리켜) 고것은', '쥐어박히면서도', '주둥이', '주먹을 질러 보인다', '혓바닥을 날름하며' 등, 서술자의 어투에 점잖지 않은 속어가 꽤나 끼어들어 있다. 방언으로도 분류되는 '낫낫하게'가 쓰인 것도 주목을 끈다. 이렇게 함으로써 대화 부분의 실감이 배가될 법한데, 서술자의 발화에 인물의 의식과 발화가 개입해 있는 것이다. 서술자가 인물들을 대하는 태도가 그들을 자신과 동등한 지위에 두고 있는 것만 같아, 서술자와 인물 사이의 거리감이 상당히 희석된다. 그 징표가 바로 방언 양상이다.

이렇듯 인물에 따라 그 문체가 달라지는 현상은, 양반들의 담론과 민촌 거멍굴 사람들의 담론이 교차할 때 두드러진다. 규율 있고 점잖은 담론이 진행되다가도 거멍굴 사람들의 이야기가 펼쳐질 때면, 여지없이 드센 입담과 패설이 기세 좋게 펼쳐지곤 한다. 특히 '옹구네'와 '공배네' 사이에 얘기판이 벌어졌다 하면, 귀에 쟁쟁하게 펼쳐지는 입심 좋은 언쟁에 휩쓸릴 것만 같은 박진감이 감돈다. 그러다가도 곧 양반들의 이야기가 펼쳐지면 자칫 졸음이라도 유발할 듯한 고요함마저 느껴진다. 그만큼 두 담론 사이의 문체 차이는 크다고 할 수 있는데, 그 차이를 유발하는 자질이 방언의 구사 여하에서 비롯된다.

그렇다면 인물의 발화 양상이 인물을 실재화하는 전략으로 활용되고 있다고 할 수 있다. 그렇지만 『태백산맥』의 경우와 달리, 그러한 인물 형상이 이념적 주제의 구현에 연루되지 않는다. 대신 삶의 면면에 작용하는 정신의 폭과 깊이를 드러내는 문화의 면모를 기술하는데 그 주제가 지향해 있는 만큼, 담화 현장을 생생히 기술함으로써 문화적 담론의 구상(具象)을 짓는다. 부조리한 세계의 단면을 비판하는 의식이라도 담화의 현장을 통해 기술되는 식이다. 다양한 담화의 양상이 어우러지는 문체적 특질이 이에서 파생된다.

전적(典籍)이나 고전을 그대로 전재하는 대목이 있는가 하면, 인물의 담화를 통해 현장감 넘치게 기술한 대목이 두드러지는데, 이는 문화지(ethnography)를 지향하는 이 소설의 의의를 드높인다. 문화지적 기술은 『혼불』의 문체 특질에 직결되는 것이어서 상황 맥락에 따른 방언의 구사 여하는 의미심장하다. 특히, 옹구네와 공배네 등이 어우러져 펼치는 이야기판은 독자의 흥과 즐거움을 유발할 뿐만 아니라, 양반의 위선을 풍자하고 기성의 질서를 전복하려는 심산을 표출하는 장이다. 민중의 입담이 그대로 우러난 언설을 통해 불평등한 신분 질서를 야유하는 것이다. 물론 그런 언설은 '속어'나 '비어'로서, 민중어의 주요한 구성 인자이다. 여기에 딱 어울리게 방언이 구성지게 기술되고 있다. 그런 표현들은 권위를 강등(降等)시키고 위계를 전복하려는 전략으로 타당하다.

이른바 공식 문화에 대해 비공식적 민중 문화의 단면을 부각시키려는 의도가 구현된다고도 할 수 있다. 공식적인 표준어에 비해 비공식적인 언어 유형인 비속어와 방언을 통해 민중의 담화 현장을 기술함으로써 대화적 공간을 구축하고 있다고 해도 좋을 것이다. 점잖은 양반가의 담론이 규범적인 공용어를 통해 대변되고 있다면, 신분 질서의 전복을 지향하는 민중의 담론은 구성진 방언을 통해 구체를 얻는다. 민중의 전복적 담론 차원으로 승화될 대화적 공간은 이 소설의 서사 전략이 수렴되는 항인데, 방언의 구사 양상이 그 효력을 배가하고 있는 것이다.

작가의 언어 태도와 양층언어(diglossia)

작가는 기본적으로 공용어로 소설을 짓는다. 독자들 또한 소설은 공용어로 쓰여 있을 것이라 기대한다. 따라서 소설에서 방언이 구사되었을 경우 이를 특이한 요소로 간주하게 마련이다. 서술자의 언술 대목이 공용어로 이루어지는 것이 상례며, 인물 간의 대화를 기술하는 상황이 아니라면 방언이 드러나지 않는 편이라서, 방언은 개연성을 보완하는 요소로 비쳐질 수 있다. 다양한 인물군의 다채로운 담화의 양상을 온전히 표현하기 위해서 공용어나 규범 언어만을 사용할 수 없으며, 실감과 개연성을 살리기 위해 방언을 구사할 수밖에 없다. 따라서 비어나 속어의 효과와 비근하게 방언도 공용어를 보조하는 특수 효과를 산출하는 요소로 간주됨 직하다.

그렇지만 방언의 구사 양상은 이야기의 실감을 보완하는 부수 요소 정도로 치부할 수 없는 복잡다기한 회로로 얽혀 있다. 방언을 구사하는 인물의 언설이라도 방언의 어감이나 인상만 드러내는 수준에서 기술되거나, 경우에 따라 아예 공용어로 바뀌어 표현되기도 한다. 글쓰기와 말하기의 화행 상황이 다르다는 점과, 작가의 '문학적 언어 능력'과 '문학적 언어 수행'에 결부된 서술상황의 변수를 고려하면, 일상의 담화 양상이 소설에 고스란히 구현될 가능성이 희석된다. 상대적으로 서술자가 서사를 진행하는 대목에서도 방언의 흔적이 감지될 여지도 있을 것이다.

방언을 모어로 습득한 후 공용어를 학습하고, 공용어의 고급 수준이라 할 수 있는 문학어 구사를 위해 수련을 거듭한 작가라도, 언어 수행은 물론 언어 능력에 방언이 간여할 현실적 가능성이 없지 않을 것이다. 특히 방언권을 무대로 펼쳐지는 이야기를 기술할 때에는 상대적으로 방언의 간섭 현상이 발생할 가능성이 커진다. 이야기의 배경뿐만 아니라 서술상황에 맞춰 방언과 공용어를 번갈아 구사하는 현상이 발생하는 것인데, 그 양상에 따라 문체의 변화가 예견되는 것은 수순이다.[20]

이때 작가의 층위는 실제작가가 아니라 내포작가에 준한다. 일개 언어 성원으로서 작가에게서 보이는 '양층언어(diglossia)'[21] 현상도 문제겠지만, 소설에 투영된 양층언어는 실제작가 층위의 현상으로 전제하기 어려운 경우가 대부분이다. 실감을 넘어선 서사적 미감을 산출하고 나아가 허구로써라야 기술 가능한 광범위하고 심층적인 의식과 이념을 창의하는 과정을 고려하면, 실제작가의 언어 수행에만 국한하여 소설어의 양상을 논급할 수 없다. 실제작가가 일상에서 쓰지 않는 방언이라도 이야기의 배경과 관련하여 구사할 수 있다는 점만 떠올려 보아도 그럴 법하다. 서사 세계를 관장하는 것으로 전제되는 내포작가의 언어능력은 실제작가의 언어수행 범위 이상의 것이다.

이러한 내포작가 층위에서 공용어와 방언의 병용 현상이 온전히 설명된다. 문학어를 쓰려는 의식 자체만으로도 작가는 실제 층위가 아

20) 문체는 미리 규정된 구조에 얽매이지 않는다. 패션 스타일이 변하듯이 말이다. 어바인(Irvine), 앞의 글(「변별성으로서 '문체'」), 43쪽 참조.

21) 양층언어(diglossia; 언어의 병용)는, ① 두 가지 혹은 그 이상의 언어를 구사하는 사람이 여러 가지 이유로 한 언어에서 다른 언어로 바꾸어 말하는 상황, ② 한 언어 내에서 두 개의 지역 방언을 구사하는 사람이 방언을 바꾸어 가며 말하는 상황, ③ 한 가지 언어를 구사하면서 단계상의 차이(품격 높은 언어 형태와 다소 품격이 낮은 언어 형태간)가 있는 유형들을 바꾸어가며 말하는 상황 등에서 발생하는 현상이다. 이렇듯 상이한 언어를 사용하는 것은 언어 형태에 따라 상이하며 상대적인 문화 상황을 암시한다. 이는 언어 수행 과정에서 코드-전환(code-switching)을 수반한다(유진 니다, 앞의 책, 47~48쪽 참조).

니라 내포 층위에 대응된다. 방언의 구사 양상을 따져야 할 경우라면 더욱 내포작가의 언어 능력과 이념 등을 논급해야 할 것이다. 물론 어느 경우라도 내포작가의 실체를 전제할 수는 없다. 서사적 사건과 서술의 양상을 통어하는 내포작가는 서사적 기제로서 작용하여 서술자, 인물, 내포독자 등 다른 기제와 역학 관계를 이룬다. 그 역학에서 방언 구사의 양상이 빚는 문체적 특질이 비롯될 것이다.

그런데 방언 구사로써 빚어지는 서사적 언어의 변이형은 담화의 영구한 특성이 아니라 '용례'에서 기인한[22] 화행적 특성일 가능성이 짙다. 가령 방언을 구사하는 인물의 담화를 기술할 경우 공용어를 지향하는 문학어의 일반적 용례와 달리, 실감을 구현할 구체적인 상황과 용례를 서술하게 될 것이다. 이는 소설 전체 맥락에서 볼 때에는 내포작가 층위에서 규정될 문체적 변별 자질로 볼 수 없다. 실감이나 토속적 분위기를 조성함으로써 모종의 의식이나 이념을 실현하고자 하는 내포작가의 의도가 지속되는 경우라면 다소 문체적 특질을 드러낸다고 할 수 있으나, 그럴 때에도 담화의 기술을 통한 서술의 '영구한 특성'에 상응하는 결과에 준한다고 하기 힘들다.

방언과 공용어를 병용함으로써 생기는 언어 양상의 균열이 서사 전반에 걸쳐 지속됨으로써 구조적 특성으로 확산될 경우, 방언을 내포작가 층위의 문체 자질로 간주할 수 있다. 언어가 사유의 과정과 결과에 영향을 미치게 되고, 상대적으로 이념이나 가치관이 언어의 구사 양상을 결정할 수 있다면, 서사 세계의 이념과 가치관을 통어하는 내포작가의 의식이 서술의 양상을 결정하게 될 것은 자명하다. 가령 『태백산맥』에서처럼 방언권에 사는 인물이라도 이념으로 무장한 주인공이라면, 실상과 달리 방언의 어감이 덜한 언어를 구사하게 하거나 아예 공용어를 구사하게끔 설정할 수 있다. 그러한 주인공에 반동하

22) Roger T. Bell, *Sociolinguistics — Goals, Approaches and Problems*, St. Martin's Press, 1976, p.27.

는 인물이라면 과장되었다 싶을 정도로 실감나게 방언을 구사하는 인물로 상정할 만하다. 그러니 인물의 방언 구사 양상을 조율함으로써 허구적 서사를 창출하는 경우, 내포작가는 문체 변별의 자질을 짓는 구심 기제로 작용한다.

이때 방언으로써 지어지는 문체 특질은 실감이 아닌 '실재성(reality)'에서 비롯된다는 사실에 유의해야 한다. 방언과 공용어를 오가는 언어 사용의 '실제' 사례를 드러내는 것이 아니라, 언어 병용의 '개연성'을 구현하여 사실을 넘어서는 본질을 드러내는 것이다. 서술자의 역할과 달리 내포작가는 의식을 장악하는 기제이기 때문에 '관찰자' 역할을 담당할 수 없다는 점에도 유념할 필요가 있다. 내포작가 층위에서 양층언어 현상은 실재의 창출을 지향한다는 점을 주지해야 할 것이다.

흑산도에서 유배 생활을 하면서 『현[자]산어보(玆山魚譜)』를 지은 정약전의 이야기를 다룬, 한승원의 『흑산도 하늘 길』[23]에는 내포작가 층위에서 방언에 대한 사회언어학적 의식을 드러내는 의미 심장한 구절이 나온다.

> 변해도 너무 많이 변했다. 소흑산에서는 사립 밖으로 한 발짝만 나가도 반드시 바지저고리에 두루마기에 망건과 탕건과 갓을 쓰더니, 대흑산에 와서는 특별한 경우가 아니면 의관을 정제하지 않았다. 바지저고리 차림에 상투를 틀고 망건과 탕건을 얹어 쓰기만 했다.
>
> 가장 많이 달라진 것은 말이 많아지고 호들갑스러워지고 고개를 뒤로 젖히고 소탈하게 너털거리는 것이었다. 좌랑 벼슬까지 했다는 양반님네가 어쩌면 저렇게 채신머리없이 경망스러워질 수 있을까. 걸핏하면 상대를 칭찬하고 덕담을 한 무더기씩 수다스럽게 늘어놓기까지 했다.
>
> 「아이고 오달지네이! 어허 허허허……」
>
> 이제는 섬사람들의 말투 흉내까지 냈다.
>
> 「아이구우! 어쩌면 이렇게 예쁠꼬오! 어허허……」

---

23) 한승원, 『흑산도 하늘 길』, 문이당, 2005.

「아따아! 이 참숭어 좀 보게나. 이 바람 속에 많이도 잡았네요. 참말이지 많이도 잡았구먼 어허허허……」(207쪽)

인물이 처한 상황에 따라 행동거지를 달리 하고, 세상이나 사람들을 대하는 태도가 달라진다는 설정은 별스럽지 않다. 그런 가운데 주목할 점은 담화의 양상이 조건에 따라 변한다는 것이다. '양반'과 '죄인'이라는 신분적 이중성은 인물 '정약전'의 사회적 위상에 대한 의식과 태도의 중층성을 유발하는데, 각 상황에 따라 사람들을 대하여 쓰는 말이 달라진다. 스스로가 양반이라는 권위 의식에서 벗어나 섬 사람들과 어우러질 때에는 '방언'을 구사한다는 설정이 의미심장하다.

그런데 인물이 직접 발화한 것으로 처리된 대목은 실세 담화 상황을 전제로 기술되지 않았다. 서술자가 그 발화의 사례를 정리하여 서술한 대목이 이어져 있을 뿐이다. 정황을 짐작하기 어렵지는 않으나, 실제 담화의 양상을 기술하지 않고 서술자가 요약하여 정리함으로써 작가 서술상황이 형성되었다. 온전히 방언을 구사하지 않고 어조나 감탄사, 어미의 일부 등에서 단편적인 구사에 그치는 것이 그럴 듯해 보이지만, 인물이 직접 발화한 담화 상황을 기술한 것이 아닌 만큼, 방언에 대한 내포작가의 의식이 간여하여 기술된 것이라 보는 편이 타당하다. 정약전은 흑산도 근해에 서식하는 해양 생물의 생태를 기록하기로 하고서 어부들에게서 정보를 얻는 일을 하면서 그들과 가까이 지낼 수밖에 없는 상황이다. 그래서 권위 의식을 버리고 담화 태도부터 바꾸게 된 것인데, 이런 의식과 태도의 변화를 방증하는 담화 현장의 구체적 실상이 드러나 있지는 않다. 결과적으로 사회적 조건과 방언 구사의 관계에 대한 내포작가의 의식은 구체적 실상보다 실재적 형상을 창출하여 정약전의 유배 생활의 단면을 기술하려는 주제에 맞닿는다.

그러고 보면, 전라도 사투리에 대한 내포작가의 의식이 인물의 의식을 통해 드러난 예가 이미 있었다. 정약전이 처음 흑산도에 유배오던 뱃길에서 '나장'이 전라도 사투리에 대해 품었던 부정적 의식이나, 전라 방언의 표지와도 같은 '머시기'와 '거시기'에 주인공이 그럴싸하게 덧붙인 관념을 통해서 전라 방언의 구사에 대한 내포작가의 의식이 극화된 것이다.

> 「조깐 머시기하기는 하겄소마는…… 까딱없이 갈 것인께 염려 붙들어 매도 되겄소이.」
> 그 말의 억양은 경망하고 유연한 듯하지만 강철처럼 단단한 오기를 내포하고 있었다. 나장은 그 말이 비위에 거슬린 듯 앳된 젊은이의 옆얼굴을 쏘아보았다.
> 「머시기하다니, 그게 무슨 소리냐?」
> 「조깐 울렁거리겄다는 것이라우. 우리는 보통 쓰는 말인께 혹시라도 맘 거시기하게 잡수시지 마씨요이.」…(중략)…
> 약전은 진저리를 치면서 몸을 움츠렸다. 그 뱃사람들이 뿌리내리고 있는 흑산도가 바로 그 '머시기'하고 '거시기'한 섬일 듯싶었다. (13쪽)

뱃사람의 '단단'하면서도 '은근한 오기'와 함께 '야만의 성정'을 표징하는 방편으로 전라도 방언을 활용하고 있다. 이는 한 인물의 성향만을 대변하는 데 그치지 않고 '뱃사람'의 전형을 창출하는 데 기여한 셈이다. 게다가 호남 방언의 대명사처럼 꼽히는 '머시기'와 '거시기'를 구사한 맥락을 통해 그 의미를 추정하는 것도, 이 대목이 어떠한 실감보다는 실재를 구현하려 한다는 점을 시사한다.

특히 이 과정에서 '흑산도'의 의미를 일러, "'검을흑(黑)'자가 들어가 있는 그 섬의 시공은 그가 상식으로 알고 있는 이승과는 전혀 다른 우중충하고 새까맣고 울퉁불퉁하고 꺼끌꺼끌한 시공"이라고 한다. 그 "음험한 세상", "으르렁거리는 까치파도와 알 수 없는 검은 섬의 시공"에서 살아남는 길을 찾을 주인공의 고통과 갈등이 그려질 것이 시사된다. 그리고 이에서 벗어나 자유롭고자 몸부림칠 주인공의 번민이 예상된다. 처음 방언의 어감과 의미가 자아내는 '음험함'이 섬 생활의 막연한 공포감과 섬 사람들에 대한 경계심을 자아낸 데 비해, 흑산도 사람들이 쓰는 방언에 익숙해지고 심지어 흉내내어 쓰기까지 할 정도로 상황이 바뀌었으니 그만큼 유배 생활의 고통에서 자유로울 수 있음이 암시되는 것이다. 그렇다면 방언에 대한 의식은 이 소설의 주제에 관련된 한 구심항이 된다고 할 수 있다. 그 의식은 내포작가가 통어하는 가운데 구성된 서술상황에서 관념적인 이야기를 기술하는 전략으로 확산되기도 하다.

기실 방언권을 배경으로 이야기를 쓸 때에는 방언에 대한 사회언어학적 의식이 전제되지 않을 수 없다. 특히 인물을 창출하여 서술상황을 구성할 때 방언과 표준어의 변별이나 착종 가능성 등, 여러 가지 문체적 문제 상황이 드러날 것을 점칠 수 있다. 적절한 서술상황을 구성하고 서사의 전개에 결부된 기제와 전략을 창의하려는 내포작가 층위에서는, 표준어와 방언의 양층언어 현상이 더욱 본질적인 서사적 문체 문제에 결부된다.

이러한 내포작가의 언어 의식이 실제작가의 언어 의식과 구사 양상에서 자유로울 수는 없다. 특히 산업화와 도시화, 나아가 정보화는 한 개인의 언어적 태도에 큰 영향을 끼친다. 요컨대, 방언을 모어로 습득했지만 교육과 출세를 위해 도시행을 택한 이들은 표준어를 학습하여 주로 구사하게 된다. 그렇다고 방언을 완전히 잊을 수 없을 뿐만 아니라, 부지불식간에 쓰는 경우가 많다. 가령 고향 사람들과 어울릴 때면 여지 없이 방언을 사용하게 되며, 표준어를 사용하는 가운데도 방언 요소가 개입되기 일쑤다. 이 때문에 방언권에서 표준어권으로 이행한 이가 구사하는 언어의 양상은 방언과 표준어가 착종된 형태일 가능성이 생긴다. 상황에 따라 표준어와 방언을 선택하여 쓰는 양층언어와 코드-전환(code-switching) 현상이 나타나는 것이다.

그런데 문학 작품은 공용어로 쓰는 것이 원칙처럼 전제되어 있다.

여기에 실제작가의 고민이 있다. 방언권을 배경으로 전개되는 이야기라도 실감을 살릴 요량으로 무턱대고 방언의 현장을 재현할 수만은 없다. 왜냐하면 불특정 다수의 독자층을 가늠할 수 없기 때문이다. 독자들의 다양한 요구를 온전히 수렴할 수 없는 상황인지라 공용어로써 글을 써야 하는 상황에 처하게 된다. 그렇다고 방언으로 진행되는 담화의 양상을 전부 공용어로 환원할 수도 없는 노릇이다. 문체가 단순한 형식이 아니라는 점을 의식하고 보면 고민의 여지는 더욱 커진다. 방언을 어떻게 서사적 문체 요소로 수렴할 것인지, 주제와 구성, 인물설정, 서술상황 등을 고려하여 전략을 세워야 할 것이다. 상황과 조건에 따라 언어 병용의 장력을 조율하는 혜안이 요구되는 것이다.

가령, 이청준의 「석화촌」[24]은 방언권을 무대로 하면서도 정작 인물의 직접 발화 대목에서도 방언의 흔적을 거의 찾아볼 수 없다.

> "누가 오늘 낼 사이에 또 숨을 마지막 쉬게 될 거다. 별네—"
> 거무가 느닷없이 불쑥 말했다. …(중략)…
> "어젯밤, 불이 나갔다는디 꼬리가 없었다니 남자불인 모양이라."
> 별네는 또 한번 놀랐다. (116쪽)

'거무'와 '별녜'는 남도의 한 해안 지방 토박이라 할 수 있다. 그런데 그들이 주고 받는 대화는 공용어로 진행되고 있다. 굳이 찾자면 '나갔다는디'에서 방언의 흔적을 엿볼 수는 있겠지만, 전체 담화 양상에 영향을 미칠 정도는 아니다. 전반적으로 인물의 대화보다는 독백이 두드러지고, 서술자의 진술을 통해 이야기가 진행되는 터라, 그나마 방언을 적나라하게 구사함으로써 실감을 살릴 여지도 적다. 방언을 사용하지 않은 점은 '사랑과 죽음의 역설'이라는 상징주의적 주제를 구현하려는 이 소설의 지향점에 더욱 부합하기도 한다.

---

24) 이청준, 「석화촌」, 『석화촌』, 솔, 1996.

이로써 토속적 배경과 소재를 다룬 데 그치지 않고 보편적 주제를 이야기한 소설로서, 단편소설의 미학을 극화한 사례로 꼽힐 여지가 조성되었을 것이다. 거창한 주제를 응축하여 짧은 이야기에 구현하기 위해서는 구조적 완성도가 가장 요구된다. 사소한 요소 하나라도 전체 서사의 구조에 관여적이어야 하며, 잉여 요소는 곧 작품의 결함 요인으로 치부될 뿐이다. 따라서 이 소설의 주제를 고려하면 실제 담화의 현장을 실감나게 구현할 경우 구조적 미감을 해칠 가능성이 크다. 위 대목은 이야기의 전환점에 위치해 있는데, 이를 방언의 실감을 살려 표현할 경우 방언 자체가 독자들의 주목을 끌게 될 테고, 독자들은 그 인상적인 표현에 애써 의미를 부여할 공산이 크다.

이런 맥락에서 이 대목을 공용어로써 기술한 것은 적확한 '선택'[25]이라 할 만하다. 인물의 발화에만 초점을 맞출 경우 제반 사회적 조건에 따라 방언을 구사하는 것으로 전제될 수 있겠지만, '단편 소설'이라는 화행 상황이 관건인 서사적 소통의 역학을 고려해 볼 때, 이 소설의 주제의 구현에는 공용어 구사가 더 적절하다. 작가가 소설을 쓰는 발화 조건을 고려하자면 더욱 그러하다.

그렇다고 인물 형상을 실재화하려는 의도가 간여된 것은 아니다. 만약 그렇다면 방언을 구사하는 인물과 상대적인 의미가 덧붙은 형상이 창출되어야 하는데 그렇지 않다. 이야기 전반에 걸쳐서 방언은 실감을 내는 것과 달리, 그저 구색을 맞추는 선에서 기술되고 있다. 공용어를 기조로 하되 방언을 구사하고 있다는 징후 정도만 드러나는 식이다. 그마저도 일정한 원칙에 따라 선택된 것이 아니다. 따라서 방언 양상에 모종의 의미가 부여되었다고 할 수 없다.

이러한 양상은 이청준의 소설에서 두루 엿보이는데, 작가의 방언에 대한 의식과 태도가 간섭했을 가능성이 있으며, 문학어와 일상어의 역학 관계를 고려한 서사적 전략이 작용했을 수 있다. 모든 대화가

25) 언어 '선택(choice)'은 문체 자질의 변별 기제이다.

방언을 통해 이루어져야 할 상황에서도, 방언권을 배경으로 한다는 징후만 엿보인 채 대부분의 대목을 공용어로 기술함으로써 독자의 저변이 확대될 여지가 생긴다. 작가가 독자의 반응을 전제로 소설을 쓸 때 방언을 '선택'함으로써, 어떠한 문학적 변별 자질을 통해 독자의 이해를 도모할지 궁리한 결과 그러한 담론이 창출되었을 것이다. 방언권의 담화라고 해서 굳이 방언으로 기술해야만 타당한 것은 아니다. 서사적 타당성은 문체 차원에서 총체화되는 서사 기제의 역학에서 비롯된다.

이처럼 작가 층위에서 언어 선택과 구사 양상이 문체 특질에 영향을 미친다. 서사 세계를 통어하는 내포작가는 인물 형상의 창출이나 서술상황의 구성에 간여할 수 있기 때문에, 방언에 대한 의식에 따라 담화 양상을 제어할 수 있다. 따라서 인물 층위나 서술상황의 구성 맥락에서 펼쳐지는 방언 양상을 논급할 때, 내포작가 층위에 관여된 사항은 자연스레 해석될 것이다. 다만 서술상황의 양상에 따라 내포작가의 제어를 받은 서술자의 목소리가 인물의 목소리를 압도할 경우가 있음에 유념해야 한다. 실제작가 층위에서도 마찬가지다. 작가는 기본적으로 공용어로써 이야기를 쓰려고 한다는 점을 전제하면, 방언을 서사에 채용하는 정도는 독자의 반응과 관련된 문체 영향의 관건이다. 방언을 실감나게 운용하는지 여하만이 방언의 서사 문체적 자질을 가늠하는 기준일 수 없는 것은 이와 관련 있다. 양층언어에서 이뤄지는 코드-전환의 역학 관계를 잘 분석하는 것이 관건이다.

방언은 일상에서 빚어지는 다채로운 담화 양상에 관여된다. 그러한 담화는 허구적 서사에 채용될 때 변용되게 마련이다. 서사의 창출에 간여하는 제반 기제를 통해 변용되는 과정에서, 방언에 대한 의식이나 방언이 구사되는 담화의 조건, 그리고 이를 기술하는 데 작용하는 서술상황 등이 표현과 이해의 관건이다. 그러한 과정을 거쳐 문체적 특질이 드러나는 것이다.

'변별'과 '변주'를 통해 특유의 문체 특질을 낳기 위한 언어적 '선택'에 작용하는 사회 문화적 조건과 서사적 전략은 매우 복잡한 회로로 얽히고설켜 있다. 그 회로를 추적하는 작업은 실증하거나 인상적 결론에 현상을 환원하는 일이 아니다. 그 일은 다기한 분기점에 걸친 서사 기제의 작용을 다각도로 분석하는 일을 전제로, 회로가 작동하여 산출될 의미를 해석하는 일과 조응한다. 이 또한 서술 층위에 걸친 서사역학 공간의 일단에 연관된다. 문체는 단순히 작가의 개성을 드러내거나 문학어라는 특수한 언어의 실체를 전제한 표현 문법이나 구조로 환원될 수 없는, 소통 회로에 관여된 공간적 구성 기제인 것이다.

서사 매체의 함수와 역학

서사의 역학은 매체 간의 함수 관계를 가늠하는 지표이다. 장르와 매체를 넘나들 수 있다는 것은 서사 기법의 공간 자질을 명증하기도 한다. 오늘날 빈발하는 서사의 매체 함수는 대개 서사 기법의 공간 역학에 수렴된다. 특히 영화와 소설의 경계가 허물어지는 징후는 기법의 공간 자질을 전제로 한 매체 함수와 직결된다. 이 역학적 함수 관계를 이해하지 못할 때, 장르의 공간성에 준하는 상호성을 온전히 이해하지 못할 우려가 생긴다.

소설과 영화의 기법 함수

가령, 영화는 연극에 더 가까운가, 소설에 더 가까운가.

통상 영화는 극 장르라고 여겨지기 십상인지라, 이런 질문 자체가 터무니없는 말장난을 예비하는 것처럼 비쳐질지도 모른다. 상식적으로 그렇다. 그러나 영화의 탄생 과정에 연극보다는 소설의 영향이 더 크다는 사실이나, 영화 기법이 소설 기법과 밀접하게 관련된다는 사실이 잘 알려져 있지 않을 뿐, 실상은 상식과 크게 다르다. 최근 영상 매체의 발달과 맞물려 소설이 영화의 기법을 차용하는 예가 드물지 않은지라, 초창기 영화 기법에 소설이 영향을 끼쳤다는 사실을 간과하기 쉽다.

요아힘 패히(Joachim Paech)에 따르면 영화가 탄생하여 제도화되는 과정, 즉 시민 문화와 예술 제도 속으로 영화가 편입되는 과정이 영화의 문학화와 맞물려 있다고 한다.[1] 일찍이 에이젠슈테인(Sergei Eisenstein)은 영국 소설이 미국 초기 영화 제작자들에게 중요한 영향을 끼쳤다는 사실을 직시하고 영화와 문학의 연계성을 드러내려 하였다.[2] 가령 그리피스(D. W. Griffith)가 디킨즈 소설의 구성에서 착안하여 병렬적 몽타주를 안출했다는 사실은 널리 알려져 있다.[3] 기실 단편적인 숏(shot)을 배열함으로써 연속적 시퀀스를 자아내는 영화의 원리는, 단어를 배열하여 연속적인 관념을 떠올리게 하는 서사의 원리와 상동관계에 있다. 영화의 서사라는 것은 단지 영상으로 전해진 이야기 요소를 일컫는 것이 아니라, 영화의 구성 원리 그 자체를 대변하는 말인 셈이다. 구상적인 이미지로 이루어져 있는 숏을 배열함으로써 관객에게 모종의 추상적 관념을 환기시키는 그 원리가, 지시적인 어휘들로써 문장을 만들어 관념을 표현하는 원리와 진배없는 것이다.

이런 영화의 구성 원리는, 직시적인 움직임과 입체적인 무대를 통해 매개되는 극적 구성[4]과 분명히 대조된다.[5] 극적 상황에서 배우의

1) 요아힘 패히, 임정택 역, 『영화와 문학에 대하여』, 민음사, 1997, 50쪽.

2) 로버트 리처드슨, 이형식 역, 『영화와 문학』, 동문선, 2000, 18쪽.

3) "그리피스는 병렬적으로 줄거리를 가져가는 수법을 통해서 몽타주에 도달했다. 하지만 병렬적으로 줄거리를 가져가는 아이디어를 그에게 도입시킨 것도 역시 디킨즈였다. 이 사실은 그리피스 자신이 증명하고 있다."(세르게이 에이젠슈테인, 정일몽 역, 「디킨즈, 그리피스 그리고 우리들」, 『영화의 형식과 몽타주』, 영화진흥공사, 1990, 245쪽: 역자는 '병렬적'이라 하지 않고 '평행적'이라 번역했음).

4) Jean Mitry, Christopher King (trans.), *The Aesthetics and Psychology of the Cinema*, Indiana UP., 1997, p.79.

5) 스크린 위의 연기는 무대의 연기와 완전히 다르다. 연극 배우의 연기는 그의 대사와 나란히 진행된다. 즉 대사를 동반한다. 연극 배우는 실제로 한 순간이 아니라 계속적으로 '연기한다'. 그러나 영화 배우는 연극 배우처럼 모

연기가 관객에게 매체의 중개 없이 전달되고 그 피드백 또한 즉각적일 수 있다는 점을 고려해 보면, 소통 원리 면에서 또한 영화는 극적인 장르와 거리 있다. 어디까지나 영화는 이차원의 평면상에 숏을 투사함으로써 모종의 입체적인 형상을 조작하는 것인데,[6] 그 형상은 소통의 변수인 매체 혹은 채널의 상태에 따라 왜곡될 가능성이 있다. 즉각적인 피드백 또한 기대할 수 없다. 이런 소통 역학은 그대로가 서사적 소통 상황과 다를 바 없다. 구성의 세포(cell)[7]가 각기 숏과 단어로 대별될 뿐 그 구성과 소통 원리에서 영화와 소설이 공통된다.[8] 디테일을 다 기술하지 않고서도 움직임의 전모를 시사할 수 있고, 그런 만큼 관객이나 독자의 해석이 소통 과정에서 중요한 변수가 된다는 점에서도 둘은 공분모를 가지고 있다. 아예, 표현할 수 있는 이야기의 시·공간적 범위를 염두에 두고 보더라도 영화는 극적 장르보다는 서사 장르에 근접해 있다는 점을 의식할 수 있을 것이다.[9]

든 '단계'의 연기를 할 필요가 없다. 영화에는 마임이란 단어 자체가 없다. 영화에는 개별적인 얼굴 표정, 포즈, 제스처가 각각 의미를 지닌 신호처럼 존재한다. 이 때문에 영화의 연기는 연극의 연기보다 더 풍부하고 동시에 더 빈약하며 완전히 다른 층위에서 작용하고 완전히 다른 표현 규범에 따른다(B. 에이헨바움, 「영화 양식의 문제」, 오종우 편역, 『영화, 형식과 기호』, 열린책들, 1995, 80~81쪽).

6) 미트리, 앞의 책, 같은 쪽.

7) 몽타주를 숏 간의 유기적 결합 원리로 파악했던 에이젠슈테인은 숏을 몽타주의 요소로 규정하기보다는 몽타주 세포라고 한다(에이젠슈테인, 앞의 책, 92쪽).

8) 확실히 영화와 소설은 소통 행위와 관련된다. 그런데 그 매재가 다른 만큼, 한 언어에서 다른 언어로 번역하는 과정을 고려하여야 한다는 점을 염두에 두어야 한다(Benjamin Rifkin, *Semiotics of Narration in Film and Prose Fiction*, Peter Lang, 1994, p.8 참조). 그렇지만 그 소통의 화행 상황을 고려하자면, 둘 모두 서사적 소통 양상이 전제된다.

9) 이러한 장르적 상관성은 두 장르의 역사에서 실증된다. 기실 서구의 실례만 아니라, 우리의 경우도 소설과 영화의 교섭 양상이 드러난다고 한다. 김경수의 「한국 근대소설과 영화의 교섭양상 연구」는 그런 실례를 탁월하게 증명

몽타주__서사 구성의 원리

영화는 서사체의 일종이다.

그 서사 자질의 구심에 몽타주가 있다. 몽타주는 단편적인 숏들을 배열하는 원리이다. 연속되지 않은 숏들을 연결하여 연속된 영상을 만들어 낸다는 면에서 몽타주는 병치에 의한 서사 전개에 상응한다.

각각의 영상 단편들은 일단 시각적인 대상인지라 구상적이라 할 수 있지만, 영상을 만드는 데 편입될 때 실상은 개별적으로 아무런 형상도 산출할 수 없는 추상적인 것이 된다. 이를 배열함으로써 이미지를 낳거나 모종의 관념을 자아내야 하는데, 그러다 보면 숏들이 긴밀하게 연결되지 않는 경우가 생긴다.[10] 그런 경우 숏이 불러 일으키는 상징성이나 연상들이 합쳐져 컷(cut)이 이루어진다. 단지 시각적인 요소들만 결합되는 것이 아니라, 연상을 통해 정서적인 요소들이 결합되는 연상의 몽타주를 상정하게 되거나, 비유나 상징을 통해 이미지들이 결합되는 비유의 몽타주를 상정하게 되는 것이다.[11] 요컨대 어떤 식이든 몽타주는 그 자체로는 무의미한 개별 숏들을 엮어 의미 있는 구성체를 안출하는 원리에 수렴된다.[12]

한 글이다(김경수, 「한국 근대소설과 영화의 교섭양상 연구」, 『서강어문』 제15집, 서강어문학회, 1999).

10) 개별 숏들의 의미는 그것들의 접촉과 연결으로 인해 단계적으로 점차 명확해진다. 그 의미들의 기본 표지들 자체는 매우 불안정하다.…(중략)…영화의 연속성은 몽타주가 완벽한 연결이 아닌 단속적인 연결을 야기하기 때문에 독특한 특성을 지닌다(에이헨바움, 앞의 글, 같은 쪽).

11) 몽타주에 관한 이견은, 그 기법이 영화에서 차지하는 비중을 대변하기라도 하듯 매우 분분하다. 그 하위 범주를 분류하는 기준 또한 경우에 따라 다르다. 개념상 혼란의 여지를 일으키거나 분류 기준이 모호한 논의의 예도 많은데, 여기에서는 에이젠슈테인이 직접 논급한 예와 쿠헨부흐의 이론을 가스트가 정리해 놓은 것을 참고하여, 서사적 기법과 관련하여 문제될 만한 것을 논급하고자 한다(볼프강 가스트, 조길예 역, 『영화』, 문학과지성사, 1999, 116~125쪽 참조).

12) 상이한 숏들이 연결되기도 하고 동질적인 숏들이 연결되기도 한다. 상이한

영화의 최소 구성소는 숏이다. 그 숏들은 서로 단절되어 있다. 원천적으로 시간적 연속성이 전제되지 않을 법한 영화에서 서사적 진행 원리를 뒷받침하는 것이 몽타주다. 몽타주로써, 단절된 숏들 간에 연속성이 부여되는 것이다. 이 원리에 기대어 동질적인 숏들 뿐만 아니라 이질적인 숏들끼리도 배열되어 영화 서사를 이룰 수 있다. 기실 언어적 서사를 보더라도, 개별적으로 아무런 관념도 낳지 못하는 단편적 어휘들이 문법에 의해 배열됨으로써 의식에 모종의 형상이나 관념을 불러일으킨다. 서사 원리란 결국 몽타주로써 떠받쳐지고 있다고 할 수 있다. 병렬적인 구성이 연속적인 관념을 산출하는 것이다. 구상적인 행위와 배경으로써 형상을 산출하는 극적 원리와 좋은 대조를 이룬다.

그런 맥락에서 보면, 베어톨트 브레히트(Bertolt Brecht)가 미메시스의 창출에 관여된 전통극의 원리에 대해 서사극 원리를 제시한 것은 시사적이다. 서사극에서는 모든 의미나 즐거움이 개별 신(scene)에서 산출되는 것이지 극 전체에서 산출되는 것이 아니라고 전제된다.[13] 추상적인 무대를 통해 낯설게 한 배경에서, 극적 현실을 실제 현실로 착각하지 않게끔 유도하여 관객들의 비판 의식을 고양시키려 했던 지향을 함께 고려하자면, 서사극은 이미 극적 원리를 본질적으로 해체하려 한 전환적 사유의 소산이었다고 할 수 있다. 추상적이고 개별적인 신을 연결하여 극 전체가 구성된다는 원리는 몽타주와 진배없는

숏들의 몽타주는 의미의 교차점을 뚜렷이 하며 의미의 기본적인 전달자가 된다. 동질적인 숏들의 몽타주는 눈에 띄지 않는 의미의 교차점을 만들고, 이때 의미 변화는 점진적으로 이루어진다. 그렇기 때문에 몽타주가 그 본질상 분절성을 전제로 하지만 숏에서 숏으로 내재적인 변화를 하는 영화에서 관객은 그 분절성을 알아차리지 못한다. 이는 마치 일상 대화에서 언어의 구조적 단위 간의 경계가 드러나지 않는 것과 같다(유리 로뜨만, 「영화 기호학과 미학의 문제」, 오종우 편역, 앞의 책, 190쪽).

13) Roland Barthes, 'Diderot, Brecht, Eisenstein', Philip Rosen (ed.), *Narrative, Apparatus, Ideology: A Film Theory Reader*, Columbia UP., 1986, p.174.

데, 이렇듯 서사적 원리가 배어있기에 서사극이라 했을 것이다.

그런 서사극의 구성 원리는 에이젠슈테인이 언급한 말에서 시사된 영화 구성의 원리와 비교된다. "영화는 에피소드들의 연쇄인데, 각 에피소드는 절대적으로 의의 있고 미학적으로 완벽하다."라거나 "어떤 이미지도 지루하지 않다. 이해하고 즐거움을 얻기 위해 다음 것을 기다릴 필요가 없다."라고 한 말에서 엿보이는 생각이다.[14] 물론 이는 몽타주 개념이 전제된 언명으로, 영화의 서사적 속성을 함축하고 있다.

이때 서사의 구성은 근본적으로 극적 구성과 다른 것으로 전제되어야 옳다. 아리스토텔레스가 일찍이 제기했던 플롯의 요건 가운데 가장 중요한 것이라 강조된 완결성과 통일성은 비극의 구성에 관여된 것이다. 발단에서 결말에 이르는 그 구조는 극적 원리에 국한된 것으로 여겨져야 타당한데, 브레히트의 서사극이 전통극과 대척되는 거점이 바로 플롯의 해체에 있음은 주지의 사실이다. 결과적으로 서사의 구성은 극의 구성과 다른 것으로 전제되며, 구성의 공간성이나 몽타주 원리는 서사의 본질을 점하는 논점이다.[15]

그런가 하면 그리피스가 디킨즈의 소설에서 병렬적 몽타주에 관한 힌트를 얻은 사실은 잘 알려져 있는데, 디킨즈적 구조의 기술은 예컨대 이렇다. 독자는 가장 위험한 순간 주인공을 놓치고, 병렬적으로 진행되는 부차적인 사건 속에서 다시 발견하거나 하며, 책을 여기저기 뒤지며 열심히 주인공을 쫓아 다니게 된다.[16] 사건 전개에 단층(斷層)이 형성된 것인데, 이를테면 서사 구성의 공간 지표가 드러나 있는

14) 바르트, 위의 책, 같은 쪽.

15) 서사의 시간성과 공간성은 모순된 것이라기보다는 층위가 다른 것으로 전제하는 것이 타당할 것이다. 물론 여기서 논점은 구성의 공간성에 국한된다. 서사 공간 형상이나 공간 역학·구도가 이와 관련되는 바 있지만, 논점 층위는 다르다.

16) 에이젠슈테인, 앞의 책, 242쪽.

셈이다. 그 지표를 병렬 몽타주로 번역하여 영화 기법을 안출한 것이다.[17] 디킨즈의 소설이 지닌 조형성과 시각성 그리고 광학성[18]이 대중적 인기의 비결이기도 했겠지만, 그리피스는 바로 그런 매력을 놓치지 않고 포착했던 것이다. 관점을 바꿔 디킨즈 소설의 구성을 보면, 옆길로 빠지는 형태로 이야기의 중간을 꺾는 짧은 중단[19]이나 『올리버트위스트』 15장의 마지막 장면[20]과 같이, 소설 몽타주의 전범이라 할 만한 대목들이 수다하다.

기실 스크린 상에서 대상은 개별 프레임 속에서 객관적으로 존재하지 않는다.[21] 소설이 읽혀서 독자의 의식 속에 남지 않으면 안 되듯이, 모든 '대상'은 필연적으로 지각 가능한 데이터와 지각 주체 사이의 연관으로 전제된다.[22] 인쇄된 어휘의 집합으로만 전제될 때 소설은 아무것도 아니다. 마찬가지로 필름 롤 자체는 아무것도 아니다. 영화는 필름에 찍힌 이미지의 연쇄 없이 존재할 수 없을 뿐만 아니라, 프레임 사이의 연결 고리를 수립하는 움직임(진전movement)과 같은, 숏 사이의 연결고리를 수립하는 내적 논리 없이 존재할 수 없다. 즉, 영화는 변증법 없이 존재할 수 없으며,[23] 이미지의 조합은 이미 모종의 진전을 전제한다.[24] 본디 몽타주는 서로 다른 숏들을 연결하여 배열하는 기술을 가리킬 뿐이다.[25] 그렇지만 독립적이고 비연속적인 타블로(그림tableaux)의 연쇄를 창출하는 기법을 함의하게 되었다. 그리피스가 크로스커팅과 병렬적 행위 기법을 확장시켜 병렬적 몽타주를 창안

17) 위의 책, 245쪽 참조.
18) 위의 책, 247쪽.
19) 위의 책, 260쪽.
20) 위의 책, 261쪽.
21) 미트리, 앞의 책, 89쪽.
22) 위의 책, 같은 쪽.
23) 위의 책, 90쪽.
24) 위의 책, 92쪽.
25) 위의 책, 같은 쪽.

하였고, 이를 에이젠슈테인이 심화한 이래로 그렇다.

요컨대 몽타주 기법은 기본적으로 숏의 배열 문제에 관여적인데, 그 배열이 서사적 배열과 연관된다. 시각적 이미지로 이루어진 단편적인 숏을 연결하여 모종의 형상을 환기해야 하는데, 대상 재현의 국면에 따라 지시적인 형상을 만들 수도 있고, 추상적이고 관념적인 형상을 만들 수도 있다. 지시적인 형상을 위해서는 숏 사이의 연결 자체가 자연스러워야 할 것이므로 몽타주는 연속적인 배열에 집중되어야 마땅하다. 추상적인 형상은 관객의 주관적인 인식 과정을 거쳐 완성되므로, 서로 다른 유형의 숏들을 교차시키거나 병렬적인 숏들을 배열하여 관념적 이미지를 창출하는 데 주안해야 한다. 결과적으로 배열은 비연속적일 수밖에 없다. 통상 소설을 분석하는 데 응용되는 몽타주란 이런 식의 병렬적 몽타주 기법이나 비유적 몽타주[26] 기법을 가리키는 경우가 대부분이다.[27] 영화에서 인물의 내면 심리를 드러낼 때 이런 몽타주 기법을 적용하곤 하는데, 소설의 경우에도 잠정적으로 심리소설 계열로 분류되는 작품들에서 그런 표지가 많이 발견된다. 가령 이상의 「날개」는 숏의 병치 기법이 적용된 예다.

> 박제가 되어버린 천재를 아시오? 나는 유쾌하오. 이런 때 연애까지가 유쾌하오.
>
> 육신이 흐느적흐느적하도록 피로했을 때만 정신이 은화처럼 맑소. 니코틴이 내 회ㅅ배 앓는 뱃속으로 스미면 머리 속에 으레 백지가 준비되는 법이오. 그 위에다 나는 위트와 파라독스를 바둑포석처럼 늘어놓소. 가증할 상식의 병이오.[28]

---

26) 일견 비유는 그 자체가 언어의 몽타주 원리를 대변한다. 이질적인 어휘를 등가적으로 배열함으로써 모종의 이미지나 관념을 불러일으키는 것이 병렬적 몽타주에 상응하는 셈이다.

27) 여기에서 병렬적 몽타주에 국한시켜 얘기하자면, 몽타주는 그 자체가 서사 구성의 공간성 지표가 된다. 그런데 앞에서 많이 논급한 대로, 서사 공간의 자질은 소설에서 이질적인 요소가 아니다.

글에서 관건이 되는 것은 문장과 문장 사이의 연속성이다. 혹은 어휘와 어휘 사이의 연속성이다. 수직적이고 병렬적인 선택축(paradigme)에서 어휘를 선택하여 이를 수평적이고 연속적인 결합축(syntagme)에 배열함으로써 문장이 이루어지고 문단이 이루어지며 글 한 편이 이루어진다. 물론 선택된 어휘 간에 관념적이고 논리적인 연계성이 없다면 그 문장은 의미를 발하지 못할 것이다. 문장과 문장, 문단과 문단 사이의 연계성이 있어야만 문단의 의미가 드러나고 글 전체의 의미가 드러난다. 그것이 통사의 원리요, 결국 서사 원리의 기초다. 그런데 「날개」에서는 그런 원리가 와해되어 있다.

첫 번째 문장과 두 번째 문장은 그 자체가 통사적 원리에 크게 위배되지 않았다. 그러나 두 문장 사이의 연속성은 없다. 인과적으로도 그러하고 정서적으로 그러하다. 이에 비해 두 번째 문장과 세 번째 문장 사이에는 연속성이 있다. '유쾌함'이 공통되어 있어서 그러하다. 그런데 세 번째 문장은 그 자체에 문제가 내재해 있어 종내 두 문장 사이의 연속성조차도 와해되어 버린다. '이 때'는 피(被)지시항이 없으며, '연애까지가 유쾌하다'는 상념이 정서적으로 이해되지 않을 뿐만 아니라, 문장의 토픽인 '연애' 자체가 갑작스레 제기된 것인지라 문장 전개의 논리에도 부합되지 않는다. 결국 한 문단을 구축하고 있는 이 세 문장 사이에서 어떤 연속성도 찾아 볼 수 없다. 다분히 독자들은 자신의 관념을 투사하여 의미를 구축하지 않으면 안 된다. 병치된 숏을 이해할 때와 다를 바 없이, 연상이나 상징적 추론을 통해서만 이 문단을 이해하거나 아니면 이해 못하거나 할 것이다.

이런 상황은 뒤이은 문단에서도 마찬가지이다. 특히 '나'의 의식 자체가 문제시되기도 하는데 '연애<u>까지가</u> 유쾌하오' 한 것처럼, '육신이 <u>흐느적흐느적하도록</u> <u>피곤했을 때만</u> 정신이 은화처럼 맑소' 한 것은 일

28) 김윤식 편, 『원본 · 주석 이상문학전집2 — 소설』, 문학사상사, 1991, 318쪽(한자는 한글로 바꾸어 인용함).

상의 상식을 뒤엎는 상념이다. 그래서인지 상식을 '가증할 병'이라고 단언해버리는지도 모른다. 그렇게 '나'는 '그' 상식의 세계에서 벗어나고자 하거나, 상식이 통용되는 현실의 세계에서 아예 일탈하고자 도모한다. 현실 세계에서 벗어나 상식에 얽매이지 않은 세계로 탈주하고자 하는 의식이 이렇듯 언술된 셈이다.

물론 이런 해석은 문장 간의 연속성을 전제로 한 논리적 추론의 결과가 아니다. 상징을 해독하고 이미지의 관계를 연상하여 잠정적으로 내린 해석이다. 그 해석 자체도 소설 전반에 걸쳐 일관될 것이라고 자신할 수 없다. 미시적인 국면들을 놓고서 매번 일관된 해석의 코드와 이미지의 연상 작용을 적용할 수 없게끔 구성된 '텍스트'이기 때문이다. 이를테면 해석조차도 몽타주해야 할 상황이 펼쳐진다고 해도 좋을 만큼, 이 소설의 의미를 연속된 문장 원리로 설명하기 곤란하다.

이런 면에서 볼 때, 겉으로 전혀 영화적 형상과 관련 없을 듯 보이는 이 소설은, 영화에서 유력한 기법 가운데 하나인 몽타주의 여러 국면들을 소설로 보여주는 전범이라 할 수 있다. 기실 몽타주는 영화 구성에서 리얼리티라는 환영을 제거하는 기제로 인정된다. 객관적인 관찰 결과를 기술하는 묘사적 수준의 몽타주는 에이젠슈테인 식으로 말하자면 몽타주가 아니며 상투적인 숏 배열법에 불과하다. 이런 맥락을 고려하여 「날개」는 영화적 기법을 전면적으로 적용한 소설이라고 할 만하다. 물론 서사 기법 면에서 몽타주를 단서로 따지자면 영화 기법이 소설 기법과 공분모를 가지고 있다는 데 유념해야 한다.[29)]

29) 페이드나 디졸브 등 장면 전환 기법이나, 플래쉬 백 같은 시간 역전 기법도 영화 기법을 소설에 응용한 것으로 보이지만, 실상 영향 관계를 쉽게 따질 수는 없다. 서사를 전개하다 보면, 장면을 전환하거나 과거를 회상하거나 하는 대목이 없을 수 없으며, 이때면 극히 자연스레 그런 기법을 적용할 수밖에 없을 것이다. 영화의 고유 기법이 아니라 보편적인 서사 기법으로 인정되어야 타당하다.

시점__서사 기술의 역학

영화는 본질적으로 시각적 이미지인 영상으로써 관객의 정신에 모종의 관념적 형상을 불러일으키는 작용을 한다. 그것이 직관적으로 이루어지거나 인식 과정을 거쳐 이루어지거나 한다. 그런데 영상의 소재는 공간적 시각 예술의 영역에 있지만 소재를 전개하는 방식은 숏들을 배열하는 것이므로 시간적인 서사 영역에 있다.[30] 그렇다 해도 그 매재(媒材)가 영상인 만큼 입체적 공간 형상을 구현하는 데 무관심할 수 없다. 스크린이라는 표현 매체의 평면성을 극복하여 프레임을 입체감 있게 표현하기 위해서는 카메라-앵글이 관건이다. 즉 시점이 문제되는 것이다.

그런데 스크린에 투사되는 영상은 화면에 정지된 회화적 형상이어서 삼차원 공간에 구현된 조형적 형상과는 사뭇 다르다. 숏들이 연속적으로 영사되는 과정에 형상이 드러나는 만큼, 단순히 카메라-앵글이나 카메라-워크만 따져서 시점 문제를 논급할 수는 없는데, 이는 영화의 서사적 속성 때문에 그렇다. 기실 영화에서 시점을 문제 삼는 방법은 소설에서 시점을 문제 삼는 방법과 유사하다. 주지하다시피 시점의 원류가 공간 예술의 분석에 관여적인 만큼, 이는 영화의 공간성 문제와 직결되는 것이기도 하다. 거듭 전제하거니와 여기에서 영화의 서사라 함은 영화로 전달된 스토리 층위의 이야기 요소를 가리키는 것이 아니라, 숏의 단편이 연결되어 영화가 이루어지는 구성을 지칭한다. 여기에는 필연적으로 서사적 소통 모델에 입각하여, 서술자·텍스트·관객의 역학에 관한 논점이 제기되게 마련인데, 시점은 그 역학을 밝히는 데 가장 중요한 관건이다.[31]

---

30) Ju. 뜨이냐노프, 「영화의 기반」, 오종우 편역, 앞의 책, 15쪽 참조.

31) 소설의 경우 사실은 시점이란 말 자체가 비유적일 수 있다고 하여 목소리로 대신하여 지칭하거나 아예 서술상황, 초점화 등으로 논점의 층위를 다시 구축한다. 이에 비해 영화의 경우 서사적 소통이 시각적으로 매개되는 만큼,

그런데 영화에서 서술자를 누구로 상정할 것인지는 의외로 곤혹스런 문제다. 일단 표면에 등장하여 해설자 역할을 하는 이를 글자 그대로 서술자(내레이터)라고 할 수 있다. 그렇지만 영화는 말이나 글을 매재로 하지 않는다. 가령 그럴 경우 무성 영화에서는 서술자가 없다고 해야 할 것이다. 변사는 그저 영사된 화면을 보고 인물의 말투를 흉내내어 인물 역할도 했다가 때로 장황설을 덧붙이기도 하니, 영화 외적인 요소로 전제해야 타당하다. 물론 역할을 따져서 무성 영화의 경우도 유성 영화와 마찬가지로 인물과 서술자를 그런 식으로 상정할 수 있을 것이다. 그렇다고 해도 역시 해설자는 서술자 층위일 수 없다. 말 아닌 화면에 비친 연속된 그림이 영화 매체의 가장 중요한 요소이기 때문이다. 소설에서 서술자가 말의 단편(단어)을 이어 이야기를 기술해 나가듯이, 영화에서 서술자는 영상의 단편(숏)을 이어 영화 서사를 구성해가는 역할을 하는 이라야 한다. 그렇다면 카메라맨 정도가 이에 해당될 법한데, 카메라맨 역시 연출자의 지시에 따라 카메라-워크를 진행하는지라 감독이 서술자라고 해야 하는 상황에 직면하게 된다. 그렇다고 감독이 곧 서술자라고 단언할 수는 없는 노릇이다. 감독의 의도도 결국 카메라맨의 촬영에 의해서만 구현되게 마련이기에 영화의 서술에 직접 관여하는 것은 아무래도 카메라맨일 가능성이 큰 것이다. 이를테면 감독은 내포작가 층위에 속하며 카메라맨이 서술자 층위에 속한다고 할 수 있다. 물론 본질상 감독이든 카메라맨이든 실제 사람을 지칭하는 것이 아니며 서사 기제 차원에서 지칭하는 항이다.[32] 결과적으로 카메라맨이 아니라 카메라가 서술자에 상응하는 셈이다.[33]

온전히 시점이라 할 수 있다.

32) 소설에서 내포작가나 서술자 역시 서사 기제의 차원을 점할 뿐이다. 실체로서 전제된 것이 아니라, 서사를 구성하는, 혹은 서사의 전개 과정에 구성되는 기제인 것이다.

33) 리프킨, 앞의 책, 41~42쪽 참조.

영화에서 시점은 카메라와 인물 사이의 역학에서 파생된다. 그 역학은 한 영화 전체에 걸쳐 일관된 시점이 유지되기 힘들 것임을 전제로 한다. 말하자면 시점은 숏이나 컷 단위의 분석이 관건이다. 카메라의 위치와 초점을 고정시키고 영화 전편을 촬영하는 예는 찾아볼 수 없다. 숱한 숏이나 컷 단위로 카메라-워크가 진행될 것임을 전제할 때 영화 서사의 시점은, 소설 서사의 시점을 논급할 때 문제삼는 서술상황이나 초점화에 상응하여 미시적인 분석이 요구되는 논항으로 여겨진다. 그런데 보통 영화의 시점을 전반적으로 규정하여 객관적인 관찰자의 시점을 본질로 한다고 전제하고, 이와 대조적으로 소설의 시점은 전지적 서술자의 시점을 본질로 한다고 전제하곤 한다. 그럼으로써 소설에서 관찰자의 객관적인 시점이 드러난 경우를 두고서 영화기법을 적용한 사례라고 논급할 전제를 세우는 것이다. 그렇지만 이는 영화에서 시점 논의의 층위가 미시적인 컷이나 숏 단위라는 점, 소설에서 시점 논의의 층위 역시 문장이나 어구 수준이라는 점을 간과한 억측이다. 나아가 그런 전제는 카메라-렌즈가 객관적인 촬영 수단이라고 전제하여 유도된 결론에서 파생된 것인데, 이 또한 숏을 구성하는 데 작용하는 카메라-앵글과 카메라-워크의 역동성을 고려하지 않은 인상적 논의에 불과하다.

물론 카메라는 인물이나 사물의 외양만 포착할 수 있으므로, 관찰자로서 객관적인 입장에 선 서술자 역할을 담당할 법하다. 그러나 그 퍼스펙티브는 외적인 투시(Außenperspektive)이거나 내적인 조망(Innenperspektive)이거나 하는 양상으로 대별되어 드러나게 마련이다. 가령 시점 숏(point of view shot)은 주관적 숏(subjective shot)이라고도 하는데, 카메라를 객관적인 외부에 고정시키지 않고 인물의 시점에서 영상을 만드는 기법이다. 이 경우 인물 서술상황과도 같이 내적 조망의 퍼스펙티브가 전제되는 것이다. 롱 숏으로써 조감하는 장면 같으면 다분히 작가 서술상황과 같은 외적 투시가 전제된다. 이 경우 카메라와 대상 간의 거리감을 표출하는 숏의 양상(롱 숏에서 극단적인 클로즈업에 이르기까지)과 관련하여서도 시점의 양상이 달라질 텐데, 숏들이 몽타주되는 양상까지 결부되면 그 역동성은 극에 다다르게 된다. 카메라와 관련하여 시점 문제를 단적으로 환원 설명할 수는 없는 이유가 여기에 있다.

요컨대 소설의 시점을 논급할 때 카메라-아이(camera eye)를 단서로 전지적 시점과 관찰자적 시점의 경계를 논급하려는 것은 오류다. 더욱이 각각을 주관적 시점과 객관적 시점으로 환원하는 것은 소설의 시점 논의를 단적으로 오도하는 결과를 낳는다. 기실 영화와 소설의 장르적 변별 자질을 분석적으로 전제하지 않아 생긴 문제일 것이다. 영화 자체가 서사 장르에 가깝다는 점, 그 소통 모델이 소설의 소통 모델과 상응한다는 점 등이 온전히 고려되어야 한다. 최종 구현 매체가 공히 이차원의 평면이며 그 평면에 형상을 기술해야 한다는 공통점이 고려되어야 한다. 그 구성의 최소 단위가 숏과 어휘로 대별될 뿐이다. 변별 자질을 논급하는 것은 바로 그 지점에 있을 것이므로, 논점은 회화적 이미지와 언어적 이미지 사이의 대비에 있는 셈이다. 그렇지만 텍스트 차원에서 논의를 진행할 때에는 그 구성에 대해 논급하는 것이 관건이므로 실상은 영화 서사와 소설 서사의 공통점이 부각되는 것이다. 카메라 렌즈는 그 자체로서 객관적인 숏을 잡을 수 있는 도구지만, 문제는 이것이 연출된 형상을 잡아야 하는 까닭에 결코 객관적인 기제가 아니라는 데 있다. 일견 영화 서술자로서 카메라는 영화 세계의 모든 것을 제어하는 전지자 역할을 한다고도 할 수 있다.

거듭 언급하거니와 카메라는 실체 아닌 영화의 구성 기제다. 이를테면 소설의 서술자는 영화의 카메라에 정확히 대응된다. 카메라-아이가 별도의 기법으로 상정되는 것 자체가 이런 서사적 역학 구도를 염두에 두지 않아 비롯된 오해다. 앞서 언급한 대로, 혹 카메라-아이를 그렇듯 전제한다 하더라도 영화에서조차 그런 시점으로 만들어진 실례는 찾아 볼 수 없다. 조작되지 않은 카메라-워크는 있을 수 없기 때문이다.

그런데도 특히 소설에서 영화 기법이라 하여 시점 논의 맥락에서 그런 얘기가 오가는 것은 서사 시점의 논항들을 온전히 재고하지 않은 데서 비롯된 문제 상황을 시사한다. 특히 영화 기법을 적용한 전범처럼 꼽히는 『천변풍경』은 이런 맥락에 비추어 재고할 여지가 다분하다. 요컨대 그런 논의는 대개 최재서의 입론에서 비롯되었다.

> 문제는 재료에 있는 것이 아니라 보는 눈에 있다. 주관의 막을 가린 눈을 갖이고 보느냐 아모 막도 없는 맑은 눈을 갖이고 보느냐 하는 데서 예술의 성격은 규정된다. '막을 가리지 않은 맑은 눈'이란 말에 논쟁은 집중될 것이다. 키네마에 있어서의 캐매라의 존재는 이 문제에 대하야 우리에게 적지않은 서광을 던져준다고 나는 생각한다. 사람의 눈이 캐메라와 마찬가지의 기능을 발휘치 못함은 말할 것도 없다. 그러나 예술가가 될 수 있는 대로 캐메라적 존재가 되랴고 하는 노력과 및 그 노력이 어느 정도까지 성공한 실례를 우리는 현대문학에서 얼마던지 구할 수 있다.[34)]

최재서는 '주관의 막'이 없는 '맑은 눈'이 카메라와 상응하며 이는 곧 객관성을 지닌다고 전제한다. 뒤이어진 논의 맥락까지 고려하자면, 소설가는 최대한 그런 카메라에 육박하려고 노력해야 한다고 한다. 물론 "소설가는 카메라인 동시에 이 카메라를 조정하는 감독자일 수 있다."(101)고 함으로써, 객관적이기에 일률적인 숏을 만들어 낼 법한 카메라와는 달리 주관적인 "개성"(101)을 개입시킬 수 있다고 주장한다. 그는 분명히 카메라와 이를 조정하거나 화면을 연출하는 사람을 개별적인 실체로 전제하여 논의를 펴고 있다. 다만 소설과 영화에서

34) 최재서, 「『천변풍경』과 『날개』에 관하야」, 『문학과 지성』, 인문사, 1938, 100~101쪽. 원문에 준해서 인용하되, 편의상 한자를 한글로 고치고 띄어쓰기를 고침. 이하 인용할 때에도 이에 준할 것이며, 페이지 숫자만 병기할 것임.

공통된 시점 문제를 최소한 의식하고 논의에 나선 것으로 사료된다.

이때 소설가의 카메라적 시선은 사태의 외양에만 향해 있지 않고, 가장 주관적인 영역이라 할 수 있는 "자기 자신의 내면 세계"(102)에까지 향해 있다고 한다. 물론 여기에는 논리적 착종이 있다. 이를테면, 논의의 서두에서 잠정적으로 얘기하듯이 "주관을 객관적으로 보았다"(98)는 점을 부각시키기 위해 그런 논지를 제기한 것으로 보이지만, 실상 문맥상으로 당착이 빚어진 것이 분명하다. 자신의 내면 세계를 보는 눈은 원천적으로 '주관의 막'이 중층된 '탁한 눈'일 테니 말이다.

한편 『천변풍경』에 대해 논급하여, 영화를 보면서 카메라를 의식하지 않듯이, 이 소설을 읽으면서 작자를 의식하지 않는다고 한 대목도 주목을 끈다. "작자의 위치는 이 작품 안에 있지 않고 그 밖에 있다."(103)는 말과 함께 카메라적 존재로서 소설가의 의의를 분명히 드러내기 때문이다. 과연 그는 「날개」를 '리얼리즘의 심화'라는 견지에서 파악하려고 했기에 대상의 객관성보다 이를 관찰하는 시각의 객관성을 부각시켜야 했을 것이다. 그점이 결론으로야 잘 드러난 듯하여 신선한 충격이었을지 모르지만, 중요한 논리적 전제를 도출하는 과정에서 모순이 노정된 만큼 타당한 입론으로 받아들일 수 없다.[35] 특히 카메라와 소설가의 관계를 단적으로 설정하려 한 데 이론의 여지가 없을 수 없다. 단선적인 상식으로는[36] 논의를 심화할 수 없는 법이다.

그는 『천변풍경』에 대해 상당한 불만감을 표한다. 그 이유는 「날개」에서와 같이 카메라를 조정하는 감독자의 개입 흔적이 없다는 것이

35) 인물의 내면 심리를, 그것도 분열된 자의식을 관찰한다는 것은 가능한 입론이다. 더욱이 이런 양상을 영상으로 형상화하는 기법이 있다. 실로 카메라의 시점에 대한 논의 맥락에 포함될 입론이다. 그렇지만 그 경우 카메라는 최재서가 전제하듯 객관적인 '맑은 눈'의 속성에서 이미 벗어나 있다. 시점 논의에서 거시적인 환원론은 온전한 논점이 아니다.

36) 당시 정황으로 미루어 보아 영화에 대해 그가 보인 지식의 면모는 문인들 사이에서는 이미 상식적인 것이다. 김경수, 앞의 글 참조.

다.[37] 그런데 조작 없는 카메라는 없다. 카메라 자체가 연출자의 의식의 개입으로 빚어지는 시점의 조정을 받는다. 전술한 대로, 카메라는 카메라와 조작 기제를 아우르는 개념이지, 외따로 존재하는 실체가 아니다. 이런 맥락에서 최재서가 『천변풍경』의 대목들을 분석해 놓은 것은 잠정적인 가설로서만 인정해야 한다. 가령 다음과 같이 시점 문제와 관련된 입론을 제시하는데 그 시점의 역학을 재고할 여지가 다분한 것이다.

> 즉 우리가 키네마를 보면서 캐메라의 존재를 의식치 않는거와 마찬가지로 우리는 이 작품을 읽으면서 작자를 의식치 않는다. 작자의 위치는 이 작품 안에 있지 않고 그 밖에 있다. 그는 자기 의사에 응하야 어떤 가작(假作)적 스토리를 따라가며 인물을 조종치 않고 그 대신 인물이 움즉이는 대로 그의 캐메라를 회전 내지 이동하였다. 물론 그 캐메라란 문학적 캐메라—소설가의 눈이다. 박씨는 그의 눈 렌즈 우에 주관의 몬지가 안지 안토록 항상 조심하였다. 그 결과는 우리 문단에서 드물게 보는 선명하고 다각적인 도회 묘사로서 우리 앞에 낱아나잇다. 이 작품을 읽은 사람이면 이 방법에 있어서의 작자의 성공을 어느 정도까지 인정할 것이다.
>
> 3.
>
> 그러나 우리는 『천변풍경』에 있어서 캐메라를 지휘하는 감독자적 기능에도 마찬가지 정도로 성공을 보여주지 못하였음을 섭섭히 생각한다. 박씨의 캐메라는 그가 향한 곧을 잘 촬영하였다. 그러나 그보다 몬저 박씨는 자기의 캐메라를 어듸로 향할가, 그리고 장면 연계에 어떠한 의도를 줄까? 이런 점에 대하야 소설가에 소설 기술 이상의 그 무엇이 필요하다 함은 더욱 진리일 것이다. 기술 이상의 그 무엇이란 결국 묘사의 모든 디테일(세부)을 관통하고 있는 통일적 의식—그것은 사회에 대한 경제적 비판일른지도 모르고 또 인생에 대한 윤리관일른지도 모른다.[38]

과연 카메라-아이라 할 법한 시점을 염두에 두고 『천변풍경』에 대

---

37) 그런데 정작 그는 「날개」를 논급할 때 이런 문제에 대해 논급하지 않아 논지가 흐트러지고 말았다.

38) 최재서, 앞의 책, 103~104쪽.

해 논급한 바다. 소설가의 눈, 즉 서술자의 시각을 문학적 카메라에 견주어, 서술자가 서사 세계의 외부에 위치하여 인물의 행위를 주욱 따르며 기술하고 있는 상황을 전제하고서 이렇듯 분석하고 평가한 것이다. 객관적인 시각으로써 사태를 관찰하고 아무런 의식의 개입 없이 그대로 기술하는 방식, 그것이 서사적 시점 논의에 비추어 카메라-아이 기법이라는 점은 의심의 여지가 없다. 그렇지만 앞서 언급한 대로 카메라-아이가 '주관의 먼지' 하나 앉지 않은 맑은 렌즈일 수는 없다. 소설가의 눈이 문학적 카메라에 견주어진다면, 그 눈을 움직이는 신경의 작용이 있을 법하다. 카메라를 움직이는 모종의 동인이 있어야 하는 것이다. 물론 서술자의 의식이 개입하는 정도가 희박한 경우라면 그래도 카메라-아이를 상정해 이해할 수 있을 것이며, 최재서는 『천변풍경』을 두고서 이런 맥락으로 이해하려 했던 것이다. 따라서 이념적 의식이 제거된 그 소설의 디테일을 비판할 거점이 마련되었다고 볼 수 있다. 이를테면 이념적 시점[39]의 부재가 약점으로 부각되었던 것이다.

그렇지만 『천변풍경』의 디테일을 검토해 보면, 이렇듯 환원해서 논급할 수 없음을 금세 깨닫게 된다. 카메라-아이에 가장 걸맞은 듯 보이는 모두(冒頭)만 하더라도 실은 객관적인 카메라의 초점이 맞춰져 묘사가 진행되지는 않는다.

> 정이월에 대독 터진다는 말이 있다. 딴은, 간간히 부는 천변 바람이 제법 쌀쌀하기는 하다. 그래도 이곳, 빨래터에는, 대낮에 볕도 잘 들어, 물속에 잠근 빨래꾼들의 손도 과히들 시립지는 않은 모양이다.
> "아아니, 요새, 웬 비웃이 그리 비싸우?"
> 주근깨 투성이 얼굴에, 눈, 코, 입이, 그의 몸매나 한가지로 모두 조그맣게 생긴 이쁜이 어머니가, 왜목 욧잇을 물에 흔들며, 옆에 앉은 빨래꾼들을

39) 보리스 우스펜스키, 김경수 역, 『소설 구성의 시학』, 현대소설사, 1992, 31쪽.

둘러보았다.

"아아니, 을말 주셨게요?"

그보다는 한 십 년이나 젊은 듯, 갓 서른이나 그밖에는 더 안되어 보이는 한약국집 귀돌 어멈이 빨랫돌 위에 놓인 자회색 바지를 기운차게 방망이로 두드리며 되물었다. 왼편 목에 연주창 앓은 자국이 있는 그는, 언제고 고개를 약간 왼편으로 갸우뚱한다.[40)]

첫 번째 문장은 정확히 서술자의 언설이다. 뒤에 이어진 문장들이야 가령 영화로 표현한다면 극화하여 드러날 수 있지만 이 문장만큼은 내레이션으로 처리해야 한다. 사실 뒤이은 문장에서도, 예컨대 '딴은'이나 '그래도', '앓은 모양이다' 등과 같은 표현을 엄밀히 따져 보자면, 그 어느 한 문장 서술자의 개입이 배제된 것은 없다. 그나마 그 서술자는 관찰자 입장을 견지하려는 듯 인물들의 지각과 인식에 쉬이 개입하려 들지 않는다. 그리고 인물들의 발화를 그대로 전함으로써, 말하자면 객관성을 유지하려고 한다. 서술자 자신의 지각과 판단이 아니고서는 쉬이 단정하는 어투가 없다. 그렇다고 하더라도 서술자의 지각과 판단은 인물들의 담소와 행위를 기술하는 가운데도 꾸준히 간섭하고 있다. '청계천 빨래터'의 풍광을 묘사하고 빨래하는 아낙들 사이에 벌어지는 담화를 카메라-아이로써 기술하는 것은 분명 아니다. 서술자가 인물과 배경을 제시하면서 "주관적이거나 전지적인 입장을 떠나 자신의 역할을 카메라 렌즈의 그것처럼 제한"[41)]하는 정도이지, 맑은 카메라 렌즈로 촬영한 영상을 그대로 구현하는 식은 결코 아니다.

게다가 그런 서술상황이 일관되게 펼쳐지는 것도 아니다. 당장 다음 대목인 '이발소의 소년' 절에서만도 서술자는 두드러진 전지자적

---

40) 박태원, 『천변풍경』, 깊은샘, 1989, 15쪽. 이하 인용시 페이지 숫자만 병기할 것임.

41) 김경수, 앞의 글, 189쪽.

태도를 견지한 서사를 전개하고 있다. 물론 그런 태도는 전면에 드러나지 않고, 인물을 초점화하여 서사를 펼치는 식으로 드러나 있다. 다소간 착종의 여지가 있는 것이 사실이지만, 굳이 얘기하자면 시점 숏에서 이루어진 서사가 펼쳐져 있는 것이다. 기실 '청계천 빨래터' 절도 시점 숏으로 이루어진 것이지 서사 세계의 외부에 위치한 카메라에 포착된 숏들로 이루어진 것이라고 할 수 없다. 서술자 역할을 하는 듯한 어떤 인물의 시점에서 카메라-워크가 이루어진 것으로 여겨지는 것이다. 롱 숏과 클로즈 숏이 교차적으로 배열된 듯 서술된 점이 영화의 '소프트 컷'으로 편집된 장면적 몽타주나 묘사적 몽타주[42]를 연상시킬 뿐이다. 이런 식으로 영화 기법이 환기되는 것은 사실이지만 극단적인 카메라-아이는 찾아볼 수 없다.

이런 식의 카메라-워크와 숏 배열은 영화 서사에서 흔히 쓰이는 것이며, 그런 정황을 연상시키는 대목의 전개 양상 또한 소설 서사에서 흔히 운용되는 형태다. 물론 『천변풍경』에서 이런 서사가 지속되어 있다면 그나마 최재서의 견해에 수긍할 만하다. 그러나 다음과 같은 기술 내용도 곧잘 드러나 있어, 카메라-아이는 『천변풍경』의 시점을 규정하는 데 유효하지 않은 것으로 드러난다.

> 오늘도 이발소 창 앞에가 앉아, 재봉이는 의아스러운 눈을 들어, 건너편 천변을 바라보았다. 신수 좋은 포목전 주인은 가장 태연하게 남쪽 천변을 걸어가고 있었던 것이다. 우리가 이미 알고 이는 바와 같이, 그는 가운데 다방골 안에 자택을 가지고 있다. 그러한 그가 종로에 있는 그의 전으로 나가기 위하여, 그 골목을 나와 배다리를 건너는 일 없이, 그대로 남쪽 천변을 걸어, 광교를 지나가더라도 우리는 별로 그것에 괴이한 느낌을 갖지 않아도 좋을 것이다. 그 노차는, 먼저 다리를 건너, 북쪽 천변으로 하여 광교에 이르는 그것과, 어느 편이 좀더 멀고 가까운 것이 없는 까닭이다. 그러나 소년의 관찰에 의하면, 그는 일찍이 남쪽 천변을 걷지 않았다.(74쪽)

42) 가스트, 앞의 책, 113, 116, 118쪽.

이 대목에서는 인물 재봉이를 초점화하여 포목전 주인의 행로를 기술하는 것으로 전제되어 있다. 지각의 주체는 분명 재봉이이며 서술의 주체는 서술자이다. 그런데 실상은 재봉이가 명목상 초점화자로 상정되었을 뿐, 그의 지각 내용이 온전히 드러나 있지 않고 오히려 서술자의 지각인 듯 보인다. 작가 서술상황에서 기술되었기 때문이다. 재봉이의 시선이 전제되었고 그가 관찰한 바를 바탕으로 기술되었지만, 그의 지각은 서술에 종속된 것으로 드러난다. '재봉이는 의아스러운 눈을 들어'라고 하거나 '소년의 관찰에 의하면' 하는 식으로, 인물의 지각이 온전히 기술된 것이 아니고, 서술자의 지각과 판단에 한정된 선에서 기술되어 있다. '우리는~좋을 것이다'를 보자면 서술자는 굳이 독자를 향해 말을 건네는 듯 보인다. 서술자의 힘이 강하게 드러난 셈이다. 이런 맥락에서 "그러나, 재봉이는 마침내 한 개의 새로운 사실을 발견해 내고야 말았다."나 "그러나, 그것은, 물론 이제 여남은 살이나 그밖에는 더 안된 소년이 능히 알아낼 수 있는 그러한 문제가 아니었다. 마침내, 그는 그것을 이발소 주인에게 말하고, 그에게서 그 까닭을 배웠다." 같은 언설이 이어 드러나는 것이다.

서술자는 인물의 내면을 꿰뚫어 보고 있으며 서사 세계의 면모를 속속들이 아는 것으로 비친다. 만약 이 대목을 영상으로 처리하려면 내레이션 처리하거나, 비연속적인 숏들을 교차 배열함으로써 이 대목의 내용을 연상시킬 만한 몽타주를 구성해야 할 것이다. 하나의 컷에서 시점이나 배경조차 일정하게 유지되지 않는 만큼, 아예 병렬적인 몽타주를 안출해야 하는 것이다. 결국 이런 맥락에서는 관객들의 지각과 인식에 관념적 형상을 구현하는 수법이 효과적이다.

카메라의 렌즈 자체는 객관적인 형상을 그대로 받아들여 재현하는 도구로 여겨질지 모른다. 그렇지만 이는 절대적인 실체로 전제되었을 때만 그렇다. 기제로서 실제 촬영에 작용될 때에는 연출자나 카메라맨의 조종을 받을 수밖에 없다. 결국 카메라에 포착되는 영상은 객관적 실체 아닌 상호 주관적 구성체이다. 더욱이 포착된 숏은 편집에 의해 재구성되고서야 스크린에 투사된다. 영화는 그렇게 만들어진다. 흔히 영화 기법을 차용하여 서사적 시점의 한 국면으로 전제하고 있는 카메라-아이란 영화 기법조차도 아닌 셈이다. 그것은 영화에서도 이상적인 숏을 구현하는 이론적인 기법 정도로 이해되어 마땅하다. 『천변풍경』이 영화 기법에 상응하는 서사체인 것은 맞는 얘기지만, 이는 이 작품에만 적용되는 함수가 아니라, 기실은 소설 전반에 걸쳐 적용되는 함수인 것이다. 어떤 소설도 영화 기법으로 설명할 수 있다. 소설이든 영화든 서사가 원형질을 이루고 있기 때문이다. 특히 시점을 거론할라치면 두 서사 기법 간의 함수를 되새기기 십상이다.

롱-테이크__서사의 미장센

한편, 타르코프스키(Andrei Tarkovskij)의 영화를 관심있게 지켜본 이라면 자칫 지루할 정도로 펼쳐지는 롱-테이크들을 기억할 것이다. 영화 마니아들 사이에서 유명한 그의 영화 가운데서도 명장면을 꼽으라면, 으레 롱-테이크로 잡은 컷을 댄다. 단속적인 숏들을 연결하여 영상의 서사적 효과를 자아내는 몽타주와 달리, 롱-테이크는 컷 하나를 극단적으로 늘어뜨린 양상이므로 이를테면 서사적 원리에 역행하는 기법이다. 세팅의 변화도 없고 카메라-워크도 없이 시점이 고정된 장면이 숏 하나에 지속되다 보니, 회화적 이미지가 극화된다. 영화 서사의 재료이거나 배경에 불과할 그런 이미지가 극화됨으로써 서사성이 떨어질 것은 말할 나위 없다. 극적 장르에서나 주요 국면으로 강조되는 미장센(mise en scéne)이 영화 전면에 부각되는 것이다. 미장센을 퇴색시키는 기제인 몽타주에 반하여, 타르코프스키는 영화의 서사성을 의도적으로 봉인하려 심산한 셈이다.[43] 과연 그는 "영화에서 나를

43) 그가 쓴 책의 제목이 '봉인된 시간'인 것 자체가 시사적이다. 그는 직선적으로 전개되는 몽타주를 넘어서는 영상의 미학을 안출하려 했던 것이며, 결국

매혹시키는 것은 그 정서적인 연결, 그 시적 서정성의 논리이다."[44]라고 언명하며 자기 영화 세계의 단면을 시사하고 있다.

정서는 대체로 직관적인 의식 작용이다. 그것은 모종의 이미지로써 형상화되게 마련이다. 빠르게 교차되는 숏으로는 그런 정서를 표현할 수 없다. 서정 장르의 핵인 시의 형식이 원체 간결하고 직관적이라는 점은 시사적이다. 그렇지만 영화는 필름이 끊김 없이 영사된 영상으로써 표현된다. 따라서 몽타주와 관련된 여러 기법들이 영화의 본질을 대변하고 있는 것이다. 그런 상황에서 정서의 표출이란 결국 숏 하나를 늘어뜨리는 방법밖에 없을 것이다. 롱-테이크는 영화의 시적 서정성을 드러내는 고육책이다.

정지된 시간 속에서 정서적 교감을 유도하는 것이 그 의도인 점을 감안하면, 소설에서 롱-테이크 기법에 대응되는 국면을 발견하는 것이 그리 어려운 일도 아니다. 소설에서는 시적 형상화의 국면들을 직접 확인할 수 있으며, 언어로써 감각적 이미지를 구현하려는 수사적 표현들을 쉬이 접할 수 있기 때문이다. 물론 그런 요소들이 빈발하는 소설을 두고서 여느 소설과 다르다고 평가하곤 하는 일이 새삼스럽지는 않다. 서사의 전개를 가로막는 요인으로서, 통상 서사 고유의 자질로 인정되는 시간성을 제거하는 기제로 작용하기 때문이다.

기실 배경의 극화나 서사의 지연, 이미지의 형상화 등은 서사 공간의 주요 지표이다. 회화나 연극의 고유 자질로 평가되는 그런 면모가 시간 예술인 소설에 드러났다고 해서 그렇듯 이해한다. 그런데 그런 지표가 영화에서도 본질적인 것은 아니다. 언뜻 영상으로써 표현되는지라 시각적인 예술에 근사한 것이고 따라서 영화가 공간 예술에 편입되리라 가정하는 한에서는 이 말을 납득하기 어려울 것이다. 그러나 시각적인 영상은 영화의 세포에 불과한 숏에 국한되는데, 세포는

시간성이 본질인 서사를 영화에서 제거하려 했던 것이다.

44) 안드레이 타르코프스키, 김창우 역, 『봉인된 시간』, 분도출판사, 1991, 23쪽.

지각되지 않는다. 한 유기체의 속성을 파악할 때 세포를 직접 보지 않으며 볼 수도 없다. 세포는 특수한 장치로써만 접근 가능하고, 그렇게 접근하는 순간 유기체 아닌 세포만 볼 수 있을 뿐이다. 유기체의 움직임을 총체적으로 파악하려는데 세포를 들여다 볼 필요는 없다. 비유적이지만 마찬가지 맥락에서, 영화를 이해하기 위해 전제할 변별 자질은 숏을 구성하는 영상 자체가 아니라, 그 숏들이 엮이는 원리인 몽타주이다. 이에 비해 롱-테이크는 영화의 서사적 본질을 의도적으로 왜곡하는 기법이다. 몽타주의 맥을 끊듯이, 숏 하나가 오랜 시간을 점하는 만큼 영화 서사의 공간성이 부각되는데, 이는 소설 서사의 공간화 양상과 비슷하다.[45)]

최명희의 소설 『혼불』의 배경 기술에 관해 이런 맥락에서 거론할 여지가 생긴다. 『혼불』에는 배경이라 할 대목이 빈발할 뿐만 아니라, 기술된 분량이나 형상의 밀도가 만만치 않다. 다분히 서사의 흐름을 끊어 놓는 경우로 여겨진다. 대개 감각적인 이미지와 비유적 형상으로써 기술된 그 대목들을 통해 서사 전개보다는 미장센이 두드러지게 표출된다. 물론 그 미장센은 기술체에 걸맞게 조율된 채 제시된다. 예서 그치지 않고, 타르코프스키가 롱-테이크를 쓴 의도에 상응하듯, 이 대목을 통해 독자는 정서적 교감에 응하게끔 된다. 다음을 한 번 보자.

> 밤이 깊어 고비에 이르렀다.
>
> 달빛 없는 반공으로 치솟은 노적봉(露積峰)의 검은 날개가, 무너지게 캄캄한 어둠을 쓸어 안으며, 금방 마을의 뒷등으로 고꾸라질 듯 위태하게 보인다. 깎아지른 바위 벼랑과 숨은 골짜기, 검푸르게 우거진 소나무 수풀도 짙은 먹빛으로 무겁다. 마치 거대한 낟가리를 쌓아 놓은 것 같은 형국이어서 노적봉이라고 부르는 산마루의 드높은 능선이, 우줄 우줄 오늘따라 봉두(蓬頭)처럼 어수선하다. 어둠이 한 치만 더 목에 차면 곧 난발(亂髮)을 할 기세다. 쌓여 있던 낟가리들이 검은 짚북더미 머리를 풀어 헤치며 우우우

---

45) 앞서 병렬적 몽타주가 야기하는 서사 공간성과는 별도의 차원이다.

한꺼번에 쏟아져 내릴 것만 같다. 그 허물어진 어둠이 거센 물살로 마을을 휩쓰는 소리가 공중을 가른다. 바람 소리다. 소스라쳐 다시 보면 산마루는 시커멓게 솟구쳐 오른 파도 꼭대기인가도 싶다. 한순간에, 천지를 울리는 굉음을 토하며 마을을 뒤덮어 삼킬 듯한 위용이 아슬아슬하다.

그 서슬에 질린 바람이 낮은 소리로 운다. 삼키는 울음이다.[46)]

'밤의 노적봉 형상'이라 이름 붙일 수 있을 이 대목은 영화로 치자면 하나의 숏에 포착되며 하나의 컷을 이룬다. 서술자가 그 형상을 관찰한 바를 적절한 비유적 이미지로써 표현하였으며, 서사의 진행감은 없다. 그런데도 기술체의 특성상 묘사를 위해 디테일이 요구되는 것이다. 물론 영화에서도 묘사를 위해서는 테이크를 길게 끌어야 한다. 관객의 지각을 지속시키고 이미지를 환기시키기 위해서이다.

어쨌든 그 형상은 이렇다. 여기에는 '불안함과 위태로움'을 북돋우는 표현이 일관되어 있다. 무엇인가 어두운 징조가 드러나 있음을 직감할 수 있다. 일단 밤이 깊어간다는 데서 암흑의 이미지는 금세 형성된다. 한 장(章)의 모두(冒頭)이기에, 이를테면 새로운 시퀀스의 첫 컷이기에 그 인상은 매우 강렬하다. 그런 밤이 '고비'에 이르렀다고 하는 데서는 암흑의 이미지가 극에 다다른다. 어둠의 그림자가 지극한 위기감 같은 것을 고조시키고 있는 것이다. 그 어둠의 하늘에는 달빛마저 비치지 않기에 어둠의 감(感)이 배가될 수밖에 없다. 게다가 그 암흑의 하늘에 '치솟은 노적봉'의 봉우리가 '검은 날개'에 비유되어 있을 때는, 그 어둠이 모종의 위기감을 자아낸다는 느낌을 확인하게 된다. '무너지게 캄캄한 어둠'이란 표현이 자연스럽게 보이는 것은 이 때문일 것이다. 특히 그 어둠의 봉우리가 마을을 덮칠 듯이 '위태하게 보인다.'라고 하는 데서 그런 느낌은 지극히 온당한 것으로 보인다.

애초에 '깎아지른 바위 벼랑'이 등장했다면 그렇듯 기묘한 느낌을 체험할 수는 없었을 것이다. 앞선 문맥 덕택에 그 벼랑의 이미지가

46) 최명희, 『혼불 3』, 한길사, 1996, 113~114쪽.

부담없이 감지되는 것이다. 마찬가지로 무엇을 숨기고 있는 듯 '숨은 골짜기'라 하거나 '검푸르게 우거진 소나무 수풀'을 '짙은 먹빛으로 무겁다'고 형상한 것도 이런 위기감과 불안감을 자극한다. 암흑감에 짓눌려 버릴 것도 같다. 에서 그치지 않고 그 이미지가 계속 이어져 고조되니 읽는 사람이 손에 땀이라도 쥘 판이다. '검은 짚북더미, 시커멓게 솟구치는 파도 같은 산마루' 등의 표현에서 여실히 드러나는 암흑감이, 동시에 기술된 '치솟은, 무너지게, 고꾸라질 듯 위태한, 깎아지른, 난발할 기세, 우우우, 허물어진, 거센, 소스라쳐, 굉음, 아슬아슬' 등과 같이 위태로움을 형용한 어휘들과 상승작용하면서 대단한 위기감을 자아내고 있는 것이다. 그 위기감은 급기야 '서슬에 질려 우는 울음'이 되어 버린다. 이렇듯 말과 말이 어울려 자아내는 위기감 속에서 독자들은 무슨 일이 벌어지려는지 하고 자못 긴장함 직하다.[47] 이미지를 통해 모종의 관념을 연상하거나 정서를 환기하는 것이다.[48]

특히 바로 앞 장에서 '청암부인'의 죽음의 징조가 암시되면서 끝맺어졌기 때문에 그런 긴장감은 꽤 자연스레 이어진다. 하드 컷으로써 나뉘어 장면이 전환되지만, 실상은 앞의 장면에 이어져 죽음의 징후를 짙게 드리우는 역할을 배경 대목이 담당하는 것이다. 더구나 앞 대목에서는 이 소설의 모티프인 '혼불'의 형상이 기술된 터다. 이를 이어 청암부인의 죽음이란 사건에 이르러야 할 텐데, 그 급박한 서사의 전개에 휴지를 두는 역할도 하는 셈이다. 사건에 금세 이르는 대신에

47) 장일구, 『혼불읽기 문화읽기』, 한길사, 1999, 40~41쪽.

48) 과연 롱-테이크의 효과에 견주어 봄직하다. 영화 〈희생〉의 첫 대목에서 펼쳐진 롱-테이크를 통한 이미지의 표상을 떠올려 보라. 관객들은 자막 부분을 보면서 사색에 잠기거나 곧 이은 대목에서 이를 이어가는 식으로 관념과 정서적 반응을 지속하는데, 이는 이미지를 수용하는 독자 반응의 국면에 상응한다. 물론 그 대목들을 불필요한 잉여적 요소로 보고 지루해 할 여지도 있다. 그러나 그 영화에서 시작 대목은 시간상으로도 상당한 분량이어서 간과하기 의외로 쉽지 않다. 『혼불』의 여러 대목들이 잉여적인 것처럼 보이지만, 이를 쉬이 넘길 수 없는 것과 맥이 통한다.

죽음을 준비하는 이들의 정서적 공감대를 기술하는 내용이 이어지는 것도, 급박한 사건의 템포를 조율하는 역할을 한다. 특히 병렬적으로 몽타주된 듯한 혼백 매듭에 관한 이야기 대목은 '밤의 노적봉 형상'과 어우러져, 급류를 탈 법한 서사의 흐름을 완곡하게 하는 삽화다. 아무래도 죽음의 이야기가 급박해진대서야 좋을 것은 없음을 이런 식으로 우의하고 있는지도 모른다. '서술 시간(Erzählzeit)'을 지연시키는 발화 전략이자 '시간의 봉인'인 셈이다.

이런 시간 지연에는 이미지의 형상화가 주효한다. 공교롭게도 그 이미지는 대개 공간 형상의 이미지와 관련되며, 미장센이 전면에 드러남으로써 서사가 잠재된다. 물론 잠재되었던 서사가 다시 전면에 부각되어 그 흐름이 이어진다. 하지만 때로 이야기의 앞과 뒤를 미장센이 감싸고 있는 대목도 있다.[49] 그런 경우 서사 공간의 자질이 더욱 부각된다.[50]

소설만큼이나 영화도 장르 면에서 개방적이다. 예술 장르 가운데 가장 최근에 생겨난 터라 더욱 그러한지는 모르지만, 후발 장르인 만큼 기존 장르의 여러 본질을 융해할 여지가 많은 것은 분명하다. 물론 전통적 예술 장르조차도 오늘날 순수한 실체로 남아 있는 예는 없다. 그렇지만 전통이 축적된 장르가 모습을 바꾸는 데는 한계가 있을 것이다. 그에 비해 소설이나 영화는 애초에 여러 장르를 융해하는 과정에서 생겨난 만큼 장르적 경계가 모호하다. 그나마 서사적 장르에 가장 근접해 있을 뿐이지, 둘을 서사체라고 규정하는 것 자체에 문제의 소지가 있다. 다만 서사체의 범주가 광범위하고 유연하게 설정되

49) 〈희생〉의 경우 이를테면 수미상응하여 죽은 나무에 물을 주는 장면이 롱-테이크로 포착된 것을 돌이켜 보면, 이 영화 역시 공간성이 강하게 함축되어 있다고 할 것이다.

50) 기실 『혼불』은 서사의 지류가 다기하다. 그 자체가 벌써 병렬적 몽타주와 관련된 서사 구성의 공간 자질의 단면을 드러내고 있는 셈이다.

어 있는 것은 그 장르적 개방성을 뒷받침하는 면이 있다.

이런 맥락에서 보건대, 롱-테이크를 원체 전환적인 기법이라고 의식하는 태도는 영화 서사에 대한 오해가 실로 뿌리깊었음을 시사하는데, 이는 소설 서사와 관련하여서도 엿보이는 바이다. '서사 공간'이 비유적인 개념이라거나 모순된 개념이라고 전제하는 상식도 그런 면에서 재고되어 마땅하다. 그 지표들이 빈발하는 소설을 두고 이질적이라거나 혁신적이라거나 하고 토를 다는 것이, 사실은 타당한 주장이 아닌 것이다. 이미지 형상을 통해 공간 감각이 구현되었다거나 정서의 교감을 야기하는 대목이 서사의 흐름을 지연시키는 효과를 발휘한다거나 하여 이것이 소설에서 이질적인 요소로 작용하는 것은 사실 아니다. 다만 일반적인 서사의 특성과 대비되는 요소들이기에 그저 서사 공간의 자질이라 하면 그뿐일 것이다.

서사 공간이라면, 영화 기법의 영향으로 오늘날 소설에 그런 요소가 많이 채용되고 있는 것처럼 이해되기 십상이다. 시각 예술인 영화의 기법에 공간 형상을 표현하는 기제가 내재해 있다고 전제한 것일 테다. 대개는 병렬적 몽타주에 한정된 몽타주 기법을 단서로 소설의 공간성 지표를 삼곤 한다. 물론 병렬적 몽타주에 한하여서는, 소설 구성상 공간 표지를 설명하는 단서가 된다. 그렇지만 몽타주는 원칙적으로 영화의 서사성 원리라는 사실을 전제해야 할 것이다. 소설의 구성 원리 가운데도 서사성을 드러내는 원리가 있고 공간성을 드러내는 원리가 있는 것과 다르지 않다. 물론 몽타주, 그것도 병렬적 몽타주에 상응하는 대목이라고 해서 영화적 기법이 적용되었다고 하는 것은 당찮다. 영화와 소설은 공히 서사적 속성을 많이 내포하고 있고 그만큼 기법이 호환되는 경우가 많은데, 몽타주 역시 그런 경우인 것이다.[51]

51) 영화에서 스토리 텔링의 기법으로 작용하는 플래쉬 백, 슬로 모션, 페이드, 디졸브 등도 소설에서 이야기를 전개해 나가는 데 그대로 적용되는 것들인데, 영화 기법이라고 하는 데 어패가 있다. 모두가 서사 기법이란 차원에서 포괄된다.

시점의 경우는 아예 그 영향 관계와 함수를 따지기 어려울 만큼 호환된다. 소설의 서술자에 상응하는 카메라만 실체 아닌 기제로 전제된다면 시점을 논의하는 작업은 두 경우 다를 것이 없다. 다만 시점을 거시적인 지표로 상정할 것이 아니라 숏 단위, 문장 단위 등 미시적인 국면에 작용하는 기제들의 역학이라고 전제해야 한다. 이때, 흔히 소설에 적용된 영화적 기법이라고 운위되는 '카메라-아이'가 실상은 영화에서도 적용되기 힘든 이상적인 실체라는 사실을 직시할 필요가 다분하다. 영화의 서술자 격인 카메라는 '조작되는 카메라'다. 객관적인 카메라는 영화와 아무런 관련이 없다. 하물며 소설에 그런 양상이 드러날 리는 만무한 것이다. 이런 맥락에서 흔히 관찰자 시점이라 하여 영화적 기법이라 하는 것은 타당한 논의가 아니다.

영화와 소설은 서사적 장르의 속성을 공유하고 있다. 서사 기제를 조작하는 기술적인 면에서 차이 있고, 소통되는 채널 면에서 차이 있을 것은 분명하다. 이 때문에 둘은 전혀 다른 것처럼 여겨진다. 영화가 연극과 공통점이 많을 것 같고, 소설이 시와 가까울 것만 같다. 그러나 영화가 연극과 판이하게 다르고, 소설이 시와 판이하게 다르다. 그 장르적 속성을 대비할 때 그렇다는 얘기다. 다만 영화와 소설이 개방적인 만큼, 판이한 장르와도 교호하여 연극 기법이나, 시 기법을 수용하는 측면이 없지 않다. 그러나 장르상 영화와 소설은 서사적 속성을 가장 많이 띠고 있다. 영화 기법과 소설 기법은 뚜렷한 함수 관계에 있는 것이다.

서사의 문화적 역학

서사의 문화적 층위

서사가 문화적 수행의 결과인 까닭에, 서사와 문화의 관계는 자명해 보인다. 특히 매체가 다변화되고 문화에 대한 대중적 관심이 확산되는 가운데, 서사적 소통의 영역 또한 다른 매체와 공분모를 전제로 모색하는 등 서사와 문화의 관계에 대한 관심이 고조되는 듯하다. 가령 소설을 각색하여 영화 대본을 구성하거나, 하나의 이야깃거리를 다채로운 '문화적 콘텐츠'로 변주하는 사례를 찾아보기 어렵지 않다. 일찍이 문화적 상호텍스트성을 단서로 소설의 본질을 갈파했던 바흐친(M. Bakhtin)의 입론들이 최소한 낯설지는 않게 느껴진다. 오늘날 서사적 수행이 문화의 영역에 포괄되는 현상이 가시화된 데 부응하여 문화와 서사의 관계를 직시하는 관점에서 진행된 연구 성과가 포착되기도 한다.[1)]

---

1) 가령, 발(M. Bal)이 책임 편집을 맡은 『서사 이론(Narrative Theory)』 시리즈는 '문학과 문화 연구의 핵심 개념들(critical concepts in literary and cultural studies)'이란 부제가 붙어 있는데, 다양한 매체나 문화 현상에서 엿보이는 서사적 속성과 기법 등을 분석함으로써 서사와 문화의 관계에 관한 학제적 연구를 폭넓게 모색한 성과를 담고 있다. 아직 술어나 방법론으로 확정되었다고 하기는 어렵지만 '문화

이때 서사와 문화의 관계가 단순히 소재적 영향 관계에 국한되지 않는다는 사실에 유념할 필요가 있다. 또한 서사가 문화의 일부라고 해서 모든 서사물을 그 대상으로 환원할 경우, 범주의 기준을 설정하여 연구의 영역을 구획하는 데 난항이 빚어지므로 주의해야 한다. '문화'와 '서사'가 '무엇'에 상응하는 고정된 실체가 아니라, 정황과 맥락에 따라 그 외연이나 내포가 구획되는 구성적 개념이라는 점을 고려한다면, 둘의 관계에 관해 논의를 펴는 것이 그리 자명한 논점에 기반하지 않는다는 사실에 직면하게 된다.

물론 '문화'나 '서사' 양항 모두 모종의 실체를 상정할 수 있다. 가령 한국의 전통 혼례 문화와 영국의 혼례 문화를 대비하여 변별되는 특질을 골라낼 수 있을 텐데, 이런 경우 문화는 '총체적 삶의 양식'에 상응하는 실체로서 전제된다. 세계에 편재한 설화 가운데서 혼사(婚事)장애 모티프의 서사적 구조를 추론하는 경우라면 '보편적 이야깃거리'로서 서사의 실체를 추정할 수도 있다. 이때 혼례 문화와 남녀의 결연에 관한 서사가 어우러져 이를테면 '혼사에 관한 문화적 서사' 같은 논항을 상정할 수 있을 것이다. 실제로 이러한 하위 논점들을 아우르는 과정에서 짐짓 문화와 서사의 관계를 논점으로 삼는 연구 영역을 구획할 수 있음은 의문의 여지가 없다.

그런데 삶의 다기한 변항으로 말미암아 문화를 고정불변의 실체로 상정할 수 없다는 관점에서 보면, 문화의 장(field)에서 펼쳐지는 다양한 문화적 수행(cultural performance)의 변이형들에 주목할 수밖에 없다. 따라서 문화에서 취한 이야깃거리라도 구조적 모티프에 국한된 것일 수 없다. 게다가 서사의 층위 또한 제재로서의 이야기에 국한되지 않

적 서사(cultural narrative)'나 '문화적 서사론(cultural narratology)'이라는 표현이 눈에 띄는 것도 문화와 서사의 관계에 대한 관심을 방증한다(Mieke Bal (ed.), *Narrative Theory — Critical Concepts in Literary and Cultural Studies*, Routledge, 2004 참조).

고 수행으로서의 이야기 차원에 걸쳐 있는지라, 언뜻 생각하듯이 문화적 모티프를 구현한 이야기에 한정하여 '문화(적) 서사' 같은 논항을 일별할 수는 없다. 요컨대 '이야기'는 그 자체가 문화적 수행의 구심이다. 문화나 서사의 적층성(積層性)을 염두에 두고 보면, 문화적 서사가 구성적 개념(constitutive notion)이라는 점은 더욱 명징해진다.

따라서 문화와 서사의 관계는 자명한 것으로 주어지지 않고 문화에서 취한 제재의 서사화 과정에 작용하는 기법적 역학 관계에서 추론할 수 있다. 또한 서사가 소통되는 과정에서 작용하는 기제의 역학 관계에서 추론할 수 있다.[2)]

기실 서사론에서 '스토리(story)'에 대해 '서사(narrative)'나 '담론(discourse)'과 같은 개념 층위를 상정하는 것부터가, 이야기의 제재나 줄거리보다 구성과 소통의 역학이 이야기의 본질적 요소라는 점을 명변한다. 말하자면 '서사'에 관해 논급할 때에는 제재 차원에 국한해서는 안 된다는 얘기다. 같은 제재라도 다양한 차원의 이야기 구현 양상과 소통 회로를 통해 전혀 다른 '서사적 효과'가 발현될 수 있으며 그러한 효과의 산출 과정에 서사의 본질이 있다는 사실에 유념해야 할 것이다. 서사적 소통이 문화의 현장에서 이루어지는 의사 소통의 상당 부분을 점유하고 있음은 주지의 사실인데, 다음과 같은 얘기는 의미심장하다.

> 한국인은 삶의 크고 작은 토막들을 통틀어서 '이야기'라고 했다. 그러면서도 더러 '사연'과 같은 뜻으로 쓰이는가 하면 아예 '말' 그것과 같은 뜻으로 쓰이기도 한 것이 곧 '이야기'다. 요컨대 '이야기'야말로 우리들이 가장 많이, 가장 긴요하게 주고받는 '말의 말'이다. 그것으로 한국인은 인생을 말하고, 인생을 풀이하고 인생에 매듭을 지어 나갔다.
>
> '이야기'로 살고, 사는 것을 이야기삼아 왔다.

---

2) 개별 텍스트는 물론이고 장르 상호 간의 경계를 넘어선 인유와 변주에서 드러나는 상호텍스트성에 관한 혜안을 제시한 바흐친의 통찰은 그러한 역학 관계를 추론할 수 있는 가능성을 시사한다.

위 인용문은 최명희의 소설 『혼불』[3]에 대해 김열규가 촌평한 글[4] 가운데 한 대목으로, 한국인에게 '이야기'는 그야말로 삶의 중요한 방편이라는 점을 명시한 글이다. 그것이 갈등을 기술한 흥미진진한 이야기에 상응하는 말이든, '담소'나 '말', 혹은 '소식'이나 '사연'이란 뜻으로 쓰이는 말이든, 혹은 관념이나 논리를 기술하는 글에서도 '이야기하다'라든가 '얘기하다'라는 서술어로 사용되는 말이든, 일상적으로 '이야기'란 말처럼 범상하게 쓰는 말도 없을 것이다. 그런데도 이야기의 개념을 모종의 실체로 전제하고 보면, '이야기된' 서사(erzälte Erzählung)에만 한정하게 되니 '이야기하는' 서사(Erzählerzählung)[5]에 대해 생각하지 못하기 십상이다.

그렇지만 적어도 '서사론'을 펼칠 때라면 '서사'의 범주를 제재 차원의 이야기에만 국한시켜서는 안 된다. 근대 이후 주도적 서사 장르였던 '소설(novel)'에 대해 논급할 때에도 서사론적 방법론에서는 반드시 이야기의 구성과 소통의 역학에 대해 논급하는 것을 핵심으로 한다는 사실에 주목해 봄 직하다. 이야기의 제재만으로 소설 작품의 가치를 결정할 수 없음은 자명하다.

이런 맥락에서 서사의 문화적 층위를 대변할 문화적 서사는 문화적 제재를 재현한 서사를 모두 포괄하는 것이 아니다. 물론 전승된 문화나 문화의 현장에서 취한 제재를 외연으로 하는 텍스트가, 문화적 서사의 범주에 드는 제일 요건이라는 점은 전제해야 한다. 그렇지 않고서는 서사 자체가 이미 문화적 산물인 까닭에, 모든 서사체를 대상

3) 최명희, 『혼불』, 한길사, 1996.

4) 『혼불』 짝수 권의 뒤 책날개에 실림.

5) 앞 장들에서 간혹 언급하였듯이 카르만 등이 이야기의 두 층위인 '서술된-'과 '서술하는-'을 서사 요소의 층위에 대응시켜 논급하였는데, 이에 비추어 생각한 바다(Cordula Kahrmann, Gunter Reiss, Manfred Schluchter, *Erzähltextanalzse: eine Einführung; mit Studien- und Übungstexten,* Athenäum Hain Hanstrein, 1993 참조).

범위로 포괄해야 하는 더 큰 난항에 봉착하게 되기 때문이다. 그러한 외연의 범주에 구획된 서사 가운데 문화적 수행에 관여되는 텍스트를 엄선하는 일이 수순이다.

그렇다고 문화적 수행에 관여되는 서사를 가리는 데에 어떠한 지표를 확정할 수 있는 것은 아니기에 또 다른 난항이 생긴다. 그도 그럴 것은 문화를 수행 차원에서는 실체화할 수 없기 때문이다. 실체를 가늠할 수 없는데 실체를 전제로 모종의 지표를 설정하는 것은 당착이다. 어떠한 사상(事狀)이라도 그것이 진행적 현상이거나 수행의 소산일 경우, 지표를 정하여 정합 여부를 판단하기보다는 과정의 추이를 기술함으로써 의미를 드러내는 방법이 타당하다. 문화적 수행은 적층 기술(thick description)[6]을 통해 의미가 개시된다는 견해는 중요한 방법론적 단서이다.

문화적 수행은 본질적으로 다층의 겹이 축적된 양상을 띤다. 문화적 관례가 몸에 배어 일종의 문화적 능력(cultural competence)을 이루고 있다면, 다변하는 환경에 대응하고 특수한 삶의 문제를 해결하는 과정에서 체화된 삶의 방식이 문화적 수행의 전략을 이룬다. 그러한 수행의 결과는 성원들 사이에 공유되어 총체화되곤 한다. 소통과 기억, 그리고 기록을 통해 문화는 축적된다.[7] 그러한 문화의 다층을 들추는 '적층 기술'은 서사의 문화적 수행 전략과 밀접하게 맞닿는다. 표면적인 제재의 서사화가 아니라, 문화의 저층에 다져진 본색을 들추어 서사화한 텍스트들이 문화적 서사의 본역을 점하고 있으리라는 데

---

6) Clifford Geertz, 'Thick Description: Toward an Interpretive Theory of Culture', *The Interpretation of Cultures,* Basic Books Inc., 1973, p.5.

7) 이러한 문화의 동인은 문학의 동인으로도 작용한다. 문화는 "기억에 존재의 기반을 두고 있"는 "의미 저장고"라 할 수 있는데, 문학 텍스트는 그 저장고의 한 자리를 점하고 있으며, 문학의 기억이 작동함으로써 문학의 '상호 텍스트성'이 빚어짐 직하다(박은주, 「기억과 망각의 역설적 결합으로서 글쓰기」, 최문규 외, 『기억과 망각 — 문학과 문화학의 교차점』, 책세상, 2003, 312~313쪽 참조).

이론의 여지는 없어 보인다.

따라서 문화적 서사는 본질적으로 상호텍스트성이 짙다. 문화적 소산이라는 이유로 서사 장르 자체를 고평했던 바흐친의 입론들을 굳이 고려하지 않더라도, 서사는 동종이나 이종 장르의 텍스트를 수렴하여 구성될 수 있는 여지가 크다. 바흐친 자신의 얘기대로 '다성성'이라 하든 크리스테바가 이름붙인 대로 '상호텍스트성'이라 하든 간에, 서사는 혼잣말이 아니라 문화적 성원의 다양한 목소리가 수렴된 양태일 때 문화적 속성을 담보할 수 있을 것이다. 가령 라블레의 작품들이 민중 제전인 카니발의 난장을 형상화함으로써 공식 문화를 전복하는 그로테스크 리얼리즘의 미학을 창출하였던 것처럼, 문화적 상호텍스트성은 제재 면뿐만 아니라 형상화의 기법 면과도 조응해야 한다. 이때 오롯한 문화적 서사의 면모를 엿볼 수 있는 계기가 조성되는 것이다.

요컨대, 문화를 제재로 한 이야기에서 나아가 더 본질적으로 문화의 한 자리를 점유한 이야기, 그런 이야기를 전하는 서사체야말로 문화적 서사의 구성 역학을 해석하는 거점으로 삼을 수 있는 텍스트라 할 수 있다. 소설 『혼불』과 영화 〈왕의 남자〉(이준익 연출)는 그 단적인 사례다.

서사의 문화적 담론

『혼불』은 이를테면 문화지(ethnography)적 규모의 텍스트라고 고평되곤 한다. 이 소설에는 다양한 전적(典籍)이나 구술 서사체는 물론이고 민속 관념과 풍속 자료가 인유되는 등 문화적 제재를 기술함으로써 이야기의 요체가 구성된 점이 눈에 띈다. 세계의 철리(哲理)를 갈파하는 담론이 구상적 담화 상황을 통해 기술되는 것도 이 소설의 빼놓을 수 없는 미덕이다. 전적을 뒤져 가며 노비들의 이름을 찾아 적고 신분적 차별 속에서 억눌렸던 상민과 천민의 삶의 풍속을 세묘하는 등, 역사의 이면으로 사라질 수밖에 없었을 민중 삶의 면면을 발굴하여 구상적으로 그림으로써, 문화 담론으로서 서사의 가능성을 명증하기도 한다. 문화 현장의 구석구석을 찾아 이야기의 제재로 삼음으로써 그 자체가 문화적 정보를 제시하는 글이 되기도 하는 것이다.

다양한 문화지를 통해 얻은 정보를 풍부하고 세밀하게 전하는가 하면, 작가 스스로 문화 현장을 세심하게 응시한 결과를 기술함으로써 이 작품에 서술된 문화의 면모는 구조화된 제재의 차원에서 한층 나아간다. 예컨대, 이야기의 서막을 여는 '효원과 강모의 혼례' 대목은 혼례 절차에 관한 상세한 정보를 제공하는 데 그치지 않고, 혼례가 진행되는 과정에 관여된 인물들의 심회는 물론이고 제차의 의미를 밝힘으로써 이야기 전개의 구심을 이룬다. 초례청에서 벌어지는 일이 인물의 심회와 처지에 따라 달리 이해되는 과정에서 문화적 제재는 역동적 이야기 구성의 계기로 작용하는 것이다.

문화의 현장을 생동감 넘치게 구현하여 궁극에는 그 현장을 체험하는 듯한 효과를 낳는 서술 양상이 돋보이기도 한다. 이를테면 '어우러짐'으로 압축할 수 있는 의례의 본질은 연행 문화의 장에서 펼쳐지는 역동적 미감을 서술한 서사 대목과 조응한다. 전체 이야기의 분기점이 되는 청암부인의 죽음에 관해 기술한 대목은 단적인 사례다.

> 인월댁은 마당에 서서 지붕을 향하여 침음(沈吟)하였다.
>
> (……아짐……인제……가시는가요……부디 부디 모든 일은 다아 잊어 버리시고……평안히 가십시다……뒤돌아보지 말고 가십시다. 한 많은 한세상……바늘 같은 몸에다가 황소 같은 짐을 지고……일어나다 쓰러지고……일어나다 쓰러지고……이 서러운 세상, 못 잊힐 게 무엇이라고 가던 발걸음을 돌리시겄소. 훨훨 벗어 버리고……입은 옷도, 무거운 육신도 다아 벗어 버리고……부디 좋은 데로 가십시다……아짐, 인제 후제……저승에서 다시 만나거든……눈물 많이 흘리노라고 걸음마다 발이 젖던 이승 이야기도, 옛이야기마냥 나누십시다……이렇게 먼저 가시니……후제, 제가 저승에 가거든……마중이라도 어디만큼 나와 주실라는가요……그러면 저승이라도 그렇게 낯설고 적막하지는 않을란다.)

> 그네는 홀로 혼불을 우러르며, 마음속으로 하직의 소매를 들어올린다. 그네의 들어올린 소매자락 너머로는 허공이 아득한데, 인월댁의 젖은 넋도 두웅 따라서 떠오른다. (『혼불』, 3권 108~109쪽)

청암부인의 죽음을 예조하는 '혼불'을 목도한 인월댁이 곧 닥칠지 모르는 죽음의 슬픔을 침음하며 감내하는 대목이다. 이 대목에서 혼불 속신의 개연성 여부를 따지는 것은 무의미하다. 문화적 선이해(Vorverständnis)[8]를 전제로 서사적 개연성이 부여된 터이기 때문이다. 대신 말의 마디마디가 끊어진 채 지체되는 침음의 언술 구성을 통해, 한 사람의 죽음을 목전에 두고서 표하는 슬픔의 정조가 세묘된 데 주목하게 된다. 죽음을 예감하고서 고개 조아려 명복을 빌어주는 저 마음은 한풀이에 관여된 문화적 정서로 확산된다.

죽음에 직면한 이들에게 보통 이 세상은 '한 많은 세상'으로, 그리고 망자(亡者)는 한에 맺힌 사람으로 전제된다. 한을 안고 죽어간 이를 위해 풀이의 의례인 굿을 치러주는 것 또한 그다지 낯설지 않은 문화적 관습이다. 그렇듯 망자의 한을 풀어 저승에 천도하려고 마련한 굿이 우리 무속 의례 가운데서 가장 중요하며 세분화되어 있다는 점은 익히 알려진 사실이다. 그 굿판에서는, 여지없이 한도 많은 세상에 대한 미련일랑 다 떨쳐버리고 망자가 저승에 편히 가길 비는 '공수'가 빈번하다. 망자의 혼은 무당의 몸을 빌려 자신의 한 맺힌 삶을 '넋두리'한다.

이승의 한을 한껏 짊어진 그 "무거운 육신"을 벗어버릴 수 있다는 생각에는, 죽음이 당사자나 주변인들에게 주는 중압감을 한꺼풀 벗어버릴 수 있다는 신념이 깃들어 있을 것이다. 그 자유로운 영혼이 한껏 자유를 구가하고 자리잡을 저승이 따로 마련되어 있다는 것이야말

8) 이해에는 선이해가 작용한다는 해석학의 원리는 문화적 서사의 이론적 거점이다. '체험-이해-표현' 삼항이 얽혀 이루어지는 해석학적 순환 또한 서사의 문화적 소통과 창출의 역학에서 중요한 저변이다.

로, 보통 보기에 황당한 허구라고 할 수 있겠지만 정작 죽음의 공포를 떨쳐버리려는 데서 취할 수 있는 가장 적극적인 신념일 것이다. 기왕 죽음에 직면하여 이를 되돌려 놓을 수도 없는 상황이라면, 당면한 상황에 소극적으로 대응하기보다는 아예 죽음을 인정하고, 아무래도 부정한 상황일 수밖에 없을 죽음을 긍정적인 계기로 승화하려는 자세를 취하는 태도가 더 지혜로울 것이다. 결국 죽음은 이승에서 삶이 끝나는 종국점이라지만, 저승에서 새로운 삶이 시작되는 출발점이라 의식함으로써 새로운 희망을 얻으려는 것은 바로 삶의 지혜에 비견된다.[9)]

이러한 문화적 관념을 구체적인 담화를 통해 기술함으로써 『혼불』의 문화적 서사로서의 의의는 배가된다. 죽음에 직면하여 밀어닥치는 슬픔을 초극하고 망자의 명복을 비는 애틋한 마음이 이 대목을 통해 공감을 불러일으킨다면 그도 문화적 교감의 장을 형성하는 계기라 할 수 있다. 요컨대 수사적 전략이 문화적 차원에서 구사된 셈이다. 그러고 보면, 문화 적층의 가장 유력한 매재인 언어를 취택하고 다듬어 운용하는 양상 또한 문화적 서사로서 이 소설의 밀도를 여실히 보인다. 다채로운 비유적 표현을 문화적 문맥에서 구하고 있는 것은 특히 주목할 만하다. 일례를 보자.

> 막바지로 공사가 치달아 마무리가 되려는데, 꼭 기다렸다는 듯이, 나라가 망했다, 하지 않는가. 나는 믿을 수가 없었네. 하늘과 땅이 합벽을 하고 맷돌을 갈아, 천지가 캄캄한 일이었지. 그런데 묘한 것은, 그 와중에서도 남모르게 벅찬 희망이 샘솟았다는 것이야.
>
> 맷돌질 해 보면, 왜, 우아랫짝이 맞물려 돌면서 곡식을 가루로 만들어 버리지만, 껍질도 벗겨지지 않은 채 통째로 빠져 나오는 놈이 있지 않던가? 신기하지. 꼭 그 통밀이나 통팥, 녹두같이 또글또글 살아서 튀어나온 희망, 그것이 저수지였어. (『혼불』, 2권 33쪽)

---

9) 장일구, 『혼불읽기 문화읽기』, 한길사, 1999, 45쪽.

맷돌질을 하다 발견한 '신기한' 현상, 갈리지 않고 통째 튀어나온 곡물이 있음에 착안하여, 아무리 절망적인 상황에서도 희망이 있음을 비유하고 있는 대목이다. '하늘이 무너져도 솟아날 구멍이 있다'지만, 하늘이 무너지는 것을 하늘과 땅이 합벽하여 맷돌을 가는 것이라 전제하고서, '맷돌질에도 갈리지 않고 튀어나올 틈은 있다'는 요량으로 빗댄 것이다. 예의 '또글또글' 구르는 모양을 형용한 상징어로써 생생한 생명의 기운을 배가하여 표현이 생동감 넘친다. 그 생동감만치나, 죽음과도 같은 절망의 압박에서 살아남을 희망도 생동한다. 일제의 강제 점령으로 조국의 주권을 빼앗기고 겨레의 삶이 유린당하게 된 절대절명의 위기감과 절망감을 헤집고 튀어나온 희망은 역설과도 같이 '묘한 것'이라 했다.[10)]

비유는 기발한 상상력이나 수사력에서만 비롯되는 것이 아니다. 삶의 구석에서 비유하는 데 쓰일 사물이나 현상, 혹은 관념 등을 발견할 수 있다. 삶의 예지에서 비롯된 비유는 피상적인 관념을 구체적인 형상으로 표현하는 비유의 방법론에 더 충실하게 마련이어서, 그 만큼 설득력이 더하다. 형상에 형상을 더하고 이미지를 여러 국면에 걸쳐 전이하여 지어낸 비유와는 또다른 차원에서 묘미를 느낄 수 있는 것이다.[11)] 이렇듯 문화적 체험을 변주하여 특유의 비유적 표현을 창의하는 언어 운용의 전략이 문화적 서사로서 『혼불』의 특질을 돋보이게 한다.

이는 종내 문화의 역동적 맥락에서 창출되는 '이야기'로서 서사의 본질을 돌이켜 생각하게 한다. 삶의 자리 곳곳에서 터져 나오는 말, 제 인생을 넋두리하고 남의 영혼을 어루만져 주는 위로의 말, 서로의 생각을 나누어 갖는 말 하나 하나까지도 다 이야깃거리가 될 수 있다. 무엇보다 삶의 현장에서 성원들끼리 '나누는 이야기'야말로 이야기

10) 장일구, 『혼불의 언어』, 한길사, 2003, 267~268쪽.

11) 위의 책, 267쪽.

의 문화적 적층성을 이해하는 단서이다. 이야기는 본질적으로 문화적 수행의 소산이며 역으로 문화적 수행을 추동하는 매체인 것이다.

이러한 『혼불』은 그 자체가 인유의 대상이 되어 다른 양식의 텍스트로 변주됨으로써 문화적 외연이 확장된다. 가령 작품의 한 대목을 각색하여 판소리 창본을 짓거나, 그 이야기를 오페라의 대본으로 번안하는 작업이 실제 진행되었다. 그런가 하면 소설 속 주인공들의 심회를 담은 노래를 지어 음반을 내는 일도 있다.[12] 그러한 가시적인 결과물이 아니라도, 가령 한복 전문가가 이 소설에 기술된 복식 문화의 면면을 참고하여 고증과 창작의 단서로 삼거나, 호남 방언 연구자들이 이 작품에 채록된 방언 어휘를 정리하여 연구의 기초 자료로 삼는 사례가 나타난다. 사전 편찬자가 이 소설의 문장에서 용례를 취하기도 하였다.[13] 전문가가 아닌 일반 독자들도 이 소설을 통해 많은 문화 정보를 습득하고 간접적이나마 문화적 체험을 향유하고자 도모하곤 한다. '『혼불』 읽기'는 곧 '문화 읽기' 차원으로 수렴되는 듯, 이 소설을 통해 얻은 문화적 관심사의 폭과 깊이를 더하고자 하는 자발적 소통 공동체(communitas)[14]의 형성도 다각도로 가시화된 터다.[15]

---

12) 『혼불』 연구자인 국어학자 서정섭이 쓴 가사에 유장영이 곡을 붙이고 진정아가 노래한 것을 중심으로 꾸민 〈혼불 밝게 빛나네〉가 그것이다.

13) 국립국어원에서 펴낸 『표준 국어대사전』에 쓰인 용례 가운데 상당수가 『혼불』에서 취택되었다. 이는 비단 방언에 국한되지 않는다. '혼불'이 표제어로 오른 것도 이 소설이 계기가 되었다고 알려져 있다.

14) Victor Turner, 'Passages, Margins, and Poverty: Religious Symbols of Communitas', *Dramas, Fields and Metaphores*, Symbolic Action in Human Society, Cornell Univ., 1975 참조.

15) 모든 독자가 다 그러한 공동체에 어우러지는 것은 물론 아니다. 문화적 공동체란 성원 모두의 참여를 요구하지 않는다. 관심과 이해에 기반을 둔 소통 공동체, 혹은 해석 공동체는 인위적 이합집산으로 형성되지 않는다. 특별히 『혼불』의 독자들이 형성한 '작가 최명희와 혼불을 사랑하는 사람들'은 창립 당시 유일한 본격 독자 모임으로 손꼽혔던 만큼, 그 자체가 문화적 텍스트이다.

요컨대 『혼불』은 문화적 서사이자 문화 콘텐츠(cultural contents)이다. 그 자체가 문화적 상호텍스트성에 기반을 두고 산출된 서사이면서, 다양하고 다기한 변이형을 산출할 거푸집 역할을 한다. 일련의 문화적 수행의 구심을 이루는 문화적 서사의 한 전범으로 기억할 소설인 것이다.

서사의 문화적 거래

이렇듯 문화적 서사의 범주를 수행 차원에서 구획하고 텍스트를 해석하거나 창출할 때, 그 대상을 특정한 문화적 수행의 결과물에만 국한해서는 안 된다. 이를테면 전통 문화의 단면을 고증하고 복원하는 데 주안하여 잊혀져 가는 옛이야기를 채록하는 일은 중요하지만, 그만으로 서사의 문화적 층위에 관련된 어떠한 일을 했다고 할 수는 없다. 마찬가지 맥락에서 소통의 매체가 다변화된 오늘날의 문화적 현장에서 거래되는 여러 장르의 서사체를 정리하여 데이터베이스를 구축하거나 디지털 콘텐츠로 각색하는 작업이 긴요하지만, 그것만이 문화적 서사의 전역이라고 확정하는 우를 범해서는 안 된다. 문화란 삶에 작용하는 지표이면서도 성원들의 삶의 체험이 총화된 양태이기도 하므로, 소통 공동체의 형성을 활성화하는 서사체에 서사의 문화적 단서가 있음을 주지해야 한다. 거듭 강조하거니와 문화에서 제재를 취하여 이야기를 지었다고 해서 문화적 서사로 전제할 수는 없다. 이런 맥락에서, 세간의 예상을 깨고 관객 천만 명을 동원했던 영화 한 편에 관심하지 않을 수 없다.

이준익 감독이 연출한 〈왕의 남자〉의 위세는 대단했다. 개봉 초 스크린 수의 상대적 열세를 비웃기라도 하듯 당시 최고 흥행 기록을 단기간에 경신함으로써 그 저력을 여실히 확인시켰다. 무엇보다 관객의 반응이 심상치 않았다. 블록버스터도 팝콘 무비도 아닌, 이를테면 작품성을 갖춘 예술 영화에 해당하는 이 영화에 관객이 보낸 찬사의 수준이 그렇다는 얘기다. 이쯤 되면 따라 붙는 '웰메이드 상업영화'란 꼬리표조차도 붙지 않을 정도로, 이 영화는 애초에 '상업성'과 거리를 둔 것으로 의식된 터다. 스타급 배우나 스펙터클한 액션 신에 관심이 쏠릴 여지도 없는지라, 이 영화의 흥행 양상은 이른바 '대중성'과도 무관한 편이다. 이전의 〈태극기 휘날리며〉나 〈실미도〉의 경우는 물론이고, 이후의 〈괴물〉도 이에 비할 바가 못 된다.

요컨대 이 영화의 흥행 양상은 지극히 '문화적'이다. 억지로 대중의 취향을 조작하거나 공고한 대중적 구미에 영합하여 안정된 흥행 조건에 기대인 흔적이 없다. 오히려 사극이라는 비인기 장르를 취하였으며, 한국인에게 거부감을 불러일으킬 공산이 큰 동성애를 모티프로 이야기를 빚었고 관객들에게 낯익지 않았을 연행(performance) 문화를 구성의 중심에 둔 정황으로 미루어 보건대, 일부 마니아들이나 열광하는 데 그쳤을 공산이 다분하다. 그런데 관객의 반응은 저러한 예상을 무색하게 했다. 관객들은 역사의 재구가 아니라 공식 역사 이면에 숨겨진 얽히고설킨 힘의 역학을 파헤치는 이야기의 줄기에 관심을 지향했다. 동성애라는 표면에 머무르지 않고 그 이면에 숨겨진 인간 본연의 열망을 투사한 이야기에 공감을 표했다. 광대놀음과 탈춤의 신명을 체감케 하는 이야기의 구성에 어우러졌다. 관객들의 취향은 일정한 흥행 코드에 고정된 것이 아니었던 것이다. 되려 마니아 성향의 영화 한 편을 이해할 수 있을 정도로 관객의 기대 지평은 드넓었던 셈이다. 대대적인 광고 대신 '입소문'을 타고 확산된 이 영화에 대한 호평은 관객의 반응이 문화적 소통을 통해 구성되었음을 명증한다.

흥미로운 것은 굿이나 소리판, 그리고 탈춤의 마당에서 펼쳐지는 미학이 이 영화에 이르러 지극히 세련된 구체를 얻었다는 사실이다. 제도적 질서와 권위적 권력에 억눌린 민중의 열망은 판이나 마당에서 펼쳐지는 상징적 연행을 통해 투사된다. 강등과 전복의 원리를 실연하고, 신체 하부의 가치를 상위로 전도하는 연행을 통해 공식 문화의 안정된 가치 체계는 해체된다.[16] 억눌린 개인의 열망과 감성이 때를 같이 하여 고개를 든다. 가령 현실이나 역사의 이면으로 사라질 수밖에 없을 실존적 번민이나 갈등이 표면화된다. 삶 속에서 맺힌 고는, 이 연행의 장에 융해되어 풀림으로써 문화적 해소의 국면을 맞게 된다. 겉에 적나라하게 드러나는 열망의 표상들은 의식 이면에 억눌린 무의식의 투사 양상일 게 분명하다. 그렇다면 풀이의 마당은 민중의 집단적 열망을 투사한 신화적 공간에 상응할 것이며, 개인적 원상을 치유하는 상징적 장에 상응할 것이다. 말문이 트이고 언로가 열리는 그 연행의 장이 문화적 서사에서 구축해야 하는 전략적 거점임은 말할 나위 없다.

영화 〈왕의 남자〉는 그러한 전략을 재해석하여 오늘에 잇는다. 우선 이 영화에서 연대기적 역사의 연속성은 해체된다. 왕조사에서 '연산군 대'로 기록되었을 그 시대 역사적 기록의 편향성과 피상성은 이 영화의 이야깃거리로 활용되지 않는다. 대신 가족사의 원상(Trauma) 탓에 고통 당하는 개인의 고뇌가 그려진다. 연산은 왕으로서 권위를 지닌 인물로 그려지는 것이 아니라, 아버지에 대한 적개심 탓에 일견 분열된 듯한 자의식에 일그러진 인물로 그려진다. 그이의 영혼을 위무할 유일한 기제가 바로 광대들의 놀음과 탈춤의 판이다.[17] 최고 권좌에 있는 임금이 천민 중의 천민인 광대들과 어우러져 논다는 것 자체만으로도 그만한 파문이 없다. 그만큼 공식의 계급적 질서는 저 놀이의 판에서 해체되고 마는 것이다. 광대들은 중신들의 권위는 물론이고 임금의 권위를 깎아내린 채 웃음을 자아내기 일쑤인데, 그 웃음의 난장

---

16) 이런 특질은 바흐친 식의 그로테스크 리얼리즘의 특성과 맥이 닿는다.

17) 역사(history)가 시간적 스토리 층위라면, 문화(ethnography)는 공간적 구성 층위라 할 수 있다. 서사와 문화의 관계가 서사 공간의 논점과 밀접하게 연관될 가능성을 점칠 수 있는 것이다. 가령, 앞서 다룬 『혼불』이 서사 공간의 자질을 여실히 보이는 것은 문화적 서사로서의 면모를 보이는 것과 무관하지 않다.

(亂場)에서는 왜곡된 일상의 모순이 여지없이 희화되어 폭로된다.

물론 영화에서 탈춤이나 광대놀음의 '극적' 원리를 고스란히 이을 필요는 없다. 그 제재 자체의 구현에만 얽매일 필요도 없다.[18] 서사적 표현의 유연함을 발휘함으로써 이야기의 외연과 내포를 넓히고 깊게 할 여지가 큰 것이다. 실제로 이 영화의 원작인 희곡 〈이(爾)〉와 영화의 시나리오나 콘티의 차이가 있을 것은 자명하다. 그렇다 하더라도 이 영화에서, 바흐친이 얘기한 그로테스크 리얼리즘의 원리가 잘 구현되고 있는 것은 탈춤의 극적 원리를 넘어선 연행 원리에 주목한 원작 덕일 것이다. 물론 잘 짜인 이야기만이 영화의 모든 것을 대변하는 것은 아니며, 영화 매체의 요소를 통해 서사적 유연성을 제고할 수 있으니, 일련의 장르적 변주 과정은 상호텍스트성을 명증하는 사례로 기억될 것이다.[19]

이른바 문화 공학(cultural technology)이라 하여 디지털 기술이 활용되는 촬영과 편집의 전략을 고려해 보면, 영화라는 서사체가 개인의 창작 영역에서 훨씬 멀어져 있음을 확인하게 된다. 공동의 창작은 곧 문화적 협업을 방증하기 때문이다. 나아가 영화가 단선적인 상영 시스템을 벗어나서 다양한 문화 콘텐츠를 산출하는 거점이 된다는 면에서도 영화가 엿보이는 문화적 서사로서의 풍모는 거창하다. 영화는 필경 문화 산업과 조우할 수밖에 없다. 메타-영화(meta-film)라고 할 만한 메이킹 필름을 처음부터 기획하고 촬영 장면을 줄곧 또다른 필름에 담는 것은 디브이디(DVD)나 스트리밍 영상(streaming AV)과 같은 디지털 매체의 비약적 발전에 부응하는 산업적 전략에서 비롯되는데, 그 자체로

18) 경극 장면을 연출한 대목은 사실 관계를 따지자면 개연성이 떨어지겠지만, 연행의 본질적 의미와 미학 요소를 고려하고 보면 부조화된 연출상 오류라고 할 수 없다.

19) 특히 영화를 연출하는 과정에서 고정된 시나리오나 콘티가 무의미하다는 점이나, 영화의 제작 과정 자체가 공동 작업이라는 사실에 비추어 보더라도, 이 영화의 문화적 서사로서의 속성은 짙다.

서 기존과 다른 문화 콘텐츠를 창출한 사례를 극명히 보여 준다.

양방향 소통을 본질로 하는 디지털 인터페이스를 십분 활용하여, 개봉 전부터 네트워크 커뮤니티를 먼저 형성하여 성원들의 교유를 유도하고, 개봉 후에는 '입소문'의 진원지로 삼았던 소통 전략 또한 시사하는 바가 매우 크다. 다음과 같은 관객의 반응[20]은 이런 맥락에서 사뭇 흥미롭다.

> 감동백배 왕의남자 눈감아도 떠오르고
> 장생공길 연산녹수 잊지못해 또찾으니
> 한번보고 두번봐도 새로움이 가득하여
> 세번째엔 어떤감동 또줄런지 기대되네
> 저예산에 웰메이드 효자영화 왕의남자
> 천억들인 킹콩인들 비할바가 아니되네
> 할리우드 액션영화 지겨울때 되었으니
> 한국의美 가득살린 왕의남자 대박일세
> 거기거기 안본분들 어여빨리 예매하게
> 추천별점 다섯개가 부족하긴 처음이네
> 동성코드 싫다싫어 편견잠깐 제껴두면
> 한국최고 영화탄생 왕의남자 만나리니
> 얼씨구나 일냈구나 왕의남자 대박일세
> 왕의남자 흥행행진 끊임없이 이어져서
> 천만관객 넘고넘어 이천만을 이뤄내고
> 왕의남자 발판삼아 한국영화 발전하세!

관객의 기대 지평은 고정된 상업성이나 대중성의 지표로 읽을 수 없다. 대중적 이해에 영합하지 않고 그 지평을 넓히는 작품을 고평하

20) 지명도 높은 영화 관련 포털사이트 가운데 하나인 맥스무비(www.maxmovie.com)에서는 〈왕의 남자〉 개봉 전부터 '영화 일기' 코너를 마련하였으며, 많은 누리꾼(네티즌)들이 방문하여 화제가 되기도 했다. 거기에 마련된 '영화를 보고' 게시판에는 관련 감상평이 수백 건 올라와 있는데, 다음 인용문은 그 가운데 하나이다(http://www.maxmovie.com/maxtalk_new/criticism_read.asp?num=85500&page=8&lank=157&key=movie&svalue=왕의&mname=&flag=&seq=706#top_link).

였던 야우스(H.R. Jauß)의 명제는 여전히 유효하다. 야우스의 시대와 지금의 시대가 다른 면이 있다면, 대중의 교양과 지식 수준의 차이가 있다는 점일 것이다. 계량적으로 대비할 수는 없겠지만, 교육의 대중화가 진전되고 정보화가 고도로 진행된 오늘날의 대중을 '안락의자에 앉은 독자'나 '살덩이만 가진 관객' 수준으로 몰아세울 수 없음은 분명하다. 물론 취향이나 정황의 차이, 혹은 본질적인 예술적 관심의 격차에 따라 이해와 반응의 양상이 달라질 여지를 부정할 수는 없다. 그렇지만 적어도 대중성을 경멸하듯 의식할 필요도 없는 것이다. 이는 문화 서사의 창작과 소통의 과정에 결부되는 대중의 반응을 고정된 것으로 파악해서는 곤란하다는 얘기다.

따라서 문화 서사의 전략이 아무리 유효적절할지라도 콘텐츠의 원형질인 영화 자체의 질이 떨어져서는 그러한 반응을 불러일으킬 수 없다. 문화적 서사에 대해 생각할 때 무엇보다도 '콘텐츠' 자체의 질적 수준에 유념해야 하는 것이다. 말하자면 아무런 영화나 다 문화적 서사 차원에서 주목할 대상은 아니라는 얘기다. 상업적 전략 면에서 여러모로 약점 투성이였던 〈왕의 남자〉의 성공이 부르는 묘한 흥분은 매체의 다변화와 관련된 서사의 문화적 거래의 한 전범을 얻은 데서 오는 흥분임 직하다.

이야기는 이야깃거리에만 한정되지 않고 이야기하고 이야기 나누어 소통될 때라야 본색이 드러난다. 이야기의 소재와 구조를 재구하는 것도 중요하지만, 이야기의 구성 원리를 밝히고 이야기의 장에서 펼쳐지는 소통의 기제와 전략을 해석하는 데 서사론의 거점이 있다. 이런 맥락에서 서사는 문화적 차원의 장르로 수렴되는 것이다. 단순히 제재의 호환성 여부를 통해서만 상호텍스트성 여하를 판단할 수 없듯이, 문화적 제재를 채용한 서사를 단적으로 문화적 서사의 범주에 포괄할 수 없다.[21]

---

21) 물론 텍스트 상호 간의 각색(전환) 과정을 분석하는 작업 또한 중요하다. 다

『혼불』이나 〈왕의 남자〉에서 보이는 상호텍스트성은 분명 문화적 제재를 채용하여 소설이나 영화의 이야깃거리로 삼은 데서만 비롯되는 것이 아니다. 연행이나 이야기의 장에서 성원들이 어우러짐으로써 소통의 공동체를 구축하는 것과 유사하게, 소설을 통한 서사적 소통의 장이 형성될 개연성이 조성됨으로써 서사가 문화적 차원에 드는 식이다. 문화의 장에서 펼쳐지는 입담이나 극적인 상황이 글과 영상을 통해 구현되는 것도 마찬가지 맥락이다. 물론 어떠한 경우라도 직시적 표지를 통해 관여 자질이 드러나는 것은 아니다. 저러한 문화와 서사의 관계는 상징이나 기호적 표지를 통해 맺어질 뿐이다. 그래서 더욱, 대상적 실체를 전제한 제재적 호환성을 단서로 삼을 수 없는 것이다.

문화와 서사의 관계는 상호텍스트성이 산출되는 역학을 통해 구성된다. 현대 소설에서 더욱 분명한 양상으로 드러나는 서사 기제의 역학이 서사 공간의 형상을 더욱 분명히 드러내는 표지인 점은, 이러한 이야기의 문화적 상호텍스트성에 견줄 때에 비로소 의미심장한 논항으로 부각된다. 이는 곧 서사가 시간적인 선형 구조로 이루어진 실체가 아니라, 공간 형식과 공간적 소통 회로를 통해 표현되고 이해되는 구성체라는 사실을 명증한다. 이러한 역학의 자장이 확산됨으로써, 종내 서사 공간이 문화 공간과 조우하게 되리라는 점 또한 시사된다. '서사 공간과 문화 공간'에 관한 연구를 다음 과제로 남긴다.[22)]

만 각색은 단순한 제재 층위에서만 다룰 수 없는 문제이다. 이른바 문화 콘텐츠의 창출이나, 영화와 같은 영상 매체로 기술 서사체를 변환하는 과정에 대한 논의에 신중을 기할 필요가 있다.

22) 최근 『공간과 장소의 인류학』(Setha M. Low & Denise Lawrence-Zúñiga (ed.), *The Anthropology of Space and Place*, Blackwell Publishing, 2003)을 통독하면서, 서사 공간 논의를 문화 공간 논의와 접맥하여 확장 심화할 수 있는 가능성을 궁리하였으며, 관련 연구와 저술 작업에 착수하였다. 마침 '서강학술총서' 간행 연구비를 지원 받아 『문화 공간으로 읽는 한국 서사문학』을 낼 예정이다.

참고문헌

강대기, 『현대도시론』, 민음사, 1987.

김성곤, 『탈구조주의의 이해; 데리다 · 푸코 · 사이드의 문학이론』, 민음사, 1990.

김성기, 『포스트모더니즘과 비판사회과학』, 문학과 지성, 1991.

김열규, 『고독한 호모디지털』, 한길사, 2002.

김영한, 『하이데거에서 리꾀르까지』, 박영사, 1988.

김윤식, 『한국근대소설사연구』, 을유문화사, 1986.

김윤식 · 정호웅, 『한국소설사』, 문학동네, 2000.

김정동, 『문학 속 우리 도시 기행』, 옛오늘, 2001.

김정동, 『문학 속 우리 도시 기행 2』, 푸른역사, 2005.

김종욱, 『한국 소설의 시간과 공간』, 태학사, 2000.

박철수, 『소설 속 공간 산책 1』, 시공문화사, 2002.

박철수, 『소설 속 공간 산책 2』, 시공문화사, 2004.

성현경 외, 『전환기의 서사 담론』, 서강대 인문과학연구소, 1998.

송효섭, 『문화기호학』, 민음사, 1997.

양진오, 『한국 소설의 형성』, 국학자료원, 1998.

이재선, 『한국개화기소설연구』, 일조각, 1972.

이재선, 『한국현대소설사』, 홍성사, 1979.

이재선, 『한국문학 주제론』, 서강대출판부, 1989.

이재선, 『현대 한국소설사』, 민음사, 1991.

이재선, 『한국문학의 원근법』, 민음사, 1996.

장일구, 『혼불읽기 문화읽기』, 한길사, 1999.

장일구, 『혼불의 언어』, 한길사, 2003.
정규식, 『서울, 공간으로 본 역사』, 혜안, 2004.
조남현, 『한국현대소설연구』, 민음사, 1987.
조남현, 『한국 현대문학사상 연구』, 서울대출판부, 1994.
조동일, 『신소설의 문학사적 성격』, 서울대출판부, 1973.
철학아카데미 편, 『공간과 도시의 의미들』, 소명출판, 2004.
최문규 외, 『기억과 망각—문학과 문화학의 교차점』, 책세상, 2003.

데이비드 하비, 초의수 역, 『도시의 정치경제학』, 한울, 1996.
레오나르드 믈로디노프, 전대호 역, 『유클리드의 창: 기하학 이야기』, 까치, 2002.
마이크 새비지 · 알랜 와드, 김왕배 · 박세훈 역, 『자본주의 도시와 근대성』, 한울, 1996.
막스 야머, 이경직 역, 『공간개념: 물리학에 나타난 공간론의 역사』, 나남, 2008.
베노 베를렌, 안영진 역, 『사회 공간론』, 한울, 2003.
브라이언 그린, 박병철 역, 『우주의 구조』, 승산, 2005.
스티븐 컨, 박성관, 『시간과 공간의 문화사』, 휴머니스트, 2004
알베르트 아인슈타인, 장헌영 역, 『상대성 이론』, 지만지, 2008.
앙리 르페브르, 박정자 역, 『현대세계의 일상성』, 기파랑, 2005.
에드워드 렐프, 김덕현 외 역, 『장소와 장소상실』, 논형, 2005.
에드워드 소자, 이무용 외 역, 『공간과 비판사회이론』, 시각과 언어, 1997.

Algra, Keimpe, *Concepts of Space in Greek Thought*, E.J. Brill, 1995.
Bachelard, Gaston, John R. Stilgoe(trans.), *The Poetics of Space*, Beacon, 1994.
Bakhtin, Mikhail, Helene Iswoisky (trans.), *Rablais and His World*, MIT, 1968.
Bal, Mieke, Christine van Boheemen (trans.), *Narratology*, Totonto UP., 1985.
Bal, Mieke (ed.), Narrative Theory — *Critical Concepts in Literary and*

Cultural Studies, Vol.IV, Routledge, 2004.

Bollnow, Otto Friedrich, *Die Lebensphilosophie*, Springer-Verlag, 1958.

Casey, Edward S., *The Fate of Place*, California UP., 1998.

Caws, Mary Ann, *City Images*, Gordon and Breach, 1991.

Cole, Susan Guettel, Landscapes, *Gender, and Ritual Space*, California UP., 2004.

Dear, Michael J. & Flusty, Steven(ed.), *The Space of Postmodernity, Blackwell*, 2002.

Feld, Steven & Basso, Keith H.(ed.), *Senses of Place*, SAR Press, 1996.

Frank, Joseph, The Widening Gyre, Rutgers UP., 1963.

Friedland, Roger and Boden, Deirdre(ed.), Now Here: Space, Time and Modernity, California UP., 1994.

Gallagher, Winifred, *The Power of Place*, Harper, 2007.

Geertz, Clifford, *The Interpretation of Cultures*, Basic Books Inc., 1973.

Harvey, David, *Social Justice and the City*, Basil Blackwell, 1973.

Harvey, David, *The Condition of Postmodernity*, Basil Blackwell, 1989.

Heidegger, Martin, *Sein und Zeit*, Max Niemeyer Verlag, 1972.

Hillebrand, Bruno, *Mensch und Raum im Roman*, Winkler-Verlag, 1971.

Jammer, Max, *Concepts of Space*, Harper, 1960

Kestner, J. A., *The Spatiality of the Novel*, Wayne State UP., 1978.

Knox, Paul L.(ed.), *The Restless Urban Landscape*, Prentice Hall, 1993.

Lefebvre, Henri, Donald Nicholson-Smith(trans.), *The Production of Space*, 1991.

Low, Setha M. & Lawrence-Zuniga(ed.), *The Anthropology of Space and Place*, Blackwell, 2003.

Lutwack, Leonard, *The Role of Place in Literature*, Syracuse UP., 1984.

Maclean, Marie, *Narrative as Performance*, Routledge, 1988.

Malmgren, Carl Darryl, *Fictional Space in the Modernist and Postmodernist American Novel*, Associated University Presses, 1985.

Miller, J. Hillis, *Topographies*, Stanford UP., 1995.

Nelson, Cary, *The Incarnate Word; Literature as verbal space*, Illinois Univ., 1973.

O'Neill, Patrick, *Fictions of Discourse: Reading Narrative Theory*, Toroto UP., 1994.

Pike, Burton, *The Image of the City in Modern Literature*, Princeton UP., 1981.

Ritter, Alexander (Hrsg.), *Landschaft und Raum in der Erzählkunst*, Wissenschaftliche Buchgesellsachaft, 1975.

Smitten, Jeffrey R. & Daghistany, Ann (ed.), *Spatial Form in Narrative*, Cornell University Press, 1981.

Ströker, Elisabeth, *Philosophische Untersuchungen zum Raum*, Vittorio Klostermann, 1965.

Tuan, Yi-Fu, *Space and Place*, Minnesota UP., 1977.

Turner, Victor, *Dramas, Fields and Metaphores, Symbolic Action in Human Society*, Cornell Univ., 1975

Uspensky, Boris, Valentiana Zavarin & Susan Wittig (trans.), *A Poetics of Composition*, California UP., 1973.

Williams, Raymond, *The Country and the City*, Granada Publishing Ltd., 1975.

*이 책은 다음 글을 저본으로 하여 수정 가필하고 재구성한 결과임을 밝힙니다.

「서사적 공간성과 시점론」, 한국소설학회 편, 『현대소설 시점의 시학』, 새문사, 1996.

「서사 구성의 공간성 함의」, 『서강어문』 14집, 서강어문학회, 1998.

「한국 근대소설의 공간성 연구」, 서강대 박사논문, 1999.

「서사적 인물 구성의 공간성 역학」, 『한국소설연구』 3집, 한국소설학회, 2000.

「영화 기법과 소설 기법의 함수」, 『한국문학이론과 비평』 9집, 한국문학이론과 비평학회, 2000.

「호남 방언과 문체: 사회학적 시론」, 『한국문학이론과 비평』 28집, 한국문학이론과 비평학회, 2005.

「서사의 문화적 역학에 관한 시론」, 『현대문학이론연구』 27집, 현대문학이론학회, 2006.
「서사적 공간의 상징적 기획」, 『한국언어문학』 58집, 한국언어문학회, 2006.
「담화와 서사 문체의 역학」, 『시학과 언어학』 11집, 시학과 언어학회, 2006.
「도시의 서사적 공간 형상」, 『현대소설연구』 35호, 한국현대소설학회, 2007.
「공간 형식과 서사적 소통의 역학」, 『비평문학』 30집, 한국비평문학회, 2008.

지은이

• **장일구**

서강대학교 국어국문학과 및 동 대학원 박사과정 졸업.
1996년 조선일보 신춘문예 문학평론 부문 당선.
저서 『혼불읽기 문화읽기』, 『혼불의 언어』, 『이면에 길을 묻다』
논문 「서사의 디지털 자질과 서사 공간」, 「은유의 문화적 구성 역학」,
「과도의 공간, 그 신화적 원형과 서사적 변주」 외 다수.
현재, 전남대학교 국어국문학과 교수.

서사공간과 소설의 역학

인쇄 | 2009년 2월 10일
발행 | 2009년 2월 20일

저자 | 장일구
발행 | 김윤수
발행처 | 전남대학교출판부

등록 | 1981. 5. 21. 제53호
주소 | 500-757 광주광역시 북구 용봉동 300
전화 | (062) 530-0571~3
팩스 | (062) 530-0579
홈페이지 | http://altair.chonnam.ac.kr/~cnup

값 15,000원

ISBN 978-89-7598-716-8 (93710)

이 도서의 국립중앙도서관 출판시도서목록(CIP)은 e-CIP홈페이지(http://www.nl.go.kr/cip.php)에서 이용하실 수 있습니다. **(CIP제어번호: CIP2009000969)**